叢書・ウニベルシタス　1037

哲学的急進主義の成立 I

ベンサムの青年期　1776–1789年

エリー・アレヴィ
永井義雄 訳

法政大学出版局

Élie HALÉVY: "LA FORMATION DU RADICALISME PHILOSOPHIQUE tome 1:
LA JEUNESSE DE BENTHAM 1776–1789"
Postface de Jean-Pierre DUPUY
Nouvelle édition dirigée par Monique CANTO-SPERBER

This book is published in Japan by arangement with PRESSES UNIVERSITAIRES DE FRANCE, through le Bureau des Copyrights Français, Tokyo.

目次

第Ⅱ巻目次　最大幸福主義理論の進展　一七八九—一八一五年

第Ⅲ巻目次　哲学的急進主義

凡例

1　本訳書は Élie Halévy, *La formation du radicalisme philosophique*, 3 tomes, nouvelle édition dirigée par Monique Canto-Sperber, avec Postface de Jean-Pierre Dupuy, traduction des textes anglais et latins par Jean-Pierre Cléro, références aux œuvres de Bentham révisés par Mary Sokol, annotation revue par Sophie Jallais, 1995, Paris : Presses Universitaires de France（1re édition, 1901-1904, Paris : Félix Alcan）の全訳である。英語版（Élie Halévy, *The Growth of Philosophic Radicalism*, translated by Mary Morris, with a preface by A. D. Lindsay, 1928, London : Faber & Gwyer Limited）の序文も加えた。上記のように初版は一九〇一年の出版であり（Ⅱ巻も同時であり、Ⅲ巻のみが一九〇四年出版である）、本訳書の底本としたのは一九九五年出版の第二版である。読者の便宜を考慮して、原書にない人名索引をⅠ巻とⅡ巻に付けた。

2　前掲英語版がわが国ではフランス語原書よりも流布している現実を考慮して次のことを述べておく。英語版は、一冊にまとめるために原書から二つのものを大量に削除している。注に含まれる解説文と各巻巻末付録の大部分である。この訳書ではどちらも削除していない。英語版が英語国民向けに付けた追加は、ごく僅かながらこの日本語版読者に有益と考えられる限りで採用し、〔――英訳〕で示した。この第二版には新しい付録がある。

3　（ ）は原著者の挿入である。本書はベンサムとその時代の研究書であるから、引用文は英語が多い。その引用文が、フランス語に訳されていて英語原文がかっこ内に入れられている場合は、フランス語訳からではなく、その英語原文を訳した。フランス語訳は意訳が多いからである。ただし、両者の食い違いが大きいと思われる場合、すなわちフランス語読者向けに訳された訳文に意味があると思われた場合は、両者を訳出し、そのことを明示した。原書の引用文献については、第二版編者モニク・カント-スペルベール氏の「監修者の序」を参照されたい。

4　〔 〕は訳者による注もしくは補遺である。訳者注は、付記や割注など、形態はそのつどの便宜による。［ ］は第二版編者のものである。

5　引用文献の日本語訳書は、参照しているが掲げなかった。訳文が本訳書の文体とそぐわないため、従えなかったからである。訳者の方々には感謝申しあげる。

6　スミス『グラスゴウ講義』はグラスゴウ版『スミス著作集』（以下、「グラスゴウ版」と略記）における『法学講義（B）』の旧名であるが、本書はグラスゴウ版以前に書かれているので旧名を用いた。他の作者の場合にも原著者の記述を本訳書は尊重する。

7　原書は、初版と第二版ともに奇数ページに当該ページの小見出しを掲げるが、本訳書では踏襲しなかった。

8　引用文献については後掲の「文献目録」を参照されたい。

監修者の序

『哲学的急進主義の成立』は近代思想史研究者には長らく名著の誉れの非常に高い労作でしたが、それだけに入手の非常に困難な労作でもありました。エリー・アレヴィのこの記念碑的書物の最初の二巻（『ベンサムの青年期』と『最大幸福主義理論の進展』）は一九〇一年に刊行され、Ⅲ巻（『哲学的急進主義』）の刊行は一九〇四年でした。それ以来、九〇年以上も再刊されませんでした。

二十世紀前半に出版された多くの著作が、本書と同じ不運に見舞われているのは確かですけれども、ただ『哲学的急進主義の成立』の場合には、著者の知的個性や、この著作の主題となった思想潮流の持つ歴史的重要性、それにそれが英語圏では好評を博していたことを考えますと、ほぼ一世紀の間、稀覯書であったことは当然であったとは言えないように思います。

エリー・アレヴィは一八七〇年の生まれです。高等師範学校を優秀な成績で卒業した後、哲学の教授資格を得ております。一八九二年以降、イングランドに長く滞在した折にイングランド思想に関心を抱きました。一八九六年には政治学高等専門学校でジェレミ・ベンサムに関する学会をいくつか開催しています。急進主義運動と最大幸福主義《ユーティリタリスム》運動の研究がほぼ八年になったところで、一九〇一年から一九〇四年にかけて『哲学的急進主義の成立』は刊行されました。そのⅡ巻の内容は、一九〇一年に学位を取得した学位論文です。一八九一年以降は『形而上学・道徳評論』の創刊準備にグザヴィエ・レオンとともに積極的に参加します。この雑誌の創刊は一八九三年です。アレヴィは、友人セレスタン・ブーグレ、エミール・シャルティエ（アラン）、レオン・ブランシュヴィクに参加を求め、一九三五年にグザヴィエ・レオンが亡くなると代わって編集に当たりました。エリー・アレヴィは、一八九八年から亡くなる一九三七年まで、政治学高等専門学校の教授でした。彼は毎年この学校でイングランド政治思想の発展について講義し、一九〇二年以後はヨーロッパ社会主義史の講義も行っています。彼の主要著作は、『十九世紀イングランド国民の歴史』（六巻、一九一二年から一九三二年の刊行）と『専制の時代』です。『社会主義と戦争の研究』（死後出版）は、自由思想の伝統が内奥に含む批判精神の模範となっております。エリー・アレヴィが友人、学生および読者に及ぼした影響には大きいものがあります。本書と時を同じくして刊行される『書簡集（一八九一―一九三七）』は、その大きさを物語っています。

運動としてのイングランドの哲学的急進主義は、ある意味ではエリー・アレヴィの研究が創り出した歴史的対象です。アレヴィは、この著作の最初のページで自分の最大幸福主義思想の研究が網羅的で体系的であることを主張しています。「われわれは最大幸福主義《ユーティリタリスム》総体を研究する」。総体というのは、アレヴィが論じた最大幸福主義の領域（経済改革、憲政理論、刑法、政治的道徳的哲学）の多様性から言っても、考察対象の思想家（デイヴィド・ハートリ、デイヴィド・ヒューム、ジェレミ・ベンサム、アダム・スミス、ロバート・マルサス、デイヴィド・リカードゥ、ジェイムズ・ミルおよびジョン・ステュアート・ミル）の多様性から言ってもそうです。総体というのは、また最大幸福主義の期間についてもそうで、最大幸福主義が発展する一七七六年から十九世紀の中葉まで、すなわちアメリカ革命の年であると同時にアダム・スミスとジェレミ・ベンサムの最初の著作が刊行された年〔一七七六年〕からヴィクトリア時代の初めまで及んでいます〔スミス『道徳感情論』の刊行は一七五九年〕。最後に、総体というのは、最大幸福主義研究の方法についてもそうでして、発生史的方法を取っています。理論の展開、概念の発展、またさまざまな、ときとして両立しがたい理論がいかにして急進的哲学の構成に加わるに至ったかということを示そうとしています。アレヴィは最大幸福主義思想の両義性の解明に努めてもおります。全体主義と自由主義、民主主義とエリート主義、解放思想と家父長思想です。『哲学的急進主義の成立』が依然として参考文献とされるのは、一つの理論の歴史的・論理的研究という彼の方法にもよりますし、進歩思想の基礎的物語を語るという彼の目的にもよります。アレヴィが述べたように、この研究は「哲学の歴史の一章であると同時に歴史の哲学の一章」でもあります。

本書の新版を出したいという私の思いが生まれましたのは、まず驚くに値する事実からです。アレヴィが本書で論じた主題は、一九〇四年には新しい主題でしたが、それは今日においてもそうです。刊行後九〇年を経ても、『哲学的急進主義の成立』は依然として急進思想に関する唯一の確かな総括です。フランス語の出版物でそれと競合するものはありませんし、外国の著作にもまだ本当に匹敵するものがありません。本書の中のいくつかの命題は批判を受けましたし、欠点を指摘されたこともありましたが、本書が思想史研究の優れた古典の一つであることに変わりはなく、近代史形成上最も情熱的な局面の一つを解明しています。本書はフランスの学界の誇りです。

本書の新版を出して入手しやすくしたいというもう一つ別の事情もありました。本書は、誕生した祖国で不遇であり、しばしば入手不能でしたが、それにもかかわらず、この哲学史の精華は、英語諸国民においてはたちまちにしてペーパーバック版の、ある種のベストセラーになりました。一九二八年に英訳されてからというもの、たえず再版され、グレート・ブリテンでもアメリカ合衆国でも、哲学、政治科学といわず法学と経済学の研究者にとっても必読文献として高い地位を占めています。これらの国ぐににおいて教えるところの多い創造的著作と見なされている本書が、フランスの研究者にはそういうものではないということはありえません。

『哲学的急進主義の成立』の新版は、参考文献としても研究対象としても提供されます。なぜなら、新版はアレヴィが今世紀初頭に刊行した著作の単なる再刊にとどまりません。彼は、自分の本が再刊される日に備えて追加と訂正の表を作っていました。それがこの版には取り入れられています。その上アレヴィは、最大幸福主義の歴史的哲学的研究の先駆者でした。ジェレミ・ベンサムがユニヴァーシティ・カレッジに残した膨大な草稿の山は当時まだほとんど利用されていませんでしたが、彼はそれに分け入った先人の一人でした。この大変な作業が何をもたらすかをアレヴィは充分に知っていました。彼は草稿の大部分に目を通し（これは容易な業ではありません）、それによって年表を作るまでに至りました。彼が『哲学的急進主義の成立』の注の中で引用した長文の抜粋は、今日なお未刊のままである多数のベンサム草稿を読むことのできる唯一の手段です。しかしアレヴィがベンサムの既刊の文章を引用する場合には、今日その科学的価値が疑わしい版本から引用しています。この版に付けられたメアリ・ソコル執筆の付録の論説では、必要に応じてベンサムの著作に対する参照指示が改訂され、ベンサムの新全集版（ベンサム委員会の責任の下にここ数年来刊行されつつあります）にそれに当たるものがある場合にはそれが付加された理由の説明がされています。その上、アレヴィが引用した多くの著者たちの著作は、引用された版が一九〇四年以来そのままになっていますが、アレヴィが自著で引用したのと同じ引用文を含む新しい版があれば、それをつけ加える必要があります。

注を改訂するために採用した私たちの原則は単純です。エリー・アレヴィが公刊した原文は何一つ削除されていません。アレヴィがみずから提示した引用はこの版でもそのまま維持されています。しかし、ところどころ、もっといい版に引用文の該当個所があればつけ加えましたし、またすでにフランス語の翻訳がある場合にはそれを加えました。私たちは、本書を入手しやすくし、研究に役立ててもらいたいという考えから、英語とラテン語の引用文をそのまま残し、かつフランス語訳を加えました〔本訳書では、フランス語訳を加えていない〕。

第二版の付録としてエリー・アレヴィの参考文献目録が付けてあります。彼の主要著作目録と、『哲学的急進主義の成立』を執筆中に交わした往復書簡の抜粋およびその著作について述べられた賞賛の手紙類です。

注全体の整理、特に『ジェレミ・ベンサム全集』〔本訳書ではバウリング版と区別して「新全集版」と略記〕との厄介な照合をしてくださったのは、ソフィー・ジャレです。英語とラテン語の引用抜粋の翻訳と、フランス語訳書の参照箇所の指示は、ジャン・ピエロ・クレオがしてくださいました。この方たちの忍耐力と細心の仕事がなければ、この新版はできませんでした。

この企画はまた、ロンドン大学ユニヴァーシティ・カレッジのベンサム委員会のお世話にもなっています。また、メアリ・ソコルの協力も得ました。彼女は、既刊未刊を問わずベンサムの著作に対する参照指示全体を校訂し、ベンサムの引用文に関する論説を書いてくださいました。彼女の参加は非常に貴重でした。

本書が対象とした時期の解釈をめぐって論争を引き起こしたことは、この歴史研究が生き続けていることの最良の証拠です。本書全三巻の各巻に付けられた「あとがき」の執筆者、すなわちⅠ巻『ベンサムの青年期』のジャン‐ピエール・デュピュイ、Ⅱ巻『最大幸福主義理論の進展』のピエール・ブーレッツ、Ⅲ巻『哲学的急進主義』のフィリップ・モンジャンは、アレヴィの命題の力強さをそれぞれの場合に確認しつつ、刊行以来受けた批判あるいは承認といったこの種の議論を整理しておられます。本書には、お三人の真の批判的評価がとり揃えられています。

最後に、『哲学的急進主義の成立』の刊行はアレヴィの姪、アンリエット・ヌフラール－ギ－ローエから絶えず非常に大きい援助をいただきました。この作業に参加した全員が、心から感謝申し上げます。

モニク・カント－スペルベール

英語版への序言

アレヴィ氏のこの英訳書『哲学的急進主義の成立』を簡単に紹介する文章を書いてほしいというご要望に、私は喜んで応じたいと思います。本書は、私がかねて最大幸福主義者《ユーティリタリアンズ》たちに最も素晴らしい照明を当てた著作と承知していましたし、賞賛もしていた書物です。最大幸福主義者という注目すべき学派をなす思想家および著作家たちは、十九世紀イングランドに極めて深い印象を残しましたし、またその影響はどんなに小さく見積もっても、今なお強力に作用しています。われわれは今日、この学派の欠陥については充分に承知しています。われわれは今日、完全な自由放任が必ず恩恵をもたらすとも信じませんし、幸福計算にも信を置きません。それ以上に、彼らの徳性は簡単に忘れられています。常に変わることなき無私の心と公共精神、普遍的であろうとする高貴な態度、明確かつ豪胆な思考が持つ堅実な力を充分な論拠をもって信奉する心構えです。アレヴィ氏がわれわれに示したところによれば、彼らは多くの恩恵をフランス思想から受けています。それは思想の国際交流における最も興味ある挿話です。すなわち、あらゆる哲学者のうちで最もイングランド的であるロックは、この上なく社会通念を備え、事実を受け入れ、寛容であり自由を愛していましたが、こうした資質すべてにもかかわらず、原理をその論理的帰結にまで展開することを嫌っていました。このロックの思想が、いかにしてフランスで明確な一貫した体系に結実し、そうしてフランス的形態をまとって逆戻りし、ベンサムと彼の後継者たちを鼓舞したかは、思想の国際交流における最も興味ある挿話です。そうして、イングランドについて詳細な知識を持つフランス人以上に、それを解明する充分な能力を備えている人はほかにありません。

アレヴィ氏の書物には二つの特徴があります。それは、われわれにとってとりわけ興味と価値があるように私には思われます。第一は、ベンサム主義者たちが心の奥底において、自然科学の原理と方法を人間と社会の研究に対して応用できるという信念を抱いていて、そのことを確信をもって例証したことです。このことは、彼らがどうして常軌を逸した極めて奇矯な考えを抱いていたか、また近視眼に陥っていたかということを理解する手がかりになります。その信念は、今のわれわれにもあります。奇妙な話ですが、一定の事柄が真実だと承認されると社会学は精密科学でありえないから、したがってその承認はなされてはならないと、よくベンサム流に論じられることがあります。歴史科学の適切な論理を構築しない限り、この信念は持続するでしょう。しかし、この信念がいかにイングランドの最大幸福主義者たちに影響したかをアレヴィ氏から学ぶならば、少なくともその危険に対して備えることができます。

第二は、最大幸福主義が古典経済学者たちの思想の中で演じた役割について、アレヴィ氏が与えた説明です。一方における経済学と、他方における道徳・政治理論は、哲学的急進主義者の時代以後、疎遠となり、両者はその住民がめったに相互訪問しない二つの別箇の領土となる傾向にありました。道徳・政治理論にとって、ベンサム主義の有害な影響を払い落すことは、間違いなく重要なことでした。経済学のほうではおそらく、研究者が事実の説明にだけ関心を持ち、それ以外には賞賛すべき意図とは言わないまでも、何の意図もなくなって、そうした人の手の中で現在のような社会改良の強力な道具にかろうじてなっている状態です。しかしその分離は、あまりにも長く継続しすぎました。道徳哲学と政治理論とは、経済学の世界を理解しない限り、不充分なものでしかありえませんし、また経済学が道徳・政治問題を無視しようとすると、その限界はただちに現れます。ベンサムの思想がリカードゥ、ジェイムズ・ミルおよびマカロックの経済学の中にいかに入りこんでいるかという点の、アレヴィ氏の見事な解明から学ぶべきことは多いと思います。また、彼らが利害の自然的調和と人為的調和を混同し、静態的社会観と動態的社会観を混同しているのを――こうした混同はわれわれにもまだあります――、アレヴィ氏がねばり強く解きほぐしていることからも、十九世紀初期の思想の評価についてだけでなく、道徳理論と経済学との基本的関係の理解についても、アレヴィ氏から学ぶべきことは多いと思います。それというのも、個人主義者であれ社会主義者であれ、現代の社会問題に関するわれわれの思想のいかに多くが哲学的急進主義者たちによって敷設された路線に今なお従っており、また彼らの前提を今なお容認しているか、おそらくこの書物から極めて強い印象を受けるからです。

A・D・リンズィ

ベリオル〔・カレッジ、オクスフォード大学〕、一九二八年七月

哲学的急進主義の成立

M・A・ダルリュ先生に

教え子の
エリー・アレヴィ

最大幸福主義《ユーティリタリスム》の歩みを描いた通史は、これまでのところフランスにもドイツにも、さらにはイングランドにさえも存在しない。本書はこの空白を埋めようとする。レズリー・スティーヴン氏の三巻の大作『イングランドの最大幸福主義者《ユーティリタリアンズ》』〔一九〇〇年〕が最近出版されたけれども、私の本にもなにがしか有益なところがあることを願っている。スティーヴン氏の本とは展開の筋立てが違っている。研究の枠組みも同じではない。要するに、本書は重要な手稿を検討したおかげで、ベンサムの伝記、彼の著作年譜、彼の思想の歴史、彼のグループの形成に関していくつかの問題をはっきりさせることができた。私は、〔ロンドン大学〕ユニヴァーシティ・カレッジの理事会に対して、カレッジ図書館に所蔵されているベンサム手稿の閲読を許されたことについて感謝を申しあげる。またフランシス・プレイスの素晴らしい伝記の著者グレイアム・ウォーラス氏に対しては、大英博物館〔現在の英国図書館〕のプレイス文書のうち最大幸福主義者グループの歴史を知る上で興味のある資料をご教示くださったことについて、お礼を申しあげたい。

序文

最大幸福主義理論《ドクトリン・ユーティリテール》という名称によって、哲学の学生あるいは教師の心にはどんな思想が思い浮かぶであろうか。ベンサムの道徳算術の規則、ステュアート・ミル〔ジョン、一八〇六―一八七三〕の論説の表題は思い浮かぶ。有益性《ユーティリテ》の道徳理論と観念連合心理学との間にかなり密接な関連があるから、一般的に言って最大幸福主義者たちが観念連合論者であったことはよく知られている。しかし、道徳数学が、道徳理論の建設を目的としているというよりはむしろ、法律の科学の建設、法的刑罰の理論に数学的基礎を提供することを目的としていることは知られているであろうか。正統派政治経済学、すなわちアダム・スミス〔一七二三―一七九〇〕、マルサス〔一七六六―一八三四〕およびリカードゥ〔一七七二―一八二三〕の伝統が、その理論の一部を形成していたことは、明白に知られているであろうか。さらにまた、最大幸福主義が一つの組織だった哲学であって、単なる流行の時論ではなかった時代に、最大幸福主義者であるためには急進主義者である必要があった（したがってここから、哲学的急進主義者という名称が生まれた）こと、また有益性の道徳理論の支持者たちは同時に、代議制民主主義および普通選挙の理論家であったことは、知られているであろうか。はたして、これらのことを知らないで、最大幸福主義道徳理論および有益性の原理に精通していると本当に主張できるであろうか。というのは、ある命題を原理たらしめるものは、まさにその命題の論理的多産性、すなわちその命題が内包している帰結の豊富さだからである。したがって有益性の原理を真に理解するためには、そのすべての帰結、つまりその法的、経済的および政治的応用のすべてを理解する必要がある。本書は、最大幸福主義道徳の知識をさらに完全なものにすることによって、さらに精密にしようとする。本書は最大幸福主義総体を研究する。

さて、この理論の統一性と同時にそのあらゆる複雑さを研究するためには、どのような方法を選ぶのが適当であろうか。説明を単純化するために、哲学的急進主義をすでに完全に確立されたものと想定し、そして一八三二年頃の例えば〔ジョン・〕スチュアート・ミルの見解に見られるような哲学的にして社会的な、理論的にして実践的な見解の全体を分析することは、可能であろうか。この方法には重大な不都合が伴う。理論の説明が統一性をよく明示するか、あるいは矛盾をよく明示するかに応じて、前者の場合には理論を再構成するさいに恣意的および作為的な措置を講じたという嫌疑が、あるいは後者の場合には批判の仕事を容易にするために矛盾を意図的に強調したという嫌疑が、かけられるであろう。事実そのものをして語らしめることのほうが、おそらく優れている。つまり、極めて多くのさまざまな理論がいかにいろいろな命運に従って次々に現れて、最大幸福主義全体のうちの一部分を形成したかを示すこと、基本概念の現実の発展を研究すること、哲学的急進主義の形成の歴史を語ることのほうが、優れていることは明らかである。このようにして、本書の研究主題は、イングランド公衆の精神史において最大幸福主義理論が持つ重要性のゆえに、新たな広がりを示す。なぜなら、イングランドは、フランスと同様に自由主義の世紀を有したからであり、そうしてフランス革命の世紀に対しては海峡の向こう側では産業革命の世紀が対応していたし、人間の権利の法的および精神的哲学に対しては利害の一致という最大幸福主義哲学が対応していたからである。すべての個人の利害は一致可能である。各個人はみずからの利害に関して最良の判定者である。したがって、伝統的制度が個人の間に設けているすべての人為的障壁、また個人を相互に対してもみずからに対しても保護するという、よくそう言われる必要に立脚するすべての社会的制約を、除去しなければならない。その発想および原理においてJ・J・ルソー〔一七一二—一七七八〕の感傷哲学とはかなり違っているがその含意の多くにおいてルソーに近い解放の哲学である。大陸においては、人間の権利の哲学はついには一八四八年革命という結末に至り、イングランドでは同じ頃に利害の一致の哲学がマンチェスター学派の自由貿易理論の勝利をもたらした。この観点から本書は、一七八九年の原理の形成を研究するのといくらか同じようにして、哲学的急進主義の歴史的および論理的起源を研究する。またしたがって本書の研究は、哲学の歴史の一章であると同時に、歴史の哲学の一章でもある。

しかし、本書は研究主題の領域をあまりに押し広げすぎているのではないかと言われるかもしれない。われわれはそうは思わない。またわれわれは、自分たちの研究にはできるだけはっきりした性格を付与してくれる、ある歴史的事情があると信じている。ジェレミ・ベンサムは哲学的急進主義の偉人であり、彼の哲学者および文筆家としての生涯の時期は哲学的急進主義の歴史における理論形成の時期と考えていい。——一七七六年は、ヨーロッパの諸革命を準備したアメリカ革命の年であるし、アダム・スミスが『国富論』を出版し、カートライト少佐〔ジョン、一七四〇—一八二四〕がイングランドにおいて初めて一年議会と普通選挙という将来の急進主義的なチャーティスト綱領を作成した年である。しかしそれはまた、当時二十八歳であったベンサムが最初の著作『統治論断片』を刊行した年でもある。——一八三二年は、選挙法改正の年である。選挙法改正はイングランドで初めて選挙権の恩恵を工業地帯と一定程度の労働者階級にまでもたらし、急進主義的見解が自己を表現し国の立法府に影響力を及ぼす機会を与えた。しかし一八三二年はまた、ジェレミ・ベンサムが、ジェイムズ・ミル〔一七七三—一八三六〕を聖パウロとする弟子のグループから家父長として、精神的指導者として、神さながらに尊敬されながら八十四歳で亡くなった年でもある。しかもその上、ベンサムが生涯にわたって心を注いだのは、法律の理論的および実際的改革であった。こうした改革に関して彼は、本当の発案者であった。ただもし経済体制、政治体制の改革者および哲学自体の改革者たちがベンサムを最後には学派の指導者と仰ぐこととなったとしても、それはベンサムがこれらすべての点で新しい理論の主要な、あるいは唯一の創造者であったからではない。彼は、マルサスの法則もハートリ〔デイヴィッド、一七〇五洗礼―一七五七〕の心理学も発明しなかったし、また政治的急進主義の最大幸福主義理論を体系化したとしてもその綱領を発明したわけではなかった。多くの人と多くの事情が哲学的急進主義の形成に協力した。それはどんな人びとであったろうか。どんな事情であったろうか。一八三二年頃、その世代の最も知識に富み最も活力に満ちたかなり多数の人びとが、共通の見解と共同の理論とを表明するに至ったのは、どのようにしてであろうか。そしてベンサム学派の形成にさいしてベンサムの演じた正確な役割はどんなものであったろうか。このように本書が解決しようと試みている歴史的課題は、明確な形をしている。

ベンサムの青年期　一七七六—一七八九年

一方における自然科学の発展、すなわち単一の法則の上に統一的自然科学の建設を可能にするニュートン原理の発見と、それと類似の原理を発見して道徳生活および社会生活の現象に関する総合科学の樹立に役立てたいという希望の芽生え、他方における社会の深刻な危機、すなわち、それ自体が科学の発展とその実際的応用の進歩を一つの原因とする危機、法的、経済的および政治的体制の変革を招き、無数の改革計画と改革者とを生み出す危機、要するに、極めて多くのばらばらに分散した概念を一つの理論全体に結合することのできる単一の原理を要求する危機、――これらのものが哲学的急進主義の成立の一般的原因である。これらの原因は十八世紀以来作用しているが、しかし十八世紀には最大幸福主義理論《ドクトリン・ユーティリテール》はまだ明確な形を取っていない。すでに完全な全法典の著者、『全法律体系の概観』〔デュモン編、一八〇二年〕の著者であったベンサムは、十九世紀の初頭以前は法律科学の改革者としては有名になっていない。二五年にわたる危機を挟んで、彼の生涯には二つの極がある。一つの極は一七八九年より前の時期で、その時期の彼は、ヴォルテール〔本名フランソワ・マリー・アルーエ、一六九四―一七七八〕やヒューム〔デイヴィド、一七一一―一七七六〕、エルヴェシウス〔クロード・アドリアン、一七一五―一七七一〕やベッカリーア〔チェーザレ、侯爵、一七三八―一七九四〕と同じような十八世紀哲学者で、まだ無名である。もう一つの極は一八一五年より後の時期で、その時期の彼は、十九世紀に特有な方法に従って組織された民主主義運動の党派的理論家である。

したがって、哲学的急進主義の成立を語るためには、最大幸福主義理論が十八世紀に経てきた原初状態についてまず述べなければならない。どのようにしてある日突然ベンサムは、自分の固有の才能、多少とも特有の事情のために、最大幸福主義学派の指導者となる命運にあることを自覚するのであろうか。この事実を説明する事情は複雑で多様である。しかも理論の進歩は、あらゆる点について同じ速度と同じ法則に従って起きるわけではない。法学の分野に関しては、最大幸福主義理論は一七八九年近くに至ってそのすべての部分を確立したと考えてよい。しかし、司法制度が他国より優れていると自負していたイングランド人は、改革の必要をまったく感じていない。そのためフランス人エルヴェシウスとイタリア人ベッカリーアの弟子であり、フリードリヒ〔二世＝大王、在位四〇－八六〕とエカテリーナ〔二世、在位一七六二－九六〕との崇拝者であるベンサムは、一スイス人〔エティエンヌ・デュモン、一七五九－一八二九〕によって整理、編集されて大陸で出版されることになる書物〔『民法および刑法の立法理論』〕をフランス語で書く。この理論は時代に先んじている。――同じ頃、最大幸福主義政治経済学もまた、後にマルサスとリカードゥがアダム・スミスの理論につけ加えたものを除けば、その価値理論と商工業の自由という命題をもって、同様に完全に成立していたと考えられてよいであろう。ベンサムは、すでに普及していたアダム・スミスの考えを採用する。『国富論』の刊行は、アメリカ革命および重商主義制度の崩壊と時期を同じくする。それは、時代の精神を忠実に表現している。最後に、政治の分野においては、最大幸福主義者たちは懐疑主義者にして権威主義者であり、政府が先入見を破壊し改革を実現するのに用いる手段に無関心である。けれども、この時代は、革命と騒擾の中で将来の急進主義的綱領がすでに練りあげられつつある時代である。最大幸福主義理論は、政治の分野においては時代より遅れている。

第一章　起源と原理

ジェレミ・ベンサムは一七四八年に生まれている。彼が生まれたのは過渡期と危機の時代であった。そのことは、彼の幼少時の極めてささやかな出来事からでさえ分かる。彼の父はジャコバイトであったが、結局はハノーヴァ王朝の支持者になった[1]。家族の女性たちは、敬虔で迷信深かった。彼女たちの語る幽霊話のせいで子供の彼の想像力は悪魔の幻影にさいなまれた[2]。しかし、ベンサムの父は、彼にフランス語教師をつけた。フランス語教師は十歳の彼に対して〔ヴォルテール〕『カンディド』〔一七五九年〕を読ませた[3]。少なくとも知識階級における風紀の弛緩と信仰の衰微がいたるところで認められ、嘆きの的であった[4]。しかし古くからの伝統的作法の風化は、実際には新しい世界の誕生を秘めている。新しい時代が西ヨーロッパ社会に始まろうとしている。フランスでは「ルイ十四世の世紀」が終わりつつある。この世紀は、〔デカルト〕『方法叙説』〔一六三七年〕で幕を開き、『ルイ十四世の世紀』と命名し聖化するヴォルテールの書物〔一七五一年〕でその幕を閉じた。古典主義の世紀、秩序と法律の世紀である。他方、〔モンテスキュー〕『法の精神』〔一七四八年〕およびルソーの初期の著作とともに革命の世紀が現れつつある。それはロマン主義の世紀、宗教、知性および道徳の解放の世紀である。ブリテンでは、ヒュームが『人間知性の研究』〔一七四八年〕を、ハートリが『人間の考察』〔一七四九年〕を出版する。始まりつつあるのは最大幸福主義の世紀《シエクル・ユーティリテール》であり、「産業革命」の世紀、経済学者たちと偉大な発明家たちの世紀である。すでに五〇年間、危機は醸成されている。一六八八年の名誉革命の同時代人である二人の名前が、新しい時代を象徴する。「ロック〔ジョン、一六三二―一七〇四〕とニュートン〔サー・アイザック、一六四二―一七二七〕」、この二つの名前はブリテンにおいても大陸においても、相互に結び付くことで諺のようになっていた。

法則が理解可能であるためには、ただその法則に普遍妥当性さえあればよい。ある関係が必然的な関係であるということの意味は、それが理解可能な関係であるという意味ではなく、それが恒常的に存在する関係であるという意味である。私が外的自然に有効に働きかけることができるようになるためには、現象相互の関係を理解可能な関係として了解する必要は必ずしもない。これらの関係が恒常的に存在することと、第一の現象を生みだすことによって自分の望む第二の現象を出現させることができると私が確信していることだけで充分である。誰しも自分の能力が及ぶ範囲以上の知識を必要としない。ニュートン主義者が自然法則について抱いた思想は以上のようなものである。その思想は新しい科学観と一致する。新しい科学観は、もはや瞑想的理論的ではなく積極的実践的な性格を持ち、自然法則の認識によって外的自然に対するわれわれの支配を確実にすることを目的とする。[5]

さらにまた、人間本性を個人的および社会的に研究する場合に、物理学者が別の分野において取るのと同様の研究方法を取ることが可能であるし、また、人間本性の分野においても、ニュートン的方法を適用して、できる限り少数の一般的にして単純な法則を定立することが可能である。これらの法則は、ひとたび発見されれば総合的、演繹的方法によって現象を細部にわたってすべて説明可能にする。その結果、この認識の上に一つの実践的科学を建設することも、またわれわれの予測能力を拡大しつつ、それと同程度にわれわれの作用力を拡大することが可能となる。世間一般の見解では、このような社会的関心を象徴するのがロックという名前であるとするが、この関心はホッブズ〔トマス、一五八八―一六七九〕の心にすでに宿っていた。ホッブズはその時、観察という方法によって人間の行為の必然的結末と思考の連鎖の序列を決定し、この基礎の上に合理的政治理論を構成しようとしていた。[6] ニュートン物理学に似た、実験科学であると同時に精密科学でもあるという性質の精神科学と社会科学を構築することによって、これらの新しい学問の上に、普遍的実践科学の達成である科学的道徳理論と法理論とを建設できない理由があるはずがない。このような問題が、ベンサムの世紀全体を通してブリテンの知識人たちが担おうとしている課題である。いわゆる最大幸福主義《ユーティリタリズム》、哲学的急進主義なるものは、そっくりそのままニュートン主義と定義することができるし、あるいはこう言ってよければ、ニュートン主義を政治および道徳の事象に適用する試みであると定義することができる。

この道徳上のニュートン主義において万有引力の原理の位置を占めるのは、観念連合の原理と有益性《ユーティリテ》の原理という二つの原理である。ところで、ロックは新しい精神の先駆者であると広く認められてはいるけれども、それにもかかわらず、彼には、有益性の道徳理論の体系的展開も見られないし、[7]〔観念〕連合原理の広範な適用も見られない。[8] しかし、一七三〇年に、哲学的著作の先頭を切って、『徳の原理と基準および情念の起源に関する論説』[9] が刊行される。その著者ゲイ〔ジョン、一六九九―一七四五〕は、ロックの弟子を自称しているけれども、新しい哲学、すなわち有益性の道徳理論および〔観念〕連合の心理学を本当に建設した人と考えることができる。確かにゲイの思想はまだ神学的要素を含んでいる。ゲイは、道徳理論においては永劫の顕彰と刑罰という観念に従っている。しかし仮に、理論の精神と無縁な、そしていわば消滅しかかっているこの要素を度外視すれば、ゲイの哲学は次のように要約することができる。人間はすべて快楽を求め苦痛を避ける。快楽の追求は、人間のあらゆる行為がどうしても従わなければならない法則であると同時に当たり前の法則であり、義務的行為とは幸福に導く行為である(10)。ところで、追求する目的についてすべての人間が意見の一致を見ることはたやすいとしても、このおのずから追い求める目的を達成するために採用する手段については、明らかに人びとの意見は一致しなくなる。このことが、すべての個人において幸福の観念が同一の観念に結びつくとは限らない理由であり、言い換えれば、観念連合が個人によって違う理由である。そうしてこの個人的多様性は法則に従っているのであって、もし道徳理論家が人びとを幸福に導こうとするならばこの法則を知っていなければならない(11)。〔観念〕連合の心理学の上に有益性の道徳理論を建設しようとするこの試験的行動ほど、一見すると、理解するのに明瞭で単純なものはないように思われる。しかしながら、その真の多義性と複雑性を明らかにするためには、二つの新しい原理がゲイの論説に現れてからベンサムがそれら原理の上に自分の社会理論を建設するまでの、これら二つの原理の発展を跡づけるだけで充分であろう。

まず〔観念〕連合の原理を考察しよう。これまで一般に〔観念〕連合理論の創設者と認められてきたのはディヴィド・ハートリである。彼の『人間の考察、その構成、義務および将来性(12)』は一七四九年に刊行された。いくつかの点についてはおそらく、彼は、自律的道徳科学の構築をやがて可能にする、後の有益性の理論を直接に準備してはいない。彼は実質的に道徳理論および政治学を宗教的観念に依存せしめているし、それに忘れられてはならないのは、彼の設定する目的はキリスト教的楽観主義の正当性を自然法の機構の中で示すことである。少なくとも彼は、「心理学」（この言葉は、彼の先駆者たちのうち誰の著作にも見当たらない言葉に思われる）を打ち立てようとしている。心理学、すなわち「自然哲学」[13]の一部門である人間および動物の知性に関する理論、「現象」を支配する「一般法則」が「分析」によって析出されたならば、ただちに演繹的あるいは「総合的」性格を示すこととなる科学を建設しようとしている。こうしてハートリは、決然と心理学にニュートンの方法と用語法とを導入する。[14]その上彼は、事実の説明を極端に単純化し、〔観念〕連合のすべてを親近性によって、僅か一つの〔観念〕連合の型に総括する。彼は、自分の心理学理論を生理学理論と結び付けているが、その生理学理論の中心観念もまたニュートンから引き出したものであった。[15]またそこでは、「微細振動」がデカルト〔ルネ、一五九六―一六五〇〕の「痕跡」の位置を占めている。このように生理学および医学にすっかり関心を奪われたことが、多分ハートリの決定論的確信と、精神現象の機構を科学的に説明する気質とを生むのにあずかって力があったと考えてはいけないであろうか。一七七四年にロック、ゲイおよびハートリの三人の弟子プリーストリ〔ジョウジフ、一七三三―一八〇四〕は、リード博士〔トマス、一七一〇―一七九六〕の『共通感覚の原理に基づく人間精神の研究』〔一七六四年〕を読んで、自分の師父たちによる実証的人間精神現象学建設の試みが頓挫する危険にあるのを知って苦悩し、すべてをリード、オズワルド〔ジェイムズ、一七〇三―一七九三〕およびビーティ〔ジェイムズ、一七三五―一八〇三〕への反論にあてた書物を書き、[16]そしてハートリの子息の許諾を得て『人間の考察』を再刊する意向であることを公表する。ハートリ自身は、自分の書物の心理学的部分と生理学的部分は相互に分かち難く結合しているわけではないことを認めていた。[17]一七七五年にプリーストリは、『人間の考察』の縮刷版である『観念連合の原理に基づくハートリの人間精神理論』[18]を刊行する。この縮刷版で彼は、振動理論に関連するすべての文章を省略しているが、彼の言うところでは、それは、理論を単純化し、「〔観念〕連合理論を……

この著作における唯一の公準、唯一の自明のものとする[19]」ためである。この版はただちに広く普及し、ハートリの名声は決定的に確立する。ベンサムは『道徳および立法の原理序説[20]』〔一七八九年〕におけるある注の中でそれに言及し、観念連合原理の作用によって習慣の影響を説明している。別のところでは、ハートリから学んで幸福を〔観念〕連合によって結合された単純な快楽の総計と考えるようになったことを認めている。この縮刷版の成功は、ブリテンの読者層がプリーストリの下した判断を是認していることを物語っている。すなわち「知識のこの領域において、若干のことがデカルトにより、非常に多くのことがロック氏により、しかしほとんどすべてのことがハートリ博士により開拓されたのであって、博士は、ニュートンが自然界の理論に投じた光よりも、もっと有益な光を精神の理論に投じた[21]」。

　ところでハートリより前にヒュームは、一七三九―四〇年に出版された『人間本性論』において、また後に『人間知性の〔哲学的〕研究』〔一七四八年、改題一七五八年〕において、精神生命の現象をすべて観念連合原理に立脚して解釈する試みをすでに行っていた。そしてヒュームは、ハートリよりもはるかに洞察力に富んだ思想家である。それにもかかわらず、あるいはたぶんそのゆえにこそ、彼の哲学は基本的な曖昧さを含んでいるため、後に〔観念〕連合理論の理論家たちはヒュームを自分たちの師父と考えることを常にためらうようになる。

　ヒュームは確かに、その『人間本性論』を「道徳的主題に実験的推論方法を導入する試み[22]」として提出している。彼は、ニュートンが自然哲学について行ったことを道徳哲学について行おうと考えている。そして彼の信ずるところによれば、彼は、〔観念〕連合原理が「精神界において、自然界と同様の巨大な影響力を有し、また同様に多数かつ多様な形態において現れることが知られるはずの一種の引力[23]」であることを発見した。ヒュームが明白に述べたところによれば、心理学的現象は相互に惹き付け合い、因果関係にある。「われわれの知覚のうち類似する知覚が恒常的に連係していることは、一方が他方の原因であることの確固とした証拠である(24)」。なぜなら、道徳科学の建設は道徳的決定論を前提とするからである。そして、歴史の主な用法は、「ひとえに人間本性の恒常的普遍的原理を発見することであって、そのために、あらゆる多様な環境と状況とにある人びとを提示すること、またわれわれが考察をめぐらし、人間の行為および行動について標準的な動機をよく知ることができるような資料を提供すること(25)」にあるのではないであろうか。それに、あらゆる種類の社会的行動は、社会科学を構築することが可能であると想定しているのではないであろうか。顕彰と刑罰に基礎を置くすべての法律は、希望と恐怖という原動力が善良な行為を生み、有害な行為を防止することのできる、規則的で一様な影響を精神に及ぼすということを前提にしている。ヒュームは語っている、「法律の力および特定の統治形態の力は、非常に大きく、またそれらの力が人びとのさまざまな気分および気質に左右される度合いは非常に小さいから、われわれがそれら法律および統治形態から引き出す結果が一般性を持ち、かつ確実である点は、ときとして数理科学がわれわれに与えるいかなる結果ともほとんど同じである(26)」。人間理性にこれほどまでの信頼を寄せた思想家がこれまでいたであろうか。理論的科学を実践的科学に作り変える可能性をこれほどまでに確信した学者がこれまでいたであろうか。

しかし、ヒュームにおいては、この体系化の傾向と並んで、それと矛盾する傾向もある。確かに、表象を相互に結合する法則、あるいはヒュームの用語法に敬意を表して借用すれば「原理(27)」というものが存在する。特に類似性による観念連合の原理および親近性による観念連合原理が存在する。しかしながら、それら原理の作用は、間違った働き方を決してしないものでもなければ、他の原理を断固排除するものでもない。それらの原理は「一般」原理であって、観念の間に「弱い」結び付きを作り、心理学的現象の連鎖の中に不確定なものが存在する余地を残している。観念の間には分かち難い結合があるわけではない。そしてヒュームは倦むことなく、「想像力というものは気ままにその観念を置き換え変更する」[28]と主張し続ける。結果とその原因との結び付きは普遍的決定論の基礎であるが、この結び付きが親近性と類似性を持つ表象の連合より緩やかだと思われるのは、見かけだけのことである。ヒュームは、原因と結果との観念連合を分析し、そこには類似性による観念連合と親近性による観念連合との結合しかないと見ている。したがって原因と結果との観念連合には、類似性の観念連合および親近性の観念連合と同じ不確実性が存在する。自然の秩序は想像力の所産である。想像力は理性という不思議な理解し難い本能であって、習慣の影響がもしなければ、絶えざる驚きの源泉のはずである[29]。しかしこの場合、哲学的省察は、生来の信念を破壊し本能を麻痺させることにその成果があるのではないであろうか。いや決してそうではない。それよりむしろ、理性の作用の最終過程において理解されることは、懐疑論が考えられるものではあっても体験されるものではないこと、理性は生命の営みを司る本能と比較すると、取るに足りないものであるということである。そうだとすれば理性と感覚を曇らせる懐疑的疑惑は、不治の病であるとしても、それにもかかわらず、それは省察から生まれるのだから、省察の努力を弱めることによって減少させることはできよう。「無頓着と不注意だけが懐疑に対する救済策となることができるのであり、この理由によって私は、無頓着と不注意を全面的に頼りにしている」[30]。モンテーニュ〔ミシェル・(エーケム・)ドゥ、一五三三―一五九二〕の中にもそれと同様な表現があるはずである。事実、ヒュームは、弁証と分析においてモンテーニュより優り、学識は少ないけれども多くの点でブリテンのモンテーニュである。彼とカント〔イマヌエル、一七二四―一八〇四〕との関係はかつてのモンテーニュとパスカル〔ブレーズ、一六二三―一六六二〕との関係に等しい。ヒュームにとって観念連合理論とは、哲学者に反対する哲学であり、理性の作用それ自体に差し向けられた一連の理性の作用であり、非合理主義である。

だからヒュームの方法には確かに二元論がある。一面では彼の方法は合理主義である。彼は、万有引力という物理学の原理に似た原因と法則とを、道徳界において決定しようと努めている。彼は道徳科学の建設者であって、後になって、ある学派がこぞってこの道徳科学を演繹的、体系的な形態に整えようと努力を傾けることとなっていた。彼から観念連合理論的独断論が生じ、また彼から、同国人でもあり友人でも弟子でもあったアダム・スミスの経済理論が生じている。しかし他面では、彼は一般には懐疑論者として通っている。すなわち、世界から必然の観念を消去することに努めており、また新しい科学の創造に努力するどころかすでに樹立されている学問の科学的、合理的外見を破壊しようとしている懐疑論者として通っている。しかもその上、ヒュームの批判には、行動を麻痺させ停止させる傾向がいささかもない。結局のところヒュームが、行動能力を麻痺させるというまさにその理由で非難するのは、むしろ内省である。理性の反論にもかかわらず生命の持続が経験的に立証しているところによれば、楽観主義は合理主義と結合しているわけではないし、また、いかなる論理的幻想に欺かれることもなく、自然を神慮と混同することもなく、あるいは本能を理性と混同することもなく、本能を信頼し、自然に身を委ねていればよい。ヒュームの哲学は懐疑論というよりはむしろ自然主義である。純理論家の一派が彼の名を聞くと常に抱く不信の念は、そこから生まれる。おそらくベンサムはヒュームを自分の師父の一人と見ていた。けれども、プリーストリが一七七四年に共通感覚《コモン・センス》哲学に反論するために書いた論説の中で力説した見解は、ヒュームが懐疑論を好んだせいで、ロックおよびハートリの健全な理論の信用が失墜させられたとする。(31) 五〇年以上も後に、ベンサムの愛弟子ジェイムズ・ミルは、「偉大な発見」をした栄誉をヒュームに認めると同時に、ヒュームはいくつかの「すばらしい発展」をもたらしたけれども、「少しばかりの意外な、あるいは逆説的な結果を探究しようと」[32]して道を誤ったと、嘆くことになる。それにもかかわらず、一面では合理主義的な、他面では自然主義的な、二つの傾向の葛藤が、観念連合理論そのものの中に現実に存在する。本書で、以下の分析において思想の大きな動きの中でそれが絶え間なく再生されるのを見ることになる。

しかし、この動向に属する哲学者たちは、何にもまして実践的改革者たちである。観念連合の原理の中に、彼らは、理論的であると同時に芸術に転換可能でもある社会科学を構築するための支点を探究している。ゲイがみずからの論文で観念連合の原理をあらゆる心理学的現象の説明に拡大することを提唱したとすれば、それは、当時すでに有益性の原理と彼が呼ぶことができた原理に立脚する道徳哲学を構築するためである。しかし有益性の原理という名称が初めて現れるのは、ヒュームの著作の中であり、またベンサムが、一七七六年に刊行された自分の最初の著作『統治論断片』でその原理の発見の栄誉を与えているのは、ヒュームである。[33]だからヒュームを、最大幸福主義道徳理論の先駆者と考えて差し支えない。しかしながら彼を観念連合理論の建設者と考えることはできても、最大幸福理論の建設者と考えることはできないであろう。

事実、ある面から見て、ヒュームは、後に最大幸福主義道徳理論家たちが理解するのと同じ意味で道徳の科学を理解しているわけではない。おそらく、彼はニュートン主義路線を歩んでいる。彼は、人格の価値という概念の分析に「実験的方法」を適用することをはっきりと意図している。彼の信ずるところによれば、善悪の区別とそれ以外のある明白な心理学的区別との間に、共存の関係、すなわちそれら二つの区別が同じ割合で同じ原因の作用によってともに変化するという共存関係が、もし確認されるならば、両者相互の同一性を結論できる。一般法則は、現象が多様に見え、矛盾しているように見える時でさえ、それらを説明可能にするであろう。[34]「ライン河は北に流れ、ローヌ河は南に流れる。しかし両者は同じ山に源を発し、そして同じ重力の原理により正反対の方向に引っ張られる」。道徳哲学の領域において万有引力の原理に相当するものは、有益性の原理である。事実われわれは、ある行為が社会的利益に合致していると思われる程度によって道徳的賞賛に値すると評価する。しかしヒュームは、純粋に実験的方法に従うことを主張するから、それゆえにこそ、道徳哲学の仕事は命令を発することであるとは考えない。彼はあるがままの現実を探究する。道徳理論家の大部分が同じように論理を進めながら、たちまちにしてあるべき規範を規定することに没頭するのは、論証すべきことを論証ずみとする奇妙な論点先取りによってである。[35]ところで、もしここに論点先取りを見るべきだとすれば、この反論はベンサムに当てはまる。なぜなら、ベンサムの支配的な思想はまさに、有益性の原理の中に科学的法則と同時に実践的命令を発見した、すなわち現実と規範とを不可分のものとしてわれわれに教える命題を発見したというものだからである。[36]ヒュームによれば、理性は本質的に不活発なものである。理性は、諸観念を比較するためにだけ作られているのであって、ある行為の中の善悪を区別する能力を持たない。道徳判断は、観念に基礎を置くのでなく、印象、「感情」に基礎を置く。この感情を分析すること、実際に何が道徳感情であるかを語ることが、道徳理論家の仕事である。[37]ヒュームが使用したのとまったく同じ意味でベンサムが理性および感情という言葉を使用していないのは確かである。とはいえ、ベンサムが『道徳および立法の原理序説』において道徳を感情の支配から引き離して理性の支配に服せしめることをはっきりと提唱しているのは、特徴的なことである。[38]

しかし他面では、興味あることに、ヒュームの著作の中には、彼の思考が複雑であり、単純な解決を信じていないからこそ、有益性の原理についてのさまざまな解釈、すなわち提出される可能性のある解釈や、実際に後に提出される解釈が、萌芽状態で存在することが認められる。快楽は人間行動の目的であるという命題は、ヒュームの主張する一般命題と合致する。「なぜ運動をするのかと人に尋ねるならば、健康を保ちたいからだと彼は答えるであろう。もしあなたがさらに、なぜ健康を保ちたいのかと尋ねるならば、彼はためらうことなく病気は苦痛だからだと答えるであろう。あなたがもし、さらに質問を推し進めて、いかなる理由で彼が苦痛を嫌うのかを知ろうとして尋ねても、彼はあなたにもう、どんな答えも返すことができない。このことが究極の目的であり、もう他のいかなる対象にも帰せられないからである」(39)。しかし、私にとって快適なものが、必ずしも私の隣人にとって快適なものとは限らないし、また私にとって苦痛であるものが隣人にとって苦痛であるとは限らない。私の欲求がおのずから向かう対象が私の快楽であり、私の嫌悪がおのずから向かう対象が私の苦痛であるならば、一般的有益性の追求に駆り立てる道徳感情は私の自然〔本性〕の一部を構成するのに、私を私的利益の追求に駆り立てる道徳感覚はそうではないと、どうして考えられるであろうか。この問題には三つの回答が可能である。そのすべてがヒュームの中にある。それらは、論理的に区別され、おそらく相互に矛盾している三つの理論を形成する。それにもかかわらず、それらのうちのどれ一つとして、すべての有益性理論のうちに多少ともはっきりした形で現れないものはない。

第一に、各個人の良心の内部において、隣人の幸福に直接に関心を抱かせる共感という感情の作用によって、私的利害と一般的利害との一致が自然発生的に生じることは、誰しも認めることができる。そしてこれは、利害の融合の原理と呼ぶことができる。だから、共感の原理は有益性の原理の特殊な形態と見ることができるから、「道徳感情」の理論を作り上げる十八世紀の道徳理論家たちは、すでにしばしば「最大幸福主義者」と考えられている。そうしてこのことは、彼らの著作を検討すれば確証される。一七五一年に出版された論説においてジョン・ブラウン〔一七一五－一七六六〕の提出した考察の意味はそのようなものであり、彼はそこでシャーフツベリ卿〔初代伯爵、アントニー・アシュリー・クーパー、一六二一－一六八三〕の著作を論じている。[40] ブラウンの思慮に富む考察によれば、シャーフツベリにおいては、理想主義的な言葉が、プラトン主義者が予想だにしなかった有益性の観念を表明するために使用され続けている。それはまるで言語学的適者生存現象ででもあるかのようである。グラスゴウ大学道徳哲学教授、ヒュームの先駆者でアダム・スミスの師ハチスン〔フランシス、一六九四－一七四六〕にあっては、事態はもっと明確に進展している。ヒュームとアダム・スミスが互いに直接面識を得るようになったのはハチスンの仲介によるものであったという推測は、少なくとも考えられないことではない。[41] 彼は、ヒュームより前に道徳理論にニュートン的方法を導入することを主張している。[42] 彼は、ベンサムより前に、「行為の廉正および善良性」を「全体の幸福に役立つその行為の性質、あるいは全体の幸福を願う心から流れ出るもの」と規定している。彼は、ベンサムによってやがて古典的定式とされる定式をすでに使用している。「（ある与えられた行為の）道徳的害悪すなわち悪徳は、不幸の程度と被害者の数とに比例する。したがって最善の行為は最大多数のための最大幸福〔「最大多数の最大幸福」とアレヴィは訳した〕を実現する行為である」。[43] そうして、ハチスンの『道徳哲学体系』のある章は、ベンサム学派において後に道徳算術と呼ばれるものの一定の要素を含んでいる。[44] 最後に、ヒュームは、利己的体系を理論的単純化の要求が過度な場合の産物だと考えている。この単純化はかえって説明を複雑にするものであるし、また経験的方法はこの単純化を物理学においてよりも道徳理論において一層強く非難する。[45] 彼は、利己的感情と社会的感情との間に矛盾を設定することを容認しない。これらの感情は、利己心と野心、利己心と報復心、利己心と虚栄心ほどに相互に対立するものではない。逆に、社会的感情は、われわれの利己心の空虚な形式に一つの内実を与えるのに必要なものではないか。ひとたび有益性の原理が容認されれば、共感の原理はその時それの必然的帰結のように思われる。なぜなら、共感によってのみ他人の幸福がわれわれに影響するからである。本書では後に、最大幸福主義道徳理論があらゆる努力にもかかわらず利害の共感的融合の原理を完全に抜け切ってないことを考察する。ベンサムは、『道徳および立法の原理序説』において、共感の快楽を取りあげ、しかもそれを仁愛あるいは善意と呼んでいるし、また個人は利害によるだけでなく共感によっても相互に結合することがあることを認めている(46)。

しかし、ベンサム以前におけるブリテン道徳哲学の展開のうちには、それとは非常に異なる傾向も見られる。利己心は人間本性の唯一の性向ではないとしても少なくとも支配的な性向であるという観念は、十八世紀ブリテンの道徳理論家たちに次第に定着してくる。ヒュームは、その公理が事実においては誤りであるかもしれないということを認めながら、それが政治においては正しいという考えを強力に主張する。というのは、一方では、名誉の感情は、孤立した個人にときおり影響することがあるとしても、党派に属する人間として考えられる個人にはただちに影響しなくなるからである。人は、共通の利益に役立つすべてのことに関して、自分の党派の是認が得られるものと確信しているものではないであろうか。その上、あらゆる集団は多数決で決定を採択する。だから、利己的動機が多数に影響する(常時見うけられるのはこのような場合であろう)だけで充分であろう。集団全体はそれだけでこの特定の利害の誘惑に屈し、あたかも公共の繁栄と自由とにもっぱら心を用いる成員を一人も含まないかのように行動する(47)。しかし、政治学を経験的、客観的科学として構築することは、最大幸福主義道徳理論家たちすべての中心的関心事ではないであろうか。したがって、人も知るように、ベンサムは、利己心が人間の行動に、唯一ではないとしても支配的な影響を及ぼすものであることを、ヒュームと同様、しかも彼ほど留保しないで、容認する傾向がある。彼は、その上さらにその論議を絞って、「あらゆる情念のうち最も計算に動かされやすい情念、そしてその強さ、恒常性および普遍性のゆえに過剰になることを社会が最も憂慮しなければならない情念は、金銭的利益という動機に呼応する」情念であると、言明している。(48)有益性の哲学者たちすべてと同じくベンサムが追求する目的は、道徳理論を精密科学として構築することである。だから彼は、尺度として最もよく役立つと思われる感情を人間の魂の中から取り出そうと試みる。ところで、共感という感情は、他のあらゆる感情に比べてこの条件を満足させないように思われる。共感という感情が、ある法則に従ってその対象の数に応じて変化するというのは、不合理ではないであろうか。逆に、利己的感情は、他のあらゆる感情にもまして、客観的等価物を認める。苦痛の恐れは、問題の苦痛がまさしく利己的苦痛である場合、例えば一定額の罰金を科される恐れが問題である場合、ある正確さで評価され、他の恐れと比較される。ベンサムの心に有益性の原理を刑法の理論に適用するという考えが最初に浮かんだように思われる理由はここにある。ある希望は、期待される快楽が利己的性質のものである場合、例えば一定数の等しい貨幣量を受け取れるという希望が問題である場合、ある正確さで評価され、他の希望と比較される。「利己心の教義」である政治経済学が有益性の原理のおそらく最もよく知られた応用であるとされる理由はここにある。

しかし、たとえ利己的動機が支配的であることが認められても、有益性の原理は、たぶん二つの異なる仕方で解釈できるし、また過去において実際に二様に解釈された。その二様の解釈は、利害の融合という命題と向き合った時、新しい二つの命題を生み出す。

最初に、次のように推論できる。利己的な動機は人間本性の中で支配的であること、またさらに人類は生存し存続していること、これら二つのことが認められるのであるから、承認されなければならないのは、利己心はお互いに調和し、機械的に人類の利益を生み出すということである。ベンサムは後に議論をさらにもっと先に進め、そして利己的動機の支配的なことを立証するために、人類の持続を論拠とする。もし各個人が自己の正当な利益を顧みないで隣人の利益を促進することに没頭したら、人類は一瞬たりとも生きながらえることができようか[49]。優れて逆説的性格を示してはいるが、それにもかかわらず世に受けいれられるようになることを約束されているこの命題は、利害の自然的一致の命題と呼ぶことができる。

マンドヴィル〔バーナード、一六七〇?―一七三三〕は、一七二三年に刊行された『蜂の寓話』〔初版は一七〇五年、改題は一七一四年〕で、個人の悪徳は公共の利益になるという理論、「私悪は公益」という理論を展開した。彼が自信満々に指摘したのは、「友としての絆を作る資質も、人間本来の親切な感情も、理性によって習得できる真の徳性も、自己犠牲の精神も、いずれも社会の基礎ではない。自然的害悪であれ道徳的害悪であれこの世においてわれわれが害悪と呼ぶものこそ、われわれを社会的存在にする偉大な要因である[50]」ということであった。しかし、マンドヴィルが害悪あるいは悪徳と呼ぶものは何であろうか。利己心であろうか。もし利己心が公共にとって有益であり、またもし他方で個人において公共に有益な資質を美徳と呼ぶことに一般の意見が一致するならば、なぜ利己心を悪徳と呼ぶことに固執するのであろうか[51]。この批判こそは、ヒュームおよびブラウンからゴドウィン〔ウィリアム、一七五六―一八三六〕およびマルサスに至る最大幸福主義的伝統に繫がりを持つすべての道徳理論家がやがてマンドヴィルに向ける批判である[52]。もしマンドヴィルが、誤り混乱した道徳理論の概念に立脚した当時の用語法を再検討することから始めたならば、彼は利害の一致の命題を発見したであろうし、文士、逆説作者として過ごすのでなく道徳科学の進歩のために働いたであろう。というのは、最大幸福主義政治経済学は、アダム・スミス以後完全に利害の自然的一致の命題に基礎を置いているからである。交換機構と分業によって、個人は、自分に固有の利害をそれぞれ追求しながら、そうする意図も知識もないまま、直接に全体の利益を実現するために働いている。おそらく共感の原理に自分の道徳理論を基礎づけているアダム・スミスには、政治経済学においては正しい利害の自然的一致の命題が道徳理論においては誤りであることを認める用意があったように思われる。しかしながら、利己心の体系の理論家たちにとって、自分たちの理論を正当化するように思われる命題を専有することははなはだ魅惑的であった。

さらにまた、以下のような命題は逆説的だと考えてもなんら差し支えない。すなわち利己心は直接的に調和するし、また利己心は、利害の自然的一致の命題を放棄しなくても、ハートリの展開したもっと穏和な理論と調和するという命題、すなわち利害の同一化は疑いもなく必然的に生じるが、しかし漸進的、漸次的でしかないという理論と調和するという命題である。ハートリの主要関心事は、観念連合の機構がキリスト教的楽観論、すなわち究極目的の考察に基礎を置くキリスト教的楽観論と一致することの立証である(53)。ハートリはまず純粋にベンサム的な用語をもって、何ものにも還元不可能で明確に相違するようにわれわれには見える快楽のすべてが、実際には複雑さの程度が違うだけであり(54)、すべては単純な要素がいろいろな形に結びついた集合体であることを、理論的に確定した後、観念連合の機構だけで共感感情も利己心もすべての感情の形成を説明できると考え、その上、快楽の量は数学的な数列に従って苦痛の量を凌駕する傾向を持つことを立証できると考える。「こうして観念連合は、快楽と苦痛がともに交互に感じられる状態を、純粋に快楽だけが感じられる状態に変えるであろう。あるいは少なくとも、限りなく観念連合の影響下にある人びとを、この後者の状態に限りなく接近させるであろう(55)」。

このことは楽園回復の約束であると、ハートリは適切な用語で語っている。「観念連合はわれわれすべてのものを結局のところは類似したものであると考える傾向があり、したがってもし一人が幸福であればすべてのものが幸福であるに違いない」[56]。プリーストリは、ハートリからその理論を借用するけれども、ハートリの場合に複雑に絡んでいる神学的要素をその理論から除去する[57]。それは無限進歩の理論となる。本書はその理論の行方を後に検討することとする。

しかしまた、別な推論をすることもできる。すなわち、個人は、大体において、あるいはまったくのところ利己主義者であるといつでも認められるが、それにもかかわらず、利己心の調和が、即座かあるいは徐々かの違いはあれど、否定されることもありうる。だから、諸個人の利害の中で個人の利害と全体の利害とを一致させなければならないと言われるし、またこの一致を実現するのは立法者の仕事であるとも言われる。そうしてこれは、利害の人為的一致の原理と呼ばれていい。ヒュームは、政治的著作家たちが自明の公理としてすべての人間は原則としてごろつきと考えられるべきであるとする主張に賛同した後で、ひとたび設定されたこの原理から、政治技術というものは個人を彼らの利害を通して支配することであり、彼らがわがままであり野心満々であっても、公共の利益のために協力するような政略を創案することであると結論する。もし政治がこのように行われなければ、立派な憲政の恩恵にあずかっていると誇ることは空しい。結局のところ、人間の自由と幸福にとって支配者の善意以外に保障はないこと、つまりいかなる保障もないと述べるに等しいことがやがて分かるであろう[58]。——ところで、ベンサムが初めて有益性の原理を採用するのは、この最後の形式においてである。彼は後に、ときとして利害の融合の原理を使用することがある。彼は後に、政治経済学において、アダム・スミスの思想とともに利害の自然的一致の原理を採用することがある。しかし、彼の理論において有益性の原理がまとう素朴かつ原初の形態は、利害の人為的一致の原理である。ベンサムは立法者に対して、よく整備された刑罰法規を適用して道徳の大問題を解決し、個人の利害を集団の利害と一致させるよう訴える。彼の最初の大著は、『道徳の』だけでなく、とりわけまた『立法の』『原理序説』である。

これは、フランスの哲学者エルヴェシウスがその有名な著書『精神について』〔一七五八年〕の中で行ったばかりのことではないであろうか。そして、この作品がたとえ今日いかに忘れられていようとも、それが刊行された時に全ヨーロッパに及ぼした影響力は、いくら強調しても強調しすぎることはないであろう[59]。イングランドでとりわけ深く、かつ永続的であった影響と、ベンサムが最も早くにその影響を受けた一人であったことを、強調しすぎるということがありうるであろうか。それにエルヴェシウスは、ヒュームの弟子と自称しているではないか。またイングランドの読者は、フランス哲学者の著作の中でいわば異郷にさまよう、自国哲学者の思想に再会するのではないであろうか[60]。しかもなお、ヴォルテールやモンテスキューが哲学と政治学を学ぶためにイングランドに出かけた時代はもう過ぎて、この頃は逆の現象が生まれている。みずからの国においては信用が失墜したイングランドの「自由思想家たち」は、フランスで一学派をなした。イングランド人たちがそこへ綻びた伝統を繕いに行く。良家の子弟たちがフランスに渡航して自分たちの教育を完成する慣習〔グランド・ツアー〕が確立するのは、この時代である。ジェレミ・ベンサムの父は裕福なブルジョアにすぎない。しかし彼は、フランス語を知っているし愛しており、英語の単語と特有のいい回しの交じった、一種の奇妙なフランス語で毎日、日記をつけている。彼は、六歳ですでにラテン語とギリシア語を学んでいた自分の息子をフランス人家庭教師に委ね、その指導の下でジェレミは、ペロー〔シャルル、一六二八―一七〇三〕の『物語』〔一六九一年朗読発表、一六九五年最終版刊〕からヴォルテールの『物語』までを急速に読破し、もし彼の言明を信ずるとすれば、〔フェヌロン作〕『テレマック〔の冒険〕』〔一六九九年〕の文章の中に、すでにして有益性の原理が放った最初の閃光を発見する。[61] 次いでベンサムは一七五五年にウェストミンスター校に入学し、一七六〇年には〔彼は僅か十二歳であり、若過ぎるという理由で宣誓を猶予されて〕オクスフォード大学に入学する。[62] 一七六三年に文学士となり、リンカンズ・イン〔法学院〕に学生として登録されるが、彼はその後高名な法学教授ブラックストン〔ウィリアム、一七二三―一七八〇〕の講義を聴きにオクスフォードに戻っている。しかし、彼が育った環境も彼が耳を傾けた教師たちも、反発を感じさせただけで彼に対して何の影響も及ぼしていないように思われる。この頃に彼が深い影響を受けたのはフランスからである。一七七〇年にベンサムはパリに渡る。[63] しばらくして彼は、フランス語で弟と文通を始める。[64] ヴォルテールを読み、その小説の一つ〔『白い牛』〕を英語に翻訳する[65]〔一七七四年〕。モンテスキュー〔シャルル・ルイ・ドゥ、一六八九―一七五五〕を彼はあまり評価しない。[66] 彼はモーペルテュイ〔ピエール・ルイ・モロー・ドゥ、一六九八―一七五九〕から道徳計算の一定の定式を学ぶ。[67] シャトリュ〔侯爵、フランソワ・ジャン・ドゥ、一七三四―一七八八〕の論説『公共の幸福について』〔一七七二年〕を彼は愛読し、交際を持つに至る。[68] とりわけ、彼がエルヴェシウスを読み、そして自分の天職を発見するのは一七六九年のことである。少年期の彼にとって悩みの種であった一つの問題があった。彼は才能という言葉の意味を理解しかねていた。彼はエルヴェシウスの中にその言葉の語源的な意味を発見する。才能（*génie*）は「産み出す（*gigno*）」から来た言葉で、発明（*invention*）を意味する。そうだとすれば、自分の才能は何であろうか。そしてまた、あらゆる才能のうち、最も有用な才能とはどんな才能であろうか。エルヴェシウスは彼に答える、立法の才能である。しかし、自分に立法の才能があろうか。「声を震わせて」彼は自答する、「ある」。[69] さらに数年後に、彼はある手稿の最初の行で自分の野心を打ち明けている。「ベイコン〔セント・オールバンズ子爵、フランシス、一五六一―一六二六〕と自然界との関係はエルヴェシウスと道徳界との関係に等しい。道徳界にはベイコンがすでに存在するが、しかしまだニュートンは現れるに至っていない」[70]。

エルヴェシウスは、ヒュームの例にならって、「道徳理論を他のすべての科学と同じように扱い、道徳理論を経験的物理学のように作ろう」[71]としている。彼は道徳理論に「公共の利益とはすなわち最大多数の利益のことである」[72]という原理を設定する。そして、「最大多数にとって有益な行為を実践する」中に正義があるとする。行為および思想に賞賛あるいは非難が与えられるさいにそれを決定する唯一のものが利害であるというのが、彼の書物の基本命題である。――思想についてはこうである。なぜわれわれはいろいろな科学の間に階層的序列を作るのであろうか。それは、それら科学が示す内的性格、すなわち複雑性あるいは困難性の程度の大小によるのではない。チェスの科学はたぶん、抽象数学と同様に複雑であるが、有益性は少なく、したがって評価も高くない。われわれは知識のいろいろな序列をその有益性に比例して評価する[73]。この原理を、ベンサムは後に『クレストメイシア』〔一八一六年〕において科学の分類の試みに適用するために、再び取りあげる。――行為についてはこうである。「自然界が運動の法則に従っているとすれば、道徳界はそれに劣らず利害の法則に従っている」。そして、もし個人的利害が人間の行為の唯一にして普遍的な価値評価基準であるとすれば、特定個人に関わる限りにおける誠実とは、その定義によれば、「この個人の行為が持つこの特定個人に有益な慣性[74]」にほかならない。特定個人に関してはそうであるとして、しかし、社会に関連してはどうであろうか。これこそは常に提起される同じ問題であるが、エルヴェシウスは、利害の人為的一致の原理に賛同することでこれに回答する[75]。

彼は、モンテスキューが『法の精神』において展開した風土の理論に反対である。モンテスキューの自然的な、いわば地理的な決定論に対して、エルヴェシウスは道徳的決定論を対置する。人間は、地理的環境の産物であるというよりは、社会的環境の産物、言葉の最も広い意味での教育の産物である。「精神の不平等をもたらす真の原因を突きとめるべきところは、もっぱら道徳の中である」と、彼は語っている。(76) この理論からは、人間には、人間本性の法則について獲得する認識のおかげで人間を改造もしくは改良する無限の力が備わっているという帰結が得られる。これは、十九世紀の初めに、ベンサムの弟子ジェイムズ・ミルあるいはゴドウィンの弟子ロバート・オウエン〔一七七一―一八五八〕のような教育理論家たちが再び取りあげる理論である。すなわち教育によって、個人は自己の利害と一般的利害とを一致させることを教えられる。ところで、ベンサムとゴドウィンとは二人ともにエルヴェシウスの弟子である。個人間の不平等のすべてが道徳的原因から生ずるものである以上、性の不平等の原因もそうであるに違いない。それは、社会的にして変えることのできる原因によるのであって、生理的にして変えようのない原因によるのではない。(77) エルヴェシウスは女性解放論者である。一七九二年に『女性の権利の擁護』をもってイングランドの女性解放論を創始するのは、ゴドウィンの妻メアリ・ウルストンクラフト〔一七五九―一七九七〕である。そして一八三二年に近いころには、最大幸福主義的急進主義者の大部分もまた、ベンサムを筆頭にして女性解放論者である。教育の技術、つまり情念を鼓舞し規制する技術が存在し、その原理は「幾何学の原理と同様に確かである」(78) とエルヴェシウスが述べているのを見れば、ベンサムが精密道徳科学を構築しようという希望を抱いたのが、誰の影響によるものであったかは明らかである。

エルヴェシウスはさらに、「教育」という言葉が最も広い意味で理解されるよう訴えている。「あえて言うならば、各人にとっては、自分たちが生活している統治形態も、友人や先生たちも、周囲の人びとも、読書も、そして最後に偶然も、すなわちわれわれが無知のために関連と原因を認めることができない無数の出来事も、教師である」[79]。だから、立法者は教育家、道徳理論家である。道徳と立法とは「まったく同一の科学」[80]にほかならない。人びとを有徳にすることができるのは、もっぱら良き法律である。立法者の技術はすべて、人びとを自己愛の感情によって常に相互に対して公正であるように仕向けることにある[81]。道徳理論家の研究はすべて、用いるべき顕彰と刑罰の使用法を決定し、また個人的利害と一般的利害とを結合する上で顕彰と刑罰からどんな助力が引き出せるかということを決定することにある。この結び付きこそが、エルヴェシウスにとって「道徳理論がみずから設定すべき主要課題」[82]である。そしてさらにもっと正確に、間もなくベンサムが実現を試みるのと同じ綱領を、まるで後を追うかのように、こう素描する。「法律の優秀性が左右されるのは、立法者の見解の統一性と法律自体の相互依存関係である。しかし、この相互依存関係を確立するには、すべての法律を単純な原理に還元できなければならない。例えば公共の有益性という原理、すなわち同じ統治形態のもとにいる人びとの最大多数の有益性という原理である。この原理がどんな内包と外延を持っているかは、まだ完全には知られていない。この原理は道徳と立法とをすべて包括する」[83]。

エルヴェシウスの理論は、ブリテンに広まる以前に、イタリアに広まった。イタリアではベッカリーアが、有名な書物の中でエルヴェシウス哲学の原理を刑法の分野に体系的に応用しようと試みている[84]。『犯罪と刑罰』は一七六四年、モルレ〔アンドレ、一七二七―一八一九〕のフランス語訳は一七六六年、最初の英訳は一七六七年に現れる。ベンサムは、エルヴェシウスの弟子であるのと同様に、ベッカリーアの弟子でもある。一方では、ベンサムは、法律の問題を解決するために有益性の原理の適用をベッカリーア以上に推し進め、普遍的法典の編纂を企画、開始し、全刑法典を編纂する。また彼の『道徳および立法の原理序説』は、明らかにエルヴェシウスから借用された表題を付けられる以前には、『刑法典序説』[85]と名づけられるはずであった。他方では、彼は、有益性の哲学の原理に数学的厳密性を与えるために、ベッカリーアの小冊子〔『犯罪と刑罰』〕に散在するさまざまな考察を利用した。そしてその小論説の中に、エルヴェシウスよりももう少しはっきりとした「最大多数の最大幸福(86)」という定式を見出している。苦痛の重力を構成する要素の分析、すなわち密度と持続時間、時間距離と確実性の分析はベッカリーアの創始(87)したものであるが、こうした分析の中に、ベンサムは自分の道徳計算を構成する第一次的要素を認める。彼は書いている。「先生、世界初の理性の福音宣教者である先生、先生はご自分の祖国イタリアをイングランドよりはるかに優れた国にされました。またもし仮にエルヴェシウスが法律の議論をしなくて、かつて先生を助けたことがなく、先生に基本観念を提供することもしていなかったならば、フランスよりはるかに優れた国にされたと、私は付け加えるでありましょう。先生が法律に関する理性を語っておられる時に、フランスでは戯言しか語られませんでした。とはいえ、その戯言はイングランドの戯言と比べますとまだ理性そのものでありました。先生は、有益性の小径に極めて多くの極めて有用な探検をなさいました。先生が私たちに残(88)されたものは、その小径から決して逸れてはならないということにほかならないのではないでしょうか」。ベンサムほど、自分の先駆者、同時代人および世紀から恩恵を受けていることを隠そうとしなかった思想家はない。

最後に言えば、ベンサムが教示をフランスおよびイタリアに求めるようになったまさにその時期にも、ベンサムの周囲のブリテンでは最大幸福主義道徳理論が、ゲイ、ハチスン、ヒュームおよびブラウンのような思想家によって長い年月をかけて準備され、絶えず完成の度合いを増して、発展し続けている。彼の哲学が後に基礎とする基本観念は、すでに彼の青年期の同時代人に流布された日常的観念である。またこの頃、イングランドで最大幸福主義理論のほとんど決定的な表現が、二人のともに聖職にあって名のよく通った著作家、一人は非国教徒のプリーストリ、もう一人は国教徒のペイリ〔ウィリアム、一七四三—一八〇五〕のうちに現れているのは興趣深い。

プリーストリは、一七六八年に出版された論説『統治の第一原理ならびに政治的、市民的、および宗教的自由の性質について』において、政治学の全問題を一気に解決する「偉大な基準」として、「成員の利益と幸福、すなわち一国における多数の成員の利益と幸福」を採用するよう提唱している。この観念がこれまで極めて多くの著作家に見逃されてきたことに彼は驚いている。なぜなら、「この独特な一般的観念は、適切に遵守徹底されれば、政治学と道徳理論……の全体系に可能な最大の光を投ずるからである」。彼は〔「道徳理論」のあとに〕「神学[89]」を付け加えさえする。というのは、神は自分が創造したものの幸福のみを気にかけておられると考えられるからである。しかし、この奇妙な思想家、この正真正銘の異端者、決定論者、唯物論者、イエスの神性の否定者、そしてそれにもかかわらずキリスト教の聖職者、さらには多作な歴史家[90]、政治活動家、偉大な化学者、ある人の呼ぶところでは「変幻自在のプリーストリ」は、自分の発見した、あるいは発見したと考える原理の体系的適用を、孤独と瞑想を終えてから企画すればいいものを、そうするのに必要な忍耐心を欠いている。ベンサムが「最大多数の最大幸福」という定式を学んだのは、本当に彼からであろうか[91]。ベンサムはそれをあるところでは肯定している[92]。しかし別のところでは、ベッカリーアの中にそれを見出したと主張している。彼はまた、エルヴェシウス後にそれを発見することもできたであろう。時流に乗った思想があらゆるところから同一定式により自己を表現する傾向があるのは自然である。

ペイリもまたプリーストリから自分の書物の主要観念を学んだかもしれないが、一七八五年の『道徳哲学および政治哲学の原理』においては、道徳理論および神学の問題に有益性の原理を適用している。

彼は幸福を、持続時間と密度だけの違う快楽の総量、もっと正確に言えば、快楽の総量が苦痛の総量を上回る超過分と規定する。[93] 彼の考えでは、道徳的行為はその性質によって不道徳な行為から区別されるし、法律の規準は有益性である。[94] どのように公共の利害と私的利害とが結合しているか知るという問題については、彼は、かつてのゲイと同様に顕彰と処罰を与える神に頼ることで解決する。[95] この著作はただちにケンブリッジ大学で道徳理論の古典的概説書となる。この大学でペイリは後に七年連続して講義をする。かなり以前からロック哲学[96]が教授されているこの大学で、この後は「ロックとペイリ」が教えられるようになる。ペイリは以後半世紀の間ずっと最大幸福主義道徳理論の公認の代表者となる。「ペイリ主義者」が非難されるようになるのは、「ベンサム主義者」が非難されるよりかなり前のことである。[97] 一八二八年においてさえ、ベンサムの弟子オースティン〔ジョン、一七九〇―一八五九〕は明らかに、法学講義の哲学的部分においてベンサムの『序説』よりペイリの『原理』から多くの教示を受けている。さらにもっと後に、コルリッジ〔サミュエル・テイラー、一七七二―一八三四〕は、特定の人物たちを「国の賢者」という皮肉な呼び名で総称してまったく同じ論調で非難するが、それはベンサムとマルサスではなく、ペイリとマルサスである。[98]

　ベンサムの友人たちは、彼の新しい書物が賞賛をもって世に受け入れられるか憂慮している。ベンサムは、原稿を印刷し、著作の校正刷を作ることにかけては信じ難いほど無精であるから、そのことで友人たちはしきりに気をもんでいる。一七七二年以降、彼は、法律の科学を改革しようとする大作に取り掛っている。[99] 一七七五年には、『法典全書計画』、すなわち法典全書編纂の計画をかなり進行させていたし、イングランドの偉大な法学者ブラックストンの全体系に反論する『注釈の評注』はほとんど完成に近づいたと考えている。[100] しかし一七七六年に、ベンサムは、この後者の著作〔『注釈の評注』〕から若干の部分を抜き出し、ブラックストンにおける統治機関法〔憲法〕の原理を検討する『統治論断片』[101]だけを出版することにしてしまう。ただ、彼は書くことはやめず、今度は『法学批判要綱』[102]に取り掛かり、一七七六年にはすでにかなり進捗している。しかし、その時、刑務所改革がロンドンで論議の的となる。一七七八年には彼は『苛酷労働法案についての所見』において、自分の刑罰理論の基本原理[103]を刑務所制度の組織化に極めて特殊に適用したものを公表するのみで満足してしまう。というのは、ベルン経済協会[104]から、最良の刑法改革案の考案者に対して賞金が一七七九年に贈られるという〔懸賞論文の〕提案が出されたからである。ベンサムはこれへの参加を夢見る。けれども彼は期限に間に合わず[105]、そこでロンドンで一七八〇年に、書き上げたばかりの『刑法典』の印刷に着手する。しかし今度もうまく行かず[106]、彼は、印刷の遅滞にうんざりし、他のことに没頭する。彼が不断に情熱を燃やしていたのは化学の問題であった[107]。この問題は、弟サミュエル〔一七五七―一八三一〕との文通の中で、法律の問題あるいは政治の問題よりも大きな場所を占めている。一七七五年にプリーストリの知己を得るのは、化学の初学者としてであって、社会改革家としてではない[108]。彼は一七八三年にドイツ語の応用化学の著作を翻訳、刊行する[109]。ところが彼は、リンカンズ・インにおける自分の弁護士事務所においてであろうと、後援者シェルバーン卿〔第二代シェルバーン伯爵、初代ランズダウン侯爵、ウィリアム・ペティ、一七三七―一八〇五〕所有のバウッドの館においてであろうと、絶えず法学に関する大作に取り組んでいて、差し当たっては『立法府の概観』を考え、原理の問題を深く掘り下げ、『間接立法』に関する論稿と『法律の移植』に関するもう一つ別の論稿を書いている[110]。彼は、自分の思想を大陸に広める手段を探し、一七八五年には、ロシアにおいてさる役職と地位についていた弟サミュエルと再会する。彼は、経済問題に興味を抱き、『高利の擁護』〔一七八七年〕を刊行して大変な成功を得る。改めて彼は、刑務所制度の改革に興味を持ち、弟の協力を得て模範的刑務所パノプティコンの設計図を書くが、その後それを採用してもらうために、二〇年以上無駄な努力を費やすこととなる。しかし、彼の理論的な大作はいつまでたっても現れない。友人ジョージ・ウィルスン〔一八一六年六月没〕は、ペイリの書物の刊行をベンサムに知らせるが、無駄であった。ペイリの刑罰思想の多くは、ウィルスンが常にベンサムの発見の中で最も重要だと考えていたものと一致している……。ベンサムは、もし自分が著作の刊行を遠慮していると思われているのならば、それはウィルスンおよび批評家たちの誤りであると、冗談で答えている。ウィルスンは抗議する、「その原因はあなたの気質にあるのです。あなたの十分の一の才能と、普通程度の着実性があれば、サミュエルもあなたもともに、とっくの昔に栄光に輝いていたことでしょう。ところが、私があなたを存じあげるようになってからのあなたの過ごし方は、優れた案からさらに優れた案へと常に走り続けることでした。その間にも、人生は過ぎ行き、完成されるものは何もございません」。ウィルスンは一七八八年に、ペイリがベンサムを剽窃しなかったと誰が断言できますかと、同じ非難を繰り返し述べている。これまでに若干の校正刷が、特にベンサムが一七八一年にアシュバートン卿〔初代伯爵、ジョン・ダニング、一七三一―一七八三〕に託した校正刷が、行方不明になっているではありませんか[三]。しかし実際には、ペイリの書物がただちに獲得した成功にもかかわらず、また無精で無頓着なベンサムが出し抜かれるままになっているにもかかわらず、ペイリではなくベンサムが最大幸福主義学派の首領となることを運命づけられている深い理由を探り当てることは、すでに可能であるように思われる。

　ペイリは聖職者である。したがって彼は有益性の道徳理論に神学的基礎を与える。ところが、彼の最大幸福主義の神学的性格のおかげでれっきとした大学が彼の教説を受け入れやすくなっているとすれば、その神学的性格のために彼はベンサムがなろうとしているものになれない。ペイリには、革命家および空論家の非妥協性が欠けている。一七七二年に、宣誓署名の問題、すなわちイギリス国教会の基本三十九箇条に対する同意義務の問題がケンブリッジ大学を揺さぶり、この手続の廃止請願署名が集められていた時、ペイリは、自由主義の側に共感を持っていたにもかかわらず、良心という贅沢に支出するだけの資力がないと楽しげに言い放って、身をかわしている。[112] ベンサムは良心の問題をもっと重大に考える。彼は一生涯、オクスフォードでの勉学期間中に五人のメソジスト学生が異端の罪のために追放された時のことを思い返しては恐怖する。その恐怖は、自分には信仰心がないのに三十九箇条に公然と同意することを義務づけられていることを知った時と同じ恐怖である。彼は、その時になめた苦悩を十字架に架けられたイエスの苦悩にたとえている。[113] ペイリは、「道徳感覚」の理論を批判して、ベンサムが後に用いる言葉と非常によく似た言葉で「本能に基礎を置く道徳理論の体系は、理由と口実をつけては既存の見解と慣行を是認する」[114]という懸念を表明したけれども、彼自身は保守主義者である。その体系は、宗教的、政治的だけでなく法的な既存の制度すべてのほとんど完全な正当化を含んでいる。ベンサムは、息子の将来に望みを託す父の願いを聞きいれて弁護士資格を得るが、やっと一、二回法廷で弁論しただけであった。すでにエルヴェシウスとベッカリーアの弟子であった彼は、公衆の費用で悪法を解釈する職業に従事して富裕になることを潔しとしない。[115] もしその職業に「溺れ」るならば、彼は間もなく、その雄大な意図に取り組むのに必要な才能も意思も失うであろう。彼は一七七二年に父に書いている。「僕は今、僕がいる道を喜びと希望に満ちて歩んでいきます。それ以外の道はどんな道でも、何の感激もなく、気が進まないまま、いやいや足を引きずっていくことになるでしょう。……お父さん、この大問題が片づかない限り、僕は何も手につかないと、これを最後に率直に申しあげることをお許しください」。[116] すでに彼は、学派を創設し、弟子たちに指示を与えて自分の書物を出版し広めてもらうことを夢見ている。すでにベンサムには、リンカンズ・イン法科大学院で、リンド[117]〔ジョン、一七三一―一七八一〕およびウィルスン[118]という自分の命令の下で働く熱意と決意を持ち、自分の思想を公刊する用意をしてくれている友人ができている。学校を卒業し、弁護士を辞めて、ついに彼は自由を得たように見える。彼が生涯のすべてを賭けることとなる悪弊に対する倦むことのない闘いを遂行する自由である。

もっぱら実践に心を奪われているため、ベンサムは形而上学の問題を気にかけない[119]。彼にとっては、外界の実在の問題もあまり重要ではない。「(私の前に置いてある)一切れのこのパンが彼らの言うように仮に存在しないとし、またこの美しい哲学から仮に私が何らの実践的結論をも引き出さないとすれば、その理論は私には何の利益もない。仮に何かの結論を引き出すとすれば、私は餓死するということになる」[120]。自由意思の問題も彼にとってはあまり重要ではない。スコットランドの哲学者グレゴリ〔ジェイムズ、一七五三―一八二一〕がその自由意思の問題を論じた自分の作品について、ウィルスンを介してベンサムの意見を求めてくる。ベンサムは、時間がないといって問題をかわし、そうしてウィルスン宛の返事の中でこっそりと、自分は自由と必然とを藁ほども気にしていないと付け加えている。忙しい職業に携わる人間が、このようなまったく思弁的な問題にどうしてかかずらわることができようか[121]。デュモンが推測したように[122]、ベンサムが著書の刊行に無精であった真の原因は、まさにこの無関心の中にある。『道徳および立法の原理序説』は彼の目には、法律全体の改革というまったく実践的にして立法的な巨大な仕事の序としてしか価値がない。原理の討議それ自体など、彼にとってどんな重要性があろうか。彼はすでに、『法典全書概観』の草稿を全部書き上げてしまって、フランスで出版してもらうようにデュモンに預けてしまっているが、それから友人の度重なる懇請によって『道徳および立法の原理序説』が刊行されるのは、やっと一七八九年になってからである。

『道徳および立法の原理序説』は、ほとんど原文通りに写し取られたエルヴェシウスの命題で始まる。[123]「自然は人類を苦痛と快楽という二人の主権者の支配の下に置いた。われわれが実行しようとする行為を決定するだけでなく、実行すべき行為を指示するのも、それら主権者だけである。一方における正と不正の規準、他方における原因と結果との連鎖は、それら主権者の玉座に結び付いている。……有益性の原理は、この服従を認識し、そしてこの服従が、幸福という建物を理性および法律の手によって建てることを目的とする理論体系の基礎であると考える。……有益性の原理という意味は、いかなる行為も利害関係者の幸福を増大させるか減少させるか、すなわち同じことになるのだが、この幸福を促進するか阻止するか、いずれの傾向を持つと思われるかによって、是認もしくは否認する原理である。私は、いかなる行為もすべてと言う。だから私人のすべての行為だけでなくあらゆる統治行為のことも言っている」。この定義の中では、ベンサムの著作にその真の性格を与えている二つの点が記憶されるべきである。

一つは、ベンサムは道徳の問題と立法の問題とをできる限り区別しないことである。「理性および法律の手によって」、また「私人のすべての行為とあらゆる統治行為」と、彼は書いている。道徳と立法は、原理、方法を同じくする。道徳は、広い意味では「対象とする人びとの利益のために、できる限り最大量の幸福を生むようその人びととの行為を規律する技術」[124]と定義することができる。だから、私がある人の行為を規律しようとする場合、場合によってはその人が自分自身であることもあろう。その時、道徳は自己陶冶の技術、すなわち私的道徳であろう。場合によっては私がある人の行為を規律しようとする場合、ときにその人が私ではない人であることもあろう。もしその人が成人でなければ、その人を統御する技術は、私的であろうと公的であろうと教育と呼ばれる。もしその人が成人であれば、最大多数の最大幸福を生み出すようにその人の行為を規律する技術は、統治行為が恒久的性格のものであれば立法、一時的性格のものであって、状況により左右されるのであれば行政に属する。——だからベンサムは確かに、立法を道徳の一特定部門としているように思われる。しかし、彼が道徳をいかなる意味で理解しているか、また彼が道徳の概念と立法の概念を混同しているとなぜ言えるのかは、はっきりしている。彼はエルヴェシウスの弟子である。ベンサムの良識が逆説的理論に手加減を加えているにもかかわらず、そうである。そうしてベンサムにとって道徳とは、命令的、支配的性格を示すものであり、あるいはまたこう言ってよければ、彼は、利害の人為的一致の原理という特定の形式において有益性の原理に同意している。人間本性の科学は、人類のために人間本性を制御することを可能にする。それは、物理的自然の科学が人類のために物理的自然の制御を可能にするのと同様である。そうしてさらに彼は、エルヴェシウスから直接に示唆された言葉でこう書いている。「刑罰と顕彰によって社会の幸福を増進させるよう努めるのが統治の事業である」[125]。さらにこうも書く。「行政官僚は、国の全成員の希望と恐怖に方向を与えることによって教師の役を演ずる。実際、よく気遣い、気を配る政府の下では、普通の教師、いや実の両親でさえ、いわば行政官の代理人にすぎず、その支配的影響は、各人に終生つきまとうものであり、普通の教師の影響とはこの点で違う[126]」。

もう一つは、ベンサムが意図する目的は、行動様式の客観的科学に基づいて道徳および立法の技術を初めて構築することである。有益性の原理は、これまで次々に提唱されてきた他の道徳的教訓とは違う。それは、道徳理論家の主観的な好みの表現ではなく、実際の真実、すなわち人間本性の客観的法則の表現である点で違う。それは、直接証拠を受け入れない。というのは、他のすべてのことを立証するのに役立つものは、それ自体が立証されることはありえないからである。けれども、人生のほとんどあらゆる機会とまでは言わないまでも、多くの機会に有益性の原理に従ったことがないというほど愚かな生き方、あるいはひねくれた生き方をする人間はいないし、かつてもいたことがないのは経験的事実である。それは、人間が意識しないで一般に採用し適用している原理である。だからその原理は、少なくとも間接証拠を受け入れるであろう。立証可能なのは次のことである、「人が有益性の原理との闘いを試みる時、自分ではそうと思わないで、その原理そのものから借りてきた論拠をもってする。彼の論拠がもし何事かを立証するとすれば、それが立証するのは、この原理が間違いであるということではなく、彼が考える適用の仕方ではそれは誤用されているということである」[127]。けれども有益性の原理は、対象とする個人の幸福を増大あるいは減少させる傾向に応じて行為を是認あるいは否認する。したがって、すべての人間は無意識のうちに有益性の原理の裁定に従うものであるということは、すべての人間が幸福をある量として考えており、快楽および苦痛を算数の演算〔加減乗除の法〕ができる価値として、また人間の行為の目的を科学の対象にできるものであると考えていると、言うのと同じである。ところで、ベンサムにより根本原理として定立されている有益性の原理は確かに、公理の自明さを持たない。彼の言を信ずれば、有益性の原理以外の道徳原理について語ることは、その矛盾した性格を明らかにすることであり、したがってそれに反論を加えることである。実際、有益性の原理と対立する道徳原理に反論を加えるということは、ベンサムの哲学においては、その道徳原理は社会科学の基礎として役立たないことを立証するということに帰着する。

最初に、禁欲主義の原理を検討しよう。ベンサムの述べるところによれば、禁欲主義の原理は「有益性の原理と同じように、いかなる行為についても、その利害関係者の幸福を増大させる傾向あるいは減少させる傾向のどちらを持っていると思われるかによって、是認もしくは否認するが、しかし有益性の原理とは逆の仕方によってである。すなわち、利害関係者の幸福を減少させる傾向がある限りで行為を是認し、それを増大させる傾向がある限りにおいてそれらの行為を否認する」[128]。自己犠牲の道徳理論はたぶん、将来の快楽のために眼前の快楽を犠牲にするのがよいという考えから生まれる。だから快楽が常に行為の目的である。犠牲の道徳理論はまた、個人の利益は公共の利益のために犠牲にされなければならないということに基礎を置くことができる。しかし、ベンサムは尋ねる。公共の利益は個人の利益の総和でなくて何であろうか。禁欲主義の原理は、統治の科学の基礎として役に立たない。それは万人に適用できない。「自分自身を不幸にすることに何らかの価値があると考えられたにもせよ、他人を不幸にすることが価値のあることであろうとか、ましてや義務であろうという考えが、かつてだれかの頭に思い浮かんだとは思われない。もっとも、もし一定量の不幸が極めて望ましいものであれば、それを各人が自分に引き受けるのか、あるいはある人が他人に課すのかは、たいした問題ではないように思われる[129]」。

有益性の原理と対立するもう一つ別の原理を検討しよう。それは、ベンサムが共感および反感の原理と呼ぶものであり、また別のところでは気まぐれの原理あるいは恣意の原理と呼ぶものである。哲学者はこれまで次々と道徳の基礎としてさまざまな原理を提案してきた。そうしたすべての原理をベンサムは、禁欲の原理を除いて、この共感および反感の原理という項目の下に一括する。ところで、場合によっては、これらさまざまな原理は有益性の原理に還元可能である。例えば、理性は、最大多数の最大幸福を目指す義務を、法律は有益性と一致する義務を、自然法は有益性の命令あるいは「指揮[130]」を意味する。しかし、この場合、迂回した表現あるいは隠喩的な表現にどんな取り柄があるであろうか。またある場合には、あらゆる形態の共感と反感の原理は、名目的で実体のない原理である。それは、積極的な原理を構成しない。それどころかむしろ、原理の完全な不在を意味する。「原理というものに期待されることは、ある客観的に考察すべき事柄を、是認と否認という精神的感情を制御し規律する手段として、指示することである。是認と否認の感情のそれぞれをそれ自体の理由および規準として提示するだけで、それ以上のこともそれ以下のこともしない命題によっては、この期待は満たされることはない[131]」。もし各人が他人に自分の本能的で不合理な好みを押しつけようとするならば、恣意的原理は専制的原理である。しかし、科学には権威主義の入る余地はない。すなわちベンサムがピタゴラス学派の「彼自ら言えり〔先生はおっしゃったという意味。転じて、そう言うだけで証明ずみとすること〕」に言及しつつ「証明されていない理論」と呼んだものの入る余地は、科学にはない。もし個人がそれぞれ道徳に関して自己の判断規準、自己の判定様式と感応様式を持つことに同意すれば、恣意的原理は無政府的原理である。しかし科学には主観主義の入る余地、すなわちベンサムが「感情主義」と呼ぶものの入る余地はない[132]。

要するに、禁欲原理と感情原理は除外され、有益性の原理だけが道徳と立法について判断規準として役立つことができるし、社会科学を構築することができる。「数学と医学とは技術と科学の部門である。立法者は幸福の極大がみずからの努力の対象である限りにおいてこの技術と科学の部門の中に手術の手段を探し求めなければならない。有害な行為によって生ずる苦痛もしくは快楽の喪失は、疾病により生ずる症状のようなものである[133]」。そうして事実、ベンサムが着想を得るのは、これら二つの科学の類比からである。彼は、自分の道徳算術の規則を定立して[134]、数学的物理学と類似の数学的道徳理論を懸命に構築しようと努める。彼は、動機と犯罪の自然的分類の原理を探究するさいには、疾病を分類する医師と同じように振る舞う。あるいはまた、同一次元の科学にしようとして、彼は、属と種を分類する植物学者のように振る舞い、あるいは新しい科学に用語を与え、科学的学術用語を創り出そうと望む化学者のように振る舞う。植物学と化学[135]はベンサムにとっては特に好きな科学だったのではなかったろうか。

道徳の問題に計算をどのように適用するのであろうか。立法者が胸中に抱く目的は、快楽であり苦痛の欠如である。だから彼は、快楽や苦痛の価値を知らなければならない[136]。立法者がこの目的を実現するために使用しなければならない手段もまた、快楽と苦痛である。ベンサムの列挙する四つの制裁、すなわち政治的、道徳的、宗教的および自然的という四つの制裁は、すべて最後のものに帰着する[137]。またすべては一定の快楽の期待と一定の苦痛の懸念にあるのだから、したがってこの観点からも、彼がそれらの価値を知ることは重要である。だから、立法の科学は第一の条件として、快楽の量的比較が可能であることを前提とする。ホッブズからベンサムに至るイングランドの道徳理論家のすべては、この計算の規則を練り上げる上でそれぞれの役柄において貢献した。ベンサムは、集大成の仕事を遂行する。独立に考えられた個人にとって、それ自体として考えられた快楽と苦痛との価値の大きさを決めるのは、次の事情によるであろう。一、その内容の密度、二、その持続時間、三、それが生じる確実性あるいは不確実性、四、それが間もなく起きるかどうかという接近性あるいは〔時間〕距離。これらのものは、快楽あるいは苦痛の四つの要素、あるいはまた四つの次元であると、ベンサムは後に述べる。しかし、快楽あるいは苦痛の価値は、それらに引き続いて、あるいはそれらに伴って生まれる快楽あるいは苦痛との関係において考えれば、二つの新しい事情に応じて変化する。すなわち、その多産性、つまりある快楽もしくは苦痛から同一種類の感覚が引き続いて生まれる可能性であり、その純粋性、つまりある快楽もしくは苦痛から反対の種類の感覚が引き続いて生まれない可能性である[138]。しかしもし、もはや独立に考えられた個人ではなく一定人数の諸個人が考察される場合、以上の六つの要素に第七の要素、つまりその範囲をつけ加えなければならないであろう。すなわち、「快楽が及ぶ諸個人の数、あるいは〔言い換えれば）快楽の影響を受ける諸個人の数」である。こうした要素の知識によって、最大多数の最大幸福という定式は科学的な意味を帯びる。ベンサムは、道徳算術の規則を細部まで規定しようと試みた。それらの規則が扱う数のすべては、同じ性質ではない。快楽の密度には、最小限度がある。すなわち無感覚の状態と区別される最も微弱な程度の快楽である。快楽の持続時間には最小限度がある。すなわち意識に感知できる最小限度の持続である。ある快楽の密度と持続時間とは、それらの最小限度を単位として考えて、そこから限りなく増大することのできる大きさである。ある快楽の時間距離の最大なものは、その快楽の実際の実現である。ある快楽の確実性の最大は、快楽が実際に体験されて生ずる絶対的確実性である。ある快楽の時間距離と確実性とは、この最大限を単位として考えてそこから限りなく減少する大きさである。したがって密度と持続時間との程度は整数で表現され、また時間距離と確実性との程度は分数で表現されなければならない。その上、道徳算術の演算すべてが同じ性質ではない。さまざまな価値の快楽は足し算である。与えられた快楽の価値とそれを体験する個人の数は掛け算である。価値を構成する諸要素相互は掛け算である。すなわち密度を表現する数に持続時間を表現する数を掛け、大きさを表現する数に時間距離あるいは確実性を表現する数を掛ける(139)。おそらくベンサムは、この計算方式が道徳的賞賛および非難のすべての判断に、またすべての立法行為に厳格に適用できると期待しているわけではない。しかし、この計算方式は常に念頭に置くことができるし、人がそれに従えばそれだけ道徳理論に精密科学の性格を与えることになるであろう(140)。

快楽および苦痛の計算理論は、あらゆる快楽とあらゆる苦痛とが量の点で比較可能であるという仮説に立脚している。ところで、外延的量が問題である場合、考察対象は比較可能であるためには同質でなければならない。けれどもベンサムは、快楽（同様にまた苦痛）が相互に異質であり、違った種を構成することを認めており、したがって立法の科学とは分類の科学であって計算の科学ではないと考えるようになる。「あらゆる種類の快楽にも苦痛にも等しく存在するもの」を提示した後、彼は「さまざまな種類の苦痛および快楽をそれぞれ独立に示す[141]」。彼は、一四の単純な快楽と一二の単純な苦痛とを区別し、さらにこれらの快楽と苦痛の感情のうちで、他人によって体験される快楽と苦痛とを想定し、他人に関わるものと呼ばれていいものと、そのようなものを何ら想定せず、自分に関わるものと呼ばれていいものとを区別することを主張する。こうして、思いがけず新しい道徳理論の主要観念である利己心の優越という命題が確証される。というのは、慈愛と悪意との快楽および苦痛によって構成される四種類の快楽と苦痛を除けば、ベンサムが列挙する快楽と苦痛のすべての感情は自分に関わる感情だからである[142]。

ところで、これらの分類すべてはどのような原理に基礎を置いているのであろうか。一見するとそれは、原因による分類のように思われる。しかし、ベンサム自身がそのように解釈することを禁じている。彼の言うところによれば、「例えば、ある一群の快楽をさまざまな単純な快楽と考えるよりも単一の複合的な快楽と考えたほうがよいと決定するものは、快楽を呼び起こす原因の性質である。同じ原因の作用によって一度に喚び起こされる快楽のすべては、全部合わさって一つの快楽を構成すると見なされやすい[143]」。だから、なるほど原因の同一性は複合的な現象の統一を作り出すかもしれないが、単純性を作り出さない。そうだとすれば、単純性とはその現象が分析できないことを言うのではないであろうか。ベンサムの言うところによれば、「苦痛と快楽とは、一般的な名称で言うと関心を呼ぶ知覚と名づけていい。関心を呼ぶ知覚には、単純なものも複合的なものもある。単純な知覚は、どれ一つとしてそれ以上に分解できないものである。複合的な知覚はさまざまな単純な知覚に分解できるものである[144]」。しかし、相互に約分不可能な単純な種類の感情が多数にしろ少数にしろ存在するとすれば、感受性の現象の計算可能性、快楽と苦痛との量的比較の可能性はどうなるであろうか。私の知見によれば、二時間の仕事より一時間の仕事が好まれ、一フランの給料より二フランの給料が好まれると予見できる。しかし、観察によるのでなければ、しかも特殊な場合でなければ、人が優先的に満足させようとするのが、空腹であるか、運動の必要であるか、献身の意欲であるかは、一般に予見できるとは私には思われない。自然科学は、異質なものを均質なものに還元する可能性、あるいは少なくとも異質な現象を均質な現象による共通の表現様式に帰する可能性を包含している。ベンサムにあっては、分類趣味が分析精神を損ねてはいないであろうか。――実際、ベンサムにおいて、分類趣味は極めて重大かつ極めて科学的な関心に対応している。いま一度繰り返して言えば、この極めて重大かつ極めて科学的な関心こそは、道徳理論において主観主義の時代に終止符を打ち、客観的道徳理論を構築しようという関心である。

有益性の原理を受け入れている者にとっては、ある行為から生まれる快楽と苦痛が、その行為の価値である。おそらく、行為の評価が問題である場合に、その行為が意図的であったかなかったかを知ることは、どうでもいいことではない。しかし意図を知る必要があるのは、その意図が行為主体においては行為の結果の自覚を含んでいる限りにおいてであり、公衆の側においてはその意図が累犯の恐れを示している限りにおいてのみである(145)。逆に、あるありふれた見解が信ずるところによれば、意図がどんな道徳的性格を帯びるかは、意図的行為の結果によるのではなく、意図的行為に駆りたてた動機による。ところで動機は常に、快楽もしくは苦痛のどちらかである。快楽は問題の行為によって持続もしくは創出されることが期待され、苦痛は阻止もしくは抑制されることが期待される。そうして快楽はそれ自体としては善であり、絶対的善でさえある。苦痛はそれ自体としては悪であり、絶対的悪でさえある。だから、一般の世論とは逆に、それ自体として悪いという動機は存在しないと、言わなければならない[146]。しかしもしこの命題が正しいとするならば、動機の科学的研究は繊細な神経を必要とするものとなる。なぜなら、動機を研究するには、われわれはどうしても言葉を使用せざるをえないからである。ところで、今使われている言語は具合悪くできていて、動機に名前を付けるのに用いる言語には、ハートリがすでに行った考察によれば[147]、好き嫌いの感情が固く付着している。「最もよく使用されている言葉に限定すると、外見上は永遠の矛盾に陥るのを避けることができない。人間の命題は、一方では真理と両立しないように思われ、他方では有益性と対立するように思われるであろう。それらの命題は、逆説としては軽蔑を呼び起こし、有害な逆説としては憤激を呼び起こすであろう[148]」。古い言葉で新しい道徳観念を表現しようとしたのは、マンドヴィルの誤りであった[149]。その是正策は、古い用語法を捨て、道徳理論の言葉を改革することである。そうして、言葉を劣化させる基本的誤りは感情主義であって、感情主義というのは動機それ自体に対して善悪いずれかの評価を与えるものなのであるから、動機に対して感情的あるいは熱情的な言葉で命名するのをやめて、賞賛あるいは非難のいずれの観念をもまったく含まない中立的な言葉を用いるようにしなければならないし、動機をその結果によって社会的（これ自体が純粋社会的、半社会的に区分される）動機、反社会的動機、および個人的動機に分類して認識するにとどめなければならない。そうすれば、もはや文学および風刺においてではなく、科学者として公平と客観性をもって道徳理論を語ることが可能となるであろう。

『道徳および立法の原理序説』は、したがって今や、われわれがこれまで極めて簡潔に各段階の特徴づけを試みてきた長い知的進歩の終点のように思われる。ベンサムが語り、彼の名において普及している思想のうちで、彼をその創始者と考えることのできるものはどれであろうか。この問題に答えることは容易ではない。ベンサムは、道徳算術を創始しなかった。道徳算術の要素はモーペルテュイ、ベッカリーア、ハートリ、ハチスン、さらにホッブズにおいてさえ見出される。彼は、有益性の原理を創始したわけではなかった。その定式はヒュームにある。彼は「最大多数の最大幸福」という定式を創始したわけではなかった。それはハチスン、ベッカリーアおよびプリーストリに見出される。けれども、彼が自分の哲学原理を発見したのはどの個人思想家においてであり、またはっきりといつであったかは、たいして重要ではない。最も素朴で最も真実なことは、彼が自分の哲学原理について同時代に広まっていた思想から学ぶところがあったということである。最大幸福主義学派の著作家たちの特性、とりわけベンサムの特性は、思想の偉大な創始者というよりは偉大な編集者であったことであろう。彼らが自分たちの国と世紀とに広まっていた哲学を定式化して、一つの総合的理論を主張する一学派の組織化に成功したのは、この論理的編集の才能によるものではないであろうか。

さらに論点を推し進めることもできる。ベンサムが理論を構築するさいに基礎とする基本原理の実際の複雑性と多義性は、その歴史的発展の研究から現代のわれわれには明瞭であるが、ベンサムはそれを理解していたであろうか。観念連合の原理および有益性の原理が多様な解釈と、おそらくは相互に矛盾する解釈を許すことを、彼は知っていたであろうか。知っていたようには思われない。なぜなら、ベンサムは、批判の努力すべてを、形而上学の原理に向けていたのではなく、腐敗および抑圧の源泉である既存の制度に対して集中させているからである。彼が喜びとするところは、有益性の原理が組織的計画に基づいて社会を改革するための、すべての人間が同意できる積極的で単純な原理と信じられたことである。そしてこの信念は、一度作られると、実践的改革の情熱と結び付いて彼の理論的単純化趣味を強化する。だからこの信念は、彼の学派が将来において成功するのを助けるし、科学をもっと単純で同時にもっと有用にすることを意図する世紀最大の代表的人物に彼を仕立てる。自分の著作の思弁的で同時に実践的な趣意を理解してもらうために、ベンサムは、類推と隠喩とを増やしている。新しいラヴォワジエ〔アントワーヌ・ローラン、一七四三－一七九四〕である彼は、道徳理論に科学的学術用語を与えようとしている[150]。新しいアリストテレスである彼は、悟性の論理学と同じ資格の、意思の論理学を構築しようとしている[151]。あるいはさらに、新しい道徳科学を、医学および機械工学と同列に対比しつつ、科学的病理学の上に心理的力学を構築しようとしている[152]。このことは、十八世紀の開始以来、イングランドのすべての心理学者および道徳理論家によって共通に追求されてきた課題を達成すること、すなわち科学的心理学の上に科学的道徳理論を構築することに帰着する。

第二章　ベンサムの法哲学

ベンサムはその生涯を法学の改革に捧げた。『道徳および立法の原理序説』において彼は、われわれがすでに以上に大筋の概略を素描したような精神病理学・道徳病理学を基礎として、刑罰の理論と犯罪の分類をしている。しかしすでに『序説』の刊行以前に彼は、完全な法理論を仕上げていた。それは、長い年月を待って初めて、十九世紀の初頭に『民法と刑法の立法理論』および『刑罰および顕彰の理論』によって社会に知られるようになった。

ベンサムが思索と著述を始めた時、一人の人物が彼に先だってイングランド法の体系化を試みたところであった[1]。『イングランド法注釈』の著者として有名なブラックストンは一七六三年と一七六四年にオクスフォード大学でベンサムの先生であった。しかしベンサムは、その当時（ベンサムの十五歳と十六歳）においてさえブラックストンの定式を鵜呑みにしなかったことを誇りにしている[2]。両者はともに体系的観点に立っているとしても、法律理論を形成するのに必ずしも同じ方法を用いているわけではない[3]。ブラックストンは解説者として議論を進め、「あるがまま」の法律を教える。ベンサムは批判者として議論を進め、「あるべき」法律を教える。(4) 現在までに提出された法学領域の全構成方法のうち、ブラックストンが提示している構成方法は、おそらく最良のものである。それにもかかわらずそれは、「自然的」構成方法、すなわち人間本性の一般法則の知識に基礎を置く構成方法とは対立しており、「専門〔技術〕的」構成方法すなわち、法曹界の伝統的規則の知識に基礎を置いている。(5) ブラックストンが述べているような法律の科学とは、推論の科学ではなく、専門知識の科学、博学の科学、あるいはまたベッカリーアの表現によれば「〔子孫が祖先から受け取って守るべき〕家族的因習」(6) に関する科学である。それがもし原理に立脚しているとしても、それらの原理は、一度出された結論の必要に合わせて作られた名目的、擬制的な原理でしかなく、あるいはさらに言えば、一連の法律的擬制によってでなければこのような結論と称せられるものに適合させることのできないような名目的、擬制的な原理でしかないと言えよう。エルヴェシウスの弟子は、その名がベッカリーアであれベンサムであれ、論理的厳密さに細心の注意を払い、一般的利益に情熱を燃やし、特定階層に属するいかなる利害にも反対である。さらに法曹界の利害も他のあらゆる職能集団利害と同様「自分たちの利害のために他人の利害を踏み躙る」もので、公共の利害と対立すると認識しており、法律の領域において技術的擬制をやめて有益性《ユーティリテ》の原理、つまり最大多数の最大幸福という真実に置き換えることを意図する。

一八〇二年の『民法と刑法の立法理論』は、実体法と手続法とを区別する。(7) 手続法は訴訟法全体を包括する。それは、各法律がひとたび制定されたならば、判事の利害と公衆の利害とが食い違わないように法廷でその法律が適用されなければならない方法を規定する。しかしベンサムは、『道徳および立法の原理序説』ではこの基本的区分に言及していない。この時期には、手続法の改革はまだついでにしか考えられていなかったし、法律全体を民法、刑法および憲法〔統治機関法〕に分けることを提唱する時には、彼の念頭にあったのは実体法の理論だけである。(8) その上、彼はそれまでまだ憲法〔統治機関法〕を体系的に論じたことがない。この時期に民法と刑法は彼の特別な研究対象である。ベンサムは、例えば「窃盗はこれを禁止する」という形式で述べられる純粋に命令的な法律と、「窃盗を犯したものは誰でもこれを絞首刑に処す」という形式で述べられる懲罰的法律とを区別する。権利（あるいは同じことになるが、義務、なぜならこれら二つの用語は相互的であるだけでなく不可分でもあるのだから）の規定は民法を構成する。権利を侵犯する行為つまり犯罪（あるいは同じことになるが、その逆である刑罰）の規定は刑法を構成する。(9) 司法機能の行使の中に見られる国家は、義務を創造し、これらの義務に対する違反を刑罰により抑制する。ところで、犯罪が存在するということ自体が立証するのは、犯罪が犯されるたびごとに敵対感情が共感感情を凌駕するから、利害の融合の原理はこうした問題においては確証されないということであり、また個人は隣人の利益を侵害することが自分の利益になると思う、あるいは少なくともそうではないかと思うものであるから、利害の自然的一致の原理もまた確証されないということである。国家の運営に当たるものに課せられる問題は、私的利害を公的利害と一致するように人為的に導くという条件の下に義務を規定し刑罰を規定することである。「法律だけが、自然感情にはなし遂げる力のなかったことをなし遂げた(10)」。

I　民法

民法の目的は権利を規定することである。しかし権利は常に義務を伴う。もし私がある他人に対して奉仕〔用役〕を求める権利を得るとすれば、まさにそのことによって、その人には当該の奉仕を私に提供する義務が課せられる。もし私にある馬を使用し自由に処分できる権利が与えられるならば、そのことによって他の人びとは、その馬の使用を差し控える義務を負う。ところで、義務はおそらく異なる二通りの方法で考えられる。すなわち法曹界のメンバーが取る職業的観点に立脚するか、あるいは有益性《ユーティリテ》の哲学者が取る「自然的」観点に立脚するかという、二通りの方法である。

　第一の観点は形式主義的観点、すなわち「専門〔技術〕的」観点であって、この観点からすれば、義務の本質は法律的形式の尊重である。私が、所定の様式に従って、定まった仕方で将来のある定まった時に行為すると宣誓したとする。そうすると、私はその仕方で行為しなければならない。なぜであろうか？　なぜなら、宣誓の本質は拘束されることにあるからであり、法律的形式は遵守されなければならないからである。この観点からすれば、義務の概念は、最も重要で、他に置き換えられない概念である。また義務は善である。なぜなら義務は、その定義によって法的秩序に合致するからである。

　有益性の観点は逆である。法律は、義務を創出することによって、それに応じて必然的に自由を制限する。自由を犠牲にしなければ、権利を創出すること、身体、財産および自由そのものを守ることは不可能である。しかし、自由に課せられるあらゆる制限には、多少とも苦痛という自然な感情がつきまとう。だから、義務を課すことは、苦痛を加えることであり、あるいは快楽を奪うことである。ところで、苦痛は悪であり、快楽は善である。したがって、すべての義務は悪である。もしいかなる義務であれ正当化されなければならないとしても、職業的法曹家の似非《えせ》哲学が望むようには、義務は、適切な正当化の原理をそれ自体に含むことはできない。それは、その相対的有益性によって必要悪としてしか正当化されえない。

　だから今述べた観点からすれば、私に課せられるすべての義務は、私がある他人に対して行う奉仕によって表現されなければならない。義務を正当化し、同時に義務を制限するのはこの奉仕である。——さらに注意すべきことは、義務は奉仕を前提とするとしても、逆に奉仕は義務を前提とするわけではないことである。人は義務づけられていなくても、奉仕を行うことができる。歴史において、奉仕は法律の制定以前から存在したし、政府が存在する以前において人間の唯一の社会的紐帯であった。親が子を扶養したのは、法律がそれを彼らの義務にする以前からであった。今日でさえ、善意、礼儀、相互の利害からする多数の奉仕があって、気前よく行われているし、またたとえどんなに多数の新しい義務を法律が作り出せるとしても、多くの点で社会的繋がりが、常に法律の及ばないところを補わなくてはならない。だから、奉仕の概念は義務の概念に先行しているのであり、また民法の分野では、一般的有益性の観点に立つものにとっては、最も重要な概念は義務の概念ではなく奉仕の概念である。[1]

以上のことから法律用語の革命が起こる。『民法と刑法の立法理論』においては、まだその革命の最終結果にまで至っていないように思われる。ベンサムはその書物で、事物に対する権利（ロビンソン・クルーソーは、いかなる他人に対しても力を行使することなく多年を過ごしたが、事物に対して力を行使することなくそうすることはできなかったであろう）と、奉仕に対する権利、すなわち何らかの利益が得られるにせよ、あるいは何らかの害悪から守られるにせよ、人間が人間にとってさまざまな形で役に立つことに対する権利を区別している。しかし、この言葉の区別は、ローマ法において古典的な、そしてブラックストンが継承した、「人の権利」と「物の権利」との区別と同じようなものではないであろうか。「物の権利」とは、「事物に対する権利」を意味し、それだけであらゆる区分を無効にするのに充分である。なぜなら、「人の権利」という項目においては、人に対する権利が問題であるのとほとんど同様に事物に対する権利も問題だからである。例えば妻の財産に対する夫の権利、父の財産に対する子の権利などが問題だからである。[2] したがって、ベンサムの弟子ジェイムズ・ミル[3]が後に言うように、権利とは、適用範囲に広狭の差はあれ、一定の権能であると言っては、言い過ぎであろうか。一定の権能というのは、すなわち政府がある個人の欲望充足のために人あるいは事物に奉仕させることを保障する権能である。だが、ある個人の欲望を充足させるということは、彼に奉仕を与えることである。奉仕という言葉は、人間にも事物にも同じように使えるのではないであろうか。奉仕は、ローマ人法曹家およびイングランド人法曹家によって限られた意味で用いられてきた。それを今、人からであろうと事物からであろうと、われわれが満足を引き出していいと認められている適切な欲望充足手段の全体を指すのに用いるのは、不都合であろうか。ところで革命は、事物における革命であって、単に言葉における革命だけではない。ベンサムにおける義務の分類の検討によって、二つの理論の深刻な対立が明白になる。つまりわれわれが職業的あるいは「専門〔技術〕的」理論と名づけたものと「自然的」理論と名づけたものとの対立である。

　ベンサムの言うところによれば[4]、奉仕に対する権利を獲得する手段、言い換えれば義務を創出することを立法者に決意させる原因は、三項目に整理できる。これらの原因の第一は、高次の必要の存在、すなわち「奉仕を与える不便よりも大切な、奉仕を受ける必要」の存在である。子に対する父の義務は、父にとって荷厄介であることもあろうが、しかしこの重荷は、それを放棄することから生ずる重荷に比べれば何でもない。国を防衛する義務は、たぶんさらにもっと荷厄介であるが、国は、もし防衛されなければ、存在しなくなるかもしれない。――原因の第二は、以前の奉仕の存在、すなわち「すでに行われた一定の奉仕を考慮すれば、その奉仕から利益を受け取った者に対してこれまで負担を担ってきた者のために賠償あるいは等価が要求されることになるような、過去の奉仕」の存在である。それは、自然の秩序として、子がひ弱な幼年期を脱して成年の逞しさを得た時に、親が子に対して持つ権利の基礎である。それはまた、妻たちがその美しさという愛情の第一の動機であったものを歳月により消し去られた時に、彼女たちが婚姻継続に対して持つ権利の基礎である。あるいは最後に、もっと特殊な事例を挙げれば、意識を失って救助を求めることができなかった患者をある外科医が救助したとする。荷物預かり業者が、預かったものの保管のために、求められていないのに労働をしたり金銭的犠牲を支払ったとする。どちらの場合においても、患者は外科医に、荷物を預けた者は荷物預かり業者に法的に支払い義務を負う。過去の奉仕に対する補償は将来の奉仕を作り出す手段である。——残るのは第三である。それは、条約、協定、契約の存在、すなわち、「法的拘束力があると見なされるという了解に基づいて二人以上の人が結ぶ約束」の存在である。ところで、義務のこれら三源泉が列挙された順序は、われわれが義務の職業的すなわち専門〔技術〕的概念を採用する場合の順序と正反対であることが容易に理解される。

実際には、この最後の観点からすれば、義務の典型的で完全な形態は、契約から生まれる。事実、義務のあらゆる形態のうち、契約から生まれた義務が最も正式のものである。両当事者は、面と向き合って、形式の満たされた文書において、すべての条件について将来従うことに同意している。最初に形式が満たされたのであるから、協定は尊重されなければならない。——しかし、義務が「以前の奉仕」に基礎を置く場合には、どうなるであろうか。法曹家は、義務の真の合法的源泉としてそれ以前に契約が存在したと想定する擬制によって難関を切り抜ける。法曹家は、そこにはかつて擬似的に結ばれた義務が存在し、契約が存在したかのように万事が運ばれてきたのだと、述べるであろう。言い換えれば、有益性による考えが単純直截であるところでは、伝統的な法哲学は擬制と婉曲な表現に頼らざるをえない。

——最後に、すべての司法制度が容認せざるをえないことは、たとえどんなものであっても義務は全面的かつ単純に「高次の必要」に基礎を置く場合があることである。協定はそれ自体で法となると考え、契約は契約であるがゆえに神聖だと考える法曹家でさえ、契約が、公共の有益性のためには、あるいは不可抗力による時には、破棄される場合があることを認めないわけにはいかない。しかしそれを認めれば、彼らは、自分たちの理論自体を批判することになる。もし実際に契約が、社会全体の有益性の観点から守られないほうがいいという、ひたすらそれだけの理由で破棄されるべきであるならば、立法の分野において至高の優越性を持つのは有益性の原理であって契約の原理ではないということになる。「高次の必要」の場合を一般法則の例外と考えるよりは、まったく逆に典型的かつ本来的な事例と考えるほうがいい。契約が無効とされる場合に、法曹家は一般に、取引契約がそれ自体効力を持たなかったのだと主張して、事態を切り抜ける。これは、新手の無益な擬制である[5]。いかなる取引契約も、それ自体で効力があるとかないとかということはできない。すべての場合に、取引契約に効力を付与もしくは拒否するのは法律である。しかし、彼ら法曹人の言い分を認めるにせよ認めないにせよ、理由が必要である。物理学以上に法学においては、曖昧な論拠が容認されてはならない。ところで、協定によって明らかになるのは、契約当事者の利益である。有益性というこの論拠が協定の力を創出するのであり、また協定が守られるべき場合と無効にされるべき場合が区別されるのは、この論拠によってのみである。

ベンサムが列挙した九つの事例、すなわち彼の言葉を信じれば法律が契約を裁可すべきでなく、また契約締結はなかったがごとくに当事者の利益が規制されるべき九つの事例のうち[6]、不当な「故意の隠蔽」の事例を最初に取りあげよう。これは、手に入れた対象の価値が手に入れたいと思った時の価値よりも小さいことが判明した事例である。例えば馬を買った私が、その馬には目につきにくい欠陥があって、それほどの価値の馬ではないのに、買った時にはそれが隠されていたのを後に知ったという事例の場合である。この場合には、特定の考慮事項を一定程度留保してではあるが、取引契約は無効とされるべきである。とはいえ、有益性の評価、利益と損失の計算は、普通に考えられるほど単純ではない。なぜなら、問題となっている〔馬の〕取引において、当事者の一方〔売主〕の利益は、他方〔買主＝私〕の損失と同量だからである。だがなぜ、利益と損失は等価と考えられないのであろうか。それは、ベンサムにおいて基本的な精神病理学の一命題、すなわち「手に入れることによる利益の大きさは、失うことによる損害には及ばない(7)」ということによるからである。この命題自体は、他の二つの命題から引き出される。一方では、すべての人間は当然、自分の所有物を維持したいと期待する。期待の感情は人間にとって本来的なものであり、天然自然の理に根差している。なぜなら、人類全体を考えた場合、獲得された富は維持されるだけでなく、増大させられもするからである。したがって、損失はすべて不本意なものであり、失望、すなわち期待が裏切られたという苦痛を生み出す。他方では、富の一部を控除《マイナス》（あるいは追加《プラス》）することは、各個人の幸福の総量に大なり小なりの控除（あるいは追加）をもたらすであろうが、その程度は、控除あるいは追加される部分と、残りもしくは元の部分との比率による。ここから、損をする者と得をする者の状況の不平等が生じる。例えば賭博の場合、たとえ金銭に関して機会は同じであるとしても、幸福に関しては機会は常に不利に作用する。仮に私が一〇〇〇リーヴルを持っていて、そのうち五〇〇リーヴルを賭けるとすると、私の財産は、当たって三分の一増えるか、すって二分の一に減るかのいずれかである。もし私が一〇〇〇リーヴルを持っていて、その全額を賭けるとする。一番うまくいけば当たって私の幸福は財産とともに倍になるが、すってしまえば私の幸福はなくなるしかない(8)。有益性の原理から引き出される考察は以上のようであって、利益よりも不利益を多く生み出す一定の場合に立法者が取引契約を無効だと宣告するためには、立法者はこれらの考慮に立脚すべきである。

そうだとすると、契約というものは、結局のところ不利益であると分かったすべての場合に、無効とされるべきであるということになるのであろうか。否である。不利益な事柄が取引契約締結後に生じた偶発事でしかない場合には、無効とされてはならない。無効とすることは例外で、有効とするのが通例でなければならない。重ねて言えば、これは、協定が法律の効力を持つからではなく、一般的規則として約束が尊重されるのが有益だからである。あるものを所有している一個人が、それをある他人の利益のために放棄する場合に常に、あるいは、ある用役〔奉仕〕を提供できる個人がそれをある他人に提供する場合に常に、彼は、快楽を断念するか、あるいは苦痛を引き受けるかのいずれかをする。しかし、このことを、彼は何の動機もなしにするわけではない。ちなみに、動機とは結局快楽のことである。そのものが代償なしに与えられれば、友情の快楽あるいは慈愛の快楽である。彼がそれを交換手段にすれば、獲得の快楽になる。彼がそれを与えたのは自分を何らかの害悪から守るためであれば、安全の利益である。もし彼がそれによって自分の仲間たちの評価を得ようとするのであれば、名声の快楽である。したがって快楽享受の総量は、取引に関わる両当事者にとって必然的に増大する。有益な交換の全利益は、不利な取引契約の全不利益より大きい。世界は、未開状態よりも現在のほうが富裕なのであるから、商業の利益は損失よりも大きい。以上を要約すれば、すべての販売は利益をもたらす。販売が一般に継続されなければならないのは、有益性をこのように考慮してのことである(9)。その上、約定は法律によって承認されるだけでは充分ではなく、解釈される必要がある。あらゆる国において、法律は個人の非常な近視眼を補ってきたし、また補う理由があった。もし仮に個人が想像力を働かせて世の動向を予測できたとするならば自分自身を守るために行ったと思われることを、法律が〔それができなかった〕人びとに代わって行ったのである。いったん契約に署名すれば、それによって契約両当事者が法的に負わされる義務のうち、二つの義務が区別されるべきである。本来の義務すなわち契約の中で明示的に述べられている義務と、付随的義務すなわち契約両当事者が当の契約の中で述べてはいないけれども、法律が本来の義務に付け加えておくのがよかったと判断する義務である[10]。

法曹家たちが準契約という擬制に安易に頼ろうとするのは、ここである。「約定がまったくない場合には、法曹家たちは約定を想定する。約定が一つか二つしかない場合には、彼らはそれを千も想定する。彼らは、あなたが考えたこともないある意思を、そのことを自分で承知の上で、あなたにその意思があったと図々しくあるいは愚かにも主張する。彼らが推論と称するものとは、これである」。端的に言って、ベンサムによれば、これらの附随的義務の決定に適正に根拠を与えるのは、それら義務の有益性についての考慮、つまりそれら義務が最大多数の最大幸福を生み出す性質についての考慮である。ベンサムの分析は常に同じ手順を踏んでいる。それは、抽象から具象へ、擬制から現実へと進む。「義務という言葉は抽象的な意味で用いることができる。それは、通常の論議の中でよく使われる一種の擬制的なものとすることもできる。しかし、その義務という言葉は純粋かつ単純な真理の言語に、すなわち事実の言語に、変換可能でなければならない。抽象的用語を理解するとは、その用語を象徴的言語から象徴なき言語に翻訳する方法を知ることである」[11]。どうにかベンサムは、ヒュームの忠実な弟子として論議を進めている。ヒュームは、約束の観念には義務の感情が当然につきまとうという理論を批判した。彼が立証しようとしたことは、約束は人間が考え出したものであって、必要と社会的有益性との考慮に基礎を置くこと、約束が示す義務的性格は元来人間に自然な利己心から生じるもので、一般的利益の感情と「政治家の技巧」により強化されるものであること、約束あるいは契約の神秘性は、結局のところ、化体〔聖餐のパンとブドウ酒をキリストの肉と血に変えること〕と〔パンとブドウ酒の〕聖別の神秘性にたとえることができるもので、「一定の意図を伴う一定の形式の言葉が外的対象の性格および人間の性格をさえ完全に変えてしまう(12)」ということである。ベンサムにとっては法曹界の擬制を聖職者たちによって作り出された不合理な神秘性にたとえることは、必ずしも不快ではなかったであろう。ヒュームの心理学は、ベンサムの語っている「擬制的実在(13)」のすべての象徴である抽象的観念を感覚的印象に還元し、擬制的実在をその印象の模像とする。法哲学は、ベンサムにおいては、彼以前のヒュームと同様、義務の観念を、それを正当化する奉仕に還元し、快楽および苦痛に還元する。快楽および苦痛は現実全体を構成する。

　要するに、義務の悪〔不利益〕を奉仕〔用役〕の善〔利益〕によって償うこと、このことのうちに、計算、すなわち道徳算術の作用がある。道徳算術の作用は、その本質において民法を構成する。悪法とは、何らの奉仕をも提供することなく義務を課す法律のことである。ところで、実際には、快楽と苦痛のこの算術を適用するとどうなるであろうか。所有権の規定が民法の主要対象であると考えることができる。正義とは、いったん規定された所有権を尊重することではないであろうか。それでは、有益性の原理から論理的に引き出される所有権の規定とはどんなものであろうか。この点について、十八世紀のベンサムの先駆者たちおよびベンサム自身の有益性の理論が不確実であったことを確認するのは、興味深い。

　ロックは所有権を直接に有益性の観念に基礎づけようとした。彼の信ずるところでは、自然の理性が「われわれに告げていることは、人間はひとたび生まれれば自己保存の権利を持ち、またしたがって生存のために自然が供給する食料その他のものに対する権利を有するということである」し、さらにまた「世界を人びとに共同に与えた神は、また彼らに、生活と便宜に最も役立つようにそれを利用する理性をも与えた」[14]。しかし、われわれは、事物の有益性の尺度を持っているであろうか。そうして、何よりもまず、どんな有益性が問題であろうか。外見的な有益性であろうか。外見的な有益性の定義としては、各個人の欲望という形で現れるということがある。しかし、欲望が必要の尺度というのは確かであろうか。われわれの所有欲には限りがないのではなかろうか。そして、楽しまないでも所有するという快楽それ自体は、有益性の原理の観点からして、他のすべてのことと同様に考慮に入れられなければならない楽しみを構成するのではないであろうか。あるいは、現実的絶対的有益性であろうか。この有益性は、個人的一時的な好みとは独立していると考えられる。しかし、どのようにしてそれを測定するのであろうか。ある物の所有から生ずる有益性の客観的尺度は、欲望の明白な表現のうちにではなく、当該個人がその所有を獲得するために提供する用意のある労働量のうちに求められると考えられないであろうか。このようにして人は、有益性の観念から出発して所有権を労働の観念に基礎づけるに至るであろう。ロックもまたそのようにしている。彼は言う、「土地とすべての下等動物はすべての人間の共有物であるけれども、しかし人間はそれぞれ自己自身の身体の中に固有のもの〔プロパティ〕を持っている。これに対しては彼以外の誰も何の権利をも持たない。彼の身体の労働と彼の手の仕事とは、彼固有のものであると言っていいであろう。だから、自然が提供し彼に委ねた状態の中から、彼が取り出すどんなものにも、彼は自分の労働を混ぜているし、それに自分自身のものである何かを付け加えたのであり、そのようにしてそれを自分の所有とする。……この理性の法により、鹿は、それを殺したインディアンのものとなる」[15]。しかしながら、これら二つの所有観念がどのような論理的媒介項によって一方から他方に移行可能であるかを、本書は示そうとしてきたのであるが、まだ依然として両者の媒介項は見出せていない。所有欲はわれわれを駆りたてて、われわれの必要を超えて労働し生産させることがある。「もしどんぐりあるいはその他の土地の果実を採集したという事実が、これらのものに対する権利を構成するとすれば、その場合、誰もが望めばいくらでも一人占めにできる」。ロックはその矛盾を認め、こう特記している。「このようにしてわれわれに所有を与える自然法そのものが、またこの所有に限界を与える。『神はわれわれにあらゆるものを豊富に与え給うた』(「テモテへの前の書」第六章一七)というのは、啓示により確証された理性の声である。しかし、神はわれわれにそれをどれほどまで与え給うたであろうか。それを享受するためだけである。ある事物が朽ちる前に、それらが生存の役に立つように各人が使用できる分量、これが、自分の所有を確定できるこのある事物の量である。これを超える分はすべて、彼の分前を超えているのであり、他人に帰属する。神の作り給うたもので、人間が腐らせたり取り壊すように作られたものは、何一つとしてない(16)」。

ところで自然それ自体は、支出される労働量を対象の有益性に応じて規制することをしない。自然がこの労働量の規制という結果を生むのは、ロックによれば、労働の生産物の腐敗が早く、したがって生産者がそれを長持ちするように保存させられない原始社会においてである。しかしこのような状態は、貨幣が発明されると終わる。貨幣は価値の慣習的表章であり、価値の無限の蓄積と永久の保存を可能にする。社会はもはや所有を労働量に応じて規制しないと、ロックは付け加えてもよかったであろう。なぜなら労働した個人は自己の労働による所有物を労働しなかった個人に自由に譲渡できるからである。したがってロックの理論は、所有権を有益性に基礎づけるにせよ、労働に基礎づけるにせよ、二重に革命的である。ロックの弟子プリーストリが「他のあらゆる種類の権利と同じく所有の観念そのもの」の基礎としたのは、「その権利を享受できるように保護してくれる社会の全般的利益に対する」考慮であった。彼は宣言する。「全員の利益をその目的とする一般的規則が認めるもの以外に、正当に個人自身のものと言えるものはない」。そうして彼は、そこからこう結論する。すなわち、財産所有者が権利を濫用する場合はすべて、「すべての市民が平等な発言権を有する至高かつ究極の法廷が、それらの権利の放棄を要求する権限を有する」[17]。他方、アダム・スミスは、その価値の経済理論において、同様にロックに影響されて、価値を労働に基礎づける。最大幸福主義《ユーティリテール》政治経済学者たちはすべて、後に彼からこの理論を学習する。だからアダム・スミスは、資本家と土地所有者のいる現実の社会と、各人が自己の労働の生産物を受け取る社会とを隔てている距離を確認することしかできない。われわれは、フランス革命の時代になるとウィリアム・ゴドウィンがアダム・スミスの考察を自分のものとするのをやがて見るであろうし、また有益性の原理を基礎としながら近代世界において初めて、共産主義的であると同時に国家否定的《アナルシスト》な理論を定式化するのを見るであろう。

しかし、他方、ヒュームは、『人間本性論』においてまったく違う観点に立つ。彼は三種の財貨を区別する。精神的財貨、肉体的財貨、および最後にわれわれの労働あるいは財産が与えてくれる外的財貨である。ところで、第三番目の財貨は、他の人間の暴力を受けやすいし、その上、すべてのものの欲望と必要を満たすだけの充分な量がない[18]。それゆえ、所有の防衛のために「一般的規則」を決める必要がある。しかしこうした規則は、「有益性あるいは利益からは引き出されない。この場合の有益性あるいは利益とは、特定の個人もしくは公衆がある特定の財貨を享受して得る有益性あるいは利益であって、この人の有益性は他のどんな人がそれを所有してもそれから生じると推定される有益性の量を上回る」。一方では、実際に同一のものが同一の瞬間に複数の人に同じように有用であることがある。そのため、あるものの有益性の決定には非常に多くの論議の余地があって、人びとはそれを判断するさいにはかなり不公平になり、かなり偏愛を示すものであるから、この有益性の決定は一般的固定的規則を基礎づけることはできない。人びとが正義の規則を制定することで意見の一致を見たいと思うようになる日には、「極めて自然な便法として、各人が現在支配しているものを享受し続けるべきこと、また所有あるいは恒常的保有が直接的所有と結び付けられるべきことが、彼らの脳裡にただちに思い浮かぶに違いない[19]」。習慣の効果は非常に強く、そのためわれわれが長らく所有してきたものを所有しないで生きることは難しいし、これまで享受したことのないものを所有しないで生きることはたやすい。それゆえヒュームが所有権を基礎づけるのは、有益性の直接的考察でもなければ、労働の直接的考察でもなく（なぜなら、観念連合の力だけが労働者の観念を彼が労働する土地の観念と結び付けるからである）、長年の習慣と連想の考慮である。占有は所有権の一根拠である。そしておそらく、このことについては有益性という一般的理由がある。人間は、ごく僅かな期間でさえ所有権を未決定のままにしておく気にはなれないものであり、あるいは暴力と無秩序にいささかでも道を開く気にはならない。しかし何にもまして、観念連合から引き出された明確な理由がある。「最初の占有は常に、最も多くの注意を引きつける。そしてもしわれわれがその取得に何の意味も認めなければ、この後の占有に所有権を設定するもっともらしい理由は何もなくなるであろう[20]」。同じことが、しかももっと強い論拠をもって、取得時効について当てはまる[21]。同じことはまた、われわれが従物取得によって財物の所有権を獲得する場合についても当てはまる。観念連合の法則が普通に作用すれば、われわれは自分の庭の果実、自分の家畜が作る糞の所有者である。「対象〔樹と果実など〕は、想像の中で結び付く場合、つい同一の立場に置かれ、また通常、同じ資格を持っていると考えられる[22]」。最後に、相続は所有権の合法的根拠である。類縁あるいは観念連合の影響によって、われわれは自然に、父の死後息子に注意を向け、彼に父の所有物に対する権利を認める気になるのではなかろうか[23]。

ベンサムの民法哲学においては、保守性と革命性という二つの傾向が交互に現れるが、重要性において保守性は革命性に常に、しかも著しく優っている。ベンサムは、民法に四つの目的を与える[24]。生存、豊富、安全、平等である。法律は生存と豊富とを生み出すのに直接には何もできない。というのは、生存を前提とする豊富は、生存とまったく同一の原因の作用によって少しずつ形成されるからである。しかし生存に関しては、必要と必要の充足とは、立法者の干渉を不必要にするのに充分な苦痛と報償である。もし生存のための直接的な法律がまったく作られたことがないとしても、これまで誰も生存をなおざりにしたことはないと考えていい。残るは第二の組、安全と平等である。これら二つの目的は、どの程度同時に追求されるであろうか。一方が他方の犠牲にされなければならないのはどの程度であろうか。

ベンサムの企てた所有権の分析は、こうしたことをこそ決定可能にする。

人間は動物と違って、現在を生きるだけでなく未来をも生き、かつ未来に期待する。安全が善であるのは、それが安心感を与えることにある。安心感があれば、人間は行為の全体計画を立てることができるし、さまざまな連続する生活の瞬間を一つひとつ結び付けてかけがえのない人生を送ることができる。この期待の感情が破られると、どんな場合にも苦痛が生まれる。失望の苦痛あるいは期待が裏切られたという苦痛である。この苦痛は、有益性の原理が回避するよう命じているものであり、この苦痛の大きさは期待の感情の強度に正比例する。ベンサムによれば、期待が裏切られるという苦痛を回避すべきだとする原理（失望予防原理）は、この原理の基となった有益性の原理に対してだけは、重要性において一歩譲る。それが、安全の原理の正確な形式であり、所有の基礎そのものである[25]。所有とは、物財には備わっていると一般に考えられている一定の便益を引き出せるという期待である。所有は、物理的現実ではなく、不動の確実性に立脚した確信である。この期待は法律によって作り出される。自然状態においては、人間が取得したものを自分自身の力によって確実に享受できると考えられる場合というのは、極めてその数が少ない。ひとたび生まれた期待を壊さないように、法律は配慮しなければならない。この安全という大原則に準拠しながら、現存する大量の財産について立法者が取るべき措置は何であろうかと、ベンサムは尋ねる。「立法者は、現実に確立されている配分を維持すべきである。このことが、正義の名のもとに、理性によって彼の第一の義務と考えられるものである。それは一般的で単純な規則であって、あらゆる国家に適用可能であり、あらゆる計画、相互に正反対の計画にさえ適合的である」[26]。

所有権の基礎は安全の原理にあるとするベンサムは、ヒュームの弟子として考え表現している。悪徳と美徳とは、外的対象、関係あるいは事実のうちには存在しないと、ヒュームは述べた。「悪徳と美徳とは、音、色、気温にたとえられ、現代哲学によれば、外的対象の資質ではなく精神の知覚である」[27]。正義は、習慣を法的に承認したものにほかならず、観念連合の事前の作用から生じた。ベンサムも同じように言う。「所有の内容を構成する関係を目に見える形で表現する形像、色彩あるいは図像はない。それは、物理学ではなく形而上学の領域のものである。それはまったく精神の創造物である」[28]。衣服を着る、あるいは食物を摂るという行為は、具体的行為である限り明確に規定できるが、衣服もしくは食物の所有権と呼ばれるものを構成するものではない。部分的には法律によって確認され、また極めて大部分は法律により人為的に作りだされる期待の感情、これこそが所有権を構成する。所有権のさまざまな権原をベンサムが列挙する順序は、ヒュームが列挙した順序、つまりハチスンとヒュームに共通する極めて古典的な順序であるが、ベンサムは、自分の好みからすれば抽象的であまりに法学的な「権原」という名称では呼ばないで、「権利授与的事象」あるいは「権利賦与的事象」という表現を選んでいる[29]。この表現は、期待感と関連する物理的現実に精神を連れ戻すものであり、所有の観念と結び付いている。

ベンサムにあっては、占有に照応するのは現実の所有であり、取得時効に照応するのは昔からの善意の所有であり（ただし、ベンサムの考えでは、昔からの善意の所有はより以上に正確に取得時効に照応しているが、権原は逆である）、相続に照応するのはその他の権利授与的事象で、ベンサムはそれを入念に詳しく列挙している[30]。ベンサムが語るところでは、所有権のこうした「賦与」の仕方の違いは、労働を奨励し、またしたがって社会的富を増大させるとともに、人類が幸福になる機会を増大させる限りにおいて有用である。とりわけ期待の感情を満足させる点において有用である。期待という観念は、すでにヒュームによって、正義という複合観念の主要構成要素と考えられていた。ヒュームはこう書いた。「この経験によってさらにわれわれは、利害の感覚がわれわれの同胞すべてに共有されるようになったという確信を深め、また彼らの行為が将来、規則的になると信ずるに至る。そうして、われわれが節制し禁欲するのは、こうしたことを期待するからにほかならない」。そうして彼はこう付け加えた。「正義は、一種の慣習的取り決め、ないしは合意によっておのずから成立する。すなわち、すべての人が共通して持っていると考えられる利害の感覚によって成立するし、また、個々の行為がそれぞれ他人も同様なことをするはずだという期待の下で行われる場合に、おのずから成立する[31]」。ベンサムは書く、「法曹家の見解は、これまで極めて混乱したものにならざるをえなかった。というのは、彼らは、人間本性において非常に基本的な感情に特別の注意を払ってこなかったからである。期待というこの言葉は彼らの語彙の中にほとんどない。この原理に基礎を置く論議は、彼らの著作にはほとんどない。彼らは、おそらく多くの事例においてその原理に従ったことがあるが、しかしそれは、本能からそうしたのであって理性によるのではなかった。彼らは、もし期待が極めて重要であることを認識していたならば、その名前を挙げることをはぶかなかったであろうし、それを人々が使うに任せるだけにはしておかなかったであろう[32]」。今やベンサムが実現を意図する革命は理解可能になった。彼が行おうとしていることは、法律用語の専門的抽象性をイングランドの新しい心理学の現実的言語に変換することである。

しかし、それでは、有益性の原理は保守の原理でなく改革の原理であるという点で、すべての「恣意的」原理と違うというベンサムの意見は、どうなるであろうか。もし、有益性の原理から出発して、安全の原理（あるいは、同じことになるのだが、失望予防原理）によって事を処していくならば、われわれは、必然的に例外なく無批判に、既存の慣習すべてを、既存の信念すべてを、一言で言えば法学的先入見のすべてを、正当化するに至るのではないであろうか。「アメリカ、ブリテン、ハンガリー、ロシアにおける所有の状態ほど、多様なものはほかにない。その最初の国では耕作者は所有者である。第二の国では借地農業者である。第三の国では土地に縛られている。第四の国では農奴である。それでもなお、安全という最高の原理はこれらすべての配分様式の維持を命ずる。たとえそれらの配分様式の性格がどんなにさまざまに違っており、また同一の幸福量を生み出すわけではないとしても、そうである」[33]。そしてベンサムは、所有と正義について基本的に保守的なこの定義に立脚し、ホッブズにならって古典教育を非難する。古代史に関説した古典教育のせいで、「常にうわべだけもっともらしい名称で彩られ、常にローマ人の美徳を派手に讃える、公的機関の本来非道な不正行為（負債の免除、土地の分割）[34]」に対してわれわれはいつの間にか敬意を払うように馴致される。

しかしながら、すでに見たようにベンサムは、市民社会における四つの善のうちに、安全という善とともに平等という善に対して一つの位置を与えている。しかも彼は厳密に考える。彼が平等という言葉で理解しているのは、政治的平等でもなければ市民的平等でもない。「所有の配分に関連した意味での」平等である。法律は決して不平等を作り出してはならない。なぜなら、最大多数の最大幸福を保障するように作られた社会においては、法律が与えるものに、人によって差があってはならないからである。しかもその上、一方において恩恵を受ける人たちの得る利益は、同じ恩恵にあずかれない人たちすべてが受ける損失を決して償うものではない。しかし、富がすでに不平等に配分されている社会においては、それぞれ、安全の原理の命ずることと平等の原理の命ずることとの間に矛盾がある。ベンサムの目に財産の平等化を正当化できるように見えた理由は何であろうか。それらの理由は、保守的な期待原理から引き出される理由に対置される場合、どんな価値を持つであろうか。この二つの原理は相互にいかにして調停されるであろうか。

平等という善は、ベンサムの目には、例えば人格の分割不可能性という主張に基礎を置くとは思えなかった。この点、唯心主義的哲学者の見る目とは違う。平等の善は、もし有益性の原理が道徳の唯一の原理であるとすれば、この原理から演繹されなければならない。ベンサムは、自分で精神病理学の公理と呼ぶ一連の命題によって、この演繹を試みた(35)。そしてこれら公理のうち、次の二つの公理が基本的なものと考えられている。それら公理は相互に独立しているが、他のすべての公理がそれらに依存している。第一公理。富の各部分それぞれにはそれ相応の幸福があること。第二の公理。最も富裕な人の過剰な幸福は彼の過剰な富ほど大きくはないであろうこと。その上ベンサムは、第一命題がおおよその話であり、ほとんど昔からそう考えられてきているものであることを認めているし、また第二命題の正しさを証明するためにありふれた世間の経験を証人とする。しかしおそらく、ベンサムがこれまた公理として提出する第三の命題は、第一命題をもっと精密な形式で表現すると同時に、第二命題を第一命題に還元することをも可能にするであろう。事実、ベンサムは、「富の一部分を失えば、失う部分と残っている部分との割合に応じて大きさはさまざまであるが、各個人の幸福の量は減少するであろう」と、われわれに語っている。ところで、この命題において富の量における負の増大についてベンサムが主張していることは、正の増大についても等しく妥当する。その場合、われわれに言えることは、富の各部分にはそれに照応する幸福があるということだけでなく、幸福の増大は、一定の比率で富の増大に照応しているということである。幸福の増大が富の増大ほど大きくない理由は、それが増大の絶対量に等しいのではなく、この量とすでに獲得されている富の量との関係、すなわち絶えず逓減する比率に等しいからである。このことが第二の公理を立証する。(36) さらにまた、一定の水準以下では、この比率は、法律が要求する以上の速さで〔正にしろ負にしろ〕増大するし、あらゆる限界を越えて増大する。もしあなたが私の財産の四分の三を奪って私の物質的必需品に打撃を与えるならば、またもしあなたが私の財産の半分を奪って私の物質的必需品に打撃を与えないとしても、幸福の喪失は半分ではすまなくて、二倍、四倍、一〇倍にもなろう。「〔喪失感は〕とどまるところを知らない」とベンサムは言う。

考えられる事例をすべて、順を追って検討すると、平等主義的命題に好都合な結果がこれら二つの公理から出てくることは容易に理解できる。まず、いつもずっと関係当事者の手中に握られていた一部の富がどうなるかを検討しよう。この場合、二つの量の富の不均衡が大きいほど、幸福の量がそれに比例して同じほど不均衡になる可能性は少なく、逆に、実際の割合が平等に近いほど幸福の総量もそれだけ大きいであろう。——初めて新しい所有者の手に入る富が生み出す影響を考えよう。この場合、同等の財産を持つ人たちの間では、富の配分がこの平等を攪乱しなければ、幸福の総量はそれだけ大きいであろう。財産の不平等が存在する人たちの間では、配分が財産の不平等を減少させ、平等に接近するのに役立てば、それだけ幸福の総量は大きいであろう。——関係当事者の手を離れるある量の富を検討する必要があろう。この場合、財産が等しければ、所与の損失を分け合う人びとが多いほど、その結果として生ずる幸福の総量の減少はそれだけ少ないと考えられるであろう。また財産が不平等であれば、この損失〔減少〕の配分が不平等な財産をできるだけ平等に近づけるように行われるほど、富の減少によって引き起こされる幸福の減少は小さいであろう。——最後に、ある個人が損失を被って富を手離し、それが利益として別の人の手に移らなければならない場合の富の影響を決定しよう。この場合には、財産の等しい競争者の間では、一方の利益は他方の損失となるであろう。損失のもたらす不都合は利益のもたらす好都合に常に優るであろう。財産が不平等な場合、一方でもし損をした人が最も富裕でない人であれば、損失の不都合は不平等によって加重されるであろう[37]。他方もし損をした人が最も富裕な人であれば、安全が受けた侵害によりもたらされた害悪は、平等の方向に進んだ分に比例した善により、部分的に償われるであろう[38]。この最後の事例において見られるように、平等の善は安全の善と比較考量されなければならないし、その上安全の善は常に平等の善に対する関係においては「優位」にある。なぜなら、平等がなくても安全はありうることは確かであるが、安全がなければ平等は、ひとたび確立されたとしても一瞬たりとも存立しうるとは考えられないからである。これら二つの善は、いかにして調停が可能であろうか。ベンサムは、これらの問題については、大変に慎重であり、また大変に保守的であって、二つの方法を示唆するにとどめている。

その一つは、まったく消極的である。それは、悪法と考えられるもの[39]が富の自由な流通、したがってまた富の漸次の平均化を妨げるように設けた障害物を除去することである。イングランド法は特に、限嗣相続という法的策術によって不動産譲渡の権限に制約を設けている。こうしたまったく否定的な制約は除去されるべきである。なぜなら、土地財産を譲渡しようとする人は、そのことによって、自分はそれを保持するのに相応しくないこと、それを改良する能力のないこと、またおそらく目の前の欲求を満たすために土地を荒廃させるのを余儀なくするかもしれないことを示しているからである。買う意思のある人は逆に、このことによって、確かに土地を荒廃させる意図のないこと、おそらくその価値を増大させるつもりでさえあることを示している。

もう一つの方法は、積極的である。それは、ベンサムによれば、富をもっと公平に配分する問題を解決し、期待をまったく裏切らない。平等と安全という対立する利害を調停する唯一のものは、時間である。「平等の助言に従い、安全の助言にも逆らいたくなければ、あなたは、希望をも恐怖をも終わらせる自然の時期、死の時期《とき》を待ちなさい」。その時〔財産所有者の死の時〕実は、一瞬の間、財産には所有者がなくなる。立法者はその財産を今は存在しない原所有者の期待を傷つけることもなく、まだ所有者ではない嗣子や遺産相続人の期待をも少なくとも同じ程度に傷つけることもなく、処分できるはずである[40]。ここに、安全を侵害することなく平等に貢献する一連の立法措置を講ずる可能性がある。

土地収用に関しては、ベンサムの考えでは、安全の原理が要求する一つの不可欠の条件がある。それを守らないと、あらゆる改革が、是正しようとする弊害より大きな弊害になる。その条件とはすなわち、所得が減少したりあるいは職がなくなったりする人びとに対して完全な補償が行われるべきであるというものである。このような損害賠償を支払うことは社会の利益になる。「というのは、社会にとって補償をする被害は、損害賠償が与えられる個人の生命とともに終わるからである。永久地代を終身年金に変えることは社会の正当な利益である[41]」。僧院や修道院を解体するには、同じ原理によれば、これらの団体が新しく入る人の受け入れを拒否するだけで充分であった。そうすれば、僧院や修道院は次第に消滅したであろうし、喪失感に襲われた者は誰一人としていなかったであろう[42]。

しかし、ベンサムの定立した方法が特に適用可能なのは、遺贈と相続の場合である。立法者は相続法においては次の三つの目的を考慮のうちに置かなければならない。すなわち、次世代が生きられるように備えること、失望の苦痛を防止すること、そして財産の平等化を促進することである。遺言に関しては、ベンサムは遺贈の自由を制限する考えであるが、ただしこの制限が財産の拡散を過剰に刺激しないように配慮している。相続に関しては、彼は、子供の間での均分相続を規定しようとしており、直系の〔一親等の〕尊属と卑属および彼らの直接の〔一親等の〕卑属〔伯父・伯母、叔父・叔母と直系の孫〕がいない場合には、上述の原理によって留保つきではあるが財産を国庫に納付させるようにする考えでいる。すなわち「尊属内のすべての親族に、いかなる程度にもせよ、均等に終身年金の形でその財産の利子を配分する」という留保つきである。この立法措置に対しては「排除される傍系の者が困窮していることもある」と反論されるかもしれない。しかしベンサムの所有権理論は、有益性の原理および必要の考慮という原理に直接に基礎を置いておらず、安全の原理および期待の考慮に基づいている。そして問題になっている傍系の者は「生まれながらの資産として、それぞれの父祖の財産を有しているのであり、また彼らは、こうした基礎にしか期待をかけることも、もしくは生活設計を立てることもできるはずはなかった(44)」。

したがって、現実主義的哲学であることを主張する有益性の哲学は、民法においては契約の哲学と対立する。契約の哲学はまるで曖昧な概念と法的擬制で育ったようなものである。その上、後に見るようにベンサムが刑法理論を継承したのはエルヴェシウスとベッカリーアからであるとすれば、契約概念の批判と所有権理論がヒュームを継承していることは争う余地がない。ところで本書ではすでにヒュームの中に二つの傾向を区別した。一つは、自然主義に向かう傾向であり、もう一つは合理主義に向かう傾向である。明らかにこの場合、自然主義に向かう傾向が合理主義に向かう傾向に優っている。ベンサムは、安全の善が平等の善に対して「優位」にあると確言する。安全が善であることには公理の自明さがある。平等が善であることは、他の公理に遡ることによって数学的に証明されなければならない。平等を民法の明白な目的の一つとするさい、ベンサムが本質を外れた先入見に追随していなかったかどうか、疑問とすることさえできる。彼の命題の一つに、感情の原理は混乱していて曖昧ではあるが、禁欲の原理のように根本的に誤りというわけではないというのがある。一般に、感情の原理は、帰結が充分に分析された時には有益性の原理と一致する。ところで、衡平の概念は法哲学においてありふれた概念である。したがって有益性の哲学者にとっての問題は、この曖昧な概念に数学的に正確で厳密な真理の性格を与えることのできる適切な論理的回路を発見することであろう。そうしてこれこそ、ベンサムが実際に試みたことである。しかしもし安全の原理がベンサムにおいて民法の基本原理であるとすれば、彼の法哲学は、本質において伝統の哲学、すなわち経験主義であるように思われる。あらゆる時代およびあらゆる国に妥当する自然法はない。各世紀および各国民に深く根づいた習慣、観念連合の数だけ、異なる法律がある。偶然的、偶発的、可変的な観念連合が一つの秩序であるかのような外観を帯びるのはいかにしてであろうか。これこそ、ヒュームの自然主義がわれわれの理性に対してその前にひざまずくよう求める自然の神秘である。

しかし、新しい最大幸福主義道徳理論はそれだけでなく、合理主義的傾向、すなわちすでにヒュームにおいて認められ、エルヴェシウスとベンサムにおいてさらにもっと強くなった合理主義的傾向を含んでいる。ベンサムにおいて民法哲学が平等主義に傾くのは、時折、合理主義的思考が自然主義的思考よりも優位に立つ限りにおいてであると推測される。

合理主義者は、真理の全能と科学の万能を信ずる。この時代に道徳と政治の精密科学の構築を目指すよう有益性の哲学者を促しているのは、この信念ではないであろうか。科学は人間に対して、気ままに制限なく物理的自然を作り変える力を保証してくれる。それと同様に、もしその約束を裏切らなければ、物理的自然は、限りなく人間的自然〔人間本性〕を作り変える可能性を人間に対して保証するはずである。生理的および物理的事情は無視していい。教育が、人間の性格を無限に作り変える能力、すべての人間を知的に平等にし、したがって平等な富を所有するに値するものとする能力を有する。これが、ベンサムの師エルヴェシウスの理論である。ハートリにとっては無限進歩の法則は観念連合の法則から引き出される厳格に知的な法則であったが、そのハートリも同様に、人類は必然的にすべての人間が完全に幸福で、かつ完全に平等であるような最終状態に向かっていると認めた。ハートリもまたベンサムの想源の一つである。

さらにまた、合理主義者は、個別の事柄を無視し、一般的な事柄の考察にのみ専念する傾向がある。「一般的事実」の存存は、迂回して必然的なものを偶然なものから区別する便利な手段を合理主義者に提供する。個人の存在がまず前提されれば、すべての個人は感覚において平等と考えられる。何よりもまずそのことを認めるのは、合理主義者には好都合であろう。ベンサムは、このことがしきたりであり公準であることを、「平等の善の基礎である病理学の命題」の前に置かれた「一般的考察」において認めている。彼は、「富にはそれぞれ、それ相応の幸福がある」という「公理」を述べた後、厳密に言うならば、「それ相応の幸福の機会がある」と言うべきであったと、確信をもって付け加えている。しかし、あくまでもあらゆる種類の一般命題を立てようとするならば、「個人の個々の感性と、彼らが存在できる外的環境」とを度外視しなければならない。ベンサムの言うところによれば、これら二つのものを度外視しても充分に許される場合とは、一つは、こうした度外視をしない時よりも度外視したほうが真理に近い場合、もう一つは、度外視が立法者にとって何にもまして最も不都合の少ない基礎として役立つ場合である。したがって、合理的科学として道徳科学を建設しようと望む限り、人は平等主義者でなければならないという所見は、ベンサム思想の正確な再現であるように思われる。

もし革命的危機が到来したならば、有益性の原理の支持者たちは二つの極端な党派、つまり平等主義的共産主義に直進する者たちと、因襲的伝統的原理の擁護者となる者たちに分裂するであろう。固有の最大幸福主義哲学、すなわちベンサムがすでに構築の努力をしている哲学、将来いつの日にか彼がその代表と認められるようになる哲学、この哲学に関しては、すでにこの両極端から同じだけ距離を隔てているように思われる。その理由は何であったろうか。たくさんある。しかもまた必ずしもその理由のすべてがベンサムの知性において明らかになっていない。しかし、後にこの一門の理論となる穏和な平等主義は、デュモンが抜粋して『刑罰および顕彰の理論』を編集した草稿の中にすでに正確に表現されている。――「安全と平等が対立する時、一瞬たりともためらってはならない。譲歩すべきであるのは平等である。……平等の樹立は空想にすぎない。可能なことはただ、不平等を減らすことだけである(45)」。

Ⅱ　刑法

刑法は犯罪を規定し、犯罪を防止するために刑罰を設定する。ところで、刑罰の概念は、義務の概念と同様、有益性《ユーティリテ》の原理の観点に立つか、法曹界の職業的観点に立つかに従って異なる。司法官には、その職掌上、自分が取り調べるどの犯罪に対しても刑罰を科す習慣が身に付いている。したがって彼は、ついには刑罰の観念と犯罪の観念を結び付けて切り離せなくなる。彼は、これら二つの用語の間に自然な結び付きがあること、犯罪はその本性そのものからして刑罰を要求するものであること、犯罪者は罰せられて当たり前であることを、やがて信ずるに至る。民法における義務の観念に当てはまることは、刑法における褒賞《メリット》の観念に当てはまる。「専門〔技術〕」体系はこの観念を、これ以上単純な概念によって説明できない本源的観念とする。この観点からすると刑罰は法的秩序の表現だから善であると考えられる。

こうした刑罰概念は古典的法哲学の中で形を整えた。モンテスキューは自由主義者で改革家であったが、職業的司法官でもあったから自分の属する職業の先入見にやむなく拘束されていた。彼は、法律を「物事の本性に由来する必然的関係」と考えており、あらゆる実定法に先立つ衡平の関係によって「ある知的存在に被害を与えた知的存在は同等の苦しみを受けるに値する」ということは、明白であるとする。その結果、法律に関して恣意が支配しないようにするために、彼は、刑罰が「立法者の気まぐれからではなく物事の本性から」出てくるようにすることを提案し、犯罪と刑罰が同等になるように要求する。例えば、財産の安全を侵す犯罪に対する刑罰として財産を没収するのは、当然である。このような考えで作られた刑罰は「一種の反座法〔犯した罪に等しい罰を科す法律〕」となる。それは「物事の本性から引き出され、理性からも善悪の源泉からも汲み取られる」[1]。モンテスキューが期待するのは、このように犯罪の性質と刑罰の性質の間の一種の客観的関係を確立することにより、刑罰の決定が彼の言う「立法者の気まぐれ」から引き離されることである。しかしながらベンサムの考えでは、モンテスキューの理論はまだ、ベンサムが「恣意的」原理と呼ぶ原理、すなわち共感と反感の原理に基礎を置いている。犯罪は罰せられて当たり前であると人に言わしめるものは、おそらく共感の原理である。犯罪と刑罰という二つのものの釣り合いを取ることは、均整を求めるわれわれの心を満たしてくれる。そこには観念および感情の職業的頽廃のようなものがある。しかし、ここで支配しているのは主に反感の原理である。「犯罪は罰せられて当たり前であると人に言わしめるものは、反感の原理である。ある行為が褒賞を受けて当たり前だと人に言わしめるものは、それに照応した共感の原理である。この当たり前という言葉は、情念と誤謬に導くだけである(2)」。ヨーロッパの大部分では、一七六〇年頃までの十八世紀においてさえ、処罰する権利は「公共の復讐」という緊急事態に基礎を置いている。一七七三年頃にベンサムは書いている。「人びとは憎むがゆえに処罰する。……犯罪は憎むべきだと言われる。犯罪を憎むのは当たり前だとされる。……彼らは、憎む度合いによる以外に、どのようにして処罰を行うであろうか。……それ以上に明白などんな尺度があろうか。憎悪という点で意見が一致しているかどうかを知るために、また所与の二つの犯罪のうちどちらを彼らがより憎悪しているかを知るために、自分たちの感情に尋ねる以外に彼らに何かすべきことがあろうか(3)」。

しかし厳密に言えば、道徳と立法の問題に有益性の原理を適用するにさいしてベンサムが目的としていたことは、これら両分野において本能と感情が支配するのでなく計算が支配するようにすることである。職業的司法官の観点からすれば、均衡を好む嗜好を満足させ復讐本能を満足させる刑罰は、善であり、法的秩序の表現と規定される。しかし、有益性の観点からすれば、すべての刑罰は悪である。なぜならすべての刑罰は苦痛を加えることであり、苦痛は悪だからである。その内的性質に関しては、刑罰は犯罪と区別されない。刑罰は、法律の権威をもって行われる一種の反犯罪である。それでは、両者の相違はどこにあるのであろうか。「犯罪は、たった一人の利益のために社会全体に及ぶ害悪を生み出す。刑罰は、一人が苦しむことにより社会全体に及ぶ利益を生む」ことにある。権利は行為によって侵犯される。そうして法律は、これらの行為に関連して二つの目的を設定する。犯行が行われて被害が起きた場合に修復することと、犯行が将来再発しないようにすることである。第一の場合の法律的対策は賠償と呼ばれる。第二の場合には、さらに二通りの方法が採用可能である。すなわち、犯行が行われる寸前まで待って、それから干渉することと、あるいは、犯行を犯したい欲望を起こさせないような動機づけをすることである。第一の対策は、少数の事例においてのみ使用可能であり、予防的、抑圧的対策のすべてを構成する。第二の対策が構成するのはすべての刑法的対策、すなわち刑罰全体である。「有益性の原理によれば、法的刑罰は、法律が禁止している有害な行為を犯して有罪と認められた個人に、類似の行為の発生を防止する目的で法的形式を踏んで科せられる害悪である」(4)。あるいはさらに、ベンサムは奉仕の概念を法律の全領域にむらなく拡大するが、その奉仕の概念を刑罰の定義の中に導入するためにこう言う。「法的刑罰とは、社会の利益のためにこの刑罰の受刑囚に課せられる奉仕である。したがって受刑囚の受けた刑罰については、受刑囚が支払った負債だと言える」(5)。犯罪の再発を回避するために、刑罰は二通りに作用する。加害の意思を矯正することと、加害の能力をなくすことである。刑罰は、犯罪者を更正させるのに恐怖を通じて意思に影響する。刑罰は、犯罪者を無力化するために何らかの物理的行為によりその能力をなくす(6)。刑罰を加えるさいの問題もまた、道徳算術の特殊事例に還元される。すなわち刑罰の苦痛〔悪〕が奉仕の利益〔善〕を越えないように規制するという問題になる。

その上付言すれば、有益性の原理を刑法に適用することは、復讐の原理の正当化を可能にする。なぜなら、「加害者に対する刑罰がもたらすあらゆる種類の満足感は、当然に被害当事者にとっては復讐の喜びを生む」からである。ところで、復讐の喜びは、それ自体として考えれば善である。したがってそれは、他のすべての楽しみとまったく同様に味わうにふさわしい楽しみである。反感の感情を満足させることから得られる快楽を非難すること、また「復讐の精神はおぞましい。復讐の泉から汲み取られる満足はすべて悪である。被害を許すことは美徳の中でも最も美しい」と述べること、こうしたことは、感情の原理の指示に服することであり、こういう表現で理性の言葉でなく反感の言葉を語っている。[7]報復という動機は社会にとって有用であり必要でさえある動機である。告発者は、公共の利益を純粋に愛する心から犯罪を調査する英雄的例外的事例を除けば、金銭的利益という利己的動機か、あるいは腹いせという反社会的動機のどちらかに従っている。だからもし犯罪の徹底調査が有益だとするならば、彼がこうした動機に動かされてでも、そうするのは有益である。[8]それにもかかわらず、報復の快楽が刑罰を正当化するほど大きくないとすれば、このことは、報復の快楽が本来悪だからではなく（すべての快楽は善である）、この快楽が犯人の受ける刑罰に決して等しくないからである。というのは、損失の被害は利得の利益より大きいからである。この論議には安全の原理の新しい適用が見られると言える。[9]

刑罰のこの定義は、ベンサムの全刑法哲学が展開するさいの基本観念であり、唯一の観念と言っていいかもしれない。ところで、この観念はすでにベッカリーアにより流布されていたものであり、一七六四年に出版された彼の小冊子『犯罪と刑罰』は、一七六六年にマルゼルブ（クレティアン・ギョーム・ドゥ・ラモワニョン・ドゥ、一七二一―一七九四）の求めに応じてモルレ師により仏訳され、ヨーロッパ中の研究対象となったし、その後間もなく英訳された。[10]ベンサムは、ヒュームの著作から直接の影響を受けたが、エルヴェシウスを媒介として間接的にもヒュームの影響を受けた。ベンサムは、エルヴェシウスから直接かつ深甚な影響を受けただけでなく、エルヴェシウスの弟子ベッカリーアを通して無意識にまた間接的にもその影響を受けている。エルヴェシウスとヒュームにならい、ベッカリーアは、ニュートン的隠喩を採用して精神現象に用いた。ベッカリーアは書いた。「人間精神ははなはだ不幸な状態にある。天体は人間から極めて遠く離れているのに、その回転について正確な知識を持っている。しかし道徳概念は、はるかにもっと手近で、はるかにもっと重要でありながら不確定な暗黒に包まれたままであり、情念の渦巻きの中を漂いながら、無知によって作られ、かつ誤謬によって承認されている」。しかし天体の距離の遠さがその外見を単純化するから、このようなことが起きる。「道徳原理はわれわれのあまりに身近にあるため明白でなくなる」[11]。しかしながら「物体の重力に似たある秘密の力が、われわれを絶えず幸福の方向に向かわせるようにし、その力はそれに抵抗する障害物がある時に限って弱くなる。すべての人間の行為はこうした傾向の複合的結果であり、私が政治的障害物と呼びたいと思う懲罰は、こうした衝突の非常に重大な結果を防止するけれども、人間本性から切り離せないその原因を壊すことはしない。立法者は、熟練した建築家のように、重力の破壊力を減少させると同時に、大建造物を堅牢にするのに役立つすべての力を結集させることに専心している」。「快楽と苦痛とは感性を持つ人間の大きな動機であり」、また「聖なる立法者は人間を統治する手段のうちで最も強力なものとして刑罰と顕彰を選んだ[12]」と、ベッカリーアはエルヴェシウスの定式の一つを取りあげながら書いた。したがって、ベッカリーアが自分の刑罰理論の基礎とするのは、新しい哲学の二つの原理、すなわち有益性の原理と観念連合の原理である。「刑罰の目的は、感性を持つ人間に苦痛もしくは苦悩を与えることでもなければ、すでに犯された犯罪が効を奏するのを阻止することでもない。……懲罰の目的はただ、犯罪者がこれ以上社会に被害を与えないようにし、また同胞市民が同様な犯罪を犯そうとするのを思いとどまらせることだけである[13]」。ところで、刑罰は観念連合の原理によってこの課題を遂行する。「観念の結合は人間の知性の全構造を結びつける接着剤であり、それがなければ快楽と苦痛とは何の効力も持たない孤立した感情であることが、立証されている[14]」。法律は、人びとが知らず知らずのうちに刑罰を犯罪の確実な結果だと考えるに至るほど、人びとの心の中で犯罪と懲罰との二つの観念を分かち難く結び付けようとする。

それでは、ベッカリーアとの関連においてベンサムの独創性はどこにあろうか。それは論理的整理における卓越した能力にある。この能力のために、彼は幾多の有為転変を経ていつの日にか学派の首領に据えられるよう運命づけられていた。ベッカリーアは、原理を措定し、体系を素描するが、原理の厳格な定義という点においても、その帰結の体系的展開という点においても、ベンサムに遠く及ばない。

ベッカリーアによれば、刑罰の基礎は有益性の原理である。それにもかかわらず彼は、ある時には自分の説明の中に、有益性の原理との関連が常に必ずしも明白ではない不明確な原理、すなわち「物事の不変の関係」[15]という原理を介入せしめることがあるし、またそれ以上に彼がよくやることは、少なくとも外見上、最大幸福原理と契約原理を混同することである。彼の考えでは社会契約原理と有益性原理は区別されるけれども等しく正当であるため、彼は、両原理に立脚して、死刑を非難するのではなかろうか。死刑を科すことは社会契約の侵犯であると、ベッカリーアは言う。なぜなら、法律は一般意思を代表するものであり、また各人が寄託した小部分の自由の総計にほかならないからといって、各人が、ごく僅かな自由を譲渡した犠牲の中に生命自体の犠牲までも含ませたと、どうして考えられようか。また他方、ベッカリーアによれば、死刑を科すことは必要でも有用でもない。というのは、刑罰が犯行を思いとどまらせるのは、刑罰の期間によるところが大きく、一時的な厳しさの効力は小さいからである[16]。同じことはブラックストンにも妥当する[17]。ブラックストンは、想源をベッカリーアから得ているにせよハチスンから得ているにせよ、刑罰の目的はすでに犯された犯罪の罪滅ぼしではなくて、同じ種類の将来の犯罪を防止することであると非常に明確に述べていないであろうか[18]。しかし、ブラックストンは、刑罰の目的が有益性にあることを示した後、処罰する権限を定義するさいに社会契約理論に戻ってくる。社会の法律に違反する犯罪（禁じられた悪）と同様に自然法に違反する犯罪（悪それ自体）を処罰する権限が主権権力に寄託されるのは、この契約を根拠としている。[19] さて、論理一貫した哲学というものが、相互に還元し合えない二つの概念に基礎を置くと考えられるであろうか。あるいは、もしこれら二原理のうち、一方の原理がもう一つの原理に関連して引き出せると考えたほうがいいとすれば、有益性の原理が本源的と考えられるべきではなかろうか。なぜならベッカリーアの表現によれば、法律は大多数の者にとって最も有益な力の表明にほかならないからである。両原理を区別すること、また法律の問題を素直に擬制を用いることなく目的ないし有益性の問題に常に帰着させることは、さらに優れた論理家ベンサムの仕事であった。とりわけベンサムに課された仕事は、ひとたび原理が設定されたならば、この原理から、ベッカリーアのようにばらばらな考察の素材をいくつか引き出すのではなく、科学的、体系的刑法理論の試みを引き出すことであった。すでに述べたように、ベンサムは、有益性の原理に基礎を置く道徳科学は分類の科学であると同時に数理科学でもあると考えた。彼は自分の方法を刑法の分野に適用する。すなわち、犯罪と刑罰との自然的分類を作ろうとし、刑罰と犯罪との均衡を数学的に規定しようとする。

ベンサムの考えでは、犯罪の自然的分類という課題は、そっくりそのまま手つかずのままになっている。というのは、ベッカリーアは、もしさまざまな種類の犯罪とそれらを処罰する方法を検討し区別する必要があるとしても、「犯罪の性質は時と所によって著しく多様であるから、その詳細は膨大で煩雑になるであろう」と述べただけで、彼のいわゆる「一般原理」を示しつつ、犯罪を性急に次のように区別するにとどめているからである。すなわち、社会もしくはそれを代表する人の滅亡へと直接に導く犯罪（大逆罪）、市民の生命、財産もしくは名誉を攻撃して市民の特定の安全を害する犯罪（これらの犯罪を彼はまた、市民個人の安全に対する犯罪とも市民の自由と安全に対する未遂罪とも呼ぶ）、最後に、法律が公共の利益のために規定ないし禁止していることに違反する行為である。[20] これは、有益性の原理に基づかない極めて曖昧な分類である。なぜなら、第三の種類の犯罪は、有益性の原理によるならば例外なくすべての犯罪を包含してしまうからである。しかし、ベッカリーアの提唱する分類に妥当することは、学校で教えられている他のあらゆる分類にさらに強く妥当する。ある場合には、区分されたそれぞれの種に相通ずる共通の特徴が何もないような分類がある。ベンサムによれば、ローマ法が私的犯罪と公的犯罪、通常の公的犯罪と例外的公的犯罪に区分している事例がそうである。[21] ところで、ある科学、例えば植物学が、分類綱目に相通ずる共通の特徴がないような方法で区分されているとすれば、一体どうなるであろうか。またある場合に、広く用いられている分類方法によって行われた区分が曖昧なことがある。すなわち、分類綱目間の区分が区切りのはっきりした現実となんら照応していないことがある。ローマ法で行われた重犯罪、軽犯罪および微罪の区分は、分類対象そのものによる区分でなくて、ある個人、特に判事が問題の対象に関して感じた感情による区分である。[22] ある事例がこれら三種類の罪のうち、いずれに分類されるべきであるか、このことは判事の恣意的評価に完全に任されている。一般的には、すべての専門的分類は、犯罪の性質に基づかないで、刑罰の性質に基礎を置くという共通の弊害を持つ。イングランド刑法における重罪の定義はこの点で典型である。重罪は死刑を科される犯罪であって、もっと軽い刑罰を科される軽罪や不法侵害とは違う。しかし、こうした犯罪の分類を基礎に刑罰理論が構築されていいものであろうか。というのは、犯罪のこの分類は既存の刑罰制度を自明のものと前提しているが、われわれが今まさに問題としているのは、既存の刑罰制度なのだからである。刑法の言葉は革命を求めている。この革命は、専門用語法を愛好する人びとがいるために難しいが、必要な革命である。植物学にリンネがいたように、化学にラヴォアジエがいたように[23]、刑法の科学も学名命名法を案出する人を必要としている。

ベンサムが準拠しようとする分類方法は、「網羅法」と彼が呼ぶ二分法[24]である。この方法は、研究しようとする論理領域の規定に始まり、この領域を二分し、さらにそのそれぞれを二分し、同様にしてその領域が尽き果てるまで、つまり網羅するまで続ける。しかし二分法を厳格に推し進めるのは困難であろうと、ベンサムは認める。彼の課題は、一つは、名称の有無にかかわらず考えられるあらゆる種類の犯罪を組織的に数え上げることである。もう一つは、一般に流布しているすべての犯罪の名称をリストに載せることである。もしわれわれが単に最初の目的だけを追求するのならば、純粋かつ単純に自然に準拠し、泰然として二分法を守るだけで充分であろう。だが、このやり方ではわれわれは、まったく理解できない新たな法律用語に行き着くであろうし、また、流布している言葉を説明しないまま放置することにもなるであろう。実際には、二分法を使用するさいには、その過程で流布している表現を見落とさないように絶えず気を配ると同時に、学者ぶらずに、この方法に杓子定規に固執しないようにする配慮が必要であろう。

社会に有害な行為あるいは有害になる可能性のある行為はすべて、有益性の原理に従って犯罪とされなければならない[25]。しかし、その行為が社会に対して与える被害は今、新しい観点からすれば、その被害を受けるのが個人であるか集団であるかによってまったく別の種類に分類することができる。ここには二分法が適用可能である。被害者個人が特定できる場合がある。すなわち、被害者が固有名詞もしくはある特定の状況すべてによって明示される場合である。そうでなければ、その他のすべての場合に被害者個人は特定不可能である。行為の被害を被る特定可能な個人は、行為主体以外の個人であるか、行為主体その人であるかのいずれかである。特定不可能な諸個人は、社会を構成する個人の全体であるか、その社会の中の小集団であるかのいずれかである。[26]したがって犯罪は四種類になる。行為主体以外の特定可能な一人ないし複数の個人に及ぶ私的犯罪、行為主体以外の特定不可能な個人の集団に及ぶ半公共的犯罪、行為主体に及ぶ再帰的犯罪、社会全体に及ぶ公共的犯罪である。

二分法を用いて、さらに各種類それぞれが分類される。ただし第四の種類は別であって、それに関してはベンサムもみずから最初に設定した規則を厳格に守ることは不可能だと認めている。[27]私的犯罪および再帰的犯罪に関しては、取るべき方法は同じである。個人の幸福は、一部分はその人の人身〔人柄〕に左右され、一部分はその人を取り巻く外的環境に左右される。彼の幸福を左右するこれら外的環境は、一つには財貨であり、彼の財産を構成するものである。もう一つは他の人びとである。彼が他の人びとに期待するのは、彼の法的条件に基づく奉仕であるか、もしくは単に、善意の思いやりであるかのどちらかである。善意の思いやりは名声をもたらす。したがって、人身に対する犯罪、名声に対する犯罪、財産に対する犯罪、および境遇に対する犯罪がありうる。[28]同じ区分は、少なくとも部分的に半公共的犯罪に当てはまる。ただしこのことが当てはまるのは、これらの犯罪から生ずる害悪が故意でない場合（ある種の災害、例えば洪水、伝染病あるいは火災に基づく犯罪）と、故意である場合（純粋の犯意による犯罪）が区別され、そうしてまたその故意の場合のうち人身、名声、財産あるいは境遇に対する犯罪に人びとの注目が集まる限りにおいてである。[29]

同じ方法によってさらに、各種類それぞれの区分ごとに類別することができる。第一種類における最初の区分、すなわち私的犯罪における人身に対する犯罪を考えよう。人身は、肉体と精神から構成されている、あるいは構成されていると考えられる。人身の肉体部分に有害な影響を及ぼす行為は、その人の意思に影響することなく肉体に直接に影響するか、あるいは意思の機能を通じて間接に影響する。影響が間接的に及ぶ場合、それは精神的強制による。この強制は、われわれに積極的行動を命ずる時には、強制と呼ばれてよく、われわれが一定の決まった様式で行動するよう介入する傾向がある時には抑制と呼ばれる[30]。地球の全表面は大小二つの部分に分けることができる。そのためわれわれの立ち入りが禁止される地表部分が立ち入り自由なほうよりも大きい場合の制限は、拘禁と呼ばれ、反対の場合には追放と呼ばれるであろう。もし有害な行動が直接に有害である場合、それは人命にかかわるか、人命にかかわらないかのいずれかである。もし人命にかかわらなくて修復可能であれば、それは単純な傷害であり、あるいは修復不能であれば修復不能傷害である。他方、もしある行動から生ずる害悪が人身の精神部分に及ぶならば、受ける苦痛は、不安であって、その犯罪は脅迫と呼ばれるか——あるいは積極的苦悩であれば、その場合の犯罪は単純な精神被害と呼ばれる。ここから、二分法によって人身に対する犯罪は九種類が生じる。単純な傷害、修復不能傷害、単純な不法制限、単純な不法強制、不法拘禁、不法追放、不法殺人、不法脅迫、単純な精神被害である[31]。今、二分法の適用によってわれわれにとって周知の犯罪諸形態が出現してきた。ここまでくれば、原理は設定されているから、いわゆる法典の起草に進むのが当然の流れのはずである。ベンサムはまた、第一種類〔私的犯罪〕における他の三種にも二分法による分類方法の適用を探求している。繰り返し言えば、そこで彼は立ち止まっている。通常の分析は、当該事情の複雑さを考えれば、再帰的犯罪には適用できないであろう（こうしたことについて立法することが妥当であるかどうかという、先決問題が生じるから）し、半公共的もしくは公共的犯罪にも適用できないであろう[32]。

このように考えられた犯罪の分類は、「自然的」分類である。なぜなら、この分類は、もっぱら有益性の原理に基礎を置いているため、犯罪行為と呼ばれる行為に駆りたてた可能性のある動機を無視しているからであり、また「感情的」分類とは違って、行われた行為が社会に対して与えるさまざまに有害な結果しか考慮に入れないからである。ベンサムの心にとってもまた、それは、「専門的」分類と対照的に、「自然的」分類である。なぜなら、それは、一定の時代と国において有罪と評決を受けた行為に対して法廷が慣習的に科してきた刑罰を無視しているからである。要するに、この分類は各国の判例を無視している。この点で、ベンサムの理解する意味での「自然」法学体系は、言葉の古典的意味における「自然法」と似ている。ベンサムがその独断的な一般化に反対する古代法は、永遠かつ普遍的な自然法と、時代と国によって相違する実定法を区別する。しかしベンサムの分析には二重の長所があって、ベンサムの分析は、この区別には根拠がない（なぜなら、すべての法律は例外なく、有益性の計算にのみ基礎を置いているか、あるいは置くべきだからである）ことを示しており、またその区別を説明し、有益性の原理に基礎を置く〔法〕体系の中で相対的に正当化しうる理由をこの区別に与えもしている。ベンサムが述べるところによれば、彼の犯罪の分析は、行われた区分がすべての国民に例外なく妥当することはもうこれ以上はないという点まで推し進められた。そうして、彼が私的犯罪という種類の分析を他の種類の分析以上に深く推し進めたのはこの理由からである。なぜなら、第一種類の犯罪は、特権的な位置にあるからである。私的犯罪の最大の特徴は、私的犯罪である限りどこででも半公共的犯罪よりも激しく、また公共的犯罪よりもはるかに激しく世論の指弾を被るし、また被らなければならないというところにある。またそれは、再帰的犯罪以上に絶えず世論に非難される（それは、禁欲の原理と反感の原理という二つの誤った原理が及ぼす影響がなければ、いたるところで非難されるであろう）という特徴がある。またそれは、州や国によって定義が異なるということが半公共的犯罪および公共的犯罪ほどではないという特徴がある（この点で、それは再帰的犯罪と似ている）[33]。これら三つの特徴、特に最後の特徴によって、これら私的犯罪が自然法に対する侵犯を構成すると考えられた理由、すなわち法曹家の所見によってあらゆる国と時代の成文法よりも優れた存在と想定された自然法に対する侵犯を構成すると考えられた理由が説明される。この自然法はベンサムの目には擬制である。しかしながら人も知るように、彼の体系の中では、自然法は一つの現実に照応している[34]。モンテスキューと同様、ベンサムの理論ほど、歴史家の経験論、あるいは「古物研究家」の経験論と似ても似つかぬまったく別なものはない。新しい定式によってベンサムが教えるのは、これまた、人間の普遍的本性（ベンサムはこの言葉をこの意味で用いる）の知識に基づき、すべての国民の法学に役立つことのできる法律である。「その言語は、あらゆる実定法体系が説明される語彙辞典として役立つ一方、他方で内容が、それら全体系を判定するさいの基準として役立つであろう[35]」。

しかし、犯罪を規定する立法者の観点は、刑罰によって犯罪を防止するという観点のみである。したがって、刑罰を規定し分類することは、犯罪を規定し分類した後でなければならない。ところで最大幸福主義《ユーティリテ》哲学においては、犯罪と刑罰は、それぞれの結果は違うけれども、それぞれの内的性質はいささかも変わらない。犯罪と刑罰は両者とも、人間の気ままな干渉によって加えられる害悪である。だから、犯罪に当てはまるのと同じ区分が刑罰にも当てはまり、刑罰の目録は犯罪の目録と同一であると予想できる。すなわち効果のある処罰とは、個人の人身、財産、名声、あるいは境遇に打撃を加えることである。その能動的機能においてか、受動的機能においてか、人身に直接に影響する刑罰は、肉体的刑罰という種類を構成する。ベンサムはこの刑罰をさらに細分化する。そうして、ベンサムにおいてこの新しい〔刑罰の〕区分は必ずしもすべての点で人身に対する犯罪の細区分と対称形ではない。それにもかかわらず確かに一方では、対称を作ることは容易であり[36]、他方ではベンサムは、人身に対する犯罪の表を作製するさいに、しばしば刑罰の名称を用いて、こうした刑罰名を単純に置き換えて犯罪名にすることしかしなかった（不法拘禁、不法追放）。財産、名声および境遇に影響する刑罰に関しては、個人が以前に享受していた利益をその者から取り上げるという共通の特徴がある。肉体的刑罰という種類と違って、それらは、私的刑罰という単一の種類を形成するものと考えることができる（イングランド法の「没収」）。

ただ、犯罪と刑罰のこの対称《シンメトリ》が、ごく自然に一つの幻想を生むようなことがあってはならない。すなわち加害者に被害者と同程度の苦痛を科す一種の報復法によって各犯罪がそれぞれ、質的に類似した刑罰を受けるべきものと考えられてはならない。一方では、犯罪と刑罰の対称性は、実際には刑罰一般と第一種類の犯罪との間にしか存在しない。そうして第一種類の犯罪は、それだけが報復の適用可能性を認めていることで、まさしく他の全種類の犯罪と違う[37]。けれども、その他のすべての犯罪に対して、それ相応の刑罰を規定することは、控えるべきことであろうか。その上、報復の概念は、決して有益性の原理を満足させるものではない。人は一般に、刑罰と犯罪との間に均衡があるべきだと感じる。しかし、報復の原理は、対称というある種の職業的要求を満足させるために、これら二つのものの間に質的均衡を理屈ぬきで要求する。これに対して、有益性の原理は量的均衡を必要とする。刑罰の害悪は、犯罪から得られる犯罪者の利益を相殺し、したがって犯行を防止するものでなければならない。犯罪者となるかもしれない者はあらかじめこのことを承知してい[38]なければならない。少なくとも刑法において均衡の観念に注意を呼び起した功績を有したモンテスキューの後を継いで、ベッカリーアはこのことを理解していたように思われる。ベッカリーアによれば、すべての刑罰は「基本的に公開、迅速、必然で、犯罪に比例し、所与の事情の下で考えられる最も軽い刑罰であって、法により指示されていなければならない」[39]。しかしベンサムは、ベッカリーアの列挙したこれらの要素すべてを、どれも均衡それ自体の要素としか考えていない。刑罰と犯罪の均衡が確立されるためには、また立法算術が可能であるためには、刑罰はどんな性質でなければならないであろうか。この均衡の確立を支配すべき規則とはどんなものであろうか。

『道徳および立法の原理序説』において、ベンサムは、法的刑罰に十一の異なる性質《カリテ》を与えている。ただ、彼自身は、これら十一の性質が必ずしも同程度に重要ではないことを認めている。そのうちの一つ、第十一番目の免責という性質が目的とするのは、偶発的害悪を緩和し、司法の誤りを回避することである。三つの性質が、ベンサムによって一つのグループにまとめられている。この三つは、ベンサムが刑罰の三つの副次的目的と考えるもの、つまり道徳的性格改善、加害者の法的無能力化、および被害者への補償を達成しようとするものだからである。残る七つの特性《プロプリエテ》は、犯罪者になるかもしれない人を見せしめによって尻込みさせるような刑罰にすべきである[40]。これら特性は三つのグループに細分することができる。

その〔七つの特性の〕うち四つのものの目的は、刑罰の真の価値を規定することである。

第一に、すべての刑罰は悪であるから、刑罰は厳密に必要な程度にとどめられなければならない。ベンサムはこれを倹約あるいは節約の特性と呼ぶ。「刑罰において完全な節約が行われるというのは、単に過剰な苦痛が受刑者に負わされないというだけでなく、彼がなめる苦痛が相手の側の快楽を生み出す時である」。加害者の義務は被害者に補償することだけであるという金銭的刑罰は、この条件を満たす。

第二に、一般的に刑罰の重さが犯罪の重さによって量的に規制されるためには、刑罰は分割可能でなければならない。犯罪が重くなるごとに、あるいは同じ犯罪の累犯ごとに、刑罰にも同等な累増を対応させることができなければならない。そうしてこの特性は、有益性の理論全体の一般的公準と考えられていいものの表現にほかならない。この学派のあらゆる思索、すなわち法学、経済学あるいは公法学の分野における思索は、この公準を試す一つの長期にわたる試薬にすぎない。いわば二倍の重みのあるこの公準に従えば、快楽と苦痛は量に関して比較可能であるだけでなく、快楽と苦痛の客観的な量的等価物を見出すこともまた可能である。

　しかしながら、この公準を刑法の分野において適用するには一つの一般的困難がある。つまり、多様な感受性と、感受性の客観的等価物と考えられるものとの照応、言葉の心理学的意味における刑罰と法律的意味における刑罰を対応させる可能性にかかわる困難である。一つには、言葉の客観的意味における同じ刑罰がどこにおいても同じ苦痛の感情を生み出すというのは、正しいであろうか。このことは、必ずしもすべての刑罰に同じ程度に当てはまるとは限らない。追放刑は、被告が追放された土地に住むことにどれだけの値打ちを置いているかによって大きくも小さくもなる。まったく同一の金銭的刑罰でも、被告の財産状態によって深刻さは違う。したがって、望ましいのは、一定の刑罰が分割可能であることだけでなく、必ずしも同じことになるわけではないが、それ自体の価値に等しいことである[41]。——その上、性質がさまざまに違う一連の懲罰があるとして、一連の法的刑罰と、それが生み出す苦痛の一連の主観的感情の照応、すなわち性質ではなく程度だけが異なる一連の感情との対応はいかにして確立可能であろうか。立法者は、法的刑罰に別の刑罰を追加することで重くしようとするかもしれない。あるいはとりわけ、ときとして犯罪者が法的刑罰に服する意思もしくは能力を持たない場合に、別の刑罰に取り代えるかもしれない。これらのものは、相互にいかにして比較可能であろうか。ここには、たとえ大雑把に言うとしても、公分母の機能を果たす貨幣は存在しない。罰金や投獄刑は基本的に分割可能であって、どんな数量にもすることができる。しかし、貨幣の量と投獄の量とを比較するためには、ある工夫を施さなければならない。例えば「一日の投獄は、一日の収入に等しい負債の返済に相当する」と、言わなくてはならない。二つの刑罰は、こうして約分可能だとされる。こうした分野において快苦算術が可能になるために法的刑罰が示すべき特性は、分割可能性および同等性に加えて、約分可能性である。

刑罰の外見的価値とベンサムが呼ぶものを規定するという目的には、二つの特性がある。なぜなら、ベンサムによれば、犯罪であろうと刑罰であろうと、いかなる行為にしてもそれから生ずる害悪は、二つの部分に分かれるからである[42]。第一種類の害悪は、その行為の結果として、一人ないしは複数の特定個人が受ける害悪である。第二種類の害悪は、第一種類の害悪から派生して社会全体あるいは不特定多数の個人に広がる害悪で、社会を驚倒させたり一部の社会に危険を感じさせたりすることである。しかし、問題の行為が犯罪であるか刑罰であるかによって、第一種類の害悪に対する第二種類の害悪の比率は同じではない。犯罪は、第一種類の害悪と第二種類の害悪とを生み出す。犯罪は、それを回避できなかった個人に苦しみを与え、驚きを広げ危険を作り出す。刑罰は第一種類の害悪を生むし、結局は第二種類の善〔利益〕を生む。刑罰は、自覚してそれに服した個人に苦しみを与えるが、その後の結果は世論を安心させ危険を除去する[43]。もっと正確に言えば、刑罰がもっぱら第二種類の善を生むと考えるのは正しくない。法律が犯罪と規定した行為を実行したいという誘惑にかられた人を尻込みさせるように、刑罰は驚きと危険とを作り出す。しかし、有害な行為を行うことを差し控えさせて危険をなくすことは、公職にある者の義務である。驚きの害悪は、刑罰の害悪より小さい（なぜならある害悪の恐怖はその害悪よりは小さい害悪だからである）が、それが刑罰の基本部分である。刑罰の実質価値は、刑罰の害悪全部である。すなわちそれが科されるさいに経験される害悪のすべてである。刑罰の外見的価値は、刑罰あるいはその執行を見聞したために公衆の想像に浮かぶかもしれない害悪である。ところで、刑罰が科される時には、実際の刑罰は損失であり、また外見的刑罰は利益である。したがって、刑法が志向する目的は、第一種類の害悪を生むことなく第二種類の害悪を生むようにすること、犯罪者となるかもしれない者の心のうちに、刑罰を科さないで警戒の感情を生むようにすることである(44)。刑罰には、外見的価値を増大させることによってこの目的達成に近づき、刑罰の実質価値を増大させずにすます特性が二つある。人の想像の中で刑罰の観念が犯罪の観念と強く結び付くためには、刑罰は、みせしめであるのがいい。すなわち、人目をそばだたせる厳粛さに包まれているのがいい。また刑罰は、特徴のあるものもしくは犯罪と類似したものであるのがいい。すなわち、犯罪と刑罰の間に量的均衡だけでなく質的類似もあるのがいい。民法における衡平の観念のように、刑法における報復の観念は、有益性の哲学においては、有益性の原理に関連して従属的位置を占め、相対的に正当と認められる(45)。

残る最後の特性は他のすべての特性から区別される。それは、ベンサムが大衆性と呼ぶ特性である。有益性の原理によって、立法者は、刑罰の選択にあたって既存の先入見に抵触する刑罰を注意深く避けなければならない(46)。なぜなら、法律の純利益とは、いわばこの法律の粗利益から、この法律が引き起こす不満と、この不満が生み出すかもしれない不便とを差し引いたものだからである。しかし、この最後の規則は、他のすべての規則を無効にしてしまう危険を冒すことになるかもしれない場合がある。それは、有益性の原理そのものの名において、われわれがしばしばこの原理に対立する先入見に対して法の認可を与える場合である。事実ベンサムが付言したところによると、この特性は暫定的価値しか持たないと考えられなければならない。この特性は民衆あるいは民衆の一部の中に必ずや先入見が存在すると想定しているが、その先入見の是正に努めるのが立法者の職務である。この特性は、民衆が自己の本当の利益に反したことをするままに放置している立法者の怠慢の徴候である。彼らには教育が与えられるべきであったし、かつまた与えられえたのに、与えられなかったからである。[47] こうしてベンサムは終わりに、民衆が有益性の原理を身につけて文明化した時には、法律学を普及させることを一再ならず強調する。原理の適用にさいして国民的事情の多様性のために生じるはずの柔軟な対応を彼が認めなかったというのは当たらない。というのは、われわれが知っているように、彼は、刑罰の基本的特徴の中に大衆性すなわち地域特有の見解への適応を数えているからであり、また、彼は『立法における時間と場所の影響についての論考』という小論を書き上げてもいたからである。しかし、この論説においてさえ、ベンサムは依然として、反気候決定論者エルヴェシウスの弟子である。自然的事情――気候、土壌、地理的事情――の影響が社会的事情――統治、宗教、風習――の影響と並んでどれほどであろうと、歴史の証明するところでは、気候や土壌には打ち勝ちがたい障害となって人間の幸福を妨げるようなものはいささかもないし、また居住可能なところならばどこででも人びとは、統治、宗教および風習を与えられ、幸福になれる。ピョートル大帝の例を考えよう。「彼が立法において行わなかったことを、気候の影響のせいにしてはならない。気候が彼の成功に限界を設けたのではない。彼は、自分の意図したことをすべて達成した。もし彼の心に完全な法体系が浮かんでおれば、不完全な法体系を作るよりその完全な法体系を作るほうが、彼にとってずっと容易であったろう」[48]。

したがって、刑罰と犯罪の均衡を取ることは可能である。道徳算術が刑法において可能である。残ることは、この法学算術の基本規則を定めることである。ベンサムは、十三の規則について述べている。しかし、この十三の規則のうちの第六は、立法者に対してというよりは判事に対して述べられている。すなわち「各個別加害者に実際に加えられる刑罰の量が、同じ罪の加害者一般に加えられる量に対応する」ためには、「感受性に影響するいくつかの事情が常に考慮に入れられなければならない(49)」ことが、要求される。第十三規則は、それ以前の規則に加えられた追加的規則というよりは緩和措置である。均衡という数学的精神は、法律を難解、複雑かつ曖昧にするほどに固執されてはならない。なぜならそれより優れた善があるからである。それが単純性である(50)。そのほか、刑罰と犯罪の均衡を取るための十一の基本規則がある。それらは、二つの基本規則に還元可能である。一つは、刑罰が決して超えてはならない下限を、他方は上限を規定する。第一の基本規則は、刑罰の害悪〔損失〕が犯行の利益を超えるようにすることである。さもなければ、犯罪を行うことには利益があることになろう。第二の基本規則は、刑罰の害悪が犯罪の利益を超えなければならないとしても、それを超えるのはできるだけ僅かでなければならないということである。というのは、すべての刑罰は害悪であり、厳密に必要なだけ科せられるべきであって、必要以上に科せられるべきではないからである。第一の基本規則は、ベンサムの表における最初の四つの規則を要約しており(51)、第二の基本規則は、表の第五の規則である(52)。

刑罰を二つの限界内にとどめておくためにどんな手段があろうか、これこそ、残りの六つの規則が規定しようとすることである。ところで、これら六つの規則のうち、一つだけが刑罰を減少させる性質を持っているのは特徴的なことである。刑罰の量を規定するにあたっては、あらゆる種類の刑罰があまりに重すぎるものにならないよう注意をしなければならない(53)。逆に他の五つの規則は、刑罰を増大させる傾向を持っている。刑罰が確実性について欠けるところがあれば、それだけ量を増やさなければならない。[54]——刑罰〔の執行〕が時間距離について欠けるところがあれば、それだけ量を増やさなければならない。[55]——確かな証拠によって常習行為であると判明した場合、刑罰は、当該犯行の利益を超えるだけでなく、同じ犯人が行ったけれども処罰されなかったと思われるすべての類似の犯罪の利益をも超える量でなければならない。[56]——最後に、質の観点からすると目的を達成するのにとりわけ適しているある刑罰が、一定量以下ではありえない場合、その刑罰を用いるためには、別の点では厳守する必要があると思われる量を僅かばかり越えることが、ときとしては有益であることがある。それは、ベンサムが語るところでは、刑罰を道徳的教訓として用いるよう意図されている場合が特にそうである。[57]

ここで、興味ある事実に光を当てなければならない。ベンサムは、立法の科学を精密かつ冷静な科学にしたいと切望し、刑罰の確定が問題となる時には、彼のいわゆる「人間本性」からする反論を「恣意的」反論と見なしている。「しばしばわれわれを欺く理性の詭弁に耳を傾けてはならない。そうでなく、常にあなたを正しい方向に導くあなたの心の命に従いなさい。私は、ためらうことなくあなたの提案する刑罰を拒否する。それは、自然の感情を損ね、多感な心を傷つけるし、専制的で残酷である」。『刑法の原理』が軽蔑をこめて「感情的雄弁家[58]」と呼ぶ人びとはそう語っている。おそらく、すべての刑罰は害悪である。その結果、すべての刑罰は、感情を逆なでするもののように思われるに違いない。だから、もし多感な心の感ずる嫌悪感が刑法に対する充分な反対論であるとすれば、刑法を全廃するしかない。だが他方、刑罰は必要である。したがって感情がわれわれに与える指示を拒絶するのが正当である。

ベンサムが規定した第一の規則は、「刑罰の害悪が犯罪の利益を超えるべき」ことを要求する。さて、他の事情がすべて同じであれば、誘惑の力は犯罪の利益に比例する。だが、刑罰の量は犯罪の利益とともに増大しなければならない。だから、他の事情がすべて同じであれば、刑罰の量は誘惑の力とともに増大すべきであると、ベンサムは述べている。この格率は、苛酷に思われる。それは感受性と衝突する。そうして、弱い誘惑でも影響力が強くて性悪な犯人の気質を表している場合に、その度合いに応じて、刑罰を減らすためには、おそらく「誘惑」という要因が考慮されなければならない。しかし、規則と例外は混同しないほうがいい。気質が堕落している証拠があまり確かではないということは、あまり堕落していないということとは違う。なぜなら、誘惑があまり強くなく犯罪が行われそうにないように見えながら、そんな場合でも犯罪が行われたということは常にありうることだからである。情状酌量は推定の問題にすぎない。犯罪は事実の問題である。人は、誘惑の力を犯罪者の逃げ口上と見なす傾向があまりにも強い。そのように見なすことは、共感と反感の原理によって行われる行為である。「憎いという理由で、また憎いという理由だけで処罰する人は、何か憎むべきものをその気質のうちに見出さない場合には、まったく処罰する気にならない。また、彼がそういうものを見出した場合には、憎悪が彼を駆り立てる程度の刑罰を科すだけで、それ以上は望まない。刑罰は誘惑の力とともに増大しなくてはならないという格率に反対して、非常にしばしば嫌悪が表明されるのはこの理由による。それにもかかわらずこの格率の逆は、後に見るように、刑罰の目的にとって破壊的であり、犯罪者自身にとっても残酷であろう[59]」。犯罪者が受ける刑罰の害悪が有益性の原理の要請に即応することをやめれば、たちまち無辜《むこ》の人びとは守られなくなり犯罪被害を受けるようになり、他方、犯罪者が受ける刑罰の害悪から生まれる利益は皆無となるであろう。

ベッカリーア[60]の研究主題は刑罰の寛大性である。刑罰が軽減されること、このことがおそらく彼の基本的関心事である。しかしベンサムはその表現に賛成しない。なぜなら、それは科学の用語に相応しい中立性、客観性を持たないからである。「ある刑罰を寛大と呼ぶのは矛盾した観念を結合することである。ある刑罰を節約的と呼ぶのは、計算と理性の言葉を使用することである」[61]。有益性の道徳は、快楽が善だからといって計算しないで惜しまず快楽を振りまく気前のいい道徳ではない。それは、ベンサムの表現によれば、慎ましい道徳である。慎ましい道徳とは、個人に将来の快楽を保証するために彼らに間近な快楽をあまり与えない。「問題は、刑法が厳しすぎるとかすぎないとかということではない。こういう問題の考え方はよくない。問題はすべて、法典の厳しさが必要か否かを判断することに帰着する」[62]。この点で興味深いのは、ベッカリーアの理論とベンサムの理論の対照である。

ベンサムより前に、ベッカリーアは、刑罰における四要素、すなわち密度、時間距離、確実性および持続時間の価値評価に専念している。これら四要素は、ベンサムの創作になる道徳算術の不可欠の部分となった。道徳哲学と正当に呼ばれていい分野にベンサムはこれら四要素を移した。ベンサムはそれら四要素を『犯罪と刑罰』から学んだ[63]。密度、時間距離、確実性が、刑罰の価値の、あるいは同じことになるが刑罰の重さの、不可欠の構成要素であるから、あれこれの副次的理由を考慮して、ある要素の重要性を減じ別の要素の重要性を増大させることができよう。もし刑罰が同じ効力を維持するよう期待されているならば、一方での増加の操作が他方での減少の操作を償うことが必要であるから、それさえ行われれば、刑罰の重さは不変のままであろう。ベッカリーアはこのことを無視しているように思われる。厳しさ、すなわち密度を軽減することに腐心するあまり、ベッカリーアは、刑罰を構成する他の量的要素の増加を自分が容認していることに気づかない。ある場合には刑罰の密度の減少を埋め合わせてなおあまりある増加を常に自分が容認していることに気づかない。ここから多くの計算間違いが生じ、ベンサムは明らかにその是正に骨を折っている。

ベッカリーアが書いているところによれば、「犯罪を最も確実に防止するのは、刑罰の厳しさでは決してなく、処罪の確実性である。それは司法官が不屈の厳しさで警戒に当たるからである。この司法官の不屈の厳しさは、法律がきめ細かに立派にできておれば、それだけ判事としての美徳ともなる」[64]。同じ前提から出発してベンサムは別の考えを取る。犯罪の利益は必ずや時間距離と確実性において刑罰の害悪を上回る。したがって犯罪による害悪を埋め合わせるためには時間距離と確実性において刑罰の害悪に不足するところを、刑罰の密度を高めることで是正しなければならない。ところで、もしベッカリーアの論議がベンサムの恐れより「人道的」であるとすれば、確かにベッカリーアは論理的には厳密さがない。刑罰を科すにあたって密度の害悪を減少させるためには確実性の害悪を増大させなければならないと、ベッカリーアは言う。また他方、密度の害悪と不確実性の害悪とを同時に減少させるために時間距離の害悪を増大させなければならないとも言う。すなわち、刑罰の密度を減少させるためにいろいろな観点を取る必要に応じて、不確実性は交互に害悪とも善ともいろいろに考えられる。しかし刑罰の密度は確実性および時間距離と同じ理由で害悪であるにすぎない。密度にはいわばもっと大きい現実が備わっていると思わせるのは言葉の幻想にすぎない。ベッカリーアは書いている。「処罰が迅速であれば、すなわち犯罪のすぐあとで処罰が下されれば、それだけ処罰は公正で有用であろう」。公正であるのは「犯人が不確実性という残酷な責苦をいささかも受けずにすむからである」。そうして有用であるのは「犯行とそれが受けて当然の刑罰との間の時間の間隔が少なければ、それだけ犯罪と処罰という二つの観念は消し難く心の中で結び付くからである」[65]。二つの形容詞「公正な」と「有用な」のどちらを取るかという選択はよくない。なぜなら、「公正な」は、ベッカリーアの心の中では「寛大」、すなわち科す刑罰の量を小さくすることを意味するように思われ、「有用な」は、「効率的」すなわち科す刑罰の量を大きくすることを意味するように思われるからである。刑罰の適用にあたっての迅速性はそれゆえ、刑罰を同時に軽減もし増大もさせるという矛盾した結果を生むであろう。

持続時間もまた道徳算術の一要素である。ベッカリーアは死刑の議論の中に持続時間の考察を入れている。最初に彼は死刑を非難する。なぜなら彼は死刑を最大の苦痛、「最大の善」の喪失と考えるからである。「生涯の全体にわたって広がる不幸の瞬間瞬間を、最後の処刑の恐ろしい一瞬と比較することができるのは、死刑の持続時間と総量とを計算する観察者のみであって、差し迫った苦悩のために将来の刑罰を考えられなくなる犯人ではない(66)」と、彼は考える。しかしすぐその後で彼は、「人間本性を恐怖させるのは、刑罰の長さによるほうが大きく、瞬間的な厳しさによるほうが少ない」という理由の下に、死刑を非難する。ところでもし、刑罰が恐怖心を与えるのが少ないとすれば、それは重くないからであり、全体としてその価値が大きくないからである。死刑は終身刑より重くない(67)。「感傷的」幻想がベッカリーアの計算を狂わせた。そうして計算間違いの結果、彼は刑罰を緩和すると信じつつ増大させる。ベンサムはこのような論理の誤りを回避する。彼が死刑を批判するとすれば、それは決して死刑が非常に厳しいからではなく、例えば生命の価格はすべての個人にとって同一ではないため死刑が平等ではないからであり、また取り返しがつかないからである(68)。おそらくベンサムは、懲役刑を論ずる箇所で、ベッカリーアと同じ誤謬を犯しているように思われる。ベンサムは言う。「苦痛をさらに厳しくすれば苦痛は短くなろう。その総合計は減るであろう。長期の穏和な禁固刑に分散させて苦痛の感情を弱めないで、短期の重禁固に集約すれば、あなたは、かなり苦痛の感情の効果を増大させることになろう。それゆえ、方法の違いによって等量の苦痛が長期にわたって感じられるであろう(69)」。さらに、刑罰はそれを受ける者にとってだけでなく、それを科す社会にとっても、その持続時間に比例して費用がかかることを銘記しなければならない。しかしベンサムはすぐに自分にとって決定的な第二の理由を付け加える。刑罰が厳しく短期間で終わる刑務所制度の施行は、彼のいわゆる第三次的害悪を生むのを回避するが、それは犯罪の防止には何の役にも立たない。第三次的害悪とはすなわち個人が持つ機能の衰退、個人の勤労の中止、個人の営業が他人の手に渡るという害悪である。「こうした害悪はすべて……あまりに遠い将来のことであり偶発的であるため、彼自身にとってもみせしめとしても、何かの役に立つことはないが、こうした害悪は、すべて刑罰の大きさを持続性よりも密度で考えれば、なしですませられる」。

おそらくベンサムを彼が生きた時代から切り離すことはできない。ベッカリーア、セルヴァン〔ジョゼフ・ミシェル・アントワヌ、一七三七―一八〇七〕、ヴォルテールの同時代人である彼は、同じ悪弊を非難し、彼らとともに最後に刑罰全般の「緩和」を要求する。ヨーロッパではおそらくイングランドほど死刑が盛んに行われたところはほかにない。一七六五年には重罪で死刑となった者が一六〇名あった[70]。もしロミリ〔サー・サミュエル、一七五七―一八一八〕の言うところを信ずれば、一七八六年にはそれ以上あった[71]。一八〇〇年二月と一八〇一年四月の間にはもしベンサムを信用すれば文書偽造罪で一〇〇の処刑があった[72]。――非常な保守家ブラックストンでさえ、自国の刑法の状態に驚いている[73]。そうして明らかにベンサムも同様に心を痛めている。刑罰を科すさいの「最も大きい危険は、過小な刑罰にすぎる誤りを犯すことである。というのは刑罰の効力がないからである」ことを確認した後、彼は「逆に過重な刑罰を科す誤りは、人類および立法者の心の自然な性向である。この性向のよってきたるところは、反感をおぼえるために極度の厳罰に向かわせることによるものか、危険で卑俗と考えられる人びとに対する同情心が欠如していることによるものか、いずれかである」。したがって「警戒しなければならないのは後者である[74]」。だがイングランド刑法中彼に衝撃を与えたのは、おそらく死刑がむやみに行われているというよりは、刑法があまりに苛酷なためにあまりそれが適用されないという実効のなさである。だから刑罰を科すことは、法律により規定されているのでなく、合理的な理由に基づいて判事の恣意に委ねられていることになる。「国民性の優しさが法律と矛盾した場合、勝利したのは風習であり、法律は潜り抜けられた。特赦が増え、犯罪に目が閉ざされ、証言が非常に難しくなった。そうして陪審員は厳しさを避けるあまり、しばしば寛大にすぎるようになった。この結果、首尾一貫しない矛盾した刑罰制度が生じた。それは、暴力と脆弱性の混合物で、巡回裁判の行き先ごとに気の変わる判事の気分に左右される。ときとしてこの刑罰制度は、血生臭く、ときとして実効がなかった(75)」。

刑罰を有用かつ必要な害悪と定義した上で行われる刑罰に関する科学的理論、どんな行為にせよ、その結果が社会全体にとって有益か有害かを完全に認識した上で行われる犯罪と刑罰の科学的分類、そして法律による刑罰の分析、すなわち刑罰が真に科学的評価を受けることができるためには、またその結果ベンサムが指摘する組織的規則に従って犯罪と均衡するためには、どんな特徴を持っていなければならないかということの分析、刑法の哲学はこのように展開する。この刑法哲学はもはやモンテスキューや法曹家の理論とは違って「物事の自然」と法的報復という擬制に頼らない。ベンサムが定立する規則は、一面では完全な普遍性を持っている。それら規則は時代と地域にかかわりなく妥当する。他面ではそれら規則は、どんな特定の事例が起きてもあらゆる事例に厳密に正確に適用が可能である。まずベンサムの注意を引くのはこうした刑法の問題である。そうして刑法の問題をいくらか数学的に解決するために有益性の原理を用いるのはたやすいと、彼は信じた。このため彼は、有益性の原理が道徳および立法の問題すべての解決策を提供してくれていると信じる決断をした。ここには彼の民法哲学の解釈を複雑にする二元的原理はまったく、あるいはほとんどない。あるのはただ、その究極の結果まで組織だって追究される単純な原理だけである。[76] ベンサムにおいて民法の哲学がヒュームに由来し、逆に刑法の哲学がエルヴェシウスに由来する理由はここにある。自然主義的傾向が消えさり、合理主義が生き残る。

しかし理性に対するこの信頼こそは、数学的に厳密な法的刑罰の科学を建設する望みをエルヴェシウスとベンサムに鼓吹するが、それはまた、科学の進歩により全人類が理性的となり、あらゆる法的規制、個人の自由に対するあらゆる拘束が余計なものとなる日がいずれ来るという望みをも抱かせるのではないであろうか。この望みは十八世紀の終わり頃にベンサムの周囲のいたるところに現れている。そうして近い将来に完全な解放の時代が来るという期待は、あらゆる刑罰、あらゆる規制を醜悪に思う当時流行の感傷主義の要求を満足させている。だがベンサムの哲学は自由主義でもなければ感傷主義でもない。確かにベンサムは利己的な団体の抑圧的態度に反対して抗議するために自由主義者たちと、また刑罰の過度の苛酷さを非難するために感傷主義者たちと同調することがある。しかし結果について部分的に一致しているからといって、それを理由に原理も一致していると結論してはならない。ベンサムは自由を民法の目的のうちに含める考えはなく、自由を安全の第二義的形態としか考えていない。[77] 自由が全体の利益を目的として用いるべき真の手段だとは彼は考えない。彼の哲学は本質的に立法者たちと統治に携わる人たちに宛てて書かれた哲学、すなわち自由を拘束することを職業とする人たちに宛てて書かれた哲学である。さらに彼は感受性を信用せず、理性を感情に対立させる。すでに彼は、イングランドにおける改革の哲学に、ルソーの国やベッカリーアの国においてさえ支配的となっている人道主義的哲学とは区別される色彩を与えている。エルヴェシウスの弟子である彼は、人間は快苦を感じられる動物であると考え、立法者は人間の感受性を支配している法則を知っている賢人であると考える。彼は苦痛を除去しようとは考えない。むしろ彼は、利害を人為的に一致させるために、思いのままに刑罰を科す権限を、有用なものの知識とともに、立法者の手に託した。結局、全体として快楽の総量が苦痛の総量を上回るようにする仕事は、立法者の理性の仕事である。それは、個人の本能的感傷的抵抗にもかかわらず、個人に課せられる苦痛を通して専制的かつ組織的に行われる。

Ⅲ　理論と時代

『道徳および立法の原理序説』はかなり遅れて一七八九年に出版された。しかし、たいして多くの人びとの注目を引かない。ベンサムが、将来の編集・校訂者とするジュネーヴのデュモンに会うのは一七八八年であり、『民法と刑法の立法理論』が刊行されるまで再び長い年月が経過する。シェルバーン伯爵にして初代ランズダウン侯爵、そして三年来のベンサムの後援者は、一七八五年に若くてまだ無名の法廷弁護士サミュエル・ロミリを発見する。(1) ロミリはブランド・ホリス〔一七一九頃―一八〇四〕を介してミラボー〔オノレ・ガブリエル・リケティ、一七四九―一七九一〕の知己を得、ミラボーを介してベンジャミン・ヴォーン〔一七五一―一八三五〕、ベンジャミン・ヴォーンを介して最後にランズダウン卿の知己を得た。ランズダウン卿は、スイス国籍のデュモンという名の元牧師の情報を得てきてほしいとロミリに依頼する。ランズダウン卿はデュモンを息子の一人につける家庭教師にしたいと思っていた。ランズダウン卿とロミリとの関係は親密になる。(2) ベンサムはロシアから帰国した一七八八年にバウッドの館へやって来てしばらく時を過ごし、そこでロミリとデュモンに会う。ベンサムは、ロミリをすでにリンカンズ・イン法科大学院で知っていたし、そのロミリはベンサムの草稿をいくつかデュモンに見せていた。同じ年、デュモンはロミリと連れだって二カ月間パリで過ごす。ミラボーはウィルスンの仲介により、[3] ロミリと一緒に泊まっているホテルでデュモンと会い、一日でその心を捕らえる。[4] ジュネーヴ出身のデュモンは、ロミリのおかげで、数カ月後にミラボーの信頼厚い秘書としての道を踏み出すとともに、同時に、ベンサムの弟子兼校訂・編集者としての道に入った。このことで、ベンサムが編集者を見出すのにどれほど特殊な事情の協力が必要であったかが分かる。ベンサムは自分の作品を編集することにかけては相当にずぼらであったし、それら作品をパリにおいて外国語で出版するためにはフランス人著作家が現れる必要があった。またその結果ベンサムは長い年月をかけて、これまた奇妙な迂回路を通って自国人に影響を与えるようになる。こうしたことのうちに、われわれは、些細な原因、個々の偶発事が歴史にいかに作用するかという典型的事例を目のあたりにしているのではないであろうか。

　実際にはこの場合でさえ、この特定の出来事を準備するのに、一般的原因が作用している。ベンサムが自分の作品の出版を外国人という他人の世話に委ねるのは、ずぼらな性質だからではない。彼は、自分なりの刑法の基本観念を含むこの『道徳および立法の原理序説』を英語で刊行することに同意を与えてもいる。ベンサムに自分の著作を出版する気があまりないのはむしろ、その提唱する理論そのもののために自国では必ず誤解されると考えているからである。歴史的状況からすると、ベンサムが大陸の公衆のほうに顔を向けない限り彼を理解してくれる人はいなかった。十八世紀末におけるイングランドの世論の状態では、ベンサムの改革的綱領、すなわち有益性の原理という観点からする法的観念の全面改訂、民法および刑法の体系的法典化には、いささかの成功の見込みもない。なぜなら、ベンサムは単に民法にヒュームの心理学から学んだ期待の感情という概念を導入するだけではないし、単に刑法にベッカリーアから学んだ刑罰と犯罪との間に量的均衡を確立すべきだという観念を導入するだけではない。

彼はそれら観念を自分のものとし、さらにその上論理的配列の完成、思考と科学的用語の精密化を付け加える。しかし法律は、制定され法典化されて初めて、こうした資質を持つはずである。

一般的有益性の観点と同職者利益あるいは階級利益の観点の間には、常に同じ矛盾がある。法曹界にとっては、自分たちだけが法律を知っていて公衆には知らせず、またそのため成文化しないことが利益である。イングランドにおいて法律の大部分が、法律家たちからコモン・ロー、別名不文法とも、何百年来の古色蒼然たる言い方では判例法とも呼ばれるものからなっている理由はここにある。ブラックストンは言う、不文法は「非常に長期に用いられてきており、王国全体にわたって受けいれられていることに、法律としてのその効力と権能の源泉がある(5)」。不文法は打ち続く判決の要約であり、一見すると永遠に見える。打ち続く判決は、法律的表現によれば「人間の記憶が決して逆方向に向かわなくなる〔歴史が始まった〕」時以来無限の長期にわたり分散的に存在するからである。また、王国全体で採用される判決は極めて多数であるため、不文法は一見すると普遍的に見える。イングランドの法学者は話の最後を、ローマで自然法が語られたようにコモン・ローで締めくくる。コモン・ローは、法学者コーク〔サー・エドワード、一五五二—一六三四、古くはCookと綴り、クックと呼びならした〕の目には「理性の完成」である。だがこれは幻想でしかない。コモン・ローの古さそのものが、それを時代遅れにし時代の新しい要請に合わなくする。「法律の古めかしさは理由にはならない(6)」というベンサムの言葉がある。コモン・ローは昔の判決集の中に存在するから、曖昧であり、解釈者、すなわち弁護士の介在を必要とする。法廷弁護士だけが、現実に近く言い渡される判事の判決を昔の判決の研究によって予想する能力を一人持つ。法曹界に身を置く者たちが、自分たちの利益は公共の利益と対立していることを知るのは、この曖昧さの中である。コモン・ローのおかげで彼らは法律知識を一手に独占し、また新しい事件のたびごとに彼らの良心および書かれざる伝統のほかは何の制約もなく正と不正とを恣意的に決定する権限、「夢の意味を解けなかったという理由で人びとを死刑にする」権限を独占的に握っている。「不文法が存在するところではどこでも、法曹家はその擁護者であり、おそらく無邪気にその讃美者であろう。彼らは権力の手段、名声の手段、財産の手段を好む。彼らが不文法を好むのは、エジプトの僧たちが象形文字を好むのと同じ理由からであり、あらゆる宗教の僧侶たちが自分たちの教義と秘蹟とを好むのと同じ理由からである」(7)。したがってもしベッカリーアの言うように「すべての市民の守護者たる法律が国家を構成する人びとの様々な集団よりもむしろ各個人に特に好都合にできている」(8)ことのほうが望まれるのだとすれば、法律は成文法でなければならない。

しかし法律は書かれるだけでは充分でなく、さらに成分法が完全な体系的法律集とならなくてはならない。イングランドにおける議会「制定法」集は、「コモン・ロー」を一定の点で補完するものであるが、よく考えないで可決された制定法であり、組織的に編集もされておらず、この条件をあまりよく満たしていない(9)。事実、法律が周知されなければならないのは、人の心にその施行が近いという期待を作り出すためであって、その期待だけが法律を実効あるものとする。ところで、共感と反感の原理が幻想を振りまき、同職組合制から生ずる禁欲の原理さえもが幻想を振りまいているにもかかわらず、法律は一般的有益性の原理に合致していると、すべての人間が当然のように期待する。有益性の原理にそって法律を体系化するということは、ある秩序に従って、すなわち、人はすべて快楽や苦痛がどんなものであるかを理解しているから、共通感覚〔常識〕に受けいれられると同時に、また理由を設けて壊されることのない秩序に従って、法律を整えることである。この原理に基礎を置く法律集は、配列においても内容表現においても単純であろう。この観点から体系化することは、複雑化することではなく単純化することである。「法律は、複雑であればあるほど理解できない人の数が増大する」。しかし「法律が有益性の原理と一致すれば、その体系の配列はそれだけ単純となろう。単一の原理に基礎を置く体系は形式においても基礎においても単純であろう。それはもっぱら自然的配列および馴れ親しんだ命名法しか受けいれない[10]」。確かに単純性と親しみやすさは必ずしも同義語ではない。数学の真理はたぶん、抽象的であるから単純である。しかしながらその研究には、たくさんの苦労がいる。ベンサムがその『序説』の序においてわれわれに警告しているところによれば、親しみやすさはおそらく主題のやさしさの一つの標識ではあるが、非常に人を欺く標識であり、数学においても立法の科学においても王道なるものはない[11]。しかしながら、結局のところ、彼の生きた世紀全体にありふれていた信念を彼も持ち、理論的に単純なものと、すべての者が準備訓練なしにただちに理解できるものを混同しがちである。法律集、すなわち体系的法律全書は、どこにおいても有益性道徳の手引きとなるように要求されている。法律集は「世間すべての人に親しまれている言葉を語るであろう。各人は必要に応じてそれを参照することができよう。法律集は単純性と明確性とにおいて優ることで他の一切の書物と区別されるであろう。家長は誰の助けも借りずに、それを自分の手に取って子供に教え、そうして個人道徳の観念に公共道徳の力と権威を与えることができるであろう[12]」。

　ヒュームが人類の恩人の筆頭に置いたのは、立法者と国家創建者であった。ヒュームが古代人を非難したのは、バッカス〔ローマ神話の酒神〕とアスクレピオス〔前一世紀、ギリシアの医者〕という発明家を神格化しながら、ロムルス〔ローマ建国の父とされる人物〕とテセウス〔ギリシア神話でアテナイの王子〕を半神の地位に上げるにとどめたという理由からであった[13]。同じ考えに立ってエルヴェシウスは、立法者の活動をほとんど無制限に増大させた。エルヴェシウスは立法者の役割が終わるのは、法律を公布し刑罰を科した時だとは考えなかった。彼はまた、とりわけ立法者を教育者と考えていた。名誉の感情を掻き立て、人間の情念を一般的有益性の方向に向けることによって民衆の性格そのものを形成する教育者と考えていた。このように理解された立法は一つの学芸《アート》である。この学芸の根底にある原理は、「幾何学の原理と同様確実」なもので、戦争と政治に傑出した何人かの偉人たちの認めるところであった。しかし、仮に兵士たちの勇気がその隊形と同様に勝利に貢献するとすれば、情念を鼓舞する技芸を論じた論文もまた、戦術あるいは戦略を論じた論文と同じように将軍たちに役立つのではないであろうかと、エルヴェシウスは問う[14]。この点ではベンサムは意見を留保する。そうして、ベンサムはある種の著作家を「政治小説」作家と見なす。彼ら著作家は、直接立法を必要悪と許容しつつも、犯罪を防止し、人びとの性格を改善し、社会道徳を改良する手段について語る時に非常に熱心になり、錬金術師のように賢者の石〔卑金属を金銀に変える石〕を見つけて〔英訳〕、人類を作り直さんばかりであるように思われる。目標は、親しみが少ないほど立派に考えられるし、まだ分析の斧をいささかも受けたことのない曖昧な計画については、想像力は過大に羽ばたく[15]。そうしてベンサムは、ベッカリーアに従い、「こうしたすべての茫漠とした希望を本当に可能な範囲内」に収めるために、「犯罪を防止する間接的手段」の科学的一覧表作成に自分の仕事を限定する。しかし、こうした範囲はまだかなり広いし、「巨大」でさえある。そしてベンサムはどこまでもエルヴェシウスの弟子である。彼は言う、「統治の影響はあらゆるものに及ぶ。事実統治の影響は、気質、人種および気候以外のあらゆるものに及ぶ。なぜなら、価格規制、豊富な食糧および明白な疾病の原因の除去に関連する限り、健康でさえ多くの点で統治に左右されるからである。教育の指導方法、官職売買の方法および顕彰と刑罰の体系は、国民の肉体的および道徳的資質を著しく決定するであろう[16]」。

ところで、この時期にイングランドで法律の体系化と法典化を求める声はいささかもない。ベンサムはその草稿の一つで、刑法改革を誘発するためにヨーロッパのいたるところで提供された賞金を列挙している。一七六四年にはベルン経済協会が『犯罪と刑罰の理論』の匿名の著者に氏名を明らかにするなら二〇デュカのメダルを与えることを約束する。同協会は一七七七年に最良の全刑法典案に五〇ルイ金貨の賞金を提供する。ヴォルテールとイングランド人トマス・ホリス〔一七二〇―一七七四〕は褒賞としてそれに五〇ルイを追加し、ベンサムは応募を考慮する。一七七三年、刑法の原理に関連する問題の解決のためにマントゥーのアカデミーはメダルを提供する。ベンサムは付け加える、「私は同じ種類のいくつかの例を引用できる。ただ私は、たいていのものにまったく気づかなかった。すべては大陸の出来事であり、そしてわれわれの島はこのような気前よさを持っていない[17]」。フリードリヒ二世はプロイセンに法典全書を与える。スウェーデン国王は刑法を緩和し改訂する意図を表明する。トスカナ大公は自領内の訴訟手続を簡略化する。ポーランド、スペインにまで、法典化の動きがある。数年後にある同時代人が語っているように、全体として沸き立つようなうねりがあった。「あらゆる物事がヨーロッパ全体の立法に革命が近づきつつあることを予告しているように見えた。学者たちは法律の弊害を指摘していた。王侯たちはそうした弊害を取り除く手段を探し求めているように見えた[18]」。しかし、イングランドの司法制度こそは、全ヨーロッパの改革者たちが見習うべき模範として絶えず引用されている。一般的に言えば、イングランドは、「フランスおよびトルコのような[19]」専制的な国と違って、無制限だと考えられているのは統治権力ではなく国民の自由である。個人の行為はすべて、法律を明示して法に反すると宣告されない限り合法として通り、法に反するとして起訴されると、法律により払われる配慮はすべて、有罪判決を確実にするためでなく、それを遅らせるためであるように思われる[20]。イングランドでは拷問が問題になっていない。イングランドには陪審制がある。司法制度の複雑さそのものが国民の自由を保障するものように思われている。モンテスキューとドゥ・ロルム〔一七四〇―一八〇六〕はこの点について同じ趣旨の見解を定着させる[21]。しかしそれでは、法曹人の恣意に規制を加えるために法典編纂を望むベンサムは、いかにすれば耳を傾けてもらえようか。その国は、伝統的に法曹人が、陪審の助力を得て、王権、すなわち人権侵害の意図を持っているのではないかと常に疑われている王権に対して、イングランドの自由を擁護するものと考えられている国である。

ペイリの書物はこの点で特徴的である。それは自由主義的にして同時に保守的な著作である。この著作によって公共的有益性の原理は、大学の道徳理論の講義に入り込み、法律の事象、司法組織と刑法の問題に適用される。イングランドの司法組織制度を検討したこの書物の結論はこうである。「公的司法行政計画を立案しようとする政治家で、権勢にも屈せず腐敗にも毒されないように完全に身を固め、知識と公平のそれぞれの長所をあわせ持てば、立案し終えた時、イングランドの司法組織を書き写しただけであることに気づくであろう[22]」。ペイリは、有益性の原理を刑法に適用し、ベンサムと同様、しかしまたブラックストンとも同様[23]、刑罰の目的として「司法の満足ではなく犯罪の防止[24]」を掲げる。ここに道徳的に平等な犯罪がしばしば不平等な刑罰を科せられる理由がある。なぜなら犯罪はいかなる統治によってもその罪に比例して罰せられず、またいかなる場合にもそうであるべきでなく、それら犯罪を防止する困難と必要に比例して罰せられる[25]」からである。そしてこの原理によってペイリはイングランド刑法のすべての奇矯な点を正当化する。例えば、窃盗が死刑になるかならないかは、店舗の中で行われるか否かによる[26]。ベンサムの所見によれば、ある与えられた刑罰において、刑罰が同等であるためには密度と確実性との二つの要素が相互に反比例して変動しなければならない。ベッカリーアは同じ原理から、刑罰をより確実なものにできるならば、緩和してもいいという結論を引き出した。マダン〔マーティン、一七二五ー一七九〇〕は一七八四年〔正しくは一七八五年〕に、刑罰が不確実な場合には無効であるという原理から物議を醸した逆説的著作において、法律により死刑が規定されている場合はすべて死刑が適用されるべきであると結論した[27]。最後にペイリは、ベンサムと同様に有益性の原理から出発して、イングランド法の不確実性、人びとがよく口にする表現によれば「法律の栄光ある不確実性」をその卓越した特徴の一つであると考える[28]。その上、この不確実性にもかかわらず、死刑執行の数は非常に多い。だがこのことは、非常な恐怖をあおる他の刑罰がすべて欠如していること、大都市の発展、イングランド国民が享受している自由そのものの当然の結果である。なぜなら、「自由な国民の自由と、さらにそれ以上にこれら自由を注視し保持している警戒心は、恣意的な政府が行って成功している予防措置、規制、検閲、監察と統制を認めない[29]」からである。ベンサムがわれわれに予告したところによれば、有益性の原理は改革の原理となり、立法と道徳の領域へのその導入とともに科学の支配が曖昧な一般性の支配にとって代わるであろう。しかしここにおいてペイリは、有益性の原理があらゆる形式の恣意的原理と同じ資格で、所与のどんな制度をも正当化できる能力があり、社会理論における新スコラ主義を基礎づける能力があることを示している。

司法制度に関して、現実の実態がどの程度このイングランド自由主義理論に照応しているか、議会の実効支配を受けることなくその下した判決が判例となる判事、またその構成によりともに貴族的な議会と貴族的な陪審、これらのものがどの程度均整の取れた理論と一致しているか、政治的に無権利で無教育な民衆を百年間搾取し、しかも自分たちは地上で最も自由かつ最も知識のある国民だと彼らに信じ込ませた成り上がりものの寡頭支配の「政治的神秘化」を、ディズレイリ〔ベンジャミン、初代ビーコンズフィールド伯、一八〇四ー一八八一〕が非難したのはどの程度正しかったのか[30]、こうしたことはわれわれが研究する必要のないことである。

われわれにとっては先入見の持つ現実性のほうが事実の持つ現実性より重要であって、先入見はおそらく事実の持つ現実性とはあまり照応していない。イングランド人たちは自分たちの司法制度を鼻にかけており、ベンサムは熱意をこめてこの自負心を打ち砕いたばかりであった。ヨーロッパにおいて経験と習性によってイングランド人だけがこうした素晴らしい制度を独占したのだとすれば、なぜ彼らは自分たちの法律の理由づけに懸命になるのであろうか。ローマ法は法典化されている。ローマ法が承認する手続は、人には分からない、錯雑した、拷問さながらの苦難を伴う手続であり、星室裁判所〔星室は十四世紀中葉に建てられたウェストミンスター宮殿内の星の間。国王評議会開催場所であったことからこの評議会をも意味し、そこから派生した国王大権による裁判所のことをいう。陪審制をとらなかった〕の手続である。ローマ法が承認する政策は、「王の意のままに」という絶対主義政策である(31)。一七九一年に司法手続と司法組織の改革に関する問題の研究に着手する時、ベンサムは次のように述べる。イングランド人にとっては「所々方々に司直の支所を配する地方司法制度は、実際においてだけでなく、想像においても新しい」。またイングランドには、「五〇ポンドも費用をかけて五シリングを取りたてるのは割に合わないとか、四〇〇〇マイルも走り回るのは長すぎると言い張る胆の太い人間はまだいない」(32)。ベンサムは、この問題について世論が完全に眠っていることを認めている。また翌年、王座裁判所の通常判事《ピュイーヌ》サー・ウィリアム・アシュハースト〔一七二五―一八〇七〕がイングランド司法制度の優れた四つの点を述べたのに対して、ベンサムがあるパンフレットで批判した時にも、この公職者の論説が平均的世論を非常に忠実に表現していると認めていることは確かである(33)〔通常判事とは主席判事と区別していう〕。

　しかし同じ頃、改革と博愛の大きな動きがベンサムの周囲に現れる。博愛主義者、法曹家および立法者の注意を捉えるのは、少なくとも刑法の問題、刑務所制度の問題である。新しい形式のキリスト教、すなわち敬虔主義的であると同時に実践的、社会的、そして「最大幸福主義的」なキリスト教が現れる。

その典型的代表は「聖者」、すなわち「福音派」の人びと、イングランド国教会内部にとどまる一種のメソディストである。彼らは、流血競技の廃止、日曜日休息の厳守、奴隷制の廃止、最後に刑務所改革を要求し、そしてやがて達成する。一七七三年の法律が初めて刑務所に正規の教悔師を配置する。しかも一七七三年以後、ベンサムの友人で偉大な博愛主義者、「仁愛の使徒として生き殉教した」ジョン・ハワード〔一七二六—一七九〇〕が残る生涯の一七年間すべてを通して、全ヨーロッパの刑務所を訪れて、その悪弊を非難し、改善を模索しながら、刑務所改革に脇目もふらず一身を捧げる。——その上、歴史的事件が刑務所改革をいわば必然にする。対アメリカ戦争以前には、受刑者は入植植民者たちに賃貸しされていた。アメリカ独立革命以来、この種の輸出は他のあらゆる輸出と同様に不可能となった[34]。受刑者は首都の刑務所にあふれ、次いで一七七六年の法律により設けられたウーリッジ、ラングストン、ポーツマスの刑務所用廃船にあふれる。あふれた受刑者は、施設に対する非難を増加させる。非難の的は、通風の劣悪、あるいは通風の欠如、ほとんど何もない食事、刑務官たちの風紀の乱れである。各刑務所は、悪徳の学校であり、「刑務所熱」が猖獗《しょうけつ》を極める伝染病の中心である。それゆえ、道徳家、衛生学者、政治家にとって問題は緊急を要していた。この時ベンサムは、ウィリアム・イーデン〔一七四四—一八一四〕が二つの新型刑務所建設を求めた法案の討論に、一七七八年の『苛酷労働法案の考察』[35]と題するパンフレットにより参加したさいには、ただ世論の指示に従うことしかしていない。彼の語るところによれば、ハワードの『刑務所の状態』という、たちまち古典となった書物が彼を刺激した。ハワードは、一七七九年に採択されたイーデン法案の施行を保証する「監督官」に他の二人とともに任命される。最後には、ベンサムはこの問題でその法案の推進者の一人、論敵ブラックストンと見解を同じくする。ベンサムによれば、自分がそのパンフレットで述べた一定の考えを、ブラックストンはその法案の改良のために利用した[36]。

その後、一七八四年に議会がオーストラリアへの強制追放という措置を取り始めると、ベンサムはそれに別の制度を対置し、追放という考えと対照させつつ、パノプティコンと彼が呼ぶモデル刑務所計画を描く[37]。これは、利害の人為的一致原理の新しい適用であり、この考えを彼はエルヴェシウスのうちに発見していた。「一定数の人びとに生じるすべての事象を支配する方法の発見が可能であれば、このような方法は、政府が極めて重要なさまざまな対象に用いることのできる非常に強力かつ非常に有用な用具となることに疑いの余地はない。望ましい印象を与えるように彼らの周囲のあらゆる事情を統御する方法、彼らの行動、繋がり、および生活環境のすべてを保障し、決して望ましい結果を逃したり駄目にしたりすることのない方法である[38]」。この刑務所が実現する理念とは、教師が生徒の外的生存諸条件すべてを決定する絶対的支配者になる学校、あるいは立法者が市民相互の社会関係すべてを好みのままに作り出す絶対的支配者になる社会である。受刑者の教誨という問題は二重である。一方では、受刑者の監視は徹底して完全に行われなければならない。他方では、その監視はできる限り受刑者の利益になるように行われなければならない。受刑者は刑務所で服役すべきだという口実の下で、刑務所改革に対して嫌悪の念があったのは、当時ごくありふれた政治的詭弁の結果によるものである。彼らは法律が規定しただけの期間、また服役している限り、苦難に耐えなければならない。しかしそれ以上の刑罰はすべて過剰で余計である。

〔パノプティコン〕計画の第一部は、ベンサムが「単純な建築概念」と呼ぶものを使って作られている。この概念は、彼の弟サミュエル[39]によりロシアで発明され初めて実用化された。ベンサムは一七八六年にクリチョフに弟を訪れる。このパノプティコンの概念こそ、刑務官がそこでの出来事をすべて一見して見渡す能力を持つ刑務所である。それは円形の刑務所で、一人の刑務官あるいは少なくともごく少数の刑務官が中央の展望室にいて、その周囲に同心円的に配置された独房全部を監視する。すべてを見渡す刑務官はブラインドで見えなくされている。「パノプティコンの基本的長所はあまりに明瞭なので、それを証明しようとするとかえって曖昧になる危険がある。絶えず刑務官の目に曝されていれば、やがて悪事を働く能力を失い、その考えをほとんど失う」。同様な建築構造は、外部からの訪問者が受刑者に見られないようにして受刑者および刑務所管理の仕方を視察しに入ることを可能にするであろう。公開を重視したハワードの考えはこのようにして実現される。多くの問題がこうして単純化され克服される。例えば受刑者は隔離されるべきであろうか。ハワードは、道徳的改善を意図して、一定期間を超える隔離を必要とも有用とも考えなかった。しかしながら、悪企みが広がるのをとめ、脱走計画を防ぐには隔離は必要であろう。そしてベンサムは『パノプティコン』の本論部分をなす二一通の書簡の中で独房に賛成する。けれども彼は後に、隔離によらなくても「全体監視原理」は問題の危険を防止することに気づく。[40]事実、その建築構造は考えられるあらゆる困難を防止する。ベンサムは監視所の刑務官の優越的位置を万能の神になぞらえて、興奮に包まれる。[41]彼はその原理の適用を、工場、精神病院、病院、さらには授業中および休憩中の児童たちを監督するために学校にさえ広げることを勧告する。[42]この教育上の考えは多くの反対論を呼び起こす。自由な市民の自由な精神と活力は軍人の機械的規律、修道僧の苦行に取り替えられていいであろうか。この天才的着想は、人間の外見をした機械を作る結果にならないであろうか。それは問題にならないと、ベンサムは答える。問題はただ、この規律により幸福の量の増減があるかどうかということだけである。「彼らを軍人とでも、修道僧とでも、機械とでも呼ぶがいい。幸せでさえあれば、たいしたことではない。読むのに最もいいのは戦記物と嵐の物語であるが、暮らすには平和と平穏のほうがいい」[43]。ベンサムによれば、自由は人間活動の目標ではない。有益性の理論は、その起源においてもその本質においても、自由の哲学ではない。

ところが、監視者が与えられた全方位監視機能を良心的に行使するには、施設に無関係な来訪者の時折の査察では充分ではない。ベンサムはパノプティコンという建築上の発明を完成するために管理改革を加える。契約管理、契約による運営である。ベンサムは、刑務所管理が満足させなければならない三つの規則を置く。思いやりの規則、すなわち、受刑者の生活状態は健康あるいは生命に有害、危険な肉体的苦痛を伴うものであってはならない。厳格の規則、すなわち、生命、健康、肉体的安楽に対して必要な考慮を払った上で、受刑者の通常の生活状態は罪なく自由に暮らす人びとの中で最も貧しい階級の状態より好ましいものとされてはならない。節約の規則、すなわち、同じ考慮を払いながら管理の全領域において節約が第一の関心事でなければならず、厳格あるいは思いやりのために公共の経費が支出されるべきではなく、利益あるいは貯蓄が吐き出されることがあってはならない[44]。第二の規則が侵犯される恐れはほとんどない。しかし、受刑者を刑務官の苛酷な扱いから守り、社会を管理者たちの浪費から守るにはどんな管理方式があろうか。契約による管理か信託による管理（信託管理）かの選択になる。「契約管理とは、政府と協定を結んだ人による管理である。彼は、受刑者を一人当たりしかるべき金額で請け負い、親方が徒弟たちを扱うように、自分の個人的利益のために受刑者の時間と勤労とを用いる。信託管理は単独の個人あるいは委員会による管理である。その個人あるいは委員会は、公的負担により施設を維持し、国庫に受刑者の作業の成果を納めさせる」。これら二つの管理方式のうち、第一の契約管理を採るべきだとするのは、企業者が自分に委託された個人に対して負う義務が「かなり彼の利益と密接に結び付いているため、彼らのためにしたくないことでも自分自身の利益のためにせざるをえない」状態が望ましいと考えられる場合である。言い換えれば、ベンサムが利益義務連結指示原理と呼ぶ利害の人為的一致原理を適用するのが望ましいと考えられる場合である。[45] 一七七八年の法案はすでに契約管理を規定しているし、ハワードはガン、デルフト、ハンブルグの刑務所で契約管理がさまざまに応用されていることを報告していた。一七八七年にベンサムは、その考えを新しい管理構想により完成する。彼の構想では、生命保険が「一人の人間の利益を多勢の人間の生存と結び付ける」いい方法である。三〇〇人の受刑者がいるとしよう。統計的に確認されることは、平均すると、刑務所の特殊事情を考慮に入れても、毎年そのうちの一定数の者が死ぬ。その予想される死者全員について、一〇ポンドあるいはその倍額を企業者に与えよう。ただし獄中で亡くなった個人それぞれについてその年の終わりに同額を返還することを条件とする。その差額が出れば監督者の利益となるから、自分の刑務所における平均死亡率を下げることが彼の金銭的な関心事となるであろう。

こうして、中央監視と契約管理の二つの原理により、「受刑者の現実の善行と将来の性格改善は保証される。国家としては、節約をしつつ公共の安全が増大する。新しい統治手段が作り出される。そこには善を行う非常に大きな力を与えられているが害を及ぼさない人が一人だけいる」。『序説』の出版が遅れたことについてはベンサムに責任があるが、この場合には、友人ジョージ・ウィルスンに責任がある。ウィルスンは、一七八六年十二月にベンサムが「パノプティコン」草稿を送付した時以降、この著作の出版を遅らせたように思われる。[46] この著作は一七八七年以降に編集されて一七九一年に世に出るが、二つの長いあとがきを付けていた。この時からベンサムは、自分の時間全部、自分の財産全部を刑務所制度改革の考えを広めることに捧げる。彼は、エルヴェシウスの専制主義的にして博愛主義的、最大幸福主義的ではあるが、しかし決して自由主義的ではない原理を細部に至るまで、自分の国で広めようと望んでいる。

ベンサムが一七八九年に自分の『序説』を出版しようと決意するのはどうしてであろうか。それは、当時の公認の道徳理論においても有益性の原理は急速な進歩をしているからであり、またベンサムが当然受けるべき革新者および発明者の名声をペイリがすでに著名となった彼の著作によってさらっていきそうだと、ベンサムの友人たちが憂慮したからである。彼が刑務所改革という特殊問題の解決に没頭するのはどうしてであろうか。その問題が彼の周囲のイングランド中いたるところで論議されており、ハワードは博愛主義的熱意により著名となっており、刑務所の顰蹙《ひんしゅく》すべき状態の改善策を議会が探しているからである。われわれは他人と無関係には考えない。知的孤立は（あらゆる状態の孤立と同様に）平均的人間の思考になじまない。平均的人間にとっては他人と無関係な思考は夢想である。一般的には、われわれの思考の内的自己同一性を仲間の思考との同一性により確認する必要がある。行為するためにも、著作する（これが行為の知的様式である）ためにも、複数の人がいなくてはならない。それではベンサムが自分の著作中最も重要な、最も基本的な部分を草稿のまま放置しておくのはどうしてであろうか。法律に対してまとまった体系、つまり法典の形態を与えることばかりに意欲的なあまり、彼は自分の祖国で孤立しているからである。法律を法典化するという考えは大陸の考えであって、ブリテンのものではない。そしてそこに、大陸思想家研究から着想をえた観念、イングランドではなくヨーロッパが受け入れ態勢を示している観念を大陸に向けて語る企画をベンサムが胸に抱く理由がある。彼はまず一七七九年、ベルン経済協会提供の賞金獲得を夢見るのと同時に、弟サミュエルとともにロシアに赴き、弟とともに自分の才能をエカテリーナ女帝のために役立てようとした(47)。サミュエルは一人で出発する。少なくともジェレミは弟が自分の立法思想を女帝に伝えてくれることを期待する。「彼女を取り逃さないように、どうか道で待ち伏せし、彼女の前に膝まずいてくれたまえ。そして充分に埃を払ってから、鼻先にでも、あるいは君の手がそこに差し出されるのを彼女が許してくれるなら胸許にでも、僕の手紙を差し出してくれたまえ。さあ、坊や、元気を出してくれたまえ。彼女は少々迷惑をかけるぐらいの値打ちがあるのだ」[48]。もし女帝が英語を知っていれば、トスカナ大公と両シチリア王国〔一一三〇年シチリアとナポリの合併により生まれた王国。一八六一年イタリア王国に併合〕首相と同様に『序説』の英語版が送られるであろう。ベンサムはすでにその二人に宛てた手紙を完全に書き上げて引き出しにしまっている[49]。もし女帝が英語を知らなければ、ドイツ語訳が送られるであろう。ベンサムはドイツ語訳をプロイセン国王とスウェーデン国王に送るつもりである。しかし三人のドイツ語訳者は次々に厭気がさしたり中断したりする[50]。それにもかかわらずサミュエルは絶えずフランス語訳を求める[51]。それがロシアに適した言語である。プロイセン国王でさえドイツ語よりフランス語が堪能である。よろしいと、ジェレミは答える。しかしどうやって翻訳者を見つけたらいいであろうか。ドゥ・ロルムをその気にさせるのに必要な一五〇ポンドがどこにあろうか[52]。ジェレミが自分で自分の翻訳者になればいいと、サミュエルは答える。ベンサムははじめは拒否する。この仕事のために六カ月を失いたくない[53]。やがて一七八三年に彼は弟の忠告に従う決心をする。それより三年後、クリチョフのサミュエルの傍らで、依然として彼はフランス語草稿の完成に励んでいる。一七八七年に彼はウィルスンに宛ててその草稿を点検、改訂できるフランス人を見つけてくれるように書いている。聖職者でない人でないといけない。著作はあまりに非宗教的であるからである。イングランドに帰国後、『法典』の一定部分を完成させてただちに、校訂者と印刷者を見つけるためにパリに出発するつもりでいる。その部分ができないと他の部分ができないからであった。彼がバウッドの館でジュネーヴのデュモンと対面するのはこの時である。デュモンは彼の弟子となり、草稿を持ち帰り、そしてベンサムが渡航しなくていいようにしてくれる。(54)

第三章　経済理論と政治理論

あらゆる社会理論、特に有益性《ユーティリテ》の理論においては、法律問題のほかに二重の問題が生じる。経済問題と憲政あるいは政治問題である。

国家は、法律を作成、適用し、その施行を監視し、外敵から国民を守るという責任を担う官僚層を維持するために、金銭的負担を市民に課し、少なくとも相対的、一時的に市民の経済的利益を侵害せざるをえない。その上、国家はもっぱら、市民の経済的利益を外国との競争に対して守る配慮をし、国内的には特定の階級の経済的利益を守るよう配慮することもある。要するに国家には経済的機能が備わっている。アダム・スミスが有益性の原理に基づいて経済問題を解決しようと試みたのは、一七七六年、『国富論』においてである。ベンサムは一七八七年、最初の政治経済学の論説においてアダム・スミスの基本思想を採用する。

立法し、治安を維持し、徴税する国家は極めて多様な構図で考えることができる。王制、貴族制、民主制あるいはまたそれらの混合体制でありうるし、王制、貴族制および民主制の要素のある組み合わせを含むものでもありうる。けれどもすべての国家には統治機関法《コンスティテューション》〔憲法・国家構造・憲政〕がある。一七七六年、デイヴィド・ヒュームから着想をえた『統治論断片』においてベンサムは、有益性《ユーティリテ》の原理に基づいて、当時流布していた統治機関理論に対する批判を行う。

それゆえ、法律の領域におけると同様経済の領域および統治機関法の領域においても、デイヴィド・ヒュームとアダム・スミスの弟子ベンサムは、生まれたばかりの最大幸福主義《ユーティリテール》運動の典型的代表である。十八世紀に最大幸福主義の命題を援用して発言するすべての著作家、特にその学派の未来の領袖ベンサムにおいて、有益性の原理が政治経済学と統治機関法の問題に対してどのように適用されているかを、本章では研究する。

I　アダム・スミスとベンサム

『高利の擁護』の結びをなすアダム・スミス宛書簡において、ベンサムは書いている。「論争好きなギリシア人の何という名の息子であったか私は忘れていますが、彼は、当時知識の名で通っていた学問を学ぶために、高名な教授の学派に身を置きながら、自分の熟達を初めて世に示そうと恩師の攻撃をあえていたしました」。ベンサムも同様なことをする。しかし彼は忘恩の徒であろうとは思わない。彼は、アダム・スミス批判を展開しようとする時に、スミスの恩顧は皆無だとは言わず、すべての学恩は彼のおかげによると言う。「幸運にも私が将来あなたに対して何らかの優位を得るとしますならば、それは、あなたが私に扱い方を教えてくださった武器、あなたご自身が私に提供してくださった武器のおかげであるに違いありません。それと申しますのも、この分野で頼りとすることのできる偉大な真理の基準すべては、私が理解しうる限り、あなたが確立なさったものでありますから、あなたの誤りもしくは見過ごしに気づいていただくには、あなたご自身の口から出た言葉でご自身を判断していただく以外に方法はなかろうと存じます」[1]。ベンサムが無条件に利子つき金銭貸借の自由を擁護するために用いる原理は、なるほど『国富論』の中心思想、すなわち商工業における自由主義という命題である。これ以後ベンサムは政治経済学については、創始者を名乗らずアダム・スミスの頑固な弟子を自称する。特にアダム・スミスの理論は四〇年間発展し続けると「哲学的急進主義」に合体することとなっているから、この基本思想とともに、スミス理論が有益性《ユーティリテ》の一般原理と結ばれている紐帯をも、明確にする必要がある。

アダム・スミスにおける基本命題、つまり他のすべての命題を系論とする基本命題については、すでにわれわれはその定式を与えたし、その起源を明確に示した。すなわち、利害の自然的一致という命題、あるいはこう言ってよければ利己心の自発的調和という命題である。時折、確かにアダム・スミスは利害の人為的一致の原理による解決策を取る。例えば彼は、国家に次のような義務を負わせている。すなわち「いかなる個人あるいは少数個人の利益にもならないからという理由で、誰も建設し維持しようとしない事業や施設を公共事業や公共施設として実施する義務である。個人の利益にならないのは、その利潤が費用を決して償わないからである。……しかし、社会全体にとっては費用を償ってあまりある利益のあることがよくある」[2]。それにアダム・スミスにおいては利害の融合の原理ははっきりとは否定されていない。しかもまた、彼の道徳理論全体が立脚するのは共感概念ではないであろうか。そして、彼が『道徳感情論』を書いた時と『国富論』を書いた時とで、思想に変化があったとは誰も考えないのではないであろうか。なぜなら、一七六三年の『グラスゴウ講義』[3]〔『法学講義（B）』〕では説明する事柄によって仮説を交互に持ち出しているからである。すなわち交換の仕組みを解明するさいには利己心が広く存在するという仮説を持ち出し(4)、統治の起源にせよ、またさらに法的刑罰の思想の起源にせよ、それらを解明するさいには共感の仮説を持ち出している(5)からである。いずれにしても、アダム・スミスが、今日のいわゆる経済現象の研究に専念するにつれて、人間をもっぱら、あるいは少なくとも基本的に利己主義者《エゴイスト》と見なしているということに変わりはない。「貯蓄を促す要因は、自分たちの生活状態を改善したいという欲求である。この欲求は、平静で燃え立たないものではあるが、胎内にいる時からわれわれに備わっているもので、墓に入るまで決してわれわれから離れない。これら二つの時に挟まれる生涯の間、どんな人でも自分の境遇に完全かつ十全に満足していて、もうどんな種類の変化あるいは改善をも望まないというような一瞬は、おそらくほとんどない」。そして「大部分の人びとは自分の生活状態を改善しようと願い考える時には、財産を殖やそうとする(6)」。しかし、アダム・スミスが原理として提唱するのは、「各個人は、自由に動かすことのできる資本は何であれ、その最も有利な運用法を見つけ出そうと絶えず努める」ということだけではない。彼はそれに付け加える、「自分の利益を研究すれば当然に、あるいはむしろ必然的に、社会にとって最も有利な運用法が選ばれることになる(7)」。利己心はあくまでも悪徳と呼ばれなければならないとしても、マンドヴィルとともに個人の「悪徳」は公共の利益になると言わなくてはならないであろう。アダム・スミスの経済理論は、もはや逆説的文学的でなくなって、合理的科学的形態をまとったマンドヴィル理論である。すなわち利害の一致の原理はたぶん、他のすべての原理を排除するほど妥当する原理ではなく、政治経済学の分野において普遍的でないとしても一般的に——絶えず適用される原理である。

『国富論』の多くの文章においてアダム・スミスは、この観点に立って歴史上の事件を解釈し、またいかに利己的感情つまり利潤追求欲、奢侈追求欲が「見えない手」に導かれて必然的に、たとえ立法者の英知がこの場合には何の役にも立たなくても、一社会であるか文明全体であるかを問わず、その一般的利益を実現するのに協力するものであるかを示している。(8) しかし、細部の説明はすべて、アダム・スミスが自分の書物における冒頭の数ページで述べている基本理論、すなわち古典的となった分業理論に立脚している。

「各国民は、自分たちが毎年消費する生活必需品と便宜品のすべてを、自分たちの労働によって供給する。その生活必需品と便宜品は常に、その労働から直接に生産されたものであるか、あるいはその生産物と交換に他国民から輸入されたものか、どちらかである。それゆえ、これらの生産物、あるいはそれで輸入されるものと、その消費者数との比率が、その国民の必需品と便宜品すべての供給状態の良否を決定する」(9)。ところで、労働の生産性を増大させ、未開社会と文明社会の相違を作る原因は分業である。分業は、一つの仕事に専門化した個々の労働者すべての技能を高める。それは、能力の違いの結果というよりはむしろ原因である。それは、分業がない場合に一つの仕事から別の仕事に移るさいに失われる時間の節約をもたらす。最後にそれは、「労働を容易にし、かつ節約し、一人の人間に複数の労働を可能にする」(10) 機械の発明を生む。おそらく、すでにこの原理の重要性をハチスン、ヒュームは認めていた。だが、そこに利害の自然的一致という定理の証明を見、それにより有益性の原理との論理的結合を明白にするのは、アダム・スミスの仕事であった。分業は彼にとって、ハチスン(11)とは違って、もはや交換の原因というよりは結果であり、そのことによって、一般的利益は意識的な目的ではなく個別意思がいわば自動的に生み出すものだという基本命題が確証される。なぜなら分業は、それから生じる全般的富裕とともに、人間の「慎慮」による計算あるいは「英知」による計算から生じるのではないからである。「分業は、人間本性に内在するある性向の非常にのろくゆっくりとしているけれども必然的な結果である。ただし、ある性向とはこれほど広い有益性を考慮に入れてはいない。この性向とは、交換し交易し取引する性向である」。この性向は、素朴とも考えられるし、むしろ「推理と言語の機能の必然的結果」、すなわちアダム・スミスが『グラスゴウ講義』で述べたように、「人間本性のうちで極めて支配的な説得欲」の必然的結果と考えることもできる。この性向はどんな動物にもなく、すべての人間に共通にある。[12]しかもそのおかげで一般的利益と私的利益との直接の調停がもたらされる。それゆえ、分業は、ヒュームにとってと同様、「力の合成」に似た社会的結合力ではもはやない。すなわち、その他の社会的協力形態とまったく同等に考慮に入れなければならない社会的結合力ではもはやない。なぜなら、同じ課題をよく考えて協力するには、協力する者の絶えざる犠牲的精神が前提になるからである。しかし交換と分業によって生じる協力はそれとは別物である。仲間に交換を申し出る個人は、その仲間の善意に訴えるのでもなければ、利害関係に訴えるわけでもない。利害関係というのは、その協力から迂回して社会的利益が生じるとか、個人が取り結ぶ相互援助のあれこれの一時的不都合を補う利害関係のことである。彼が仲間を納得させるのは、仲間の利己心に訴えることによってである。[13]矛盾した面を示すとはいえ、この観察は正確である。人びとが同意して同じ行為を共同で遂行する限り、常に個別利害と一般的利害との乖離がある。各人が個別に固有の利害に従い、さまざまに違う行為を遂行する限り、個別利害そのものは絶対的である。交換は生産者と考えられるあらゆる個人の仕事を絶えず細分化し、消費者と考えられるあらゆる個人の利害を絶えず平等化する。これが、政治経済学の分野において最大幸福《ユーティリテール》主義的個人主義が取る定式である。

交換はしたがって、あらゆる社会現象のうちで最も単純で最も典型的なものである。交換はまた利己心の調和の第一原因である。ところで、交換は、いかなる規則に従って行われるであろうか。まず明らかに交換の対象となるものは有用でなければならない。しかし、その有用性は、そのものが交換において提示する価値の単に必要条件ではあっても充分条件ではない。極めて有用ではあるが、(14)現実に無限に存在し、個人が領有できない性質のもの、例えば空気や水のようなものには交換価値がない。ある個人Aが自分に必要としないものを一定量所有しているとする。それをある個人Bが必要としているかもしれない。個人Bは自分では必要としないものを一定量所有しているとする。それを個人Aが必要としているかもしれない。彼らは、それぞれに必要とするものが何であるかを確かめるために接触する。それぞれが必要とするものを比較して、取引が生まれるであろう。各人は相手に、相手が市場にもたらした生産物を自分が必要としていることを納得させようとする。しかし、この比較それ自体は間接的にしか行われない。それぞれの側で供給を表すのはAもしくはBがもたらした生産物の量であり、需要を表すのはBもしくはAがもたらした生産物の量である。需要と供給の関係が、ある生産物の交換価値を構成する。もし供給が一定量のままで需要が変化すれば、交換価値は需要と同じ方向に〔原書初版はこう書いているが、第二版は「同じ方向に」を消して、括弧書きで「逆方向に」としている。初版に戻って訳しておく〕変化する。もし需要が一定量のままで供給量が変化すれば、交換価値は供給と「逆方向に」〔初版は「同じ方向に」とするが、ここは第二版に従う〕変化する。時価あるいは市場価格の変化も同様に決定される。

しかしながら、ここまでだけでは価値分析は不完全である。われわれは市場にもたらされる所与の一定量の生産物を想定している。この所与の量の大小によって、交換価値は、ある独立変数の関数として変化する。要するに、仮定によって、供給であると需要であるとを問わず、どちらをも独立変数あるいは一定量と考えることができる。けれども、事態のこの側面をはっきり示すためには、供給と需要とを市場にもたらされる物質的財貨の二つの量、あるいはこう言ってよければ、これら二つの量によって表現されるものと考えなければならない。ところが、それぞれの側からもたらされるものがいかなる理由によってこのような量に決まったのか、なぜ違う量にならなかったのかということは、研究できないであろうか。需要という概念そのもののうちには一つの心理的要因が含まれている。需要とは欲求あるいは必要である。そうだとすれば、供給という客観的な量と需要という心理的要因を対置する必要があるであろうか。需要は、測定不可能であるか、あるいは供給と同じ方法では測定不可能である。実際には、供給の概念は需要の概念に帰着する。それゆえ、結局のところわれわれが対象とするのは二つの生産物の同一量の供給ではなく、二つの心理的必要、すなわち二つの需要である。だから市場において、いずれか一方の側が需要を構成するものと考えられるとすれば、その需要が供給を規制するであろう。私が自分の必要以上のものを生産するために働き、かつ働き続けるのは、この剰余に対して需要があると知っている、あるいは知っていると思っているからである。また私がその財貨の生産に投じた労働量は需要家と相対した時の私の必要を規制する作用をすることがあるのを知っている、あるいは知っていると思っているからである。——あるいはまた、同じ考えの別な形の表現になるが、われわれは、本能的に交換を生産物相互の物々交換のように考えがちである。確かに最初に生じる事態の様相はそうしたものである。交換、したがって比較は、財貨と労働の間で生ずるよりも財貨と財貨との間でより頻繁に生ずる。アダム・スミスは言う、「ある財貨の価値は、その財貨で購買できる労働量によるよりも、ある他の商品の量によって評価するほうが自然である。その上、大部分の人びともまた、労働量の意味よりも、特定商品のある量の意味するもののほうが理解しやすい(15)」。しかしながらそれは皮相で不正確な見方である。あらゆる交換は本来、財貨と財貨との交換ではなくて、苦痛と快楽、すなわち有用な財貨を手離す苦痛とそれよりもっと有用な財貨を入手する快楽との交換である。経済的価値は、基本的にはこの等価関係である。[16]ところで、純粋な交換の概念が、一対の個人を想定せず、単に苦痛と快楽の比較を想定するだけならば、財貨を生産するのに費やされ、快楽を得るために苦痛をあえてする労働は、交換の典型そのものと考えられないであろうか。「あらゆる財貨の実質価格、どんな財貨にせよそれを入手したいと望む人に実際にかかる費用は、それを入手する苦労と辛苦である。……労働は、すべてのものに対して支払われた最初の価格であり、本源的な購買貨幣である。世の中のあらゆる富が初めに購入されたのは、金あるいは銀によってではなく、労働によってであった」[17]。生産することは労働することであり、苦痛と快楽を交換することである。交換することもまた、労働することであり、別の財貨を入手する意図で一定の財貨を生産することである。それゆえ、交換しても、ある特定の場合には私の労働は期待した報酬を受け取らず、私はそのためにその財貨の生産をやめるかもしれない。あるいは私の労働は、期待した報酬を受け取るかもしれない。市場価格は、現実価格とまさに同一の、アダム・スミスの言う自然価格と一致するであろう。言い換えれば、私が他人の労働の生産物という形で入手する価値は、もし私が彼に代わって労働した場合に入手したのと同じ価値であろう。それゆえこの場合には、その財貨の生産に私が費やした労働は、この財貨が市場で支配もしくは購買する労働に等しいと考えられる。このことは、事態の性質に合致している。「通常二日あるいは二時間の労働の生産物は、通常一日あるいは一時間の労働の生産物に対して二倍の値打ちを持つのは当然である」[18]。ある財貨の自然価格は、それを市場にもたらすために投じられなければならない労働の全価値である。

アダム・スミスの経済理論中のこの箇所には、すでにベンサムの法理論中で出会った「自然」という表現が再び現れている。ベンサムによれば、刑罰の「自然的」尺度は、判事により科される肉体的苦痛の量と、犯罪と規定される行為から生まれた肉体的苦痛の量を比較した結果である。アダム・スミスにとって価値の「自然的」尺度は、財貨を生産するために耐える苦痛の量、あるいはこう言いたければ犠牲にする快楽の量と、その財貨の入手から必ずや生ずると考えられる快楽の量の比較の結果である。ただしこの財貨が労働により直接に生産されるのか、あるいは労働の後の交換を通して得られた労働により間接に入手されるのかは問わない。刑罰が有効であるためには、刑罰の害悪が犯罪の害悪を相殺してなお余りがなければならない。労働が有効であるためには、報酬の利益が労働の苦痛を相殺してなお余りがなければならない。しかしさらに、法律的刑罰の重さを犯罪の重さにより規制するためには、密度という要因を介入させるだけでは充分ではない。もし評価が完全であることが望ましいのであれば、七つの性質が考慮されなければならない。同様にして、私が一定の労働に支払うべき賃金あるいは報酬を評価しようとする場合には、その仕事それ自体が快適かどうかを考慮するだけにとどめるわけにはいかない。次に考慮しなければならないことは、その仕事が習得するのにどの程度難しかったか、また費用がかかったか、この仕事はどの程度長続きしているか、この仕事に従事する者にどの程度の信頼を寄せているか、この道における成功の可能性はどれほどかということである。それゆえ、アダム・スミスにおいては、賃金の総体的評価のために、ベンサムの道徳算術と無関係ではない一つの道徳算術がある。ただ、ベンサムの法律理論においては、快苦計算は立法者と司法官との熟慮の作業である。また法的刑罰と犯罪との自然的均衡を作り出すのは人為的に行われる。それとは逆にアダム・スミスの経済理論においては、計算自体は自動的に行われる。もし労働がその報酬を受け取り、賃金が労働に比例するようにしたいならば、立法者が干渉する必要はないだけでなく、立法者が干渉しないことが必要である。「労働を雇用するさまざまな職業の利益と不利益の全体は、……同一の近隣地方においては、完全に平等であるか、絶えず平等に向かっているに違いない。もし同一の近隣地方において、他の職業より明らかに有利あるいは不利な職業があるとすれば、前者の場合には非常に多くの人がそこに群がるであろうし、後者の場合には非常に多くの人がそこから離れるであろう。その結果、その有利あるいは不利はやがて他の職業の水準に戻るであろう。少なくともこのことが起きる社会は、万事がその自然の成り行きに任され、完全な自由があり、またすべての者がまったく自由に、自分が適当と思う業種を選び、適当と思うたびにそれを替えられる社会であろう。すべての者はその利害関心に従って有利な職業を求め、不利な職業を避けるようにするであろう」[19]。要するにベンサム法理論における自然は、立法者に対して、従うべきではあるが、従うことのできない方法を指示している。アダム・スミスの経済理論における自然は、立法者の干渉なしで正義が実現する方向あるいはすべての個人的利益を満足させる方向に作用する。しかしアダム・スミスのこの主張はどのような条件の下で成立するのであろうか。われわれの見るところでは、三つの条件の下である。第一に、財貨の交換はそれを生産した労働量に比例して行われるという原理は、労働が限りなくその量を増大させることができる財貨についてのみ妥当する。第二に、交換が労働量により規制されるというのは、ただ近似的にそうであるにすぎない。最後に、その原理が妥当するのはもっぱら、価格決定において、現実の社会において生じていることとは逆に、労働者の賃金のほかには地主の地代と資本家の利潤を考慮に入れなくてもよい〔初期未開の〕社会だけである。これら三つの制約を順次検討しよう。それは、どうして新しい経済理論がそれら制約の重要性を減少させ、結局利害の一致の原理に普遍的価値を与える傾向があるかという理由を、理解するためである。

アダム・スミスは粗生産物を三種類に区別する。「第一〔の種類〕に含まれるのは、人間の勤労の力ではまったく増加させることができないものである。第二〔の種類〕に含まれるのは、需要に応じて人間の勤労が増加させることができるものである。第三〔の種類〕に含まれるのは、勤労の効果が限定されているか、あるいは不確実であるものである[20]」。第三の種類は議論の対象から除外しよう。第三の種類は、第一と第二の性質の混合であり、両者の中間の性質である。二つの極端な場合だけを取り上げるならば、生産物はその生産に投ぜられた労働の量に比例して交換されるという原理は、論理的に言って明らかに第二の場合にしか適用できない。その二つの場合において、交換価値を変動させるものは、その財貨を入手する容易さの程度である。それが一般原理である。しかし、第一の場合には、入手する困難は希少性により説明される。この場合の希少性は財貨の性質により一義的に規定される。第二の場合には、希少であることは一時的、臨時的にすぎず、希少性の度合いを絶えず、限りなく低めるかどうかは人間の労働次第である。したがって、主にアダム・スミス以降の政治経済学が、社会現象の解釈においてなぜ第二〔初版は「第一の」とするが、英語版と第二版に従う〕の種類の生産物に圧倒的な重要性を与え、また価値を希少性の関数としてではなく労働により入手する困難の関数と定義する傾向があるのかという理由を問うのは興味深い。それというのも、アダム・スミスはこの点では、相互に完全に区別される二つの伝統理論のうちどちらでも選択できたのだからである。

一方ではプッフェンドルフ〔一六三二―一六九四〕は、彼のいわゆる「固有の内在的価格」、すなわち価値の基礎を「財貨あるいは行為が直接もしくは間接に生活の必需品、便宜品あるいは娯楽品として役立つ適性」すなわち有益性《ユーティリテ》だとする。しかし、有益性は価値の原因であって、価値の尺度ではない。そこでプッフェンドルフはその価値論に第二の要因、財貨の希少性の考察を導入する[21]。非常に密接にプッフェンドルフを継承するハチスンの考えでは、「人間の役に立つ適性がいくらかでも予想される場合、財貨の価格を左右するのは二つの事柄の結び付きである。何らかの有用性《ユース》があるために多くの人が求める需要と、人間が使用するために生産もしくは耕作する困難である」[22]。言い換えれば、需要を一定とすれば、二つの財貨の価値はそれぞれ、それら財貨を生産する困難に比例する。これはアダム・スミスに非常に近い言葉であり、二つの点ではスミス以上に厳密である。ハチスンの場合の有用性という言葉の意味は、アダム・スミスと違って、自然的有益性あるいは合理的有益性だけでなく、快楽を生み出すのに適し、風俗慣習に根ざしたあらゆる資質である。それにまた、「生産する困難」ということで彼が意味するのは、財貨を生産もしくは入手するために必要な労働量だけでなく、もっと一般的に希少性のことでもあって、この困難はその希少性の特殊な事例であるにすぎない。

しかし逆にロックは価値を労働に基礎づけた。彼は言う、「あらゆるものにさまざまな価値を与えるものは労働である」。そうして、財貨の価値のうち労働による部分を、一〇分の九、また一〇〇分の九九とさえ算定した[23]。すでに見たように、彼はそこから、財貨の領有を決定するのは労働であること、鹿はそれを殺したインディアンに帰属するというのは「理性の法」であることを結論した。言い換えれば、彼において経済学的価値論は、同時に、そして分かち難く、所有権の法理論であった。もし正義が各人に労働に応じて報酬を与えると規定しているとすれば、自然が正義に一致するためには、ある財貨の交換価値のうち自然的希少性に由来し、人間労働に還元不可能な部分は無視しなければならない。だから、財貨がそれを生産した労働量に比例した価値により交換されるということが成立する文明の始原状態は、結局のところ、ロック政治理論における「自然状態」と同じものになるであろう。この「自然状態」は、ロック政治理論においては、個人が不正を犯すという理由のためだけから、個人の自然権が統治権力の干渉により制約を受ける市民社会に置き換えられなければならないこととなっていた。

だからもしアダム・スミスがその価値の定義においてロックの伝統に従っているとすれば、それはおそらく多少とも意識的に彼が同じ関心を有しているからではないであろうか。彼は、自然価格が正義の価格であることを願い、利害の一致の原理を証明しつつ公理として定立もし、また同時にもし各人が労働に比例して報酬を受け取るのだとすれば、あらゆるものの利益が等しく守られるであろうということをも公理として定立する。彼は言う、「労働の生産物は労働の自然的報酬、すなわち賃金を構成する」[24]。実際、立法の干渉なしに財貨がそれを生産した労働に比例して交換されるという、自然状態を定義するさいのアダム・スミスには、有益性の哲学に変換が困難な法的表現が豊富にある。彼は権利を有益性と対置するに至る。ときとして有益性は、間違いなく特定権益のみを意味する。すなわちベンサムが言ったように、有益性は、国庫という「他人の利益を蹂躙する」特定権益のみを意味することがある。例えばアダム・スミスは、「私的所有の神聖な権利が公収入という権益と考えられるものの犠牲になっている」[25]ことに不満を漏らした。あるいはまた、「正義の通常の法律が公共の有益性という概念、一種の国家理性、立法権力の行為〔法律〕の犠牲にされることは、最も緊急な必要の場合にのみ限定されるべきであり、またそういう場合にしか許されない」[26]と言って、彼がこうした犠牲を禁ずる時、われわれが理解する限りでは、この表現における「正義の通常の法律」とは一般規則に帰着させられる有益性と解釈することができ、この有益性はあれこれの特定かつ例外的な事例において考察される有益性とは反対のものである。しかし各個人が自分の思うように利益を追求する自由は、常に権利と定義される。分業の発展にとって障害である二つの法律は、「自然的自由の明白な侵害」[27]となる瞬間から、「不正」と宣告される。アダム・スミスは言う、ある国において市民の経済的自由を侵害することは、「人類の最も神聖な権利」[28]の明白な蹂躙である。彼が推奨する政策大綱は、彼のいわゆる「平等と自由と正義という寛容方針」[29]である。この点については彼の理論はすでに一七六三年には出来上がってはいたけれども、フランス旅行と重農主義者たちとの交友がアダム・スミスの思想に決定的影響を与えたと思われる。重農主義者たちにとっては、自然法則は究極の法則であり、この世の秩序は神慮に基づく秩序であって、この秩序は神の正義に一致し、これを攪乱するのは人間の恣意的で罪深い干渉だけである。

第二に、労働によりその量を無限に増大しうる財貨についてさえ、この規則は一般的、平均的にしか妥当しない。この新しい制約は、衆目の見るところ利害の自然的一致の原理を証明するのに役立つとされるが、アダム・スミスの定義そのもののうちに含まれている。彼は言う、「通常二日あるいは二時間の労働の生産物は、通常一日あるいは一時間の労働の生産物の二倍の価値を持つのは当然である[30]」。もし二人の猟師が同時に鹿狩りに出かけ、それぞれが鹿を捕らえて帰ったとすれば、一人が鹿狩りに二時間かけ、もう一人は四時間かかったことはたいした問題ではないであろう。鹿の自然価格は、考察の対象となっている社会において鹿狩りに必要な平均時間により評価されるであろう。さらに、自然価格自体はこのようにして決定されるのであるから、時価と自然価格とは必ずしもいつも一致するとは限らない。極めて厳密に言えば、平均すると時価は、その財貨を市場にもたらすのに必要な平均労働量により規制されると言わなくてはならない。このことは、供給と需要の動向の分析が立証するところである。供給を一定とすれば、自然価格を支払う用意のある人びとには有効需要がある。そうして、このように規定された有効需要は絶対的需要とは区別される。非常に貧しい人でも幌つき四輪馬車は欲しいと、ある意味では言えるかもしれない。なぜなら、彼がそれを欲しがってもおかしくはないからである。しかし彼の需要は有効ではない。なぜなら、彼の需要を満たすためにその財貨が市場にもたらされることはまったくありえないからである。だから場合によって供給量は、有効需要を満たすのに不足することがあろう。その場合、需要者間の競争により価格は自然価格を上回るであろう。場合によって供給量は極めて大きいであろう。価格は自然価格を下回るであろう[31]。しかし、自然価格の水準を上下するこの往反運動は、あまり強くもなく、あまり長引くこともないのではなかろうか。アダム・スミスはそう考え、それを無視する傾向がある。「市場に持ち込まれるすべての商品の量は、おのずからその有効需要に適合する。何らかの商品を市場に持ち込むのに土地、労働もしくは資財を使用する人びとすべてにとっては、その量が有効需要を決して越えないのが利益である。そしてその他のすべての人びとにとっては、決して有効需要より不足しないのが利益である[32]」。「それゆえ法律の干渉は何もなくても、人びとの私的利害と情念がおのずから彼らを導いて、全社会の利益に最も合致する比率にできる限り近い比率で、社会におけるすべての資本をそこで営まれているさまざまなすべての業種に分割し分配するようにさせる[33]」。自然現象の合理的説明を研究する理論家が、広くどこにでも見られる現象のうちに、ある必然的法則の現れを見るのは正当である。必然的原理を発見したい意欲に駆られて、普遍的なものと一般的なものを同一視し、偶発的と称するものを捨象し、原理に対する特殊な例外をほとんど否定したく思うのは自然である。ただし、もっと完全な科学においては、特殊な例外も他の原理の攪乱作用により説明可能となるはずである。

したがって次のように問うことができる。すなわち、アダム・スミスは、分業理論と交換価値理論により、利害の自然的一致の原理に証明を与えたのではなく、この原理の正しさを公理とするまでには至っておらず、そのため彼の交換理論が実際上許容する例外を無視できないのではないかということである。少なくともアダム・スミスは、物理的条件にせよ心理的条件にせよ、利害の自然的一致の原理というものの正しさが影響されるあらゆる条件の強調に努めていないであろうか。何よりもまず、財貨が市場に、あらゆる時に、あらゆる場所から、量に制限なく、持ち込まれなければならない。こうした条件がよりよく満たされれば、それだけ市場価格は自然価格の近くに一定に保たれる(34)。とりわけ、個人がいつの時にも自分の真の利益を完全に知っていなければならない。そうしてアダム・スミスは、経済現象がこの最後の条件を満たす性質を持っていることを容認し従っているように思われる。確かに売手がときとして思い違いをして、利害関係者として生産物の量を過大あるいは過少に市場に持ち込むことはある。けれども、結局のところ、個々の誤りは相殺される(35)。確かに「共通の慎慮の原理はすべての個人の行為を支配しない」。無関心で浪費的な一定数の人がいる(36)。けれども、「そうした原理は、どの階級あるいは階層においても多数の者の行動に常に影響する」。倹約家と評価されることのほとんどない債務者の間においてさえ、倹約家と勤勉家の数は浪費家と怠け者の数を「かなり上回る」。各個人は利害関心を有するだけでなく、各個人が自己の利害については最良の判定者である。それが、おそらくこの方法の基本公理である。この公理は、ある意味では新理論の合理的性格を確認すると考えられる。まったく利己的な個人がまた一般法則としてまったく合理的でもあると、それは想定している。

その上、たとえ右の考察に根拠がないとしても、たとえアダム・スミスが自然価格をめぐる市場価格の往反運動を肯定も否定もしなかったとしても、たとえ彼が、利己的個人には当然な知性が備わっているかどうか、承認も主張もしなかったとしても、政治経済学の原理はただ近似的に正しいだけであるという主張は、それら原理を単純な経験的データと同一視しているわけではなく、その理論の合理的性格を否定するわけでもない。経済的、社会的分野において帰納的方法は統計である。そしてアダム・スミスはそれを無視し、軽視する。彼は言う、「私は政治算術をあまり信頼していない(37)」。一般に時価は自然価格により規制されるというのは、絶対に正しい。このように、アダム・スミスの理論は原理と原理に対する例外を同時に説明する単一の定式に、要約されるであろう。彼の方法はいつもニュートンの方法である。すでに見たように、ニュートンの方法は心理学および道徳理論へすでに適用されている。それは、一般化により一定の単純な真理に到達し、それから出発して経験世界を総合的に再構成することが可能になる方法である。ニュートン的表現は新しい政治経済学に適用されようとしている。自然価格はアダム・スミスにより、二度繰り返して、すべての財貨の市場価格がそれに向かって絶えず「重力により引き付けられる」いわば中心価格だと定義される(38)。

しかしここで、以上の制約よりもっと重大な第三の制約がこの原理に加えられなければならない。なぜなら、おそらく、労働の全生産物が労働者に帰属するという社会の未開状態というものがある。しかし、時代が経つとともに労働は資本を生む。資本はこれまでのようには消費されず、資本の所有者はそれを、労働者に前貸しして利潤を入手したいと考える。時代が経つとともにまた、土地のすべては占有され、したがって土地所有者は、自分が所有する土地の利用と交換に小作料、すなわち地代を小作人に要求できるようになる(39)。ところで、利潤も地代も労働の賃金ではない。だからそれらが財貨の価格のうちに構成要素として入り込むとしても、利益の分割はあるけれども、それに照応した労働の分割はない。そして、利害の一致を作り出すのは交換に基づく分業であるから、もはや必ずしも利害の一致は存在せず、利害の不一致があるようになる。しかも、アダム・スミスは資本の利潤と土地の地代との成立を自然現象のように容認する。われわれはこれまで説明の便宜のために自然価格の定義に労働の要素しか入れなかった。しかし定義が完全であるためには、「どんな商品でも、その価格が、収穫し加工し市場に出荷するのに使用された土地の地代、労働の賃金、資本の利潤を、それらの自然率に従って支払うのに過不足のない場合(40)」、その商品はその自然価格で売られると言わなければならない。それゆえ、経済的利害の不一致は人為の仕業ではなく、自然そのものの作用であろう。

このことは、アダム・スミスが時折認めているように思われる。彼は、一定の国々では「地代と利潤とが賃金を蚕食《さんしょく》している[41]」と言い、したがって彼のいわゆる上層二階級と下層階級との間に利害の必然的対立を確認するに至る。資本家が文明国においては実質賃金の増加は利潤を低落させると苦情を述べた時、スミスは、彼らの苦情には一般的利益の観点からは根拠がないと述べるものの、資本家の個別利益の観点からは充分に理由があることを認めている[42]。さらにまた、「土地の地代は土地の利用に対して支払われる価格と考えられ、当然のことに独占価格である[43]」ことを、彼は認める。だから、彼によれば、人為的独占と同様に交換機構を歪めざるをえないと思われる自然的独占がある。最後にアダム・スミスは、一方ではすべての利害が一致するとしながら、他方では各個人が自己の利害に関しては最良の判定者であるとするような原理を軽視する。彼が、『国富論』のある箇所で[44]、いわば自然的であるこれら三階級の経済状況を分析した上で、はっきりと下した結論は、彼らの利害は同程度に一般的利益と調和するわけではなく、またそれぞれいずれかの階級に属する個人は自己の真の利益について、同程度に良い判定者であるわけではないということであった。――土地の地代は富の自然的進歩とともに必ず増大するから、したがって土地所有者階級の利益は社会全体の利益と密接かつ不可分に結び付いている。不幸にして土地所有者たちは、自己の利益の判定者として不適切である。なぜなら、彼らは、三階級のうちで唯一、労働も心労も要せず、いわば自然発生的に、あらかじめ立てられた計画とは一切関わりなく、収入が入ってくる階級であるから、怠け者になるし、分別を動かすことも先見の明を持つこともできなくなる。――労働の賃金は労働需要とともに騰貴するから、労働者の利益もまた土地所有者の利益と同様に社会の利益と密接に結び付いている。不幸にして、政府が労働者を教育する手数を掛けない限り労働者は無知であり、「社会の利益を理解することも、自己の利益とそれとの繋がりを把握することも不可能[45]」である。——最後に、資本家の経済状況はまったく違うし、ある程度、逆である。彼らは最も思慮があり最も知性に富む。しかし、利潤率は当然に豊かな国で低く、貧しい国で高い。したがって、「この第三階級の利益は、他の二階級の利益と違って一般的利益と結び付かない」。各人は自分の利益に関して最良の判定者だという原理がこれ以上よく妥当するところはほかにない。これに反して、資本家の生来の虚偽あるいは誤謬は、彼らの利益と公共の利益との間に食い違いがある場合にも、利害の一致の原理を正しいと認める点である。

　しかし、それでは、もし自然が不当であり、資本家が自分たちの個別利害について非常に優れた理解力を持つと同時に、資本家の利益は土地所有者および賃金労働者の利益と一致しないのならば、統治権力が、立法的手段により介入して正義すなわち利害の一致を回復しても当然ではないであろうか。第一に、例えば、労働者を雇う資本家に対して労働者を保護する法律を、国家は考えることができないであろうか。アダム・スミス自身が、自由の原理は例外を許すことを、例えば貨幣取引に関して認めている[46]。「社会全体の安全[47]」が危殆に瀕する一定の明確な場合には、彼は、自然的自由の侵犯を正当であると承認する。ところで、さらに特に親方と職人との間の契約に関しては、両当事者の利害は正確に同じではないというだけでなく、人数は少ないが富は大きい親方たちは労働者に対して恒常的で不当な団結を結んでいる[48]。アダム・スミスはこう述べる。しかし自分はいかなる国家干渉をも求めない。職人が自由に団結する権利を認められるべきだと求めることさえしない。自分はただ、一般論として団結と同業組合の精神を非難するだけであり、イングランドが中世からか、あるいは十六世紀からか、いずれかから継承した政府社会主義〔同業組合を支えた行政措置〕の複雑な仕組みを、その体質は労働の自由な流通の永遠の障害であると批判するだけである[49]。アダム・スミスは、彼にとっては利害の一致の原理はそれと反対の原理と矛盾しないかのように、職人を保護する唯一の方法は彼らを自由にしておくことだと繰り返し語り、再び明白な言葉で「自然的自由」と「正義」[50]とを同一視する。——少なくとも国家は租税徴収者ではないであろうか。そうだとすると財政によって現在の経済的不平等を是正するように租税を徴収することはできるのではないであろうか。この発想は、五〇年後に哲学的急進主義の指導者たち、特にジェイムズ・ミルに非常にはっきりと現れてくることになる。アダム・スミスにおいて、その発想は萌芽状態にある。スミスは重農主義者たちから多くのものを学び、おそらく地代は特定の課税に対して最も担税能力のある収入であることを容認している[51]。しかしアダム・スミスはついでの折にこの考えを示すにとどまる。彼が租税徴収において守られるべきだと要求した、古典的となった四原則は、どれ一つとして経済的三階級の間における生産物の不平等な配分を是正する配慮を含んでいない。反対にアダム・スミスは最初に、一般的原則として「きっぱりと」、「前に述べた三種の収入のうち、一つの収入だけに負担されることになる租税はすべて、他の二つの収入に影響しない限り、必然的に不公平となる[52]」とし、そのため否定されなければならないと言う。それゆえ、階級利害の間にある現実の矛盾を軽視すれば、四原則が依拠する公準は、再び利害の一致の公準である。

それゆえ、アダム・スミスの理論において利害の自然的一致の命題が重ねて利害の不一致の命題に優越する傾向を示すのを、いかにして説明すべきであろうか。あるいはまた、アダム・スミスが、利害の自然的不一致を述べた後、いくらか論理的によそおって、自由主義と政府非干渉という命題を結論づけるのを、いかにして説明すべきであろうか。

最初に、経済的三階級の間への富の分配に関する理論が、アダム・スミスの理論に導入されるのは、後になってから、それもまるで外部からででもあるかのように見えることを考察しよう。アダム・スミスにおけるそれら理論は、有機体が絶えず排除しようとする異物のようである。その理論の足跡は、ヒュームの経済学論説にも、ハチスンの『道徳哲学』に含まれる経済研究の萌芽の中にも、[53]アダム・スミスがグラスゴウ大学で述べた『講義』のうちにも、見当たらない。交換理論と労働理論、ここには、一七六三年以降ブリテンで「グラスゴウの理論家たち[54]」と呼ばれる人びとが近代経済学に対して行った貢献がある[55]。その後アダム・スミスはパリを訪れる。そうして、ケネーと重農主義者たちの知己を得て、その時初めて、交換される財貨の価値のうちに、分解不可能な一定数の要素を分析によって発見する可能性をほのかに見つける。けれどもこの理論はアダム・スミスにとっては常に、まったく体系的厳密性に欠ける借物の理論である。『国富論』に示されているような価値論の矛盾した性格はここから生じる。財貨の価値は、ある時にはその財貨の生産に要した労働量により[56]、またある時には一度生産された財貨が市場で支配しうる労働量により[57]、測られる。この矛盾[58]は一七六三年の『講義』には現れていない[59]。しかしそれは、価値の三要素――賃金、利潤、地代――がまだ区分されていなかったためであって、その結果、価値の測定が、財貨にとって必要とされた労働量によって純粋かつ単純に行われることが不可能になっていた。ここからまた、賃金、利潤、地代の変動の間に生まれる関係の確定に正確さの欠如が生ずる。利潤の変動とそれ以外の価値要因の変動との間の関連は定まっていない。地代の厳密な定義はない。労働者の賃金と全生産物との差に相当する収入を土地が地主に提供するのは、その絶対的肥沃度のおかげであろうか。肥沃度の最も乏しい土地の労働の生産物とその他の土地の労働生産物との間の差に相当する収入を、土地が地主に提供するのは、相対的肥沃度すなわちその実際の不毛性と希少性とのためであろうか。重農主義者たちの理論と、リカードゥおよびジェイムズ・ミルのような最大幸福主義《ユーティリテール》的急進主義者たちの将来の理論とのどちらを選択するかを決めるのに必要な論理的意欲を、アダム・スミスは欠いている[60]。

われわれがアダム・スミスに対して向けている批判は、それゆえ、結局のところ、彼は、賃金、利潤、地代の形成理論に充分体系の形を整えられなかったということに帰着する。しかしこの反論はおそらくアダム・スミスには痛くも痒くもなかったであろう。なぜなら、彼としてはケネーとその弟子たちに対して、あまりに体系的であったという基本的反対論を向けていたからである。スミスが、ケネーを非難するのは、自身が医師であったケネーが医師とあまりに似た考えをするという点である。医師の考えは、自然治癒力をまったく頼りとせず、肉体の健康は科学的に決定された「管理法」を厳格に守ることにもっぱらかかっているとする。けれども、もしある国民が繁栄できるのは「完全な自由と完全な正義との厳格な体制」[61]の下でしかないのだとすれば、これまで繁栄できた国民は地球上に一つも存在しない。各国政府が国民の経済生活に介入しようとするさいに用いる法律すべてに対するアダム・スミスの主な批判は、おそらくそれらがもたらす結果が悪いということよりもむしろ、それらに効力がないということである。オランダの東西両インド定住地が独占会社体制にもかかわらずあまり発展していないのは、「豊かな土地がたくさんにあり安いことが繁栄の非常に強力な原因であるから、最悪の政府でさえ、それらの原因が有効に作用するのを完全に阻止できない」[62]ためではなかったろうか。世論が寛大に見、奨励する密輸は、関税の「血まみれの全法律」に対する事実による批判ではないであろうか[63]。一七七六年頃の歴史的事情は、法律の有効性に関するこの懐疑を助長する。十八世紀のイングランドほど、行政権力と立法権力が脆弱であったことがかつてあったろうか。大衆騒擾と親方の恒久的団結を前に屈服して、権力は、自由放任政策が新しい理論のうちに自己の正当化理論、あるいは正当化理論とおぼしきものを見出す以前に、自由放任政策を実施したのではなかったろうか[64]。政府のこの無気力と脆弱性は、自由主義的命題にとっての強力な助力となる。ところが政治的に弱い権力は、商工業の自由の理論家たちが取る新しい観点からは、自由に行為できる長所を有するとしても、高価につくし、浪費するし、乱費を許すという重大な短所を有する。新しい理論の支持者たちが政府に対して自己抑制の努力を要求するのはこの点である。政府が商業と工業とを規制する干渉を加えないのはいい。しかし、徴税もまた一種の干渉である。二つの条件は一つに帰着する――政府はできるだけ少なく統治し消費するのがいい。この考えには一七八〇年頃にはまだ廃れていない政治経済学という表現の本来の意味が照応する。『国富論』を書いている時のアダム・スミス、有名な「経済改革」演説を述べる時のバーク、この二人が「政治経済学」という言葉で理解するのは、「政治家あるいは立法者の科学の一部門」、実践のための理論、国家財政の慎重な管理のための科学である[65]。軍事大国にのしかかる巨額の国債の増大は、ついには国を破滅させることになるであろう。このことは特に、植民帝国の征服のためにおびただしく国債を抱えたブリテンに妥当する。さらにもしこの帝国のいずれかの属州が母国に叛旗を翻した場合、「確かにその時こそは、グレート・ブリテンが戦時におけるそれら属州の防衛費用と、平時におけるそれら属州の民政的あるいは軍事的施設の一部分の維持費用から解放されて、自国の将来の展望と計画とを真の中庸を得た実情に適合させることに努めるべき時である[66]」。このようになんとも用心深く内気な忠告で『国富論』は終わっている。

それゆえ、アダム・スミスの思想の中で二つの明確に区分される原理の共存を否定することは、問題にするまでもない。一方でアダム・スミスが示すところによれば、いわば機械的に利害を一致させる分業は必要十分条件として交換の発展を意味する。そうしてまた交換の発展自体は交換市場の拡大を意味する。しかしながら、別の文章から言えることは、分業は利害を一致させるには充分ではなく、一定の場合には資本家、地主および労働者の間に利害の対立を生じさせる。しかし、アダム・スミスの論述は、矛盾した前提から出発する場合でも共通した結論に帰着する。経済的自由主義、すなわち統治機関がこうした分野において不当に行使している権能をいわば限りなく縮減することに帰着する。統治機関がある階級を他の階級から守るために干渉することを、アダム・スミスは、自分の原理がこの結論を正当化するように思える場合でも決して容認しない。彼は、商業の自由と同様、産業の自由を支持する。人間社会は存在し存続しているのであるから、個人的利害を一致させる原理は対立させる原理よりも強い。社会的不正を批判する理性は、自然の本能的力に比べて、立法措置により社会的不正を是正するには力が足りない。だから確かに、経済的自由主義は楽観主義を構成すると考えることができるが、理性に基礎を置く楽観主義とはもはや考えることはできない。アダム・スミスの経済学的方法は帰納的方法と規定されるべきか演繹的方法と規定されるべきか、経験主義か合理主義かと、しばしば問われる。『国富論』にはリカードゥとジェイムズ・ミルの将来の演繹法が明らかに萌芽としてある。また明らかにアダム・スミスの自由主義には、ニュートンに由来する合理主義的傾向とヒュームに由来するほとんど懐疑的、もっと正確に言えば自然主義的傾向という、相互に論理的に矛盾する二つの傾向がある。けれども、改革者たちが共通の理論を求めている時代には、彼らが帰結の統一から原理の統一を帰納するには、実際的結論が統一の外観を呈するだけで充分であろう。だから、彼らが、自分たちの思想の体系化、あるいはこう言ってよければ合理化を望むがゆえに、自然主義的原理よりも合理主義的原理を好むのは当然である。新しい政治経済学の理論家の役割は、アングロ・サクスン的自由主義を合理主義に改造することであろう。

さらに歴史的事情を考察しよう。産業の自由、階級間への国家の不干渉がアダム・スミスの原理から論理的には出てこないとしても、商業の自由については、事情はまったく異なる。ところで、この第二の問題こそが、一七七六年頃の観察者の注目を集める。おそらく、徒弟条例やすべての古い国家社会主義が少しずつ過去のものとなっていくのは、親方と職人との利害が一致するからではなく、機械の急速な進歩と、新しい産業社会を取り入れるには古い法的枠組みが不充分であることのためである。[67]しかし、アダム・スミスは、機械の発明によって生じる重大な歴史的事件をほとんど無視し、簡単に言及することしかしていない。アダム・スミス理論の理論的等価物であるような歴史的大事件は、アメリカ革命である。それはいわば力によりブリテンの公衆を商業的自由主義という新しい理論に改宗させ、近い将来に商業的コスモポリタニズムの樹立が可能だと思わせる。[68]自由貿易の考えが広まるのは、まず孤立した改革者の間であり、次いで公衆のうちの開明的部分、次いで国民のうちの次第に増大する人びとであって、この人びとの直接の利益は、長期化した戦争の被害を受けている。これら自由主義思想は一つの原理を含んでいる。これらの思想は体系化してくれる理論と思想家を必要としている。アダム・スミスは好機を捕らえてこれらの思想に決定的かつ古典的形式を与える。いかなる商業上の規制も、社会に存在する資本が動かすことのできる量以上に勤労の量を増大させることはできない。「商業上の規制はただ、資本の一部を、その規制がなかったら行かなかったと思われる方向へ転じさせることができるだけである」。そして「この人為的な方向が、自発性に任されたならば行ったと思われる方向よりも社会にとって有利になるかどうかは確かではない」。すべての個人が自分の資本をできる限り自分の身近で、またしたがって、できる限り国民の勤労の進歩に有利なように使用しようとする。その上彼はできる限り成果が大きくなるように用いようとする。だから「もし国内の勤労の生産物が外国の勤労の生産物と同じ価格でそこにもたらされるならば、規制することは明白に無益である。もし同じ価格でもたらされないのならば、規制は一般に有害であるに違いない。買うより作るほうが高くつくものを、家では決して作ろうとしないというのが、思慮深い家の親方すべての原則である」。そして「あらゆる私人の家庭の運営において慎慮であるものが、一大王国の運営において愚行だということは滅多にない」。「いかなる特定部門の工芸あるいは製造業においても、国内市場が狭くても分業が最高度に完成されるのを妨げられずにすむ」のは、外国貿易のおかげである(69)。二つの地方の間、母国とその植民地の間、同じ母国に属する二つの植民地の間、任意の二国民の間の、商業の自由を制限するすべての規制は、必ずしも無益ではない場合でも、利害の一致の原理に反するがゆえに悪である。

要するに、非常に多くの限定つきながら、アダム・スミスの書物がその勝利を祈願しているように思われる原理は、利害の自然的一致の原理である。それに、『国富論』はユートピアの書物とも革命の書物とも考えられるべきではない。その著作は、アメリカ独立宣言と同時代の書物であって、十八世紀ブリテンにおいて可能でも必要でもある改革の支持者の平均的見解よりも、何年も先行しているわけではない。思慮ある者ならば誰しも、その書物のうちにある考えは、歴史的事情の圧力の下に、あらゆる知識人の暗黙かつ永続的協力を得れば、自分がすでに気づき始めていた考えであることを悟るはずである。なかんずく、このような思慮ある人物がベンサムである。「私の親しい知人スミス博士はわれわれに溶け込んでくれています(70)」。一七八四年にベンサムの友人シュヴェディアウア〔フランソワ・ザヴィエル、一七四八―一八二四〕はエディンバラから彼に宛てて書いている。ベンサムは一七八〇年以降、シェルバーン卿の親しい友人であり、定期的な賓客である。ところで二〇年来アダム・スミスとモルレ(71)の友人であるシェルバーン卿は、一七八二年の短命なシェルバーン内閣において、商業上の自由という新政策の下拵えをするブリテン最初の政治家である[72]。そして、それまでまったく法律問題にのみ没頭していたベンサムが経済問題に注意を向けたように思われるのは同じ頃である。この頃、新理論の理論家たちの間で、利害の一致の原理が、利害の自然的不一致が存在するという錯雑した思想より決定的に優勢であるのは、いかなる理由によるかをなお理解しなければならなかったとすれば、師により書かれた書物とともに弟子ベンサムの経済学的小冊子を読むだけで充分であろう。

政治経済学は、科学と技術を含み、科学は技術に密接に従属するものと考えられるべきであると、ベンサムは言う[73]。立法技術のあらゆる部門において、有益性の原理にそって追求すべき目的は、一定の期間に当該社会に最大量の幸福を生み出すことでなければならない。言い換えれば、ベンサムはアダム・スミスが定義したような政治経済学を「立法技術の部門」と定義する。すなわち、国富の最良の使用法を適切に指示する知識、「最大量の幸福というもっと一般的な目的が、最大量の富と最大量の人口によって促進される限りにおいて、この最大量の幸福[74]」を生み出すのに必要な手段についての知識である。しかし、アダム・スミスは、政治経済学の研究にあたって、あらかじめ富の生産と分配の条件に関する完全に理論的な研究を〔『国富論』の最初の〕三篇において展開した。ところが逆にベンサムは、経済学者の労作のこの準備的部分を完全に無視する。もっぱら理論の有益な応用を心がける彼が、アダム・スミスの研究に求めるものは実際問題の解決である。彼はスミスの自由主義を採用する。けれども、自由主義的命題は、その必然的原理として利害の自然的一致の原理を意味するように思われる。それに対して、労働者、資本家および地主からなる社会においては、富の分配の検討によって明らかになるのは利害の自然的不一致である。ベンサムは、問題を掘り下げず、アダム・スミスには「方法と厳密性を除いてはやり残したことはたいしてない[75]」と言って、スミスに任せてしまっている。そうしてベンサムは、『国富論』の最初の三篇については、その論理的改訂作業は他人が専念してくれるのに任せている。ジュネーヴのデュモンの言葉によれば、「細部の点において、かくあらねばならない法律——国民の繁栄ができるだけ最高に達するためにすべきことと、特にしてはならないこと」[76]——を決定すること、これこそ、ベンサムが胸に抱く目的であった。

経済に特化した法律が他のすべての法律と区別される明白な特徴を確定するのは困難であると、ベンサムも認める。[77]しかしながら、民法の目的のうちで安全と平等、また生存と豊富が区別されたのであるから、安全と平等以外の手段で国富を増大させる傾向のある条項は経済法の部類に属すると考えることができよう。それでは一体、生存と豊富に関して法律にできることは何であろうか。統治機関のあらゆる干渉は高価につく。だから干渉は、国民の資本が減少する一因である。だから干渉はそれ自体で悪である。けれども、このことは、真の「法律の論理」に無知な非常に多くの著作家や演説家のように、すべての政府干渉を手ひどく非難する理由にはならない。ここでは計算を介入させなければならず、損益を比較しなければならず、そうしてすべての統治機関の干渉は損失を超える利益を引き出すことが立証されない場合には悪と評価されるべきだと言わなくてはならない。個人が、追求する目的に関して意思、力あるいは知識を欠いている場合、干渉は必要であろう。[78]ところでこれら三つの要素のうち、第一の意思はいわば決して欠けることがない。なぜなら、国民の富の総量は、個人に属する特定の富の合計であり、そして個人が自分の資本を増大させようとする意思は不変だからである。こうして経済的自由主義が最大幸福主義の個人主義から必然的に出てくるように思われる。力は、法的なものか物理的なものかのどちらかである。法的力は、統治機関が法律によって抑制をしない限り、統治機関次第でどうともなる。物理的力は、富そのもののうちに存在し、統治機関によってある人に与えられるとすると、少なくともそれと同量の損失を他の者に負わせずにはおかない。残るのは知識である。「統治機関が要求しなければ作られることも普及させられることもなかったようなあれこれの知識を、社会全体の利益のために作らせ普及させる機能が統治機関にはあってもいい場合がある」[79]。例えば、資本の前貸しは産業家にどんな利益があろうか。彼らの勤労に最も有益な方向を与えるように奨励するためであろうか。しかし、最も有益な方向を向くようにさせないものは、無知以外にはないのではないか。だから、統治機関が彼らに与えるべきものは、知識であって資本ではない。統治機関の機能は教えることであって、貸すことではない。有用な科学研究を奨励すべきである。発見と実験のために奨励金を設けるべきである。産業の各部門において広く用いられているやり方やさまざまな生産物の価格を公表させるべきである。発明家を盗用特許侵害から守るべきである[80]。統治機関の活動はこうしたことに限るべきである。そしてそれ以外では、統治機関はじっと身動きせず、ベンサムのいわゆる静寂主義を実践すべきである[81]。ベンサムは最初に、政治経済学において自分が研究したのは科学ではなく技術だと公言していた。今や彼は、少なくとも外見的には最初の彼自身の意見表明とは矛盾する言い方になるが、政治経済学においては科学がほとんどすべてであり、技術はほとんど無であると、きっぱり言う。なぜなら、この分野においては、技術とは何もすべきでないことを知ることだからである[82]。同様に、古代科学にとっては、宇宙の秩序は、神を畏れぬ人間の技術が干渉しなければ、ぐらつくことはないように思われた。このように理解された利害の自然的一致の原理は、それゆえ、積極的かつ何ものにも打ち勝つ科学という近代的思想と矛盾するように思われないであろうか。事実、同時代人の多く、商業的自由主義の支持者たち――ジョサイア・タッカー〔一七一三―一七九九〕やエドマンド・バークのような――は、自然の秩序を摂理による神聖秩序のように語りがちである[83]。ともあれ、アダム・スミスは原理を確立したのであり、また二つの細かい点でベンサムは、アダム・スミス以上に非妥協的論理をもってスミス自由主義の帰結を展開する。

ベンサムは、すでにかなり以前に犯罪の科学的分類をしたさいに、高利をいわゆる犯罪リストのうちに入れることができないと、理解していた。[84] その後、ロシアにいるベンサムのもとに、ピットが最高法定利子率を五パーセントから四パーセントにさらに引き下げる意図を表明したというニュースが届く。[85] そこで彼は、自分の考えに立ち戻り、ピット提案に対する反論を準備する。彼はウィルスンに宛てて手紙を書く、「貴君も承知の通り、僕の古い格率の一つは、愛と宗教およびその他非常に多くの美しいものと同じく、利子も自由であるべきだというものです[86]」。しかしロンドンの彼の友人たちは、そのニュースが捏造されていると忠告する。[87] そこでベンサムの攻撃は、現存の高利禁止法をさらに改悪するという理由でピットに向けられるのではなく、みずからの原理に背いて高利禁止法に承認を与えたという理由で彼の師自身、すなわちアダム・スミスに向けられる。『国富論』においてアダム・スミスは、利子付き貸付禁止を検討し、債権者が〔利子付き貸付が〕法律違反になる場合にある程度備えざるをえないために利子率を低めるのでなく高める効果を持つと批判し、次のように述べる、「利子付き貸付が認められている国々では、高利の収奪を防止するために、一般に法律による刑罰を受けずに受け取ることのできる最高の利子率を法律が定めている」。それから彼は、この〔利子率の〕法定が有益か無益かあるいはまた有害かを検討することさえしないで、満足気に「この最高利子率は、最低の市場価格を、常にいくらか上回るものでなければならない。この最低の市場価格は、最も疑問の余地のない担保を提供できる人が貨幣の使用に対して通常支払う価格である」ということを原理として定立する。もし法定利子率が市場利子率を大幅に下回るように決定されるならば、その措置は全面禁止に等しい。その結果、法律は破られる。もし法定利子率が正確に最低の市場利子率に決定されるならば、信用に対する最良の担保を提供できない者はすべて破滅であり、高利貸に極度に法外な高利をふっかけられても飲まざるをえなくなる。もし利子率が最低市場利子率よりかなり高く、例えば八パーセントあるいは一〇パーセントに決定されるならば、法律は、賢明かつ慎重な人たちを犠牲にして、借り手、消費者、起業家、発明家あるいは会社発起人に有利に働く。彼らだけが、このように高い利子を支払う用意がある[88]。

　ベンサムが取引の自由の原理を貨幣取引に拡大して示そうとしたことは、「経験を積んで健全な判断力を持ち、目を見開いて自由に活動する人が、利益をあげる目的で、適当と思う取り決めをして資金調達をするのを妨げられてはならない。あるいは（必然的帰結であるが）誰も自分が適切だと考えて同意する条件により彼に資金提供することを、妨げられてはならない[89]」ということであった。一体、貨幣取引の自由の思想が世論に受け入れられないのはなぜであろうか。二つの宿年の先入見のためである。一つは宗教的かつ「禁欲主義的」先入見、もう一つは哲学的先入見のためである。一方では、禁欲主義的道徳は富の入手を非難する。貨幣取引はそれゆえ、咎《とが》むべきものである。この先入見に反ユダヤ的先入見が加わる。他方、アリストテレスは、貨幣はすべて本来何も生まないということを原則とした。ところで、アリストテレスが言おうとしたことは、貨幣の利子は理論的にありえないということだとすれば、禁止のために多くの苦労を払うことがどんな役に立つであろうか。しかし実際には貨幣は利子を生む。それでベンサムは利子について、その存在を正当化するいわば重農主義的説明をする。すなわち、自分では何も生まない貨幣が利子を生むのは、人間が自分の役に立てている多産な自然の力を、貨幣が表象しているからである[90]。

　高利については法律的定義がある。高利で貸すとは、法定利子率よりも高い利子で貸すことである。また道徳的定義がある。高利で貸すとは平均的なその時の利子率よりも高い利子で貸すことである。ところで、法定利子率がその時の〔市場〕利子率を基本としてしか調整されないとすれば、法律的定義は道徳的定義に帰着する。「したがって慣習が唯一の基本である。道徳家が規則と戒律を制定する場合も、立法者が禁止命令を制定する場合も、慣習が基本ではありえない。しかし、強制措置の基礎としては、自由な選択の結果生じる慣習ほど、脆弱かつ論拠薄弱な基礎がほかにあろうか」[91]。高利禁止法の有害性の程度は、貨幣を必要としながらその法律のために貨幣を受け取れない人の数に比例する。「借りる自由がすべての者に拒否されるならば、どんな苦境が作り出されるか考えてみたまえ。……この場合の苦境とは、もし利子率をいくらか上乗せすればそれで充分な担保となるのに、借りる自由を拒否されたためこの担保が不充分となって借りる自由を拒否された時に、非常に多くの人びとが嘗める苦境である」[92]。高利禁止法は有害である。個人が不利と考えられる条件で借りることを禁じられるという事実のために、確実に不利な条件で売らざるをえなくなるからである。高利禁止法は、内容が悪いために法網をかいくぐられる限り、一部分は有効性を欠き、一部分は有害である。「この法律が無効であるという完全な確信を持つ人びとすべてに関して、この法律は無効である。その完全な確信を持てないすべての人に関して、この法律は依然として有害である」。

なお、高利禁止法の賛成者にはみずからの命題の挙証責任があるのではなかろうか。なぜなら、賛成者は人間の自由に制約を加えるべきことを主張したからである。したがって賛成者は、貧窮者が取り立てを受けないように守る必要を訴えるであろうか[93]。また朴訥な心の持ち主を詐欺から守る必要を訴えるであろうか[94]。アダム・スミスはすでに各個人が自己の利益の最良の判定者であると答えていた。賛成者は、アダム・スミスのように浪費を抑える必要を訴えるであろうか[95]。ベンサムの考えでは、もっぱら高利で借りる人、あるいは主に高利で借りる人は浪費家ではない。浪費家には金《かね》を調達する手としてもっと自然な別の多くの方法がある。最後に残るのは、利子率の法定は「高利」を防止するためと、起業家の無謀を抑制するために、必要であるという論議である。ベンサムが批判の努力を向けるのはこの二点である。

ベンサムの仕事は基本的には当時の言葉の批判である。人間の言葉は不完全である。有益性の原理よりも共感あるいは反感の原理が言葉の成立を決定した。すべての言葉には受け取り方があって、好き嫌いが含まれるが、それは必ずしも正当とは言えない。「高利という言葉の響きのうちに論議の焦点がある」のはそのためである。「高利は悪いものである。だから阻止されなければならない。高利貸は悪い人間、非常に悪い人間である。だから、罰せられ、辞めさせられなければならない。こうした言い伝えが、父祖から伝えられたすべての人の一連の伝承中にある。ほとんどすべての人はそれを吟味することなく受け入れている。そして実を言えば、そのように受け入れても不自然でも不合理でもないのは、行動の基礎とすることを義務づけられている規則や格率について、大多数の人たちには、百分の一の根拠でも検討する能力が、仮にあるとしても、そうする時間がないからである[96]」。だから、金貸業の不人気を説明するのは容易である。「現在のために未来を犠牲にした人は、未来のために現在を犠牲にする決意がある人を当然に羨ましく思う。自分のケーキを食べてしまった子供たちは、まだ持っている子供たちを当然に敵視する」。しかし、マキニョナージュ（ジョッキーシップ）〔馬の年齢をごまかして高く売る馬商人〕という言葉は、高利という言葉同様に評判の悪い言葉であるけれども、法律が市場における馬の法定価格を決定しようとしたことはなかった。なぜ貨幣取引に関しては例外を作るのであろうか。「すでに述べたように、こうした規制的法律の原因でも結果でもある先入見のために、まったく無実どころか功績さえある人びとが悪罵、不名誉、非難を浴びせられてきた。彼らは、自分の利益のためばかりでなく隣人の苦境の救済のためにもこうした規制をあえて破ろうとしたこともあろう。まことに座視できないのは、ある種の人びとが自分自身の利益に関してにせよ、取引相手の利益に関してにせよ、あらゆる観点から彼らの行為を見て、慎慮の点だけでなく慈善の点でも、……非難よりむしろ賞賛に値するのに、無頼漢や放蕩者と一緒にされて、彼らとは正反対の性質の行動をする者にだけ当然とされる不名誉を負わせられることである」[97]。

「高利貸」に妥当することは起業家にも妥当する。世論は彼らを曇った目で見る。そのため、悪意のこもった意味がその言葉に固着し、敵意ある先入見が加わる。第十三書簡はアダム・スミスに宛てられており、この点について「言葉の貧困と歪曲」[98]を容認したとスミスを非難する。「私は時折、考えることがありますが、もし法律が人間と同様に言葉を追放する権限を持っているとしますならば、創意工夫に富んだ仕事はおそらく、起業および起業家という言葉に対する私権剝奪法〔重罪犯人に対して裁判によらないで刑を科し私権を剝奪する立法行為。ここでは起業家という言葉に付着した悪意をはがすこと〕から少なからぬ激励を受けるでしょう。この激励は、特許の認可を与える法律から得られる激励に劣りません。しかしながら私は、しばらくの間と付け加えるべきでしょう。それと申しますのも、その場合でさえ、発明の才のない大衆の妬み、虚栄、そして傷ついた自尊心は、早晩その遺恨を別の言葉に注入し、それを新しい専制君主として奉って、その前任者と同様、幼い発明の才を威嚇して生まれにくくしたり、生まれたその才を揺り籠の中で押し潰すでしょう」[99]。起業家の主張を弁護しながら、『パノプティコン』の発明者ベンサムは、少しばかり自分の主張を弁護している。絶対的自由主義体制は発明の才の展開に最も適していると、彼は理解している。その上彼は、アダム・スミスを批判するためにスミスによって確立された原理そのものに立脚する。アダム・スミスは通俗的な言葉の批判を開始しなかったであろうか。穀物仲買人、買い付け人、買占め人という言葉に本能的に加えられた悪意の意味に抗議し、穀物投機を行う仲買人が交換機構の中で演ずる有益な役割を立証しなかったであろうか。「あなたは二種類の人びとを不当な悪口に抗して弁護されました。一種類の人びとは少なくとも無害ですし、もう一種類の人びとは極めて有用です。異国の風土にイングランドの技術を広める人びとと、その重要さのために生命の糧と呼ばれる必需商品の流通を業とする人びとです。私は、二種類の極めて有用でありながら同じように迫害された人びと、すなわち高利貸しと起業家を同じく強力に保護してくださるよう、お願いしてまいりましたが、お聞き入れいただいたと考えてよろしいでしょうか(100)」。

法定利子率の廃止を要求したのは、フランスでは重農主義者《エコノミスト》たちであり(101)、イングランド自体においてはプレイフェア〔一七五九―一八二三〕であった(102)。プレイフェアの書物は、法定利子率の廃止を別とすればつまらない書物であった。しかし、世論は新しい経済理論の結論を初めて引き出した栄誉をすべてベンサムに与える。『マンスリー評論』はこう述べる、「注目を集めたこの種の貴重な多くの著作のうち、その透徹した議論と、またおそらくその国民的重要性を持つ結論のゆえに、この小さい書物以上に高きに置かれるべきものはない(103)」。ベンサムによれば、この著作は、その刊行の翌年、法定利子率がイングランドにおいて六パーセントから五パーセントに下げられるのを阻止するのに役立ったようである。さらにベンサムによれば、アダム・スミスは考えを改めたと述べた。スミスは言った、「この著作は優れた人の手になるものである。彼は私に強い打撃を与えたが、その手際よさが見事で、私は苦情の言いようがない(104)」。

このようにしてベンサムは、経済学者として初めて本当に世間の耳目を集めたように思われる。すでに彼の時代に、イングランドの世論の中で最大幸福主義理論が勝利する形式は経済的自由主義であるとすれば、彼はどうして最大幸福主義者《ユーティリテールル》以外のものでありえたろうか。さらにベンサムは、その努力を高利禁止法批判に限らない。彼は、ざっと素描した政治経済学の概略において、再びアダム・スミス理論に立脚して、植民地領有の経済的有益性と称されるものを、おそらくアダム・スミス以上にきっぱりと非難する。(105) アダム・スミスがその著作の実質的部分の冒頭において原理として定立しているように、ベンサムは「産業は資本により制限される」ことを原理として定立する。「仮に私が一万ポンドの資本を持っているとする。そして二種の職種があって、それぞれ二〇パーセントの利潤を生むが、その経営にそれぞれ一万ポンドの資本を必要とし、私にその二種の職種から経営してほしいと申し出られるならば、明らかに私が職種を一つに限定する限り、いずれか一方を営んでこの利潤を得ることはできる。しかし、一方を営みながら他方をも営むことは私の能力に余る。また私の資本を両方に分割すれば、私は二〇パーセント以上〔の利潤〕をあげることはないであろう。それ以下しかあげられず、利潤どころか損失さえ出すかもしれない。この命題は、ある個人の場合に正しければ、国民全体のうち、すべての個人にも正しい。それゆえ、生産は資本により制限される(106)」。しかし彼は、アダム・スミスにはない徹底した一貫性を貫き、政治経済学全体にこの原理を適用すべきことを主張する。この原理は植民地の無駄なことを少ない言葉で示すのに充分であると彼は考える。「私は一万ポンドの資本を貿易に用いてきた。スペイン領アメリカが私に開放されるとしよう。私は自分の一万ポンドで現在より大規模に貿易を営むことができるであろうか。西インド諸島が私に対して閉鎖されるとしよう。私の一万ポンドは私の手中で無用となるであろうか。私はそれを別の外国貿易に用いたり、国内で有益に使ったり、あるいは国内農業経営に投ずることはできないであろうか。このようにして資本は常にその価値を維持する。資本が生み出す業種はその形式あるいは方向を変えるかもしれず、さまざまな経路に流れ込むかもしれず、いろいろな製造業や、国内外の企業に投下されるかもしれない。しかし結局のところ、こうした生産的資本は常に生産する。そうして、それらの生産量も価値も同じであり、あるいは少なくとも目立った差異はない」[107]。この点では、アダム・スミスとベンサムとの間にはおそらく進歩はないが、明らかに単純化がある。

アダム・スミスがおそらく『国富論』第四篇で自分の「政治経済学」を基礎づけた主要な原理は、「産業は資本により制限される」という原理である[108]。しかし、同じ著作のまさに冒頭で別の原理、すなわち交換と分業の原理が定立されていて、真の基本と考えられるべきはこれだけである。ベンサムはこの基本を無視する。そのため彼の説明は極端に単純になった。アダム・スミスは、植民地との独占貿易がそれ以外の貿易から絶えず資本を奪って植民地貿易へと流し込んできたことを指摘するだけでは充分だと考えなかった。彼がさらに立証したことは、この独占により交換市場が制限されたため、否応なくさまざまな部門のブリテン商業の利潤率が、もしブリテン植民地との貿易の自由があらゆる国民に認められたならば当然に落ち着いていたはずの水準よりも高く維持されることになったということであり、ここから資本家の利益と消費者大衆の利益との対立が生じたということである[109]。アダム・スミスはそれにとどまらない。彼は、独占が国民資本の一定部分を強制的に植民地貿易に引き寄せて、おそらくこの資本に他のいかなる部門よりも有利な使途を与えるかもしれないという仮説を、検証する。そうしてこのようなことは植民地貿易に関してはありえないことを詳細に示そうと努める[110]。しかし、ベンサムはこの問題を議論さえしない。彼は言う、「それゆえ取引の量を決定するのは、これまで一般に信じられてきたように市場の広さではなく資本の量である」。言い換えれば、ベンサムは、資本は産業を制限するという原理と分業の原理が矛盾するかのように、相互に対立させる。すでにアダム・スミスは、両原理間に一種の矛盾があると述べていた。分業はある程度資本の存在により加速され、逆に資本形成はある程度分業の進展により加速されるからである。しかし正当にもスミスは分業の原理に優位を与えた。ベンサムはこの分業の原理を無視する。したがって、独特の楽観的決定論に彩られた言明が出てくる。「新しい市場を開きたまえ、──取引量は、何らかの偶発的事情が生じなければ、増大しないであろう。古い市場を閉じたまえ、──取引量は偶発事が生じなければ、そしてほんの僅かの間だけしか、減少しないであろう(111)」。以上が、アダム・スミスの弟子ベンサムが行った師の思想の粗雑な継承であるが、それらの思想は、ベンサムとともに、彼の学派において、アダム・スミスもベンサムも予見しなかった厳格かつ体系的性格を帯びる日を待っている。

理論が単純であるほど、それだけベンサムにとってはてっとり早い論理により植民地は無用であると結論づけることが容易である。アダム・スミスは、植民地領有が現在はどんなに無用であるとしても、新世界の植民地化は極めて有用であったと考える。それは、交換市場を拡大して人類を豊かにした(112)。ベンサムによれば、経済学者の観点からすれば植民地はまったく無用である。植民地は時折、過剰人口のはけ口を提供するという長所を示すこともある。動植物の生態系がわが国とは違う遠い風土に位置するから、植民地は社会的富の性質を変えるという長所を見せる。しかし、植民地は富の量を増大させることはできない。その経済効果は「ゼロに等しい(113)」。アダム・スミスの考えでは、母国と植民地との貿易を保護する規制を一挙に廃止すると、危険な難局に直面する事態を誘発せずにはおかない。一定の貿易商、一定の工場主たちは、彼らのために作られている人為的体制の下で独占を維持して実際に利益をあげているからである(114)。スミスはまた、ある国民が自発的に自己の植民地を放棄すると期待するのは空想的だと考える。国民的自尊心と統治階級の利益がそれに反対するからである(115)。ベンサムはこれらの要因をすべて無視する。母国の利益だけが危殆に瀕しているのならば、また入植者が時折防衛してもらう必要がないのならば、植民地の住民が母国の住民と同一人種である場合、彼は常に即座の分離を結論した。『貴国の植民地を解放しなさい！』は、数年後彼がフランスの革命家たちに宛てて述べる忠告である。[116]すでに『国富論』の刊行以来、アメリカ革命は事実によりこの問題に解決を与えたのではなかったか。[117]イングランドはその植民帝国の最良の部分を失ったが、商業的にはこの喪失に苦しむことはなかった。しかし明らかにしなければならない重要なことは、書斎の研究者アダム・スミスの書物から博愛主義者で宣伝家ベンサムの著作に移るさいに、新理論が受ける単純化である。ある理論は非常に単純であっていい。現実の一定の重要な側面を省略しても、依然として真理でありうるからである。しかしこのたびのベンサムは、アダム・スミスの理論を、単純化しただけ粗悪にしている。明らかに、単純に言明することこそがベンサムの考えでは、原理に真理の威光を与える。

こうしてベンサムは一七八五年頃、みずからの法理論にアダム・スミスの経済理論を接合することに成功したと考えている。国家の機能の定義において彼らは一致する。モルレはシェルバーン卿に宛てた手紙で書いた。「自由は自然状態であり、逆に規制は強制された状態ですから、自由を回復すれば、すべてが元通りになり、盗人と人殺しが捕らえられ続けさえすれば一切は平穏です」[118]。警句風ではあるが、これはアダム・スミスの思想そのものである。言い換えれば、国家は富を直接増大させ、資本を作り出すことを機能としてはいない。国家が機能とするのは、ひとたび入手された富の所有について安全を保障することである。国家は法的機能を果たさなければならないが、その経済的機能は最小限に縮小されなければならない。ベンサムは、アダム・スミスの理論を採用することにより、四〇年後に哲学的急進主義を構成することとなる思想体系の形成に向けて、第一歩を踏み出す。発明家の能力以上に論理家、「整序者」としての能力を有する彼は、この体系化運動の指揮を執る気になる。なぜなら、論理的整序能力には、はっきり異なる二つの有益性があるからである。その能力は、既存の制度に適用され、それらの正当化を意図する場合には、改革的能力である。知性の努力は必ずしもすべてが、まったく整合しない制度を単一の原理によって体系化できるとは限らない。整序者ブラックストンは、イングランド法の体系化を求めたという事実そのものにより、一定の改革を示唆するに至る[119]。論理的整序能力は、革新家や革命家の精神に同時にあらゆる方面から湧き起こるさまざまな新しい考えに用いる場合、調整能力という逆の役割を果たす。それは、しばしば矛盾する極端な考えを排除する。それは、革命的本能のうちに不動と安定の要素を導入する。そこで今からアダム・スミスとベンサムとを結合した理論により構成される社会理論の論理的堅固さを評価してみよう。常にありうる将来の修正はないものとする。

原理は同じである。快楽〔幸福〕は人間行為の目的である。快楽〔幸福〕は、快楽であるからには、量の点で相互に比較可能である。快苦計算は可能である。道徳と立法とが追求する目的は、最大多数の最大幸福、あるいはまた、万人の利益と各人の利益との一致である。

アダム・スミスとベンサムはこの目的を実現しようとして、同じ障害に遭遇した。すなわち同職組合精神である。同職組合は、社会全体のうちに抱懐された特殊社会であり、その利益は社会全体の利益と食い違う。同職組合は固有の生命を持ち、みずからの周囲の社会が変化しても変化しないでいる。それは過去の先入見を現在に持ちながらえている。だから同職組合に対する闘争は、知的解放のための闘争のように思われるし、経済学者たちは、当然のことながら経済的自由主義と道徳的自由主義を同一視するようになる。アダム・スミスはみずからの書物のうち、とりわけ誤った考えと妥協する必要を認める文章において、後にこう述べる。「穀物に関する法律は、どこにおいても宗教に関する法律になぞらえていい。国民は、現世における自分たちの生活資料か、あるいは来世における自分たちの幸福かのどちらかにかかわる事柄に、非常に利害関係があると感じている。そのため政府は彼らの先入見に譲歩しなければならないし、公共の平穏を維持するために彼らが承認する制度を作らなければならない(120)」。あるいはまた、――「買い占めと先買いに対する世人の恐怖は、魔術に対する世人の恐れと疑惑とにたとえられよう。……魔術に対するすべての迫害を終わらせた法律、誰にも勝手に犯罪を想像して隣人を告発し、悪意を満足させるということをできないようにした法律は、そうした恐れと疑惑とを撒き散らし支持した大きな原因を取り去ることによって、効果的にそれらを終わらせたように思われる。穀物の国内取引に完全な自由を回復する法律は、買い占めと先買いに対する世人の恐怖を終わらせるのに同様に効果的であることがおそらく分かるであろう(121)」。モルレ師によれば新しい時代は、「商業における良心の自由(122)」の時代であり、シェルバーン卿の表現によれば「取引におけるプロテスタンティズムの時代(123)」である。同職組合は、国家の中ではっきり区分される小国家をその数だけ構成する。だが力を乱用して、自分たちの「利益を得るために横車を押す」権益を守るため、絶えず数と厳しさを増す刑法を国家に要求する。アダム・スミスは、歳入法の苛酷さを非難するが、それはその法律そのものにより作り出された犯罪に対する苛酷さである(124)。十八世紀終わり頃の法改革者はすべて、人間本性の名において時代遅れの刑法に抗議する。しかしながら、この自由主義、この感傷主義は、練り上げられた新しい理論の固有の性格ではない。アダム・スミス、また特にベンサムにおいて基本的なのは、有益性の思想であって、自由の思想あるいは知的解放の思想ではない。ベンサムが幾度か繰り返し感傷的自由主義に抗議するのをわれわれは見てきた(125)。あらゆるものを押し流してヨーロッパを席倦する自由主義運動に対して彼らは、アングロ・サクスン世界に特有の最大幸福主義的定式を与える。

さらにまた、有益性の原理はベンサムの法哲学とアダム・スミスの経済哲学とに共通の原理として役立つとしても、それぞれにおける用法は同じではない。――社会の目的は利害の一致である。しかし利害の一致はおのずから実現されるものではない。したがって利害の一致を確立するためには法律の介入が必要である。このようにベンサムの法哲学は三段論法にすることができる。――今ベンサムが採用したアダム・スミスの経済哲学はそれとはまったく違う。アダム・スミスの言うところによれば、社会の目的は利害の一致である。しかし利害の一致はおのずから実現される。だから利害の一致が実現されるためには、国家が干渉しないことが必要である。――二つの三段論法において、大前提は同じであるが、小前提が違う。それでは、前者の三段論法が法律の問題において正しく、経済の問題において誤りであるのはなぜであろうか。反対に、後者の三段論法が経済の問題において正しく、法律の問題においてそうでないのはなぜであろうか。すでにわれわれが明らかにしようとしたように、有益性の原理を採用する者にとっては、アダム・スミスの著作においてさえ、賃金労働者と土地所有者と資本家の利害の一致はおのずから実現されるわけではないのであるから、市民の経済関係に対する国家介入は有用であり、必要でさえあるという主張の理由づけを見出すことができるのではないであろうか。政治経済学の基本思想は交換という思想である。利害の一致の原理に含まれる公準は、交換は常に労働にその報償を与え、交換機構は正当であるという思想である。しかし実際には、交換の法則が正義に合致するのは、交換に携わる個人が両者とも等しい労働から等しい生産物を生産する労働者である場合のみである。だから、もしこの条件が成立しないのであれば、交換と報酬の二つの概念がもはや一致しないのであるから、有益性の原理は、交換の概念の前に報酬の概念を提示すべきこと、またあらゆる労働にその報酬を保障し、あるいはあらゆる欲求にその満足を保障するのに適切な立法措置を考えるべきことを規定していないであろうか。——あるいはまた、逆に、利害の自動的一致の原理が正しければ、どうしてその全部がそっくり適用されないのであろうか。またあらゆる制約が悪と認められる場合、どうして国家は刑罰による制約でもって市民の社会関係に介入する権限を拒否されないのであろうか。刑罰の観念を批判する思想は、市民の経済関係に対する国家のすべての干渉に対する批判と論理的に同じ基礎に立脚する時、どうして空想的と考えられるのであろうか。

しかしながら、ベンサム学派の思想家が有益性の原理についての二つの異なる解釈がこのように結び付いているのをどのようにして肯定できるかは、説明できないわけではない。ベンサムの表現によれば、「統治の機能は刑罰と顕彰により社会の幸福を増進することである」。ところでもし、快楽は人間の行為の自然な目的であるということが理論の基本原理であるとすれば、あらゆる快楽は苦痛と交換され、労働、努力、苦痛を代償として入手されるというのも、もう一つの、ほとんど同様に基本的な原理である。犯罪の原因には、根底にこの当然の必然性を忘れること、有益なものよりも即座に得られる快楽を好む気持ちがある。人間精神の我慢の足りないこの性向に刑罰を加えることでそれを矯正することは、国家の仕事である。ただしそのさい銘記すべきことは、常に加える刑罰を最小限に厳しく制限するということであり、また刑罰の有益性というものは積極的にそれを科すことにあるのではなく、懲罰の脅威を与え〔て非行をやめさせ〕ることにあるということである。反対に、〔善行には〕顕彰〔褒賞〕を約束して行動意欲を駆りたてることは、ある者に与えるためには他の者から取りあげなくてはならないこと、またしたがって顕彰の授与は別のところでは刑罰の賦課を常に意味するということは別として、自然のありように反するし、また快楽の純粋かつ単純な魅力により人を行動に駆り立てようとすることは、矛盾である。なぜなら駆り立てることは労働することであり、そして労働することは苦しむことだからである。(126)おそらく、アダム・スミスが合理主義的楽観論の先入見に譲歩していたようにわれわれに思われたのは、スミスが経済世界において生産の自然な困難により招来される偶発事すべてを体系的に無視した時であり、また価値論を確立するために「労働がその量を限りなく増大させうる」財貨しか考慮に入れなかった時である。しかしながら、このことは、もし経済科学が可能だと願うならば労働は人間の生存の必要条件と考えられなければならないということに帰着する。また、労働だけがわれわれの欲求〔欠乏〕の尺度であり、したがって欲求、あるいは同じことになるが有益性は、豊富が存在するようになると、比較、測定されることはできなくなる。それゆえ、結局のところ、アダム・スミスとベンサムの経済的自由主義は、絶対的楽観論とは思われない。むしろ、われわれが自己の利益を整然と計算されたように実現しようとする場合に、自然必然的に受け入れなければならない困難かつ苦しい条件を絶えず強調する理論のように思われる。

Ⅱ　民主主義者たちと最大幸福主義者《ユーティリテール》たち

ベンサムが著作活動を開始する頃にアングロ・サクスン世界を揺るがす民主主義的世論が動き始めるが、その歴史的原因は何であろうか。運動家たちは、いくらかでも明白な、何らかの哲学的原理に立脚しているであろうか。最大幸福思想《ユーティリテール》と民主主義思想とのまだはるか遠い将来の融合を予見させる何らかの徴候があろうか。とりわけ、最初の民主主義者たちに対する主要有益性道徳支持者たちの態度が、まずかなり一般的に、挑戦的あるいは敵意ある態度であったことを、どう説明すべきであろうか。同じように政治思想が混乱し、議会内党派が入り乱れる中にも、解決しなければならない微妙な問題がある。

一七七六年、ベンサムは最初の著作『統治論断片』を刊行する。そこで彼が検討したのは、ブラックストンにおける公法の原理である。ところで、同じ一七七六年には、アメリカ植民地が十二ないし十三年に及ぶ半叛乱状態の後、独立を宣言する。植民者たちは初め、現地議会が同意しなかった租税の支払いを拒否する。代表なくして課税なしというのが原始契約条項の一つだと、ロックの弟子さながらに植民者たちは主張する。ヒュームはこの主張の中に、契約理論に対する反対論をさえ見ている。イングランド以外ではありきたりになっている人類の慣行とはおよそほど遠い見解に、一体、どんな価値が認められるであろうか(1)。キャムデン卿〔チャールズ・プラット、初代伯爵、一七一四―一七九四〕の言を信ずれば、それは自然法であり、所有権の結果である。「なぜなら、ある人の所有にかかるものはすべて、無条件に彼自身の所有物である。彼自身によるか、あるいは彼の代理人による明示の同意がなければ、彼からその所有物を奪う権利は、誰にもない。彼からその所有物を奪うことは、いかなる人によっても権利侵害である。権利侵害をする者は誰でも、窃盗犯である(2)」。アメリカ人の代表が票決に加わらなかった租税の支払いをアメリカ人が拒否したことに対して、内閣は、国内課税と国外課税との区別と、さらに実質代表の理論をもって応答する。すなわち、アメリカ人は、現実に法律によって議会に代表を送っていないとしても、少なくとも実質的に、マンチェスターあるいはバーミンガムの住民たちと同じ状態にいる。マンチェスターあるいはバーミンガムの住民たちも議会に代表を送ってはいないけれども、ウェストミンスター〔議会〕で議決された租税を支払っている。しかし、アメリカ人は実質代表制の理論を容認しない。実質代表制の理論は、イングランドにおける選挙制度を正当化するために考え出された法律上の方便である。イングランドの選挙制度は、時間の経過につれて支離滅裂となり、時代遅れとなり、奇形化していた。アメリカ人は、実質代表制の理論に対して、現実代表制の理論を対置する。自分の代表を選出していない者は代表を持っていないというのが、現実代表制の理論である。普通選挙の理論と論理的に区別し難い理論である。アメリカの多くの植民地の現地憲法に書かれている理論である。それら現地憲法のすべてはイングランド憲法より共和主義的であり、完全な共和主義をとっているものもある。――したがって母国との間で戦われた戦闘において、アメリカの植民者たちが一六八八年の名誉革命の原理を守るために、もっと徹底した原理を提唱したいと思ったのは当然である。一七七四年、植民者たちは、初めて「永遠不変の自然法、イングランド憲法の原理、およびさまざまな特許状と契約により」自分たちが所持する「権利」をおごそかに「宣言」した。その後、植民者たちは一七七六年にきっぱりと母国と訣別し、一六八八年のイングランドにならい、ジョージ三世が臣下の権利に対して犯した侵害を列挙した。けれども、一六八八年のイングランドと違うのは、これを列挙する前に普遍的原理の完全に哲学的な説明を行ったことである。アメリカ革命は長らく闘われてきた理論闘争を事実によって解決する。すなわち広大な領域を持つ共和国は考えられるであろうか。あるいはまた、共和形態は小さな国にしか適さないであろうか。十七世紀にシドニ〔アルジャーノン、一六二二―一六八三〕は、第二の選択肢を選び、民主主義的統治機関はもっぱら「大規模でない町に適する」と評価した。そして、それゆえに彼は、大きい国では混合政体をよしとした(3)。彼の意見は十八世紀には、大多数の憲政論者に共有される。彼らにとって共和国とは、古代ギリシア都市、中世イタリア都市、厳密に言えばスイスのカントン〔小郡〕あるいはオランダの州である(4)。通念に常に異議を唱えがちであったヒュームだけは結論を留保する。そしてアメリカ革命によって彼の留保の正しさが判明する。民主主義をもし人民による人民の直接統治と理解するならば、民主主義体制は、町、あるいはたいした広さでない領域でのみ成り立つ。しかし、代表制の考え方は、広い領域でも民主主義体制の存立要件を満たすようにする。そして連邦制の思想は、民主主義的統治の適用をさらに一層広い領域に拡大することを可能にする。アメリカに現れた思想はなぜヨーロッパに広まらないのであろうか[5]。世界平和の樹立は、ヨーロッパ諸国民がアメリカ植民地にならっていつの日にか合衆国を構成するようにならなければ実現しないのではないであろうかと、イングランドにおけるアメリカの主張の最も熱心な擁護者プライスは、尋ねる。

なるほど民主主義思想は、プライス、プリーストリおよびその他の多くの者を介してまさにこの時期にアメリカからグレート・ブリテンに渡来する。一七四〇年生まれの、元海軍将校で政治的著作家となったジョン・カートライト〔一七四〇－一八二四〕は、一七七六年に[6]『選択せよ[7]』を刊行する。その中で彼は、選挙権を譲ることのできない自然権と主張し、イングランドで普通選挙を確立すべきことを勧告する。これは十年ないし十二年に及ぶ政治闘争の最終要求である。ウィルクスとジューニアス〔『ジューニアス書簡』（一七八三年）の著者。著者はサー・フィリップ・フランシス（一七四〇－一八一八）とほぼ推定されている〕の名を著名にする一連の激しい事件が、国王権力をたじろがせ、出版の自由を確立したばかりである。出版の自由はこれ以降、治安役人や判事や議会の寡頭専制政治の横暴を防ぐ保障となる[8]。初めての公開集会が開催され、初めての政治結社が結成される。ウィルクスの選挙は絶えずやり直され、絶えず無効とされる。その結果明らかになったことは、国王はその〔買収による〕腐敗した「影響力」を議会に対して行使することができ、表向きは人民の意思から生じたとされる議会を人民の自由を抑圧する手段として役立たせることができるという事実である。ロンドン市長は国王にこう奏上する。「国民の代表は法律の制定に不可欠であります。そして、人びとが国民の代表であることをやめたと道義的に言える時があります。今、その時が来ております。現在の庶民院は国民を代表しておりません」[9]。この時以後、三つの自由、すなわち出版の自由[10]、集会の自由、結社の自由[11]はばらばらに引き離すことができないと考えられるようになり、イングランド国民は今や、もっと貴重な自由、もっと重要な権利、すなわち選挙の自由と代表の権利を主張するために、三つの自由を活用する。

国会選挙の自由を守るために、官職法案〔国会議員の官職就任禁止法案〕が要求される。それは、任命権者である国王の官職による利益誘導的「影響力」を減少させるために、国会議員はあれこれの官職、すなわち文官職、およびとりわけ軍役に就任することを禁止されるべきことを明記している法案である。実際にこれは、「権利章典擁護協会」の要求する改革の一つである。この協会はウィルクス事件のさいに選挙の自由の原理を守るために一七六九年、結成された。さらにまた、立法府と選挙母胎との接触をもっと頻繁にするために、議員任期を七年から三年に短縮すること、あるいはもっと徹底して一年にすることという要求さえ出てきた。こうした要求は、一七七二年以降、ロンドン市の最も活動的な政治家の一人、「権利章典擁護協会」の最も知名度の高いメンバーの一人、ロンドン市参事会員ソーブリッジ〔ジョン、一七三二—一七九五〕が、庶民院に繰り返し提出する。しかしとりわけ、ひとたび提起された選挙の自由の問題は、思いがけない、非常に重大な結果を含んでいる。この原理を安泰にするためには、現状の選挙制度を君主権力による侵害に対して守るだけでなく、この制度そのものの改変、すなわち議会代表制の改革をも考えざるをえない。一方には、選挙母胎を買収しやすいのは有権者の貧困と正比例すると考える人がおり、またイングランドの体制中には政治構造があまりに民衆扇動の盛んである一定地域があることを見て、選挙の真の自由を保障するために有権者の数を減らすことを要求する人たちがいる[12]。そうした人たちもいるけれども、違った考えを持つもっと多数の人たちもいて、選挙母胎を構成する市民の数が制限されるほど、買収もしやすくなると主張する。おそらく、貧者の良心を買うほうが富者の良心を買うよりやさしい。しかし、百人の有権者を買収するほうが十万人の有権者を買収するよりはるかにずっとやさしい。さらにもしすべてのイングランド人が認めるように、代表なくして課税なしという公理が認められるならば、ある国で、多くの市民が租税を支払いながら選挙で代表を選んでいない体制のまま、参政権を制限するということがどのようにして要求できるであろうか。だから、選挙の自由を実効あるものにするためには、必要とされる改革は、選挙母胎の制限ではなく拡大である。野に下り、ウィルクスの主張を擁護したチャタム卿〔初代チャタム伯爵、ウィリアム・ピット、一七〇八－一七七八〕は、一七七〇年以降、この趣意にそって論陣を張る。そしてジューニアスは、チャタム卿の政策を「感嘆すべき」ものと呼んで支持する。一七七一年七月二十三日「権利章典擁護協会」は会員に「議会における人民の完全かつ平等な代表制」を獲得するために全力を尽くすように指令する。そして、ホーン・トゥク〔ジョン、一七三六－一八一二〕がウィルクスと派手な仲違いをしてから、後に創建した「憲政協会」も同じ綱領の実現を追求する。[13]「完全かつ平等な代表制」という定式は、多くの人の思想においてすでに、チャタム卿が要求したように新しい議席を州に配分するだけでなく、一定数の腐敗選挙区の廃止をも意味している。ウィルクスが一七七六年三月二十一日に庶民院に提出するのはこの議案である。[14]しかしすでにチャタム卿、ホーン・トゥクとウィルクスは時代遅れになっている。

「権利章典擁護協会」および「憲政協会」の会員たちは、後に「旧派」民主主義者と呼ばれる。その強硬な姿勢のためにバークのような保守的かつ貴族的性格のウィッグをたじろがせることがあるかもしれないが、彼らは、もともとは穏健派である。彼らは、実質代表制を容認する。彼らの綱領が実現されても、実現される以前と同様、全員の名において投票する有権者の数は限られている。彼らは多彩な代表制を容認する。自治都市は自治都市の代表を持つべきであり、州は州代表を持つべきであり、諸種の階層はそれぞれの資格において代表を持つべきことを主張する。しかし、「完全かつ平等な代表制」という定式のその完全な意味を実現しようとするならば、すべての人が平等に有権者となる日にしか、代表制は真に完全かつ平等にはならないことが認められなければならない。われわれは、われわれの財産に対しては絶対的な所有権を持っている。その一部を国家が取り去ることにわれわれがもし同意しているとすれば、それは、原契約によるのであり、またわれわれが統治機関の会議に常に代表を送っている限りにおいてである。しかしわれわれは同様に、みずからの人身に対して絶対的な所有権を持っている。したがってもしわれわれが、人身の自由が法的拘束を受けることを容認するとすれば、それは、原契約によるのであり、また行政権力が契約条項を忠実に履行するよう統御するために、立法議会に代表を送っているという条件の下においてである。そうだとすれば、「代表なくして課税なし」というのが正当である限りにおいて、「代表なくして立法なし」と言う者も同様に正当である。単に租税を支払う者だけでなく、法律に服従する者は誰しも有権者である権利を有する。ジョン・カートライトのパンフレットの表題はそれ自体で一つの宣言である。『選択せよ！ 代表を持ち尊敬されるか、課税されるがままに軽蔑されるか、一年議会〔議員任期一年〕によって自由を満喫するか、長期議会により奴隷制に甘んじるか』。彼はその書物で、初めて人格による代表制の原理を提出する。「人格は、代表を送る権利の唯一の基礎であり、所有はこの問題と何のかかわりもない」[15]。被選挙資格のない者は公務員と軍人（民兵は例外）だけである。カートライトが要求するのは普通選挙である。十八歳以上の年齢の市民はすべて一票を有し、そして一票しか有しない――無記名投票――一年議会〔毎年総選挙〕と一日投票日――そして選挙区はそれぞれ等しい数の住民からなる[16]。経験が示すところでは、この綱領は実行可能である。カートライトが少佐の階級で服務している、選挙で選ばれた民兵軍がイングランドにありはしないであろうか。

したがって三万二〇〇〇人の軍人代表を無記名投票で選ぶことに伴う困難が克服されたならば、五三〇人の文民代表を選ぶことは、その課題に取りかかる意思さえあれば可能ではないであろうか。[17] アメリカ植民地はこのことを証明するもう一つの例である。民主主義者たちはアメリカ人に共感する。そして、「権利章典擁護協会」がアメリカに「課税はみずから自身の自由意思により選ばれた代表から行われるという基本的権利」を回復させることを提案するのは、この課題の一部分である。[18] プリーストリは、「グレート・ブリテンおよび植民地」における政府の反自由主義政策を攻撃する。プライスは『市民的自由の性質、統治の原理および対アメリカ戦争の正当性と政策』[19] を刊行する。カートライト自身は、一七七五年にアメリカ独立についての小冊子を刊行している。一七七七年、その書物の第二版で彼は、ペンシルヴェニア州の新憲法草案が自分の述べた条件をすべて満たしていると指摘する。[20]

普通選挙の要求については、カートライトより前に、一七七四年にスタヌプ卿〔チャールズ、第三代伯爵、一七五三―一八一六〕が先鞭をつけていた。一七七九年にジェブ〔ジョン、一七三六―一七八六〕は「カートライト少佐の制度」を支持する。[21] 一七八〇年にカートライトはジェブの協力を得て「憲政知識普及協会」を設立する。この協会はカートライトの起草した権利宣言草案を公表する。カートライトは、ウィグ党の政治家たちと交わりを結び、フォクス〔チャールズ・ジェイムズ、一七四九―一八〇六〕およびシェリダン〔リチャード・ブリンズリ、一七五一―一八一六〕と結んだ同盟からウェストミンスター通信委員会が発足する。この委員会は一時期、たいして確信のないままカートライトの綱領を採用する。[22] これより前、カートライトは、シェルバーン卿に後援を依頼してうまくいかなかったけれども、その後上院にリッチモンド公爵〔第三代、一七三五―一八〇六〕という援軍が現れた。リッチモンド公爵は、一七八〇年六月二日、未成年者、外国人および犯罪者を除いて王国の庶民すべてに「議会代表を選挙により選ぶ、譲ることのできない平等な自然権」を保障する法案を提出し、毎年の選挙に加え、庶民院議員の定数は五五八名であるから成人男子総数を五五八の等しい大きさのグループに分け、それぞれのグループが一名を選出する自由を持つべきことを要求する。(23)――小グループを除いて当時の民主主義者は共和主義者ではない。プライスは「世襲議会」〔貴族院〕と「最高行政官」〔国王〕の存在を容認している。彼は言う、「これらは立法府における有益な抑止力であろう。この抑止力は自由を侵害することなく立法府に活力、統一および迅速性を与えるのに役立つであろう。なぜなら、統治機関のうち人民を代表する部分〔庶民院〕が公正な代表である限り、その上公共に関する施策全般に対して拒否権を有していることとあわせて、課税権と国費支出発議権とを単独で掌握している限り、自由の基本要件は保持されるであろうからである」(24)。――ここに見られるのは、以上のように規定され限定された民主主義思想が一七六九年と一七八〇年との間に形を整えるに至った歴史の有為転変の様相である。ロックはこれより一世紀以前の一六八八年に、アダム・スミスはまさにこの時期に、古典的著作を刊行して新思想の出現に貢献した。けれども一七七六年には普通選挙の命題はこの好運を持たない。プリーストリもプライスも第一級の思想家ではない。カートライトもジェブも正確に言えば哲学者ではない。ウィルクス騒擾について語りながら、ホラス・ウォルポール〔第四代オーフォード伯爵、一七一七―一七九七〕は言った、「われわれが鎮めた騒動は、夜の居酒屋や飲食店で生まれた」。将来の「徹底した《ラディカル》」綱領が一七七六年頃に定式化されたのは、ウエストミンスター〔国会議事堂所在地〕からマンション・ハウス〔ロンドン市長公邸〕までの街頭においてであり、ミドルセックス選挙区の選挙演説壇上周辺、ジャーナリストたちの記事、パンフレット作者たちの小冊子、政治家の演説においてである。

しかし綱領は理論ではない。同一の改革綱領の基礎となる哲学原理が、その綱領を称賛する個人によっては異なることがあることは誰にも考えられる。ところで、一七七六年の民主主義者たちは、思想をアメリカから学んで広める。そして幾年か後、フランスの一証言者コンドルセ〔マリー・ジャン・アントワーヌ・ニコラ・ドゥ・カリタ、侯爵、一七四三―一七九四〕はその『人間精神進歩史』において、アメリカの各憲法が「権利の平等よりも利害の一致(25)」を原理として採用したことを明白に非難する。アングロ・サクスン民主主義者たちの哲学は本当に有益性の哲学なのであろうか。

まず一般民衆の精神状態を考察しよう。十八世紀の終わり頃、有益性の論理を語るのは、単に思想家だけでなくイングランド人すべてであることに注目しよう。国会議員たちもジョージ三世の宮廷における皮肉屋たちもマンドヴィルの哲学を語り、実践する。「あなたにたくさんのものを差し上げたい。お返しにたくさんのものを賜わりたい。そうして、世間をあざ笑い、歌いましょう」と、一七六〇年の大腐敗政治家、初代フォクス〔初代ホランド男爵、ヘンリ・フォクス、一七〇五―一七七四〕は述べた。彼が良心の購入に用いた定式から、アダム・スミスは普遍的自由取引の哲学を引き出す。再びフォクスは述べた。「どんなグループの人びともすべて正直です。正直の意味をどこに探し求めたらいいかということを知るには、必要なことはただ、正直の意味をはっきりさせることだけです。人はすべて、自分について噂をする人がどんな感情を持っているかによって正直であったり不正直であったりします。……正直と作為は必ずしも絶対的に対立する資質ではありません。私は、感性豊かな人が、楽々といわゆる正直者になるのを想像できます。つまり、物事に几帳面で、相手に対して能力の最善を尽くす思いやりがあり、かつ同時に非常に手際のよい人です(26)」。これは利己的体系についての平俗であると同時に皮肉な表現である。これらの逆説に科学的彩りを与えるには語位転換という簡単な作業で充分であることを、すでにわれわれは見たのではなかったろうか。当時の政治用語の中でこの語位転換はすでに行われているのを、われわれは見ていないであろうか。フランス人が階級あるいは権利について楽しそうに語るのに対して、イングランド人は利益〔関心〕について話すのではないであろうか。地主階級あるいは金融家を表現するのに、イングランド人は「土地利害《ランデッド・インタレスト》〔関係者〕」とか「貨幣利害〔関係者〕」と言うのではないであろうか。獲得した権利を表現するのに「既得権益《ヴェステッド・インタレスト》」と言うのではないであろうか[27]。だから、民主主義者は、もし自分たちの思想が同国人に広まり理解されるようになることを望むならば、早晩、有益性の言葉を語り、自分たちの政治改革の綱領を共通の言語に直し、この綱領のために、ベンサムとアダム・スミスとが法律改革と経済改革との綱領のために行ったことを行うよう、いわば運命づけられているのではないであろうか。

ところで、有益性の原理は二つの解釈が可能である。一つは、道徳と立法の目的である利害の一致は自然に反するし、もしそれが実現されるとしても立法者の人為による作品でしかないというものである。もう一つは、利害の一致は自然の自発的作品であるとする。ベンサムは法律問題の解決に対して有益性の原理を前者の形式において用いる。アダム・スミスとベンサムは、経済問題の解決に対して後者の形式において有益性の原理を用いる。統治機関法〔憲法〕の領域においては有益性の原理をいずれの形式においても用いることができる。

プリーストリが一七六八年の『統治の第一原理[28]』において採用するのは、利害の人為的一致の原理である。この著作が哲学的急進主義の成立の研究にとって興味深いのは、ベンサムがおそらく最大多数の最大幸福という定式を発見するのがこの著作の中だからであり、他方ベンサムよりかなり以前にプリーストリが有益性の原理と民主主義思想との融合を意識的に図るのも、この著作においてだからである。国家にかかわるあらゆる者が持つべき批判基準は、「いかなる国家でもその成員の利益と幸福、すなわち大多数の成員の利益と幸福[29]」である。したがって最良の統治形態とは、「最もよく現在の人類に幸福をもたらし、この幸福の将来の増大に最も好都合な[30]」形態である。それゆえ、統治機構を構成するさいの問題は、すでにヒュームが注目したように、統治者の利益と被統治者の利益を一致させることである。「仮にイングランド国王と二つの議会が、まったく通常の形態で法律を作り、いずれかの院に属する議員は政府に租税を支払わなくてよいとか、同胞市民の財産を取りあげて自分たちのものにすると想定しよう。このような法律は全国民の目を見開かせ、彼らに真の統治原理と統治者の権力とのあり方を教えるであろう。統治者が自分たちの利益を統治される国民の利益から引き離せば、最もきちんとした統治機関でさえ専制的となることがあり、また統治者たちが抑圧的になることがあることを、国民は知るであろう[31]」。それゆえ、権利侵害のこうした危険に備える必要がある。「非常に大きい権力の限界はあまり正確に定めることができない。権力の限界を拡大するほうが人びとの利益となる場合、またこのように好ましい目的が長期間目論まれている場合、そうしたことを実現する機会は現れるであろう」。そうすると、統治者と被統治者とを含めた利害の一致を保障するにはいかにすべきであろうか。「このような君公たちが手出しできないようにするには、すなわち、国民の支持を求めるほうが自分たちの利益だと君公たちに考えさせることができるのは、叛乱が起きて仇敵国に好都合な事態になる恐れが絶えず存在すること以外にはない[32]」。

しかし、注目に値する興味深いことは、一七六八年にはプリーストリ自身が極めて穏健な民主主義者であることである。数年後、プライスは市民的自由を定義して「市民社会あるいは国家がみずからの判断により、すなわちいかなる外国の判断にも服さず、あるいはいかなる外部の意思もしくは権力の押しつけにも屈することなく、みずからの作った法律により、みずからを統治する権限[33]」と言う。プリーストリは反対に、その『第一原理』において「政治的自由」と「市民的自由」の二つの概念を明白に区別する。「政治的自由とは、公職に就任する権限、あるいは少なくとも公職に就く人びとを指名する投票に参加する権限であって、この権限を国家の成員は所有している」。市民的自由は純粋かつ単純に、「自分自身の行為に対する権限であって、この権限を国家の成員は所有しているし、公職者は侵してはならない[34]」。ところで、プリーストリによれば、政治的自由は、市民的自由の必要条件でも十分条件でもない。完全な政治的自由の状態は非常に小さい領域の共和国では考えられるが、非常に小さい領域の共和国は常に軍事的に非常に弱いという不都合が見られる。しかし、大きい国では政治的自由は制約を受けなければならない。すべての者があらゆる役職に対して被選挙資格を認められてはならない。必ずしもすべての者に、あらゆる役職に対する選挙権が与えられるべきではない。例えばプリーストリは、経験が立証するとして、世襲君主の有益性を認める。民主主義体制の唯一の長所は、国家の全成員が順次に権力の一部を手に入れられるという期待や、交互に専制者になることができると期待が持てることである。プリーストリの考えるところでは、結局のところ、統治者が誰であるか、その数はどれだけであるか、彼らが役職にある期間はどれだけであるかということは、「その統治者が職にある間は、権限が同じままで、行政府が一定かつ安定している限り」、相対的にあまり重要ではない。そうして説明のためにポープ〔アレクサンダー、一七〇六頃―一七八二〕の詩を引用する。統治形態について言い争うのは愚者であり、何にしてもうまく治まっていればそれが最も良い統治機関であるという詩である[35]。

それゆえプリーストリの理論自体が、民主主義的要素を含むにもかかわらず、利害の人為的一致の原理と民主主義思想の間に緊密な結び付きがあるかどうか、疑う余地を与える。実際、人びとが自分の利害を知ると一般的利害に逆らって行動せずにおれないとすれば、それだからこそ、全体の利益を考えて自分個人の利益を管理する権限を、人によって程度は違うけれども、個人から取り去るべきだということになる。「あなた方が遺言を遺すのは、誰のためでもなく、自分のためでしかない」。しかし、もし有益性原理の第二の解釈が採用されれば、おそらく事情はそれとは違うのではないであろうか。その場合にはすでにシドニが十七世紀に述べたように、フィルマー〔ロバート、一五八八年頃―一六五三〕が基礎とする公理、すなわち「何人も自分自身の事件について判事たるべきではない」を拒否する必要があるのではないであろうか。反対に「正当かつ自然に各人は自己自身にかかわる事柄について判定する権利がある」ことを主張する必要がありはしないであろうか[36]。この主張は、アダム・スミスより一世紀も前に行われたものであるが、すでにほとんどアダム・スミスの定式である。新しい経済理論の観念によれば、社会と統治という二つの概念は別箇である。制約がなければ、交換と分業の自発的な活動の結果として商業社会は生まれる。それなのになぜ経済の領域に制約を加えるのであろうか、なぜ利害の一致の原理を政治的な事象にまで拡大しないのであろうか。ヒュームはすでにその『人間本性論』において、「人間には統治なき社会を形成することはまったく不可能である[37]」とする幾人かの哲学者の理論を否認しなかったのではないであろうか。トマス・ペインは、この〔ヒュームの〕思想をその革命的帰結にまで推し進める。家庭内の争いと借財による差し押さえのために祖国を逃れたイングランドの下級役人〔ペイン〕は、アメリカにおいて、大ジャーナリストにして恐るべき革命家となる。一七七六年一月、彼の『コモン・センス[38]〔共通感覚・常識〕』が刊行される。その冒頭で彼は、「いくたりかの著作家」を非難する。彼らは「社会と統治とを混同し、両者の相違をほとんど、あるいはまったく認めない。ところが両者は違うだけでなく、由来も違う」。社会はわれわれの必要の産物であり、統治はわれわれの悪徳の産物である。社会は積極的にわれわれの幸福のために、われわれの情愛を結合するように作用し、統治は消極的にわれわれの悪徳に制約を課すように作用する。社会は礼節を育て、統治は差別を作る。社会は保護し、統治は処罰する。「社会はいかなる状態においても善である。しかし、統治はその最善の状態においてさえ必要悪でしかない」。ところで、民主主義は、統治なき社会に最も近い政治体制である。『統治論断片』においてベンサムは、ブラックストンが民主主義について提唱している本来の古典的定義、すなわち「全員による統治」を考察し、この形態の統治はあらゆる統治の否定に至ると反論する。「彼（ブラックストン）にそれを少し検討させせよう。まったく統治がないところで考えられる統治は、まさにこの種の全員による統治であって、それ以外にはないとやがて分かると私は思う。ブラックストンは自然状態について鋭い疑いを持っていたのを、われわれは思い出していいであろう。彼なりの民主主義を認めれば、自然状態は彼の民主主義の中に存在する(39)」。民主主義制度は自然状態に最も近いというこの見解に、トマス・ペインは反駁しなかったであろう。政治問題の解決に適用された場合、利害の自然的一致の原理は論理的には国家否定論者《アナルシスト》の命題に導くように思われる(40)。

しかし、有益性の原理という観点から民主主義的命題をさまざまな意味において解釈しようということの試みは、さしあたり水泡に帰するしかない。この頃にブリテンの政治的自由主義が全体として基礎とする観念は、契約の観念である。――ヒュームとベンサムとはこの観念と有益性の原理が対照的であるとして両者を対置する。――普通選挙であれ毎年選挙であれ、それを要求する改革者たちが基礎とするのは、この改革の予想される有益性というよりは、改革が尊敬すべき伝統と一致していることである。すなわち、統治者と被統治者との間で交わされた歴史的取り決めの原条項との一致である。一七七一年にソーブリッジが議会を毎年解散するよう求めた一連の動議提出を開始すると、グランヴィル・シャープ〔一七三五―一八一三〕は、ブラックストンに答えて一つの歴史的議論を公刊する。この議論が明確にするところによれば、エドワード三世の法律は国王に毎年、新議会の召集を義務づけている。カートライトは、一年議会の制度化、選挙権の制限廃止および国民軍の組織化を要求する時、サクスンの制度への回帰を提唱する。[41] こうして運動家たちはその民主主義理論を当時の自由主義の定式に合わせる。[42] 一六八八年に国王と臣下の間で一つの契約が締結されなかったであろうか。すなわち、イングランド公法すべての基礎であり、またそうであり続けるべき契約である。また、ロック理論は、一六八八年名誉革命の理論的等価物ではないであろうか。ロックによれば、多数者の法律を制定することによって政治社会の基礎となったのは契約である。そして、多数者の同意は、さまざまな国で作られるさまざまな憲法に正当性を与える。世代が交代するにつれて、息子たちは、父の遺産を継承するという事実により、父祖たちが容認していた統治に同意を与える。こうして原契約は、一連の無数の黙契により永久に持続する。統治者は、被統治者に対して責任を有する。しかし、原契約は両者間の仲裁を準備できなかった。それゆえもし統治者が契約を破るならば、被統治者は叛乱、「抵抗」によって対抗する。[43]「権利宣言」の布告によれば、ジェイムズ二世は臣下との間を結ぶ協約条項を破ったから、事実上退位したものと見なされなければならない。そうして、新しい契約が新しい王朝との間に結ばれた。したがって全ヨーロッパ中でイングランドの統治機関は、正当性を主張できる唯一の統治機関であり、歴史において日付を確定されている契約に基礎を置き、その存在そのものによって「抵抗権」を神聖化している唯一の統治機関である。ここから、次の逆説的帰結が生じる。一七六〇年までは、叛乱の権利を非難し、「無抵抗」あるいは受動的服従の理論を讃えるのは、野党のジャコバイト派であり、他方、抵抗権の理論はウィグ党と支配王朝の理論である。フォクスは、叛乱の権利という理論を基本教義として採用する与党の態度の中に矛盾したものがあることを理解し、才気ある表現によってこう述べている。「抵抗という神聖な原理は、統治機関にとっては常に発動可能なものと思われていなければならないし、また人民にとっては発動不可能なものと思われていなくてはならない」。それにもかかわらず、この原理は彼にとって依然として「聖なる原理」である。それはウィグ党系著作家すべてにとって十九世紀初頭まで引き続きそういうものである。(44) だから最大幸福主義者《ユーティリテール》とトーリたちはウィグ党の政治思想に異議を唱える点で一致する。最大幸福主義哲学の先駆者ヒュームこそは、『政治論集』(45)の一論説において『人間本性論』(46)で以前に素描した観念を再び取り上げ、契約理論批判に古典的形式を与える。

ある意味ではヒュームは原契約理論を正しいと考えていいと思っている。すべての社会はその本質において矛盾している。なぜなら社会とは、最小人数によって最大多数者を統治することだからである。ところで最大多数者は最も強い。あらゆる統治機関、すなわち最も自由な統治機関でも、最も専制的な統治機関でも、基礎を置くのは世論のみだからである。人間は、肉体的、精神的力能に関してほとんど同等であるから、彼らを集団に結び付け、統治機関に服せしめることができたのは、平和と秩序が確立すると利益が生じることを知って生まれた、彼らの同意だけである。われわれの労働と好運のおかげで手に入った外的財貨は常に、他人の暴力行為の危険に曝されている。自然は彼らの所有に安定を与えていないが、安定を得るために、人びとは協約を結んだ。そこから正義と不正、所有権、法律および義務の観念が生じる。この協約は、明示の約束である必要はない。共通の利益という一般感情で充分である。(47)「ボートのオールを漕ぐ二人は、相互に約束を交わさなくても、合意あるいは黙契によって漕いでいる」。協約の性質とはこのようなものであって、ここから言葉と貨幣とが生じた。さらに正義の発明は、言葉の発明と同様、非常に単純で、知性に非常に影響する。そのため、人類が長らく正義なしで生活してき

た と考えることはできないし、また人類の原始状態は当然ながら社会状態と考えることができる。このことは、市民社会の形成に先だつ自然状態について哲学者が語ることを妨げないであろう。そうしてここで問題になっているのは、事実を論理的に説明する方便の問題だと理解されれば、このことは許される。心理学者には医師と同じ自由が認められていい。医師が慣れ親しんだ思考方法は、あらゆる運動を単純な運動の合成と考え、ばらばらに分離できるとしながらも、同時にあらゆる運動を合成でなく、分離できない単体と考える。

けれども原契約理論家たちはそれ以上を要求する。彼らは協約の中に統治機関が歴史的にどのように生まれたかということの説明を探究するだけではない。彼らはこの協約の中に、現在統治機関が行使している権威の基礎をも探究する。われわれがもしこの原契約理論を受容すれば、すべての人間は、もしある条件つき約束により拘束されていなければ、生まれながらに平等であり、いかなる君主にもいかなる統治にも服さなくていい。その条件つき約条とは、主権者は、臣民に正義と保護とを与える限りにおいて、臣民に義務を負わせられるというものである。

ところで、第一に、この命題は一般世論の逆である。そして、社会的同意に訴えるというのは、形而上学と物理学においては決定的ではないとしても、道徳上の論議に決着をつけるには適当な唯一の方法である。はたしてどれだけの人が自分は契約に基づいて統治機関に服従しているのであり、また自分の服従は統治機関が契約条項を実行することと結び付いているという自覚を持っているであろうか。すべての国民が古い時代の統治と、古色蒼然たる名称に対して抱く愛着は、経験的事実である。古い法律は常にその法律に対する信頼を生み出している。ある人を服従に導くには、統治が古い昔から存在することを述べるだけで充分である。「〔統治機関に対する〕服従と〔国王に対する〕臣従は人びとにとって非常に慣れたものとなっているから、大多数の者はもはや、それらの起源と原因に関する研究を、重力や抵抗の原理、あるいは最も普遍的な自然法則に関する研究以上には進めようとしない」[48]。――原契約は現世代には知られていないとはいえ、以前のある世代の人びとの間で締結されたと言えるのではないであろうか。これは、一方では、父の結んだ約束は息子を拘束できると想定することである。そうして、後続の世代による原契約の暗黙の更新があると想定することは、言葉の乱用以外の何ものでもないであろう[49]。――しかし、他方、正当な統治機関はすべて最初に署名された自発的文書契約に基礎を置いていると考えるならば、その場合には正当な統治機関はごく僅かでしかなくなる。どれだけ多くの体制が簒奪と征服をその起源としていたであろうか。一六八八年の協約が結ばれた事情について、何と言うべきであろうか。

第二に、統治機関に対する服従義務は原契約の存在に基礎を置くという理論は、実際の事実に照応しない抽象理論であるだけではない。その上さらに、抽象理論としてもそれは矛盾している。あるいはもっと厳密に言えば、それは何の説明にもなっていない。このことを確かめるには、『人間本性論』においてあらゆる正義論の基礎になっている契約義務の観念の批判に立ち戻るだけで充分である。統治機関に対する服従義務は約束を守る義務に基礎づけられる。しかし約束は「社会の必要と利害に基づく人間の発明品」[50]にほかならない。そのため、統治機関に対する服従義務を、約束を守る義務に基礎づけるのは、不適切極まりなく、二つの義務に同一の基礎、すなわち公共の利益という同一の基礎を与えなければならない。私が服従すべきなのはなぜかと尋ねる人に、私は答える。そうしないと社会は存立できないからです。原契約理論家は、われわれは言葉を守るべきだからですと答える。しかし、われわれが言葉を守らねばならないのはなぜか。再び、社会はそうしないと存立できないからである。それゆえもし契約の原理が迂回路を通ってわれわれを有益性の原理に連れ戻すとすれば、この迂回は何の役に立つのであろうか、そしてどうして直接に有益性の原理に訴えていけないのであろうか。

グラスゴウ大学のアダム・スミス[51]、ケンブリッジ大学のペイリ[52]は原契約の観念を批判するのに、ヒュームの定式をほとんど原文通り採用する。同じことは、『統治論断片』においてブラックストンの憲政哲学原理を批判する時のベンサムにも言える。ブラックストンの理論はウィグ党の姿勢の特徴を示している。すなわち、状況の必然〔必要〕のために保守的であると同時に、伝統のために自由主義的であり「ロック的」であるだけである。彼が原契約理論を容認しているか、容認していないかを断定するのは困難であろう。ブラックストンは、社会が存在しなかったような時代があったとは歴史によっても啓示によっても認められないと考える。また「多くの個人が、理性に押され、また個人の必要と弱さの自覚に突き動かされて、広い野原に集まり、原契約を結び、出席している中で一番背の高い男を統治者に選んだ」という時代があったとは認められないと考える。しかし他方、もし「社会にとって唯一の真の自然的基礎は個人の必要と恐れのみであり」、また「人びとを結び付けるのは個人の弱さと不完全さとの自覚である」ことが認められるならば、ブラックストンが理解する社会契約とは以下のようなものである。この契約は、「国家の創建のさいには決して公式には表明されなかったけれども、当然ながら理論的に言って人びとが社会を作るという行為そのものの中に常に含意され、同意されていたはずである[53]」。原契約というこの空想はヒュームの『人間本性論』第三巻で決定的に論破されたと、ベンサムは思っていた。事実、以前に比べて原契約について語られることは少なくなる。彼は法学者たちに対して、この重要な契約が記録された歴史のページを示すように求めた。ブラックストンはそれに答えて、原契約は歴史的現実ではなく、社会的事実全体を説明するのに好都合な理論、つまり有用な擬制なのだと言った。

「それはおかしい」。擬制を正当化するために擬制が用いられる。真理の特性は真理以外の証明を認めないところにある。彼らの時代には擬制が有用であったかもしれない。「しかし今や擬制を使う時代は終わった。だから以前には擬制という名称の下で許され容認されたかもしれないことを、もしいま復活させようと試みても、権利侵害あるいは詐称というもっとひどい名称をつけられて非難、指弾されるだけであろう。新しい擬制を取り入れようとする試みは、今や犯罪であろう。……政治的洞察力という点では、知識の一般的普及により以前の時代と比べて人類はいわば全員が同等の水準に高まった。今では仲間よりはるかに抜きんでる者はいないから、自分の利益のために仲間を欺くという危険なわがままに耽ってはならない[54]」。法律的擬制は、法曹界の人間には自分たちの独占を永久化するのに好都合な手続きである。彼らが用いる主要な擬制は、まさに契約による義務という概念である。ベンサムは、一七七六年に『統治論断片』でその概念の政治的適用について論じるが、おそらくその時彼はまだ民法の領域においてこの概念についての論議を開始してはいなかった。

　第一に、人びとが「契約は……守られなければならないし、人は契約に拘束される」という命題を自明のものと考えがちであるのは事実である。だが、なにゆえそうであろうか。実際には、この規則を守ることに利益を感じるということがあまりに明白で、またあまりに一般的であるため、人びとはその裏づけとして用いられている論議の力に疑いを差し挟むことがないからである。「利益は誓約の道を清めるとは、昔からの言い伝えである[55]」。例えば、国民は国王に服従を約束したのであり、国王は臣民に常に彼らの幸福を願って統治すると約束したと言えるであろうか。だが、この遠回しの表現により何か得るところがあろうか。国民が国王に服従すべきであるのは、国王が国民の幸福のために統治するからであり、またその限りにおいてであると、どうして言わないのであろうか。そう言うほうが、契約によって国王は国民の幸福のためを思って統治するから国民もその契約に服さなければならないと言うよりは、よほどましである。通説によれば、人びとは自分たちの適性は約束違反があった事例を判定することには向いているが、国王が国民の幸福と対立した行動を取ったかどうかを直接に決定することにはあまり向いていないと考えているからである。しかし、上述のように契約が規定されるならば、二つの問題を区別することは不可能である。すなわち、国王が〔国民と〕結んだと想定される約束を破ったか破らなかったかを決定するには、国王が国民の幸福と対立した行動を取ったか取らなかったかを決定しなければならないからである。

さて、原契約の別な定式が考えられるであろうか。国王は法律に従って統治することを約束したと言えるであろうか。この規則は、外見上第一の規則より明確かつ厳格である。このため、契約の内容を構成するのは法律の文字である。ところで、法律に違反して統治することは、国民の幸福に反して統治する一つの特定の方法である。法律の尊重は公共の平和の条件である。しかし、このように定式化された当初の約束は不充分であって、そのことを納得するために、次のことを考えてみよう。第一に、国民の幸福に反して統治する最も危険にして同時に最も実行可能な方法は、法律を一般的幸福に反したものにするということ、第二に、法律の文言の解釈次第により国王は容易に国民の幸福に反して統治することができるということ、第三に、法律は尊重されるよりも侵犯されるほうが例外的に有益である特別な場合がありうること——第四に、最後になるが、もし法律の侵犯すべてが契約の完全な破棄と考えられるべきだとするならば、二〇年間存続できる統治機関を天下に一つでも見出すことは難しいこと、以上である。

要するに、当初の契約の定式中に、幸福の概念が介入させられることがある。しかし幸福の概念と政治権力への服従の概念との間に、契約という媒介概念は無用である。あるいは、幸福の概念が含められない場合には、契約の概念は論理的基礎がない状態である。常に有益性の原理に戻らなければならない。これは消極的証明である。仮に国王が臣民に対して法律により統治しないとか、臣民の幸福増大を考えて統治しないと、約束するとしよう。この約束は国王を拘束するであろうか。国民が、あらゆる場合に、国民を破滅させるように国王が統治する場合でさえ、国王に服従することを約束すると想定しよう。この約束は国民を拘束するであろうか。――これは積極的証明である。結局、人びとはいかなる理由で約束を守るべきであろうか。その理由は、人びとが約束を守るのは社会の利益だからであり、また人びとが約束を守らないとしても、法的刑罰に効力がある限り、約束を守らざるをえないからである。国王が臣民の幸福を考えて統治する限り、また服従しているほうが抵抗するよりも弊害が少ないと考えられる限り、臣民が国王に服従すべき理由がある。しかし、ある特定の場合に服従の弊害のほうが抵抗の弊害より大きいことが確認できるような、すべての者に分かりやすい共通の標識はどんなものかが問題である。ベンサムは答える。「この目的に役立つ共通の標識を私は知らない。それを提示できる人は予言者以上であるに違いないと私は思う。というのも、それぞれの特定個人にとって特定の標識として役立つものを、私はすでに一つ挙げておいた。――抵抗するほうが有益性において優っているという彼自身の内的確信である」[56]。――有効な約束と無効な約束とは区別されるであろうか。だがどちらもともに約束である。それゆえ、一方を有効とし他方を無効とする、ある優越的原理を見出さなくてはならない。――さらに、現国王の祖先とわれわれ自身の祖先との過去の契約が現国王とわれわれ同時代人との間で依然として有効であると、いかにして認められるであろうか。約束がもし拘束性を持続しているとすれば、それはその約束の内的性格によるのではなく、何らかの外的事情による。「さて、なおまだわれわれが思いつく他の原理とは、有益性の原理以外の何であろうか。この原理こそは、もっと高次の理由にまったく頼らない独自の理由をわれわれに与えてくれる。この理由はそれ自体で、あらゆる実践的問題をも解決する唯一の絶対的理由である」[57]。

しかし、この批判は決定的なものと考えられるべきであろうか。またこの批判は、おそらくベンサムの反論により打撃を受けることのないようにする、あまり字義にとらわれない原契約理論解釈の方法ではないであろうか。契約とは、人間より前に存在する権利を尊重する義務、人間にとって自然で時効というもののない一定の権利を尊重する義務を表明したものと考えられるべきではないであろうか。ロック自身によれば、自然状態におけるすべての人びとは自由で平等である。そして、自由に対する権利は自分も他のすべての者も平等に持つが、もし彼らのうちの誰かが、自由に対する権利を侵害されたならば、自然状態においては処罰する権利は各個人にある。しかし個人は公平な精神を持つとは限らないため安心して処罰の権利を委ねられないし、自然状態は非常に早く（同じことに帰着するわけではないが）戦争状態になりがちであるから、人類は英知を絞った結果、原協約《コンヴァンシオン・オリジネル》により自分たちの自然権の一部〔例えば他人を処罰する権利など〕を譲渡して市民社会を構築した。このように構想された契約理論において、基本的であるのは契約の観念ではなくて権利の観念である。一七八二年の議会演説においてあらゆる選挙法改正案を批判するバークの表現によれば、一七七六年の民主主義者たちは、単に本来の統治機関の維持を要求する政略家であるだけでなく、選挙制度の改革を求めるために権利の考察に立脚する法曹家でもある。彼らは、各人がそれぞれ代表を持つべきであると要求し、政治的あるいは集団的個性という概念を単なる法的擬制と考え、そうして個人の権利以外の、他の自然権を認めない。バークの言うところによれば、議会改革論者の一〇分の九はこのように考える[58]。それは一七七六年には、イングランドにおいてカートライトにより、またアメリカにおいて独立宣言の起草者たちにより採用された命題である。

独立宣言起草者たちは、国民的、世襲的特権に固執するアングロ・サクスン人として語ることをしない。彼らが擁護するのは、普遍的理性とものの道理に基礎を置く権利である。彼らは厳粛に宣言する。「人はすべて生まれながらに平等であること、また一定の譲りえない権利、その権利の中には生命、自由および幸福追求があるが、こうした権利を創造主により与えられていること、こうした権利を保障するために、人びとの間に統治機関が作られているのであるが、それらの正当な権力は被統治者の同意から生じるということ、これらのことは自明の真理であるとわれわれは考える」。ここからアメリカ革命は独特な哲学的重要性を帯びる。トマス・ペインにとってはアメリカの主張はかなりの程度、人類全体の主張である。プライスにとっては、それは、聖書の予言を実現するものであり、理性と美徳の支配が近いことを予見せしめるものである。理性と美徳が支配すれば、平和の福音は一層よく理解され、光輝く[59]。人間は、知的力能、肉体的力能において不平等であるが、逆に、その人生のあらゆる事象を一大道徳劇の出来事と考えた場合には明白に平等であり、彼らの義務と命運とにおいて平等である。プロテスタンティズムはこの個人主義、この道徳的平等主義を政治に適用する。大西洋の向こう側で十七世紀に最初の民主的憲法を起草したのは、前期ステュアート朝の不寛容のためにイングランドを追われた再洗礼派やクエーカー教徒という宗派である。これら宗派はキリスト教における一種のキュニコス学派〔社会風習や知識を無視する生活哲学を信条とする〕であって、あらゆる形式とあらゆる典礼の反対者で平等主義的かつコスモポリタン的である。最近の移民の一人トマス・ペインは、一七七二年にその活動力と才能とをあわせて植民地に持ち込むが、クエーカー教徒である。カートライトの哲学精神もまたこのようなものである。彼が『アメリカの独立』という一七七四年のパンフレットにおいてすでに非難していたのは、「この問題に関していくたりかの著作家の推論が犯した重要な誤りであった。すなわち彼らは、自由を不動産あるいは家畜賃貸と同じ目で考察し、そして自由に対する権利の立証あるいは反証をいつも許可状および特許状の文字により、慣習と慣行により、また国内制定法により行おうとする」ということであった。自由は神の直接の贈物である。自由はいかなる人から与えられるものでもない。自由は、各人の本性に内在するのであって、他人に譲ることはできない。(60)

ところで、この命題は、実際には原契約の命題とは違う。したがってこのことは再びその曖昧な性格を明白にする好機である。一方でプリーストリ、他方でプライスとカートライトはおそらく、一七七六年頃、みずからを「ロック主義者」、社会契約理論の支持者と考えている。けれども、彼らのそれぞれの理論において契約概念はいわば何の役割も演じていないことは明瞭である。第一の観点からは、人びとは、結合契約を結ぶについて有益性を考慮していたと考えることができる。ロックの多くの言明から、原契約のこの解釈は正当化されるであろう。そうして、プリーストリが契約理論を受容するのはこの意味においてである。しかしその場合、契約を媒介とすることによって一体どんな利点があろうか。なぜ、法律をその社会的有益性の程度によって直接に評価しないのであろうか。――第二の観点からは、人びとが原協約《パクト・オリジネル》を締結したのは存在に先だつ一定数の自然権を確保するためだと考えられる。プライスとカートライトがロック理論を受容するのはこの意味においてである。しかし再び言えば、その場合にも、契約を媒介とすることに一体どんな利点があろうか。人びとが合法的騒乱状態にある場合、自分たちが騒乱を起こすのは権利が侵害されたからだともっと率直に言わないで、自分たちの権利を保障すべき契約が侵害されたからだと述べることに、一体どんな利点があろうか。カートライトはこうした「絶対的権利」を契約それ自体と考えている。あらゆる国の統治者と被統治者の間の「真実の、不変かつ実質的」契約それ自体――この契約は人間の創作ではなく神の創作――と考えている。「この契約は彼らの創造主により彼らのために結ばれた。その時創造主は人間に理性と道徳的義務の感覚を与えた。それは人間を自分に対してだけでなく人間相互に対しても責任ある存在とするためであった[61]」。言い換えれば、契約という表現は道徳的義務の観念の象徴的解釈方法となる。

しかし、何といっても、自然権の命題は最大幸福主義の命題とは違う。すでに見たように、おそらく自然権という表現は有益性理論の中に別の形で存在する可能性がある。実際、どんな実定法であろうと、必要で有用な法律もあれば、無益で有害な法律もある。前者、つまり制定されるべき必要で有用な法律は、またこう言ってもいいが、そうした法律と合致し、施行されるべき行為は、正当であると言えないであろうか。あるいはそうした行為は、実定法からは独立し、実定法に優越し、かつ先行する権利と合致していると言えないであろうか[62]。プリーストリが「自然権」と「譲ることのできない権利」という表現を用いる場合、こうした名称は「一般的利益を考慮した[63]」権利を意味しているという規則に従っている。しかしながら、ホッブズの伝統に忠実なベンサムが自分の法学体系中に、権利ないしは自然権の概念に位置を与えないようにしているのは明らかである。こうした権利ないしは自然権の概念は、依然としてベンサムにとって現実化された抽象であり法的擬制である。彼は、義務と犯罪を実定法の所産と考える。統治機関が作られたのは、人間が〔生まれながらの〕権利を持っていたからではなく、持たなかったからである。そうして、ずっと昔から権利の存在は望ましかったと、もし言いたいのであれば言うことはできる。しかしそう言うこと自体は、問題になっている権利がまだ存在しないことを立証している[64]。――他方、カートライトは、『選択せよ』の中でベンサムの『統治論断片』に反論しているように思われる。『選択せよ』の一節において、カートライトが非難するのは、次のような人びとである。すなわち、すべての権利概念は自然のうちにも、偉大な神慮の必然的関連のうちにも基礎を持たないとする人びとであり、また「最大多数の者にとって獲得可能な最大幸福は、徳性および神慮のあらゆる法則の偉大な目的であるから、それゆえ、人びとの積極的権利と呼ばれるものはおそらく、意図されている目的に対する自然的手段として以外に考えられるべきではないし、またしたがって有益性という一般的抽象観念にすぎない(65)」とする人びとである。カートライトはそれに対してまず、正義と有益性とは結局のところ同一のものであるが、有益なものを識別する唯一の方法は正義がいずれにあるかを探すことだと答える。しかし別のところでは、個人は、個々人として考えても集団として考えても、もしその限りある生涯の間にできる限り幸福になるように努めるべきであるとしても、それは、彼らの行為の一つの従属目的でしかない。彼らが生きる最重要かつ至高の目的は、「将来の高貴と幸福を達成するために、英知の研鑽と美徳の実践により絶えず道徳的完成に近づくこと(66)」である。この目的達成が可能となるように、人は自由な存在として作られた。そしてすべての人は、自由であると同時に平等であるようにも作られた。すべての人は同じ道徳的義務に従う。だから、統治機関は彼らが義務を遂行するように彼らに平等な条件を保障しなければならない。すべての人は個体として平等である。この点においてすべての人は、社会の統治に対して、直接にでなくても少なくとも代表を通じて、平等な役割を担うべきである。国王の神権に対してカートライトが対置するのは、個人の神権であって、最大多数の有益性ではない。

要するに、われわれが尊重するように求められている社会契約とは、存在したという事実そのもののために神聖視される歴史的文章なのであろうか。そうであるとすれば、原契約の理論はまったく理に合わない。あるいは、社会契約は公共の有益性を考慮して結ばれたと言えるであろうか。そうであるとすれば、なぜ契約という回り道を通るのであろうか。なぜ社会哲学を一般的利益の考慮に直接に基礎づけないのであろうか。あるいは最後に、それは人間の神聖な権利を人間と同様に尊重させるために、結ばれたと言えるであろうか。もし権利という言葉を、個人の必要以外のもの、すなわち数学的比較の可能な快楽と苦痛を体験する能力であると理解するならば、その時自然権という概念は、有益性理論の支持者には、原協約《パクト》という擬制に類した法的擬制としか考えられないであろう。しかし民主主義者たちはこの頃一般に、自分たちの権利要求を原契約《コントラ》と自然権という概念に基づいて行う。したがって彼らの理論が最大幸福理論の創設者たちの胸に呼び起こしかねない嫌悪感は、察することができる。ヒューム、アダム・スミス、ベンサムは政治の領域においては保守主義者である。そうして、彼らの所説の研究から予測すると、人権理論が、アメリカに次いでフランスでも勝利したとはいえ、バーク、またベンサムその人という、有益性原理に立脚する確固たる反対者に遭遇するのは時間の問題である。

ヒュームは、『政治論集』において自由主義体制と権威主義体制の長所を比較するごとに、いつも権威の命題に好意的な態度を示している(67)。確かに、有益性の原理の観点に立つ者にとっては、君主の意思に抵抗することが有用でもあり、またしたがって合法的でもある場合がある。しかし他方、それは例外的な場合で服従が通例であることを、有益性の原理自体がわれわれに教えている。――「正義が行われると世の中は暗くなる」という格言は明らかに誤りであり、手段のために目的を犠牲にするものである。敵が前進してくるのを阻むために市壁外地区を焼き払うことをためらう市長がいるであろうか。正しいのは、「民衆の安全が最高の法である」という格言である。そしてこの格言はときとして叛乱を正当化するかもしれない。けれども、思慮深い人びとにとっては、問題はただどの程度の必要が叛乱を正当化できるかを知ることだけである。そしてヒュームは、自分が政治的服従の拘束《たが》をできる限りきつく締めたいと望む多くの者と同意見であることを自認する(68)。同じことは私的権利にも公共的権利についても言えるし、個人的所有を尊重する義務にも統治を尊重する義務についても言える。安定した所持という意味の所有権が最初から確立されていたのは、有益性のゆえである。しかし、所有権は、一度確立されれば一般法として認められて、定まった事例ごとに特定の性格の有益性があるかどうかは審査されないという状態であることが好都合である。同様に、時効、事実上の所有、征服の権利、遺産相続、要するに既存の統治機関が必要とするすべての実定法は、たとえ有益性の原理との直接の論理的連関はなくとも、既存の統治機関が存続し尊重されるのは一般に有益であるがゆえに、正当とされる。民衆の意思が自己を表現するのに最も苦労するのは、革命の時である。一六八八年に一派閥が目論んで成功した革命に対して国民がやむなく与えた黙認は、いかにしたら明白な同意と融合できるであろうか。ヒュームの態度は独特である。慣習的見解の断固たる敵である彼は、保守的政策に好意的である。保守的政策はいわば当然のことながら慣習的見解の政策である。けれども明白な矛盾は説明がつく。ヒュームが体得した確信によれば、人類のすべての所見は慣習的見解であり、それゆえそれ以上推論することなく、本能に従い、慣習的見解を慣習的見解と承知して受け入れることが、道徳において最も確かなことである。彼が何よりも唾棄するのは、自己を真理とうぬぼれる慣習的見解である。そうして公式に繰り返される月並みな常套句となった革命理論としての社会契約論は、彼にとって特に反感をそそる。彼は、ウィグ党の慣習的見解、「名誉革命」という迷信の打破に立ち向かい、『イングランド史』において、ひどく嫌われた、不道徳な、反国民的なステュアート王朝の弁護を買って出て物議を醸し、それを楽しんでいる。しかし彼は、ウィグ党員よりも、つまり与党の革命家たちよりも厳密な意味での革命家たちを恐れている。

彼は暴動に対して恐れを抱いている。同じ頃のヴォルテールは民主主義者ではない。啓蒙の哲学の普及に対する障害となるのは民衆の迷蒙であると、彼は考えている。下層階級が信心深かった時代には、反教権主義者は貴族たちである。ヒュームは、宗教問題に対しては無関心であるが、キリスト教平等主義者の熱狂を嫌悪する。彼は、あらゆる種類の狂信家、熱狂家の非難、絶縁状、罵声をおびただしく浴びた。マキントッシュ〔サー・ジェイムズ、一七六五－一八三二〕はあるところで、近代無神論の三人の著名な代表者、モンテーニュ〔ミシェル・エーケム・ドゥ、一五三三－一五九二〕、ベール〔ピエール、一六四七－一七〇六〕およびヒュームが絶対権力の擁護者であったのはなぜかと問うている。マキントッシュは続けて問う。それは、生来の柔和な気質のせいであろうか、いずれの統治機関もほかの統治機関より優越していることを信じようとしない懐疑論のせいであろうか。あるいはもっと言えば、モンテーニュにあっては内乱の、ベールにあってはフランスのカルヴァン主義者たちが彼に浴びせる憎悪の、そしてヒュームにあってはスコットランド長老派の狂信の、せいであろうか[69]。

同じことは、ヒュームの友人で、多くの点で弟子であったアダム・スミスにも言える。同時代の証言によれば、理論においてアダム・スミスは共和主義者であり、ルソーの賛美者であったと言われる[70]。ではなぜ、アメリカの民主主義者に対して「悪意に満ち敵意に燃える連中」と呼び、独立のさいには「かつてない十倍も敵意に燃え[71]」た連中であると反感を露わにしたのであろうか。スミスはその生涯にわたってロッキンガム侯爵の党派に忠実なウィグであったと言われる[72]。もしこのことが正しければ、再びヒュームの表現を借りて言えば、スミスはウィグの中で最も懐疑的であった。出版の自由はおそらくウィグ理論の中で基本的論点である。しかしアダム・スミスはブリテンの庶民を非難して言う。「自由を熱愛してはいるけれども、ほとんどすべての他国の庶民と同様、自由の何たるかを正しく理解していない」し、無駄な所有権回復訴訟で時間を失い、経済制度が改革を必要としている時に政治問題に熱中している。一般逮捕状は確かに悪弊ではあるけれども、専制に導くものでもないのに、その問題では大騒ぎしながら、労働界を麻痺させる定住法に関しては、はなはだ無関心であるのはどうしてであろうか[73]。同様にまた、民主主義者やウィッグたち、特にウィッグ内でも最も保守的な者たち、そしてブラックストン自身が[74]、常備軍制度と兵舎体制を非難するという古い習慣を守っていた。彼らを信ずれば、常備軍はいつも国をクロムウェルのような人物やステュアート家のような王家の言いなりにしたし、兵舎体制は奴隷のために作られたのであって自由民のためのものではなかった。アダム・スミスは、他人からは彼もそこに所属していると見られている党派にとって重要な慣習的見解に挑戦するかのように、職業的軍隊を賞賛している。職業的軍隊はその出現が分業の必然的結果であり、新しい国の急速な文明化に有益であり、自由の擁護にとってさえ有益である。なぜなら軍隊に守られていると感じる主権者は、表現の自由を刑事罰なしで世論に委ねることができるからである。表現の自由は、軍隊の保護がなく絶えず陰謀の渦巻く国においては、危険になるであろう[75]。とりわけ政治に関してアダム・スミスは懐疑的である。「政治学が科学になるために」というのは、ヒュームのある論説の標題である。これはアダム・スミスの考えではないように見えるかもしれない。一国の経済法と財政法に関しては、科学的に考えを進め、原理を設定し、結果を引き出し、一つの組織を発想することができる。「一定の状況だけでなくあらゆる状況」に適合する組織、すなわち「一時的、臨時的あるいは偶発的状況ではなく、必然的な、したがって常に一定の状況[76]」に適合する組織である。しかし、一国の政治組織に関しては同じように考えを進めることはできない。そして経済措置がそれ自体では望ましくても、その採用にあたって障害となるのは、われわれの推論の無力である。商工業者の強欲には対抗することができる。しかし、スミスによれば、人類の支配者の暴力と不正は慢性疾患であり、「人間業《わざ》では手の施しようがない[77]」。アダム・スミスにとって、「常に不変の一般原理によりその思考が支配されるべき立法者の科学」と、「一時的な事態の変動に計画を引きずられる、政治家あるいは政治屋と俗に呼ばれる悪辣で狡猾な動物の技巧[78]」との妥協の可能性はない。もしスミスの社会哲学を、ヒュームの社会哲学、つまりわれわれが合理主義的傾向と自然的傾向という二つの傾向に分類したヒュームの社会哲学と比較するならば、アダム・スミスは政治経済学においてはヒュームの考えを体系的論説と合理主義の方向に向かわせ、政治学においてはむしろ自然主義と懐疑論の方向に向かわせたと言えるであろう。

ヒュームとアダム・スミスが政治学の分野において取った態度が、ひとたび理解されれば、ヒュームとアダム・スミスの弟子であるベンサムの態度は、もっとたやすく規定できる。ベンサムもまた統治機関法〔憲法〕の分野において懐疑論者である。彼はまだ、特定の統治形態が有益性の原理によって他のあらゆる統治形態を否定するほどに正当化されるかどうかということを、知るに至っていないし、そのことを問うことさえほとんどしていない。彼は後年「私の精神状態は自覚的無知の状態にあった」と書くことになる。そしてこの無知は、彼の心に「不安な気分[79]」を呼び起こすことはなかった。そしてベンサムは、自分の思想がデュモンの言葉により世に出ることになるとは夢にも思っていなかった。『民法と刑法の立法理論』の序でデュモンは、師ベンサムについて語りつつ、こう書いた。「民衆にとって最良の統治機関〔憲政〕とは、なじんでいる統治機関〔憲政〕だと彼は考えている。彼の考えでは、幸福は唯一の目的であり、内的価値のある唯一の対象である。また政治的自由は相対的恩恵であり、この目的達成のための手段の一つにすぎないとも、彼は考えている。よい法律を持つ国民は、政治権力を持たなくても高い幸福に到達できるし、逆に最大の政治権力を持っていても悪い法律しかなければ必ずやその国民は不幸であろうと、彼は考えている」[80]。そこで、当時立ち現れたさまざまな問題と、次々に受けた多様な影響の中をくぐり抜けたベンサムの生き方を、その青年期の初期から一七八九年直前まで追ってみよう。

一七七六年の『統治論断片』における彼の主要関心事は、ウィグ理論の常識に反撃することである。ロックとその弟子たちの原契約は擬制である。ところが混合政体理論もまた擬制である。ブラックストンを信ずれば、三位一体のイメージのある混合政体は、神の三つの完成品の融合を実現していた。国王に照応する権力、貴族的要素に照応する英知、民衆的要素に照応する善意である。ベンサムはこれに抗弁する。混合憲政〔混合統治機関〕は欠陥のない完璧なものをすべて結び合わせているのではなく、不完全なものばかりを結び付け、三つの構成要素それぞれに特有の悪弊をすべて持ち合わせていることを、同様に綿密に示すことができる。もしイングランドの統治機関〔憲政〕に他の知られているすべての統治機関〔憲政〕に対して自慢できるような優越性があるならば、それを根拠づける理由は他に求めなければならないと、ベンサムは考える[81]。権力分立の理論は擬制である[82]。立法権力を行政権力から独立させる論理的境界はどこに置くべきであろうか。またこれら二つのものの間に生ずるあらゆる種類の相互干渉をうまく抑制できる構造はどのように考えられるであろうか。権力という憲政的概念それ自体が擬制である[83]。統治機関は法的にどんなことができて、どんなことができないかをはっきりさせることが望ましい。しかし、行政権力は現実の権力であって、無限ではないが不確定であって、場合によっては制約できるのは臣民の抵抗だけである。臣民と呼ばれる一群の人びとにとっては、政治社会の内容を規定しているのは、統治者と呼ばれる一人あるいは一群の人びとに対する服従の習慣である。したがってもしある契約が法律を作る統治機関の権限を制約するとすれば、この契約は、擬制的権力ではなく、法曹人たちのいわゆる「形而上的－法的」権力でもない。この契約が現実的権力になるのは、協約が明確で臣民に知られていて、臣民が抵抗すべき時を知る共通の標識を持っている場合である。法律的擬制は、「自由と統治という疑り深い二つの敵対物」の紛争に決してけりをつけることはない。そしてベンサムは、有益性の原理を適用して、その問題を権威主義の方向において解決する。「政治社会」という観念、すなわち制約が課せられ忍従させられる体制という観念は積極的〔実定的〕観念である。しかし、組織された統治機関に服従する習慣のない(84)「自然状態」という観念は、ベンサムによれば制約の欠如以外のなにものでもない(85)「自由」の観念と同様に、完全に消極的〔空虚な〕観念である。モンテスキューから定義を学んだ彼の語るところによれば、自由は、その概念を明確にしようと思えば安全の一部門と理解すべきである(86)。しかし、一般的に理解されている自由は、「われわれ自身に制約が加えられていない」状態のことである。安全は「制約が他人に課せられている」状態である。有益性について論ずることは、各人の利益が他のすべての人の利益と人為的に一致するために個人は制約に服すべきであるという考えを、個人に吹きこむこととなる。自然権、自然法について論ずることは、良心に満ち、共感と反感の原理の力に屈した各人に向かって不快に思われるすべての法律に対して武器を取るように呼びかけることになる(87)。有益性の哲学は基本的に自由主義哲学ではない。若い日のベンサムはトーリである(88)。彼の家族は長らくジャコバイトであった。彼はウィルクスに反対して国王側についたし(89)、アメリカの叛乱者に反対して国王側に立った。叛徒が不服従を正当化する理由に不満であったし、また同様に政府側の議論にも不満であった。両者が用いる武器は権利である。「われわれは、かくありたいと望めばそうなることができる権利を有する」とアメリカ人は言う。「われわれは、あなたがたにこうであってほしいと願うものになるようにあなたがたに強制し続ける権利がある」と大臣は答える。「われわれは彼らに法律を課す権利を有するが、課税する権利を有しない」とキャムデン卿は、八方を丸く収めるようなことを言う。それは「まるで調停不可能な利害が、実際のどんな利害の対立とも違う区別だてによって調停させられるかのような言い方である」。ベンサムは一七七五年に友人ジョン〔原書のジェイムズは誤り〕・リンドがこの問題を論じたパンフレットの作成に協力し、論争を正しい原理に引き戻す。(90)

一七八一年、ベンサムはシェルバーン卿の知己を得る。彼の言葉を信ずれば、彼が卿の恩顧と友情を得ることになったのは『統治論断片』の成功のおかげである。(91)ベンサムのトーリ系の友人たちは、彼がアメリカの味方に回るのではないかと心配し、恐れる。なぜなら、一〇年来、チャタム卿の副官でありスポークスマンであったシェルバーン卿は、国王とノース卿〔フレデリック、第二代ギルフォード伯爵、一七三二―一七九二〕の政策に反対するエドマンド・バークとウィグたちの長年の同盟者であったからである。シェルバーン卿は最初、叛乱側との融和政策を説き、次いでその融和が明らかに不可能と分かった時に、完全分離を説いた。一七八三年に総理大臣として、それ以後独立することとなる殖民地との講和条約に署名したのは彼である。ベンサムは友人たちに保証する。シェルバーン卿との友情の条件として、自分の政治信条の自由を尊重してもらうように言ってある。(92)しかしこの頃、彼は自分の生活環境の影響を受けているとは考えられないであろうか。『立法問題における時間と場所の影響』という論説において、「指導的原理に関しては」イングランド政治社会は非の打ちどころがなく完成していると宣言するのは一七八二年である。(93)同年の『間接立法』、(94)言い換えれば犯罪防止のために立法者が取るべき間接的手段に関する論考において、彼はこうした指導的原理を規定する。ベンサムの言葉によれば、それは権力の分割である。それには三つの長所がある。すなわち拙速の危険の減少、無知の危険の減少、不誠実の危険の減少である。(95)かつて権力分割の原理を批判したことがあったのに、ここではベンサムはこの原理の最大幸福主義的定式を見出そうと努めている。しかしこの見解の変更はあまり重要視しないほうがいいのではないであろうか。ブリテン統治機関法〔憲法〕は、多くの明白な腐敗、多くの政治的紛争を抱えているにもかかわらず、すでにヨーロッパ中で追随すべき模範と一様に考えられている。最も不満を抱き、最も改革を熱望しているイングランド人でも、自国の統治機関〔憲政〕に好意的な先入見が広まっていることに抵抗できるであろうか。ベンサムは、しかしその後も権力分割原理批判をやめない。何年か経った後、デュモンが使うために『間接立法』のフランス語訳を作ったさい、ベンサムは権力分割に関連する文章をすべて削除してしまう。(96)

その上シェルバーン卿はウィグではない。そしてチャタム卿の派閥とロッキンガム侯爵の派閥との連合は一時的であり、しかも多くの点で偶発的であった。この頃のウィグ党の哲学者は名演説家にして名だたる著作家エドマンド・バークである。彼によれば、イングランドの偉大さの源泉は、往時のローマ共和国のように党派精神の力である。なぜなら政治家養成教育が行われ、政治習俗が形成されるのは、一定の思考様式が父から息子へと伝えられる政党においてであるからである。(97)バークは真理と原理の問題に無関心な社会学者だということができる。彼の社会哲学は反空論哲学である。空論家は政党を嫌悪できないし、実際に嫌悪しない。なにものにもまして党派精神（そのグループと思考をともにしなければならず、その家系あるいは家門の伝統に合わせなければならない）に反対するのは、哲学的精神であり、人は生まれた時は白紙状態だとする思考方法（グループ特有の見解から自己を解放しなければならず、伝統の影響から自己を引き離さなければならない）である。ある政治思想が正しく、またしたがって実現されなければならないことを証明するために、その全生涯を捧げる者にとって、恒久的制度として多様な意見と理論が存在するのがいいという理論ほど、理解し難いものはない。民主主義者は空論家であり、そのためウィグの人たちは民主主義者ではない。民主主義者は単一の政体を賞賛し、ウィグが賞賛する混合、複雑、相互分割の憲政に反対する。ルソーは、一般意思が正確に表明されるために、あらゆる種類の「国家の中の部分社会」の撤廃を求めたのではなかったろうか。同様にイングランドでも、フランス革命の危機の前後からも、その期間中でも、民主主義者たちはともに貴族的な二つの党派に対して絶えず軽侮を投げかける。貴族的な二つの党派は交互に権力を握り、一般的利害と対立する共通利害を持ったためにいつも相互に脅迫しあっている[98]。共和主義者にして女性解放論者のマコーリ夫人〔キャザリン、旧姓ソーブリッジ、一七三一ー一七九一〕はバークの著書のうちに「毒気」を見ている[99]。ホーン・トゥクは政党を「少数の者のために働く頭のおかしい多数[100]」と定義し、一七八〇年には二つの政党のうちトーリのほうが誠実だと述べている。いずれにしてもシェルバーン卿は、チャタム卿に従い、バークの所見に反対し、議会改革に賛成する。彼はシティ〔ロンドン中心部の官庁・銀行街〕の活動家たちと繋がりを持ち、特に彼の田舎の隣人の兄、ジェイムズ・タウンゼンド〔一七三七洗礼ー一七八七〕と繋がりを持っている。ホーン・トゥクはある時期足しげくシェルバーン卿を訪れ、親交を結んでいる。カートライトは、普通選挙の支持者を貴族院の中に求めるさい、リッチモンド公爵に意向をただす以前に、シェルバーン卿の意向を尋ねている。シェルバーン卿はフランクリン〔ベンジャミン、一七〇六ー一七九〇〕の知己である。プリーストリは長年にわたってシェルバーン卿の蔵書整理係である。プライス博士はシェルバーン卿の示唆により神学の仕事を放棄して、政治の仕事に向かう[101]。シェルバーン卿の庇護を受けたスイス出自のロミリは、共和主義運動家ブランド・ホリスの友人で最大幸福主義民主主義者である[102]。要するにバークがウィグ系保守主義者とすれば、シェルバーン卿はトーリ系民主主義者である。

したがってベンサムがフランス革命の近づいた頃、純粋に民主主義制度の正当性を有益性の原理によって基礎づける可能性を一瞬、垣間見たように思われるのは、シェルバーン卿グループの影響を受けたからではないであろうか。一七八八年の終わり頃、彼は次の三部会選挙を準備しているフランスに自分の一連の考察を持ち込もうとしたようである。(103) 彼はフランス人にアメリカの選挙制度に模範を求めるよう勧告する。彼は普通選挙論者である。仮に譲歩して選挙人資格に納税額〔の条件〕が必要であることを認めるとしても、それをできるだけ少なくしたいと考えている。彼は複数投票制度を批判する。すべての選挙が同じ日に行われ、一日で済むことを望んでいる。彼が無記名投票を主張するのは、「投票意思を威圧的に歪める権勢」をなくして「精神に対する精神の健全な影響」だけがあるようにするためである。彼は、自分が民法の分野で平等という価値の基礎としている精神病理学の命題を、今や憲法の基本問題の解決に適用する。自分の理論の個人主義的原理から彼は、政治的平等の主張を引き出す。いかなる個人でもその幸福は、他の者と同等な幸福以上の価値を持たない。あるいはまた同じことになるが、各人は自分の資質なりに受け入れ可能な幸福すべてに対して平等な権利を有する。平均すれば各個人は幸福を享受する同等の能力を有する。最後に、すべての個人は幸福になりたいという同等の願望を有する。それゆえもしすべての個人が、ある事柄がどれほど幸福を増大させるかという点の評価能力においても同等であるとすれば、「最良の統治形態はどんな形態であるかという問題はごく単純な問題になろう。この社会の各個人に一票を与えることだけが問題であろう」。したがって未成年者、精神障がい者、最後に（理由はやや違うし除く理由もあまりないが）女性を除けば、有権者となるのに必要な知的能力の程度を決定する適切な規則はまったくないから、すべての者に平等な政治的権利を認めなければならない。こうして人権の理論が有益性の言葉へと一種の転換をさせられる。ベンサムの言うところによれば、有益性の原理は「あらゆる精神に理解可能であり、あらゆる魂に訴えかける性質を持っている。

それを理解することは非常にたやすい。それは、時効のない権利の理論、あるいは時効のない権利の語り方と非常によく符合する。この時効のない権利の理論は曖昧で、権威者の言葉〔客観的根拠のない理論〕という空虚な基礎に立脚しているけれども、それでも魅力がある」。しかしこの言葉自体は、ベンサムが自分固有の思考の性格をどのように考えていたかを示している。ルソーの平等主義が流布しているから、その最大幸福主義的定式を見出そうと、彼は試み、努める。[104] しかしながら、論理学者のこの努力に過大な重要性を与えないように注意しよう。二カ月後に『序説』の追加注の中で彼は、時効のない権利という危険な擬制を非難する。彼は決して『代表制に関する論説』を公表しない。もっと強い関心事に気を取られて彼は、さしあたり憲政上の問題に興味を寄せなくなる。

シェルバーン卿自身は、実際にはウィグではないのと同様に、彼の政治生活のこの時期においてはとりわけ心からの民主主義者ではなかったように思われる。彼は力の強いものにつく性質で、政党の区別の域外におり、それを超越している。ベンサムと交わりを結んだばかりの一七八二年に総理大臣になった時、彼の権威主義的本能が強まる。彼は「国王の側近」の言葉、国王大権擁護者の言葉を話す。極めて奇妙なことに、彼はチャタム卿の原理に準拠してイングランドは一党一派に支配されてはならないし、主権者は何もしない国王、王宮監督官に操られるだけの玩具であってはならないと述べる。[105] 一七八九年、バークがウォレン・ヘイスティングス〔一七三二―一八一八〕を「ナバブ〔インド帰りの大金持ち〕」とか成金と非難する。ヘイスティングスは、東インドで略奪政策を実行し、あらゆる伝統を破壊し、〔インドの〕世俗王政を滅ぼし、崇敬されてきた宗教を辱めた挙げ句、イングランドでも国王のためと称して、伝統に対して同様に専制的かつ侮蔑的政策を実行しようとする。ピットは、この餌食〔ヘイスティングス〕をバークに突つきたい放題に突つかせる。その時、シェルバーン卿はヘイスティングスの肩を持つ。シェルバーン卿はベンサムに宛てて書いている。「フォクス派とピット派は野合して悪漢をすべてかくまい、生きている唯一の功績ある人を迫害している」。そうしてシェルバーン卿はロンドンの自邸にヘイスティングスの胸像を置き、それに彼の同胞の忘恩をなじる銘をつける。[106] 彼が思想を共有したのは、プライスやプリーストリのような民主主義者よりも、知己であったヒュームのような思想家であり、誇りをもってその弟子を自称するアダム・スミスのような思想家であり、また彼の最大の親友の一人でバウッドの館の最も規則的な訪問客であるベンサムのような思想家である。

シェルバーン卿は一時、ベンサムを自分に仕える有能な書生にしようと夢見たことがあった。ある日、卿はベンサムに尋ねた。「ベンサム君、君は私のためにどんなことができるかね」。しかしベンサムは答えた。「閣下、何もございません。私が知っていることは何もございません。私はベオルの息子、予言者バラム〔あてにならない予言者〕のようなものです。神が私におっしゃる言葉を私は述べるだけでございます」[107]。シェルバーン卿はそこでベンサムの孤高を尊重した。卿は語っている。ベンサムの天衣無縫な独創性が「私を生き返らせてくれる。まるで田舎の空気がロンドンの医師を蘇らせるようだ」[108]。ベンサムのほうでもシェルバーン卿を好きだったのは、卿が党派の先入見を軽蔑しながらも革新と改革を好んだためである[109]。ベンサムは、法律改革と経済改革の綱領をすべて公共的有益性の原理と最大多数の最大幸福の原理に基礎づけた。法律の分野では、彼は利害の人為的一致という専制的原理を採用する。経済の分野では利害の自然的一致という自由主義的原理を採用する。後年、それもかなり後年に、完全な代議制民主主義理論に組み込むために、一七八二年の権力分割の考察と一七八八年の普通選挙論を再び取りあげる。しかし差し当たっては、彼は、統治機関法〔憲法〕問題の解決のためにいずれの形態においてもまだ真剣に原理を適用したようには思われない。エルヴェシウスの弟子である彼は、科学による統治には非常な信頼を置いていて、国家否定論者《アナルシスト》の命題に賛成しない。同じ信頼のためにプリーストリの提唱する混合政体という解決策を受け入れない。しかし、結局のところ彼は、その混合政体という解決に賛成する。彼はこの頃、繰り返し統治機関法〔憲法〕とその他の部門の法律との基本的相違を主張するようになる。すなわち、統治者が義務を怠った場合に彼らに科す刑罰を制定することは不可能だという点を主張するようになる。(110) しかし、このことは、統治機関法〔憲法〕が一般的利益という科学的原理を基礎に構築できるということを否定することにならないであろうか。ベンサムが統治者に慎重を求めるために頼りにした制裁は、道徳的制裁のみである。彼の望みは、統治者が彼のいわゆる「世論の法廷」の絶えざる裁定に従うことである。彼は完全な出版の自由を要求しているであろうか。しかしこの点では彼は、エルヴェシウスともヴォルテールとも、あるいはすべての哲学者とも異ならない。彼らが、大陸において必要な改革を実現するために、また特権的団体が利害問題に対して持つ執着心に打ち勝つためにも、頼みとするのは、著述家たちから助言を受け、批判を受ける「啓蒙された」君主である。(111) ベンサムはおそらく、フランス重農主義者たちと同様、統治者の利害は非統治者の利害と一致すると主張するようになっていたであろうし、したがって統治者を改革の主張に転じさせるためには彼らの正しい利害に目覚めさせるだけで充分であると信ずるようになっていたであろう。

一つの固定観念にベンサムはとりつかれている。自分の総合法典の編纂と公布をいたるところで、どこかで、どこでもいいから、行いたいという考えである。ところで十八世紀末にヨーロッパの北から中央にかけて国民に法典を与えるのは、イングランド議会ではなく、絶対王権である。ベンサムは、ヨーロッパのあらゆる国のうち、イングランドはおそらく優れた法典を生み出すのに最適であるが、しかしあらゆる国のうちで最もそれが採用されそうにない国であることにも気づいている。フィリッポス〔二世〕は息子アレクサンドロスがアリストテレスの世紀に生まれたことに満足を覚えた。ベンサムは、エカテリーナ、ヨーゼフ、フリードリヒ、グスターヴおよびレオポルトの世紀に、執筆の機会に恵まれたことを喜んでいる。もし彼の書くものが優れていれば、無駄になることはないであろう[112]。なぜなら、おそらく法典の公布には国王を必要とするとしても、法典の作成は国王の仕事ではない。「法学の迷路をさまよえばシーザーもシャルルマーニュ大帝もフリードリヒ大王も普通の人でしかなく、味気ない研究と抽象的思考によって年齢を重ねて、頭を白くした者に劣る」[113]。君主の側近に立法者が必要である。主権者は哲学者に自己の権威を分け与え、哲学者は主権者に科学を分け与える。ベンサムが夢見る結び付きとはこのことである。エカテリーナ女帝は、ベンサムの弟サミュエルに命じて帝国の一州において文明化の実験を行わせたのであるから、ベンサムが「親愛なるキティ」と呼ぶ女帝の顧問官や立法官になってはいけないことがあろうか。どうして彼がある日もう一人のフリードリヒのコックツェーイー〔サムエル、プロイセンの法改革者、一六七九—一七五五〕にならないということがあろうか。彼がデュモンやミラボーを知ってしまった今となっては、ルイ十六世がある日フランスの法律制定のために彼を招聘するということは、ありえないことであろうか[114]。十年も仕事をすればその課題は果たせるであろう。そうすれば全法典体系は新世紀の初日に公布されるであろう。短い幸福が最もいい。しかしフランス革命が勃発する。フランス革命は君主たちを仰天させ、恐怖に陥れ、哲学者たちを狼狽させ、問題の形相を一変させる。

注

〔訳者凡例〕

1　注における引用文には、フランス語にとっての外国語、すなわち英語、ラテン語、ギリシア語などを原文とする引用文で、原文のまま引用されているものとフランス語に訳されて引用されているものの二種がある。原文のままの引用文には、一部ラテン語に例外はあるが、第二版ではフランス語訳が添えられている。本日本語版では、フランス語訳文は参照したが、原文から訳している。フランス語訳引用文で、英語原文とアレヴィのフランス語訳文との違いが大きいことが判明した時には、フランス語読者向けのアレヴィの配慮であるから、両者を併記し、その旨訳注をつけた。

2　第二版は注に若干の書誌的事項を追加している。これは原著者の遺志にそっているであろう。本訳書も第二版を底本とするからこの追加を保持し、さらに第二版以降の新しい情報も加えてある。後出のカントースペルベールによる「監修者の注」を参照。

3　第二版注は、バウリング版ベンサム著作集（*The Works of Jeremy Bentham*, ed. by John Bowring）を *Bowring* とイタリック体で表示しているが、本訳書ではローマン体にしている。現在刊行中の *The Collected Works of Jeremy Bentham* は *CW* と略記し、必要ならばその後に書名を記した。本書で「新全集版」というのはこれを指す。また引用が複数ページの場合でも、フランス語原書は **pp.** としないで **p.** としている点は初版と異なるが、ここは第二版を踏襲した。

4　訳者の注は本文と同様〔　〕で示した。

5　引用文の出典が第二版では入手しやすいフランス語版で示してあるが、日本語版読者には書名のみで充分と考え、他の書誌事項は割愛した。

6　初版の誤植は大体において第二版において訂正されているが、ごく僅かの訂正漏れがある。また第二版独自の新たな誤記誤植が少なからず見られるが、これらは重要なもの以外はいちいち指摘しなかった。

〔第二版〕監修者の注　〔文献目録につけられていた注であるが、ここに掲載する〕

注においては、エリー・アレヴィのベンサム草稿コレクションからの引用形式を維持した。したがって、大英博物館（The British Museum）所蔵の草稿への参照指示は、『哲学的急進主義の成立』初版において、「Add. Mss. Brit. Mus.（あるいは Brit. Mus. Add. Mss.）X, XX（コレクション番号）、ff. Y（フォリオ番号）」と記されている。大英博物館蔵書番号は、その後、英国図書館蔵書番号となっているから、正しい参照の提示法は今日では、「British Library Additional Manuscripts」の後にコレクション番号とフォリオ番号が来て、略すと「BL, Add. Ms. X, f. Y」という形になる。

ロンドン大学ユニヴァーシティ・カレッジのコレクションに保存されている草稿に対する参照指示は、『哲学的急進主義の成立』初版においては、「Mss. Univ. Coll. n° X」のように引用されている。参照指示の正しい表示法は今日では、「Bentham Collection at University College n° X（函の番号）、f. Y（フォリオ番号）」、省略形式は、UC X, Y である。

第一章　起源と原理

（1）ベンサムの口述、ジョン・バウリングの筆記。Bowring, vol. X, p. 2.

（2）ジェレミ・ベンサムの幼児期の思い出、ジョン・バウリングの筆記。Bowring, vol. X, p. 13, 19, 21.

（3）ジェレミ・ベンサムの幼児期の思い出、ジョン・バウリングの筆記。Bowring, vol. X, p. 11.

（4）歴史のこの時期の批判的性格については、特に David Hartley, *Observations on Man*, conclusion を参照。

（5）この相違がニュートン主義者たちとデカルト主義者たちを区別する。デカルトもまた、自然の力を人間に役立たせる思弁的でない積極的哲学の建設が可能だと信じた。しかし、彼の学問全体の中に生物学の位置する場はあるとしても社会学の存在する場はない。科学的医学の場はあっても、科学的道徳理論、合理的政治学の場はない。

（6）ニュートンの時代以前にホッブズはすでに、道徳的決定論を定義するのに重力の比喩を用いている。「なぜならすべての人は自分にとって好ましいものを欲しがり、厭なもの、特に自然にある悪のうち、最たるもの、つまり死を嫌う。そうして人がそれを嫌うのは、まさに石が垂直に落下するような自然のある力による」（トマス・ホッブズ『市民論』第一部第一章第七節）。――『人間論』（第十一章十四）には善悪の計算の要素がある。「善や悪をそれぞれ他の善や悪と比較してそのうち最大のものは（他のことがすべて同じとすれば）持続時間の最大のものである。――また、同様に（他のことがすべて同じとすれば）同じ理由により密度が最大のものが最大である。結局、最大のものと最小のものとの間には大小の違いがあるだけである。――また（他のことがすべて同じとすれば）、数が少ないよりは多いほうがいい。なぜなら一般的なものと個別的なものの違いは、数の多寡のようなものだからである。――ある善〔利益〕を取り戻すことはそれをなくさないよりもいい。なぜなら、悪を思い出すことによって、善が正しく評価されることになるからである。同様に病気にならないよりは病気が治るほうがいい」。――最初の三点については、ベンサムの道徳算術中の持続時間、密度、範囲の三要素と比較されたい――最後のものについては、精神病理学の公理と比較されたい（アレヴィ自身は『市民論』の翻訳を手がけていたが、未完に終わっている。〔第二版編者注〕）。

（7）ただし、John Locke, *Essay concerning Human Understanding*, Book I, chap. III, §6 を参照。「神は、美徳と公共の幸福を切り離すことができないように結び付けたまい、徳行を社会の維持に必要なものとしたもうたから……すべてのものが規則を認めるだけでなく、他人に推賞し称揚するのは不思議ではない。他人が規則を守れば、自分が利益を得られるとの確信があるからである。彼は、信念からも利害関心からもこれらの規則を神聖視するであろう。もしそれがひとたび踏みにじられ侵犯されれば、彼みずからが安全堅固ではなくなる」。――Cf. Book II, chap. XX, § 2.――しかしロックはこの直後に、このような考察は「これら規則から明瞭に現れている道徳的かつ永遠の義務の性格」をいささかも変えるものではないと、付け加えている。

（8）ロックがモリニュークス宛の私信で「観念結合、すなわち私の知る限り、これまで考えられたことがなく、またわれわれの精神に対して通常気づかれているよりももっと大きい影響を持っているのではないかと推測する観念結合に関する」若干の追加を知らせるのは、やっと一六九五年である。「観念連合」という言葉が初めて章の表題に現れるのは、実際には一七〇〇年に刊行される『人間悟性論』第四版（第二編第三三章）である。それゆえロックはまさしくその表現の発明者である。しかしその理論はホッブズにおいてもっと明確でもっと包括的であった。われわれの観念のうち、そのいくつかは、相互に自然的照応関係と自然的結び付きを持っている。しかし、ロックは言う、こうした自然的結び付きとともに「まったく偶然あるいは習慣に起因するもう一つ別の観念結合がある。すなわちそれ自体まったく明白でない観念が、ある人びとの心の中で非常に緊密に結び付くようになり、切り離すのは非常に難しくなっている。こうした観念は常に一緒に存在していて、いかなる時にも一方が悟性に浮かぶと、それにくっついてその仲間が登場する。そうしてこのように結び付いているのが二つ以上であれば、常に切り離すことのできない一団の観念すべてがともに姿を見せる」。要するにロックは、一定の誤謬の根強さを説明するためにしか観念連合の原理を使っていない。

（9）*An Essay on the Origin of Evil*, by Dr. William King, late Archbishop of Dublin. Translated from the Latin, with notes; and *A Dissertation concerning the Principle and Criterion of Virtue and the Origin of the Passions*, by Edmund Law, M. A. Fellow of Christ College in Cambridge, London 1730; 2e éd., 1732.（ゲイの名は表題には出てない）。

（10）ゲイによれば、「われわれが徳性とあらゆる気遣いを例外なく賞賛するのは、結局のところ私的幸福に関する理性の指示に帰着する。そして、われわれの賞賛が及ぶのは、この目的に役立つ手段と考えられる事柄のみである」。徳性とは、「あらゆる合理的被造物〔人間〕の行動を彼ら相互の幸福に関連する方向に向けるべきであるという、生活上の規則に従うことである。つまり、すべての者があらゆる場合に従わなければならないことである」。幸福とは

「快楽の総計」である。義務とは、この徳性の定義の結果として「幸福であるためにある行為を遂行する必要性、もしくは遂行を断念する必要性」である。

(11) 解決すべき問題は、すべての人間が、必ずしも幸福をみずからのあらゆる行為の唯一の目的としているという自覚を持たなくて、それぞれ目的がすべて他人と違うし、別の目的に置き換えられないから、さまざまな欲求に突き動かされていると思い込んでいるのはなぜかという、その理由を知ることである。ゲイは答える、「まずわれわれは、好きなことや気に入ったことの中に本当にいいこと、すなわちわれわれの幸福を促進する性質を知ったり、あるいは想像したりする。そのため好きなことを快楽と考える。そして、好きなことの観念は、われわれの心の中で快楽の観念に固く付随もしくは結合し、どちらか一方が現れないともう一方も生まれてこないほどになる。そして〔観念〕連合は、まず結合を作ったものがすっかり忘れ去られても、あるいはおそらく存在しなくなっても、反対のものがとって代わっても、その後にさえ残る」。このようにして恣意、愛情、復讐は単一の情念のさまざまな含意で説明がつく。このようにして密度と持続時間におけるわれわれの情念の拡大だけでなく、不適切な対象に情念が転移すること、すなわち情念の幻想もまた説明される。したがって観念連合は情念の理論において、正常と異常とを同じように説明する。もしわれわれが自分で作る観念連合だけでなく、他人から聞いて知った観念連合、教育を受けて生じた観念連合をも考慮に入れるならば、観念連合の影響はさらにもっと大きいと思われると、ゲイは注意を促している。

(12) David Hartley, *Observations on Man, his Frame, his Duty, and his Expectations*. ——ハートリはまた *Conjecturæ quædam de sensu, motu et idearum generatione*〔『感覚、運動および観念の発生に関する論考』〕(*Parr's Metaphysical Tracts*, 1837 において公刊)と題される小冊子の著者でもある。これは医学研究書の付録である。そこで彼は、「数学的証明の形式において(したがって慣習的に得られた力と知識を打ち砕く力を考えるのに適した形式において)、同じ理論を展開している。彼の述べるところでは、『感覚、運動および観念の発生に関する論考』は、「解剖学と薬学の共同作業が精密化した理論を継承している。この共同作業はニュートンとロックが生物の脳により伝達される振動から作り上げたのであり、彼ら以後は他の優れた人たちが人間精神の観念連合の力から作り上げた」。ハートリは自分の理論に期するところがある。それは、一、神経組織の知識を発展させる、二、動物の記憶と知性の現象を説明する、三、真の論理学を構築する、四、道徳理論を改革する、という点についてである。

(13) David Hartley, *Observations on Man, his Frame, his Duty, and his Expectations*, Part I, chap. III, prop. LXXXVIII.「自然

哲学……その構成要素は、力学、流体静力学、気力学、光学、化学、いくつかの手工的技芸と作業の理論、医学、および心理学すなわち人間精神の理論、あわせて野性動物の知性の原理に関する理論である」。

(14) David Hartley, *Observations on Man, his Frame, his Duty, and his Expectations*, Part I, chap. I. p. 6.「哲学的思索を進める正しい方法は、一定の現象を選び、それを充分に明確にし、充分に正しいことを証明してから、考察中の主題に関連する行為の一般法則を発見、定立し、しかる後、これらの法則によって他の現象を説明、予告することであるように思われる。サー・アイザック・ニュートンが推賞し、自分でも守った分析と総合の方法がこれである」。――ヒュームはおそらく自分の論理的立場の特異な不確実性のゆえに、心理学においてニュートン主義者を自称すると同時に、意識現象の表現に不変性と厳格性を過剰に導入することを躊躇したように思われる。彼は「現象」という用語をたまさかに（例えば David Hume, *Treatise*, Book I, part II, sect. V, ed. Green, vol. I, p. 364）しか使っていない。彼は、観念連合の「原理」について語るが、感情を伴う生理学的現象を主題とする場合以外に「法則」という用語を用いない。「自然な行路からそれた精神は、通常の経路を流れる場合と同じ法則にその運動を支配されることはなく、少なくとも同じ程度には支配されない」（*Treatise*, Book I, part IV, sect. I, vol. I, p. 476）。

(15) David Hartley, *Observations on Man, his Frame, his Duty, and his Expectations*, Part I, chap. I.

(16) *An Examination of Dr. Reid's Inquiry into the Human Mind on the Principles of Common Sence, Dr. Beattie's Essay on the Nature and Immutability of Truth, and Dr. Oswald's Appeal to Common Sense in behalf of Religion*, by Joseph Priestley, LL. D.F.R.S., 1774. 銘句はゲイからの引用である。「ある人たちが生得の観念を考えついたのは、どのようにしてそれらの観念が自分たちにやって来たかを忘れたからであるように、別の人たちもまた、そのようにして獲得した行動原理とほとんど同じ数だけ、それぞれ別個の本能を定立した」。――序においてプリーストリは、みずからロックとハートリの弟子だと言い、『人間の考察』の再版が印刷中であると予告している（p. XVIII-XIX）。「大部分の読者はどうしてもそうだが、一部の著作家でも綿密にものを考えたがらない人たちは、私がハートリ博士の理論のような人間精神の理論をもっと多くの人の目に紹介しようと努めることに対して、快く思わないであろう。彼の書物は、二晩か三晩で読み終えられる本ではなく、友人がそこにどんなことが書いてあるのかを尋ね、短い文章での回答を期待するということがあっても、そうした友人の誰にも満足のゆく説明を与えられるような本ではない。事実それは、新しい最も広範な科学を包含しており、その研究に踏み込んでいくらかでも成功の見込みを得るためには膨大な予備知識の蓄えを必要とする」。プリーストリは、新しい心理学に対する反発がスコットランドにあるのを認めながら、それをいかに説明すべきかを知らない。ロックの発見が、コペルニクス、ガリレオおよびニュートンの発見と同じく、勢威を振るう先入見からの頑強な抵抗に出会うのは、おそらく当然である。「ハートリ博士については、彼の審判の日はまだ来ていない。そしてこの刊行物、および私が計画してきた他のいくつかの刊行物における私の見解の一つは、その日を迎えることである。この刊行物が、試練に耐えて、精密な検討を受けた後はもっとよく知られ、もっとしっかり人びとに浸透するであろうということだけは疑いがない」。

(17) ハートリは「物質が感覚能力を備えていることがある」とは言わない。彼は、自分の理論が霊魂と肉体との関連について当時流布していたすべての理論（例えば機会原因論あるいは予定調和の理論）に適合できると考える（*Conjecturæ*, Scholium generale）。感情は常に運動を伴うという、すべての体系に共通な概念をのみ、彼は取りあげる。しかし、すべての物体において物質の量は重力に比例することもまた、同様に周知である。だが物質の量と重力との間に存在する繋がりは知られているであろうか。「そしてそれからの類推によって、もし振動とわれわれが呼ぶ種類の運動はあらゆる感情、あらゆる観念およびあらゆる運動に伴って生じるものであり、かつそれらに比例しているということが、確実な議論により示されるならば、その時われわれは、われわれの研究にもっと好都合なように、振動を感情、観念および運動の説明要因とすることも、あるいは後の三者を振動の説明要因とすることも自由である（Prop. V, Scholium）。振動と観念連合という二つの力は、それぞれ他方を除外すれば明白である。「その結果、振動の理論がどうなろうとも、観念連合の理論はわれわれの将来の研究を導く上での確実な基礎であり、道案内であると考えてよい」。

(18) Hartley's *Theory of the Human Mind, on the Principle of Association of Ideas; with Essays relating to the Subject of it.* By Joseph Priestley, LL.D.F.R.S. London, 1775. ――プリーストリはこの版では全体に「振動（vibration）」と「小振動（vibratiuncule）」という言葉を捨てていないけれども、第一部では初学者の労苦を和らげるためにそれらを用いるのをやめて、注で原語を掲げている。

(19) *Ibid.*, Préface.

(20) Jeremy Bentham, *An Introduction to the Principles of Morals and Legislation*, chap. X, 38（Bowring, vol. I, p. 57; repris in *CW*, p. 119, note z）.「厳密に言えば、慣習は擬制的存在にすぎず、慣習を形成すると言われる行為あるいは知覚以

外のなにものでもなく、何事かの原因になることはない。しかしながら、この不可思議は観念連合の原理によって充分にその謎を解くことができるのであり、その原理の性質と力の非常に充分な説明はプリーストリ博士編のハートリ『人間の考察』にある」。――Cf. Jeremy Bentham, *Logical Arrangements* (Bowring, vol. III, p. 286).「幸福という言葉によって、快楽とそれに照応する苦痛の排除のみを要素とするという性格の集合体あるいは複合体が、私の心に思い浮かばなかった時期はかつてなかった。その言葉に対して最初にエルヴェシウス（その著書『精神について』）により、また後にハートリ（その著書『人間の考察』、というよりむしろそれの要約版）により与えられた解釈を見た時に私が感じた満足感、そして今なお私がその時体験したことを憶えている満足感は、それらを初めて読んだ時には私にとって目新しいものであったことを想起させてくれる。しかしたぶん、この満足感の原因は、私自身の考えとの関係でその概念が新しかったことにあるのではなく、これらの著作で私の考えに対して確証が与えられたのを知ったという事情にあった」〔ベンサムはここでハートリの著書名を *Treatise on Man* としており、アレヴィもそのまま引用しているが、*Observations on Man* が正しい〕。――プリーストリの版は、『パノプティコン』（*Panopticon*, Letter XXI, p. 64）に引用されているが、この書物は一七九一年に出版されたものの、一七八七年には書き上げられていた。

（21） Joseph Priestley, *Remarks on Reid, Beattie, and Oswald*, London, 1774, p. 2.

（22） これは『人間本性論』の副題である。

（23） David Hume, *Treatise*, Book I, part I, sect. 4, vol. I, p. 321.

（24） *Ibid.*, Book I, part I, sect. I, vol. I, p. 314.

（25） David Hume, *Enquiry*, sect. VIII, part I（*Essays*, vol. II, p. 68）.

（26） David Hume, *Essays*, vol. I, p. 99.

（27） 「原理」というこの言葉の用法に注意。非常に曖昧であるが、後にベンサム学派はうんざりするほどこの単語を使用する。元来、ヒューム自身においても、原理は、「生命の原因」あるいはまた「病気の原因」が話題となる時と同じ意味で動力因を表している。しかしニュートン哲学の主要目的はまさしく、宇宙から動力因の概念を追放して不変結合の観念だけを残すことである。したがって、原理という言葉は気づかないうちに純粋に論理的な意味を帯びる傾向がある。それは、固定した法則つまり関係の表明を意味する。ベンサムがいかに曖昧に表現しているかは、『道徳および立法の原理序説』第一章第二節の注（*CW*, p. 12, note b）を参照。「ここで問題とされる原理は精神の作用、すなわち感情、是認の感情と考えられてよい。この感情は行為に適用される場合には行為の有益性を是認するが、有益性はその行為に対して与えられる是認あるいは否認の程度を規定すべき資質である」。

（28） David Hume, *Treatise*, Book I, part I, sect. III, vol. I, p. 318.

（29） *Ibid.*, Book I, part III, sect. XVI, vol. I, p. 471.

（30） *Ibid.*, Book I, part IV, sect. II, vol. I, p. 505.

（31） プリーストリはヒュームの懐疑論に対する反動として唯物論にまで行き着く。そうしてこのことは、ジェイムズ・ミルの目には（一八一五年の『ブリティッシュ評論』掲載の、彼のドゥーグルド・ステュアートについての論文を参照）ヒュームの懐疑論に対する新しい不満に見える。すなわち、ヒュームは因果連関の規則性を信じようとする観念連合理論家たちをこの無益な肯定に導いたという不満である。

（32） *Encyclopaedia Britanica* の第五版「補遺」における「教育」（ジェイムズ・ミル執筆）の項。

（33） Jeremy Bentham, *A Fragment on Government* 第二版［一八二三年］（Bowring, vol. I, p. 242; repris in *CW*, p. 508–509）のために書かれた［が出版されなかった］序と第一章三六節（Bowring, vol. I, p. 268 note; repris in *CW*, p. 439–440, note v）を参照。

（34） David Hume, *Enquiry concerning the Principles of Morals*, sect. I（*Essays*, vol. II, p. 172–174）.

（35） David Hume, *Treatise*, Book III, part I, vol. II, p. 245–246.

（36） UC 10（Miscellaneous Correspondence）. 一八二二年九月六日付、ジェレミ・ベンサムのエティエンヌ・デュモン宛の手紙。「私が有益性の原理をもって登場したのは『統治論断片』においてでした。私はそれをヒュームの『論集』から学びました。ヒュームはまったく栄光に包まれており、したがってその言葉は周知でした。ヒュームと私の違いはこうです。彼の用法は、――あるがままの現状を説明するためであり、私の用法はあるべき規範を示すためでした」〔*CW, Correspondence*, vol. 11, no. 2918, p. 148–150〕。

（37） David Hume, *Treatise*, Book III, part I, sect. II, vol. II, p. 246 sq.

（38） Jeremy Bentham, *An Introduction to the Principles of Morals and Legislation*, preface（Bowring, vol. I, p. v: repris in *CW*, p. 9–10）.

（39） David Hume, *Enquiry*, Appendix I, Concerning Moral Sentiment（*Essays*, vol. II, p. 264）.

(40) *Essays on the Characteristics of the Earl of Shaftesbury*, by John Brown, M. A., London, 1751, Essay II. On the Obligations of Man to Virtue, and the Necessity of *Religious Principle*, p. 129. ブラウンは言う、「シャーフツベリ卿は、道徳的に美しいといえる特定の行為を列挙するさいにはいつも、人類の幸福を直接かつ必ず導く行為を選んでいる。したがって彼は、公共の利益という概念について、美徳の正しい観念の形成にとって必要なものだと語っている。こうした例すべてにおいて、「行為と人間の幸福との関連は非常に顕著で強力だから、こうした例だけからでも、われわれの行為が道徳的美を引き出してくる偉大な普遍的源泉は、人間の幸福を生み出すことであると、先入見に囚われない精神は確信するであろう」。シャーフツベリは動物としての人間に影響する三種の情感あるいは情念を区別する。すなわち公共の利益をも私的利益をも求めない非自然的な情感、私的利益を求める利己的情感、公共の利益を求める自然的情感である。なぜなら、全体の利害と真っ向から対立する私的利害が存在しうると考えられているとは受け取りにくいからである。例えばまるで生ある存在のうちで、一部のものだけが全体の利益に反する習慣を持つことによって、その一部のものが自分たちだけで繁栄できるかのようには考えにくい。「公共の利害と自己自身の利害に対して好意的感情を持つことは、矛盾しないだけでなく不可分である。道徳的廉正あるいは美徳はそれゆえ、あらゆる被造物の利益になるはずであり、また悪徳は必ず損失になるはずである」(*An Inquiry concerning Virtue*, Book II, part I, § 1)。

(41) Rae, *Life of Adam Smith*, p. 15. —— W. R. Scott, *Francis Hutcheson*, p. 120–121.

(42) Francis Hutcheson, *System of Moral Philosophy* の一七五五年版序を参照。

(43) Francis Hutcheson, *Inquiry concerning Moral Good and Evil*, sect. III, § 8. 〔この注番号43は二つの引用文についているが、本訳書では後の引用文につけるにとどめた。〕

(44) Francis Hutcheson, *System of Moral Philosophy*, Book II, chap. VII.「同種の快楽については、快楽の価値は密度と持続時間の双方に正比例することは明らかである」。——しかしハチスンは付け加える。「種類の違う快楽を比較する時には、価値はそのものの持続時間と品位の双方に比例する」。——快楽の種類による分類をも参照。ベンサムに対する直接の影響があるように思われる。——その上、「利己心の体系」の代表者たちは、ハチスンの述べた仁愛の道徳理論に反対する。W・R・スコットは、アレクサンダー・インズ（アーチボールド・キャンベルの仮名）の奇妙な著作『徳の恩典』〔副題『道徳的徳性の起源の研究』〕を引用している。この著作では、快楽と苦痛の計算規則が述べられている。快楽は正の量、苦痛は負の量である。また三つの要因が考慮されるべきである。すなわち程度、持続時間および結果である。程度と持続時間は掛算しなければならない。結果は加算（あるいは減算）しなければならない（*Francis Hutcheson*, p. 106–107）。スコットはまた、一七四七年に刊行され、著者がゲイと推定される著作をも引用するが、その表題は、『人間の欲望と情念の起源に関する研究。それぞれ観念連合からどのようにして生じたかを示す。道徳上の悪徳がこの世に入りこむことの説明を付す』である。「あらゆる快楽は密度と持続時間との比例関係にある」と著者は述べている。したがって密度が等しければ快楽は持続時間に比例し、持続時間が等しければ密度に比例する。したがって二つの快楽の密度と持続時間が相互に逆比例する場合、これら快楽は等しい。したがって結局、限りなく小さい快楽が、場合によっては限りなく大きい快楽より好まれることがある。――ベンサムがこれら二つの著作のいずれか一方でも知っていたかどうかは極めて疑わしい。それだけに、すべての知識人が一定の時期に共通の理論のために共同作業しているのを見るのは、一層興味深いと言える。

（45）David Hume, *Enquiry concerning the Principles of Morals*, Appendix II. Of Self-Love（*Essays*, vol. II, p. 268–269）.

（46）Jeremy Bentham, *An Introduction to the Principles of Morals and Legislation*, chap. V, 10; chap. X, 25; chap. XII, 4,（Bowring, vol. I, p. 18, 52–53, 69; repris in *CW*, p. 44, 46, 109–111, 143–144）; chap. XIX, 7 in Bowring, vol. I, p. 143（repris au chap. XVII, 7 in *CW*, p. 284–285）. ――もっと後にベンサム（*Logical arrangements*, in Bowring, vol. III, p. 290–291 を参照）は、四つの物理的、政治的、道徳的および宗教的制裁のほかに、「共感的」制裁あるいは「共感の」制裁を区別する。「共感の制裁、あるいは共感的制裁という場合に、どんな機会にこの制裁に属する快楽あるいは苦痛が体験されるかといえば、次のような時である。すなわち、当該の人物がこれから行おうと考えているある行為から生まれる結果が、場合によって違うが、何らかの形で、ある他人の胸の中に快楽あるいは苦痛を生み出す時である。当該人物は共感的情愛の力により生み出される関心をそのある他人の幸福に対して寄せている」。

（47）David Hume, *Essays*, Essay VI. Of the Independency of Parliament（*Essays*, vol. I, p. 117 sq）.

（48）Jeremy Bentham, *An Introduction to the Principles of Morals and Legislation*, chap. XIV, 28（Bowring, vol. I, p. 90–91; repris au chap. XIV, 28 in *CW*, p. 173–174）.

（49）Jeremy Bentham, *Traités, Principes du code pénal*, partie I, chap. VIII.「個人的動機が有益なことは、はなはだ顕著であって、その動機から生まれた活動は決してやめさせることができない。なぜなら自然は個人の自己保存を個人的動機に委ねたからである。個人的動機は社会の大きな車輪である」。――*Traités, Principes du code civil*, partie II, chap.

V.「すべての個人が絶えず気にかけているのは自分の幸福である。その配慮はとぎれることがなく、かつ正当である。なぜなら、この原理を逆にして、他人への愛を自己愛に優越させることができると想定しよう。そんなことをしたところで、その結果は最大の不合理と悲惨であろう」。──Cf. Francis Hutcheson, *A System of Moral Philosophy*, Book I, chap. IV, section VII.「真に自然的かつ利己的な欲望や情念はどれも、たとえ行為主体により公共の利益に関連づけられなくても、一定の限界内にある場合にはそれ自体で害悪とは非難されない。すべてこのような感情がわれわれ人類に植え込まれていることは全体の利益にとって必要なことであった。……いや、このような利己的感情は全体の利益すなわち各個人の利益に必要な目的を意図しているのだから……自然の創造主がわれわれに力の開発を促さないのは、極めて冷静であり優しかったからである」。

(50) Bernard de Mandeville, *Recherches sur la société*, [*Fable of the Bees*, part I] sub finem.

(51) Bowring, vol. X, p. 68. ベンサムの覚書草稿、一七七四年。「『悪のために悪をなす人間はいない。悪によって利益あるいは快楽をあがなうために悪をする』。この偉大な真理はベイコン卿に知られないではおかなかった。ベイコン卿が真理に出会った時には彼の精神はいつでもその美に打たれたが、彼の時代は、真理を極限まで追究することが実行可能でも安全でもある時代ではなかった。『悪徳が有用な時には、正しく行為する者が間違ったことをすることになる。もしすべての物事について悪徳が有益であるならば、有徳の人は罪人であろう』」。

(52) David Hume, *Essays*, Essay XXIV, Of Refinement in the Arts. エルヴェシウスは同じ精神でラ・ロシュフーコーを批判する（『精神について』第一論考第四章）。──Cf. Adam Smith, *Theory of Moral Sentiments*, Part VI, sect. II. ──Jeremy Bentham, *An Introduction to the Principles of Morals and Legislation*, chap. X, 13 (*CW*, p. 96, 102, sect. 3). 自分の研究に関するジェレミ・ベンサムの口述、ジョン・バウリングの筆記。Bowring, vol. X, p. 22; Jeremy Bentham, *Commonplace Book*, 1774–1775 からのジョン・バウリングによる抜粋。Bowring, vol. X, p. 73. ──Godwin, *Political Justice*, 2e éd., livre VIII, chap. VII. ──Malthus, *Principle of Population*, Appendice, 9e éd., p. 492.〔この付録は第三版から現れる。〕

(53) 一七三五年以降（一七三六年十二月十二日付リスター宛の手紙参照）、ハートリは『理性から導きだされる幸福の増進』と題する二つの論説を書いた。彼の『推論』の第二十二番目にして最後の命題は、快楽を手に入れたり苦痛を避けたりする能力が、出生とともに始まり、日に日に成長するはずだと確言する。ハートリはそのことをもっと後に『人間の考察』においても（個人から類に拡大して）再論する考察により証明し、第五にして最後の系論において

「動力因と目的因との一致」を結論する。

(54) ハートリは「われわれはすべての快楽を同等に、その大きさ、永続性、およびその他の快楽を生み出す傾向により評価すべきであり、またわれわれの苦痛についても同様である」と考える（David Hartley, *Observations on Man, his Frame, his Duty, and his Expectations*, Part I, chap. I, sect. II, Prop. XIV, cor. 10〔p. 83–84〕）。これはベンサム理論の密度、持続時間および多産性である。

(55) *Ibid.*, Part I, chap. I, sect. II, Prop. XIV, cor. 9. ハートリは言葉を続ける。「あるいは言い換えれば、この系論の想定の下では、連合は、知恵の木の実を食べた人びとの状態を楽園に逆戻りさせる性質を持っている」。――このことを証明するためには、ハートリは（『考察』においても『推論』においても）、快楽を生む運動は苦痛を引き起こす運動に数の点で最初の瞬間から優っているという彼の見解に人びとを同意させる必要がある。

(56) *Ibid.*, cor. 12. ――Cf. chap.III, sect. I, prop. LXXXV; ――et Part II, chap. III, sect. VIII, prop. LXXIV, 4°.

(57) *Essay on the First Principles of Government*（1767）の冒頭を参照。――プリーストリはハートリの死（一七五七年）の直前に文通をしていた。

(58) David Hume, *Essays*, Essay VI, Of the Independency of Parliament（*Essays*, vol. I, p. 117）.

(59) Morellet, *Memories*, vol. I, p. 68.「パリから離れていたことと、航海中の所用のために私は、『精神について』という書物の命運を関心をもって追うことができなかった。私はパリで、エルヴェシウスを哲学の使徒にして殉教者と見なす友人の哲学者すべてに、その関心を仮託した。イタリアはヨーロッパのうちでこの著作が最大の成功を収めるはずの国であったし、結局はそうなったにもかかわらず、私がその中で生活したイタリア人たちはまだそのことに気を配っていない」。――ロシアについては、*Westminster Review*, vol. I,〔1824〕p. 90. ――Bowring, vol. X, p. 56 and 158: ブカレストでベンサムが「フランス語を話しエルヴェシウスを読む若い知識人」と出会った時の彼の喜び〔Lettre de Jeremy Bentham à John Bowring, le 30 janvier 1827（reproduite in Bowring, vol. X, p. 56, reprise in *CW, Correspondence*, vol. 12, nº 3305, p. 288–309）〕〔この手紙は、初版では参照されてない。第二版で参照されたが、日付が一八二五年と誤記されている〕。――ベンサムはエディンバラのシェヴェディアウア博士の知己を得、たちまち彼を信頼する。「彼はエルヴェシウスを賞賛する」（Lettre de Jeremy Bentham à son frère Samuel, le 27 octobre 1778, *CW, Correspondence*, vol. 2, nº 280, p. 181〔BL, Add. Ms. 33, 538, f. 247〕）。フランクリンは「常にエルヴェシウスを机の上に置いている」。

（同じ手紙。*ibid.*, f. 248〔*Ibid.*, p. 183〕）――ディズレイリの小説『シビル』（*Sybil*,〔*or the Two Nations*, London 1845〕）における、知識人大地主で、時代を作った貴族の代表マーニー卿の描写を参照。「皮肉屋で情感に欠け尊大で実務的で冷酷。彼は想像力を持た」ず、僅かばかりの生まれながらの感情を使い果たしてしまったが、炯眼で議論好き、しかも頑固というより強情であった」。初等教育を受けたことがなかったが彼はフランス哲学派の勉強を始めた。「彼はエルヴェシウスにより自己の精神を形成した。彼は、エルヴェシウスの体系を反論の余地なきものと見なし、そうしてエルヴェシウスだけを信奉した。その偉大な先生の原理で武装して彼は、堅牢無比な武具に身を固めてこの世を渡ることができると考えていた。だからあなたが日常生活の中で彼から受ける印象は、あなたが彼を騙そうとしているのを承知していて、そのためにむしろあなたを尊敬するふりをし、その目は冷やかで底意地悪そうに絶えずきょろきょろしてあなたを挑発する男であった」〔第七章〕。――一八〇〇年にパー博士は『療養所説教』の注の一ページをエルヴェシウス批判に費やし、一八〇五年にヘイズリットは、『ハートリとエルヴェシウスの体系批評』を公刊する。「エルヴェシウスがここで言われている仮説を着想した最初の人だと私は言うつもりはない。というのは、彼は、独創的な不合理を発明するほど機知に富んでいたとは思われないからである。しかし私の信ずるところでは、この概念が今のように普及したのは彼によってであった」。

（60）エルヴェシウスはその序で、非難の要請に応じてヒュームからのいくつかの引用を削除しなければならなかったと、弁明している。――エルヴェシウスの思想に対するイングランドの影響については、Rae, *Life of Adam Smith*, p. 142–143, 200.

（61）ジョン・バウリングが採録したジェレミ・ベンサムの幼児期の思い出（Bowring, vol. X, p. 10）。クレテ島でフェヌロンが最も良い統治形態を構想する議論の中においてである。

（62）オクスフォード在学中に、父は彼に、大学の勉強以外に［キケロ］『トゥスキュラネス』のある巻［第一巻］の翻訳を課題として与える。一七六一年の二月から三月までの一カ月以上の間、ベンサムはその課題に専念する（一七六一年二月二日から三月二十九日までの、ジェレミ・ベンサムの父宛の手紙、*CW*, *Correspondence*, vol. 1, nos. 18 à 25, p. 33–42,〔BL, Add. Ms. 33, 537, f. 72–82〕）。その訳稿は保存されている（BL, Add. Ms. 33, 537, f. 83–123; 新分類ではB.M. I, p. 85–120）。訳文の中でキケロは、美徳とは快楽を軽視することにあるという観念を長々と展開する。ベンサムは常にキケロを深く遺憾としたと考えられる。彼は書いている（本巻の付録Ⅱ参照）。「幸福をさまざまな多数の快楽に分解しうる複合体と考える観念は、キケロの『トゥスキュラネス』において述べられた理論と正反対である。言葉の巨匠キケロの他の哲学的著作の大部分と同様、この書物は、たわ言の山以外のなにものでもない」。

（63） 一七七〇年九月から十一月まで（BL, Add. Mss. 33, 537, f. 229–233）。

（64） 一七七五年九月二十五日以降（Lettre de Jeremy Bentham à son frère, les 25 et 26 septembre 1775, in *CW, Correspondence*, vol. I, nº 142, p. 260–263）、サミュエルはフランスにいて、フランス語を学ぶ。「君は幸せだよ、勉強すればちゃんと報いてくれる言葉を間もなく修得する。そうだ、君は彼〔デイヴィース〕と（どうして僕とでないのか）聖者エルヴェシウスを読むといい」〔*ibid.*, I, p. 261〕）とジェレミは叫ぶ。——そうして彼は次の言葉で手紙を結ぶ。「……ここまで全部、辞書も文法書もなしだ。僕が立派なフランス人とは驚くではないか。僕は、少し考える時間がある時にはかなりうまくことを運ぶのだ」（*ibid.*, p. 263）〔ジョウジフ・デイヴィースはサミュエルがチャタム・ドックの徒弟時代の上司であり、止宿先の主人。Cf. *Correspondence*, vol. I, p. 228n.〕。

（65） *Le Taureau blanc*, en juillet〔juin〕1774（Lettre de Jeremy Bentham à son frère, le 8 juin 1774, in *CW, Correspondence*, vol. I, nº 110, p. 183–186, また、lettre du même au même, en juillet 1774, in *ibid.*, nº 111, p. 186–187）. 彼は弟に宛てて書いている。「これはひどく悪い本だと君は考えるに違いない。君はそれを肌身離さず保管し、誰にも見られないようにしてくれたまえ。ただし、君のところのような人目につかない片隅で、われわれの誰かに会う時は別だ。そしてその時には君は分別を働かせてくれたまえ。賢者マンブレの分別の説教を想い出してくれたまえ。——そして君が何をしようと、僕に知らせないでくれたまえ」〔*Correspondence*, Vol. I, p. 187〕。——彼の友人リンドは、「フェルニーの館にて、一七七四年七月二十日」と老人の震える書体で書かれた手紙を彼に送っている。それは、ヴォルテールによって書かれたと思われている（Lettre in *CW, Correspondence*, vol. I, nº 113 p. 189–190〔この手紙にはベンサムの手で、「ヴォルテールからリンド、一七七四年七月二十日」と書かれているが、新全集版編者は、リンドの手紙としている〕）。——ヴォルテールの文体がベンサムのすべてのフランス語草稿に影響していることは、異論の余地がなく思われる。——ベンサムが、自分の夢の意味を解けなかったという理由で人びとを殺させたネブカドネザル〔二世〕に法曹家をたとえる時（本巻一一四ページ参照）、彼は『白い牛』（第三章）を想起している。また彼がシェルバーン卿と語りながら自分をバラムの驢馬〔『白い牛』の女主人公アマンダ妃の守護者、魔法使い〕になぞらえる時（本巻二一三ページ参照）も同様である（『白い牛』第二章参照）。

（66） 例えば UC 100; *Histoire du progrès de l'esprit humain dans la carrière de la législation* と題する断片を参照。「……いくつかの職業における人間精神の前進がそこで描かれる。第一に無知（もしくは無頓着）、次いで漠然とした推測、次いで学問的知識、次いで精神、次いで理性と科学。ニュートンが自然全体に対して理性の光を差しこませるより前に、デカルトが精神を与える必要があった。形而上学の基礎についてロックが正しい展望を与えるより前に、マルブランシュが精神を与える必要があった。立法においては、古代人たちがグロティウスとプッフェンドルフに先行し、グロティウスとプッフェンドルフがモンテスキューに先行し、モンテスキューが完全にして合理的な法律体系を構築する人に先行する必要があった。……モンテスキューの書物には精神は溢れるほどあるが、真理はごく僅かしかない。この本を世間は賞賛することをまだやめず、ダランベールは讃辞を書いた上に、それどころか分析をも書いた」〔これは最初からフランス語で書かれているが、執筆は一七八五年頃と推定されている。f. 87–89〕。

（67） ベンサムは書いている、「モーペルテュイの『道徳哲学論』〔一七四九年〕が私の手に入った時には、私はすでにこのことを基礎として論理の構築に取り掛かっていた。天才的哲学者のこの著作はベッカリーア氏の著作より数年早いが、モーペルテュイは、幸福の分析という同じ基本的考えから出発している。けれども彼はそれを途中までしか追究せず、接近性と確実性という二つの要因を考慮に入れなかった」（付録Ⅱ参照）。モーペルテュイの『道徳哲学論』はベンサムの注意を引かずにはおかなかった。第一章でモーペルテュイは、快楽、苦痛、幸福な時間、不幸な時間という言葉で彼が理解するものを定義してから、次のことを明らかにする。すなわち「幸福な時間あるいは不幸な時間を評価するには、快楽もしくは苦痛の持続性だけでなく密度をも考慮する必要がある。二倍の密度と単純な持続性とは、密度が単純で持続性が二倍の時間のものと、等しい時間となる。一般に、幸福な時間と不幸な時間との評価は快楽もしくは苦痛の密度と持続性との掛け算の結果である」。次いでモーペルテュイは、善を「幸福な時間の和」、悪を「不幸な時間の同様な和」、幸福を「あらゆる悪が引かれて残る善の和」、不幸を「あらゆる善が引かれて残る悪の和」と定義する。「それゆえ幸福と不幸とは善と悪の相殺により決まる」。モーペルテュイはその計算の中で時間距離と確実性を考慮しない。彼ははっきりと時間距離は無視されるべきだとさえ考える。そしてこの点で彼はベンサムと逆だが、おそらく正しい。「善と悪との比較に新しい困難を付け加えるのは、それら善悪がどの時点から考えられるかという時間距離の相違である。もし遠い将来にしかやって来ない善を現在の善と比較して考え、あるいは現在の悪を遠い将来にしか降りかからない悪と比較して考えなければならないとすると、こうした比較がきちんと行われるのは稀である。しかしながら、隔たる距離の不平等は、実生活においてしか困難を引き起こさない。なぜなら、たぶんわれわれの年齢と健康の状態によりわれわれの手の及ぶ範囲内と思われる未来はほとんど現在と見なされるはずだからである」。その上ベンサムはモーペルテュイの結論を、「憂慮でもあれば誤りでもある」と非難する。ベンサムの考えるところではモーペルテュイの快楽の定義は最も密度の濃い快楽以外はまったく程度を除外していたからである。事実モーペルテュイは、ハートリの前提とは正反対の与件、すなわち「日常生活においては悪の和は常に善の和を上回る」という与件から出発して、一種の禁欲主義に行きつく。彼は肉体の快苦からの解脱を勧告する。魂の快楽は喜びにより弱まることなく、魂はそれら快楽をそのまま完全な形で感じ取る。快楽は魂を弱めるどころか強める。魂の苦痛に関しては、それらを避けることは、常に賢者の意のままになることである。——ベンサムはモーペルテュイを、遅くとも一七七〇年のやや後という非常にいい時期に読んだように思われる。というのは、初期の草稿中で彼が「無味乾燥ということの弁明」を述べる多くの文章は、モーペルテュイから刺激を受けているように思われるからである。『道徳哲学論』序の最後の文章を参照。「私にはもう一言しか語る言葉はないが、それを語ることはほとんど無益である。それは作品の文体についてである。文体が陰鬱で無味乾燥なことは見ての通りである。私はそのことを認める。しかし私はそれを変えるべきだとは思わない。私がそれを花で飾ることができたかもしれない時にも、主題の厳しさがそれを許してくれなかった」。

(68) Lettre de François Jean de Chastellex à Jeremy Bentham, le 3 juillet 1778 (*CW*, *Correspondence*, vol. 2, nº 265, p. 139–141); et lettre du même au même, le 9 juillet 1778 (in *CW*, *Correspondence*, vol. 2, nº 266, p. 141–142〔この手紙は、弟サミュエル宛のものであるが、その中にシャトリュからの手紙が転記されていた。新全集版『書簡集』では弟宛の手紙の終わりに印刷されている〕)。シャトリュの書物の完全な表題は『公共の福祉について、あるいは歴史のさまざまな時期における人間の生活条件の考察』初版一七七二年、第二版「著者の改訂増補」一七七六年である。シャトリュはプリーストリとエルヴェシウスを引用している。しかし彼の作品全体の中には、ベンサム理論の始源と見ることのできるものは何も散りばめられていない。ただ人類は最大幸福を志向するという漠然とした肯定があるだけである。それどころか、シャトリュはプリーストリから無限進歩の理論を学びとっている。ベンサム(『民法と刑法の立法理論』時間の影響など、第二章第二節)はそのことで彼を非難する。「過去数世紀の黄金時代のように、文字通りの意味で理解されたこの将来の楽観論が詩に相応しいようには思われない。想像力にとっては、あらかじめ幸福を設定し、そしてわれわれの意気を阻喪させる後悔よりもわれわれを励ます希望が与えられるほうがいいけれども、この種の問題が議論されている間は空想を混ぜあわせて推論を歪めてはならない」。――しかしながら、はるかずっと後に自分の哲学を表現するのに用いられる有益なという形容詞に不満を感じてベンサムがそれを幸福なという形容詞に置き換えることをある瞬間に夢見ることに注目しよう。そこにはシャトリュの追憶がありはしないであろうか。――一七七八年六月二十六日、ジャン・ル・ロン・ダランベールはベンサムから送られた著作に対する礼状を書いた。「お送りくだされたあなたの計画と表につきましては、私は賞賛の言葉しかありませんし、それらが実行されることを祈念するのみです。人類は刑法の不合理性と残忍性をさえ、ついには完全に改革する時が来るでしょう」（*CW, Correspondence*, vol. 2, nº 261, p. 135–136〔この手紙も弟宛の手紙に転記されていた〕）。このことから、この時以後ベンサムはフランスで思想家および博愛主義者として認められたと、ベンサムの伝記作家たちは結論づけた。実際にはダランベールの手紙は、自分に書物を贈ってきた若い著者に対する返礼行為にすぎない。Lettre de Bentham à son frère, du 6 juillet 1778（*CW, Correspondence*, vol. 2, nº. 261, p. 133–135）。「金曜の郵便はダランベールの手紙を僕に届けてくれた。僕はそれを君の教養のために別紙に転記しておいた。確かにそれは丁寧だが、非常に冷たくそっけなくて、しかも非常に短い」。

(69) ジョン・バウリングが記録したジェレミ・ベンサムの話。Bowring, vol. X, p. 27.

(70) Jeremy Bentham, UC 32（Legislation VI, Code civil）*Civil Preface* と題される断片。「立法あるいはその他のいかなる部門の道徳科学をも主題として過去に刊行され、あるいは将来に刊行される私の他のどんな著作とも同様、現在の著作も実験的推論方法を自然部門から道徳部門に拡大する試みである。ベイコンと自然界との関係は、エルヴェシウスと道徳界との関係に等しい。したがって道徳界にはベイコンはいるが、ニュートンがまだ現れるに至っていない。――Cf. *Bentham's Memoranda, 1827–1828*, reproduit in Bowring, vol. X, p. 587–588.「ベイコンがしたことは『実験すべし』と宣言することであった。しかし彼自身の自然哲学知識は皆無であった。――ロックがしたことは生得観念の概念を破壊することであった。――ニュートンがしたことは科学の一部門に光を投ずることであった。――しかし、私は有益性の樹を植えた。――私はそれを深く植え、広い範囲に広げた」。――Jeremy Bentham, *Memoranda, 1773–1774*, reproduit in Bowring, vol. X, p. 70.「ロックとエルヴェシウス以前の未熟な法規類集。――法規類集はロックとエルヴェシウスの著作以前には編集しても利益のなかった仕事である。ロックは、観念の分かりやすさの評価規準を作り、エルヴェシウスは行為の正しさの判断規準を作った。……法律の内容はエルヴェシウスの見解によるべきである。法律の形式と表現については、われわれはロックに依拠しなければならない。――ロックから法律はその形式の――エルヴェシウスからはその内容の支配的原理を受け取らなければならない。――論述である限り法律はロックの定立した原理によって支配されなければならず、また行動の仕方によっては権威者から刑罰か顕彰を予示する説諭である限り、法律は、エルヴェシウスの原理により支配されなければならない」。

(71) Helvétius, *De l'Esprit*, Préface.
(72) *Ibid.*, discours II, chap. XXIII, XXIV.
(73) *Ibid.*, discours II, chap. I.
(74) *Ibid.*, discours II, chap. II.
(75) *Ibid.*, discours III, chap. XXVII.
(76) *Ibid.*, discours III, chap. XXVII.
(77) *Ibid.*, discours II, chap. XX.
(78) *Ibid.*, discours III, chap. XXV.
(79) *Ibid.*, discours III, chap. I.
(80) *Ibid.*, discours II, chap. XXIV.
(81) *Ibid.*, discours II, chap. XXIV.
(82) *Ibid.*, discours II, chap. XXII.「自分たちの法律を狂おしいまでに熱愛する国民は、自分たちの不幸の原因を法律が死文となったことに求めるが、それは無駄なことである。法律の死文化は常に立法者の無知の証拠であると、サルタンのマームドは言っている。彼の意思のままになる顕彰、刑罰、名誉と恥辱は、四種の神々であって、彼らによって彼は常に公共の利益を生み、あらゆる分野で立派な人びとを作り出すことができる。――あらゆる研究、云々」。
(83) *Ibid.*, discours II, chap. XVII.
(84) ミラノ、一七六六年五月付、ベッカリーアのモルレ宛の手紙（*Des Délits et des peines*, éd. Rœderer, 1797, p. XL）を参照。「ヨーロッパを啓蒙し啓発している国民の言葉に私の著作が翻訳されたのを知ってどんなに光栄に思っているか、言い表すことができません。私自身、すべてはフランスの書物からのおかげを受けております。八年間の狂信的教育のせいで抑圧されていた人間的感情を、それらの書物が私の魂の中で発展させてくれました」(p. XLV)。「私が哲学に転向した時期は五年前に遡ります。そしてそれは『ペルシア人の手紙』〔一七二一年〕を読んだおかげです。私の精神の大旋回を行わせてくれた第二の著作はエルヴェシウス氏の著作です。真理の道に力強く私を押してくれて、人間の無分別と不幸に私の注意を初めて目覚めさせてくれたのは彼です。私の考えの大部分は『精神について』を読んだおかげです」(p. XLVI)。「ヒューム氏の形而上学、彼の見解の正しさと新しさは私の心を揺さぶり、私の精神を啓発してくれました」。

(85) Lettre de George Wilson à Jeremy Bentham, le 30 novembre 1788 (reproduite in Bowring, vol. X, p. 194; et reprise in *CW, Correspondence*, vol. 4, nº 630, p. 15–17).

(86) Beccaria, *Traité des délits et des peines*, Introduction. ── Jeremy Bentham, *Logical Arrangements*, Bowring, vol. III, p. 286–287.

(87) Jeremy Bentham, UC 27; *Introduction to* 〔*the Principles of*〕 *Morals and Legislation*, Preface, p. 109.「著作の基礎である有益性の原理については、私はエルヴェシウスから学恩を受けており、刑罰の価値の成分の考察については、ベッカリーア侯爵から学恩を受けている。これらの考察のおかげで私はそれを拡大して苦痛と快楽に適用した」。

(88) Jeremy Bentham, UC 32 (Legislation V. Code civil); *Introduction Principles Projets Matière* と題する断片〔執筆は一七八五―一七九〇年〕。

(89) Joseph Priestley, *An Essay on the First Principles of Government, and on the Nature of Political, Civil, and Religious Liberty, etc.*, 1re éd., 1768, 2e éd. 1771, sect. II. Of Political Liberty.

(90) Joseph Priestley, *Pursuits of Literature*, London, 1794, p. 10.「あえて書くが、プロテウス〔変幻自在の〕・プリーストリに語らせよう――彼はあらゆることについて書くが何事についても優れていない。――彼は現代のダイモン〔鬼神〕さながらに布告する――空気、本あるいは水は同じように楽々と出来る」。

(91) Joseph Priestley, *An Essay etc.*, sect. II. Of Political Liberty.「成員の利益と幸福、すなわち、いかなる国でもその国の成員の大多数の利益と幸福」――Cf. sect. III. Effects of a Code of Education.「社会における幸福の最大量――その社会の成員の幸福の最大量」を参照。

(92) Jeremy Bentham, *Déontologie*, tr. fr., coup d'oeil sur le principe de la maximisation du bonheur, etc., p. 355〔幸福極大化

原理の簡単な考察〕. ——Récits de Jeremy Bentham, retranscrits par John Bowring, in Bowring, vol. X, p. 79–80, 567〔voir *CW, Deontology together with a Table of the Springs of Action and an Article on Utilitarianism*, ed. Amnon Goldworth, Oxford, Clarendon Press, 1983〕.

(93) William Paley, *The Principles of Moral and Political Philosophy*, Book I, chap. VI.

(94) *Ibid.*, Book II, chap. VI.

(95) *Ibid.*, Book I, chap. VII.

(96) Leslie Stephen, *English Thought in the XVIIIth Century*. ——Et *Parriana, or notices of the Rev. Samuel Parr. LL.D.*, collected from various sources, printed and manuscript, and in part written by E. H. Barker, Esq., London, 1828. この本は、ハートリ、ロー、ペイリ、ジェブおよびタイリィットをケンブリッジにおけるロック学派を構成するものとしてまとめている。

(97) 例えば、Brown, *Philosophy of the Human Mind*, p. 501, 534 を参照。

(98) *Literary remains of S. T. Coleridge*,〔London 1836–1839,〕p. 328.「最後に、力強いこの国民、その支配者と賢明な民衆が——ペイリに——またマルサスに——聴き入っているのを見給え！ 悲しき哉、悲しき哉」。

(99) Lettre de Jeremy Bentham à son père, le 14 octobre 1772（*CW, Correspondence*, vol. 1, n° 95 p. 154）.「拝啓、僕が手がけている仕事の小見本をお父さんがご覧になって賛成してくださったとうかがい、大変満足しています。……お父さんもお気づきの主題の難解さは、お父さんがおっしゃる原因のためにいくら僕が解消に全力を尽くしてもある程度は残らざるをえないと思いますが、そうした難解な主題について公衆に語る機会がありましたから、今僕はそれのために何をするつもりもありません」。

(100) Lettre de Jeremy Bentham à son frère, le 6 décembre 1774（*CW, Correspondence*, vol. 1, n° 126, p. 219）. ——「ちょうど今僕がしている主なことは、一連の定義や公理を構想し総合することで、『注釈の評注』の前につけて、『われわれの著者』〔W・ブラックストン〕の矛盾だらけの発言を検討するさいの規準として役立てようと考えている」。——Lettre de Jeremy Bentham à son père, le 27 août - 5 septembre 1775（*ibid.*, vol. 1, n° 138, p. 241）.「残念ですけれど、僕の『注釈の評注』は結論を急いでいます。僕の『法律集成計画』はかなり進んでいます。その両方でなくてもどちらか一方を、お父さんの滞在がおっしゃる通りの期間であれば、お着きになった時にお目にかけたいと思っています」。——

『注釈の評注』という重要な断片がある（UC 96）。第二節は、ブラックストンの「自然法」を論じ（Jeremy Bentham, *CW, Comment on the Commentaries*, I, 2, p. 11, note *b*）、第三節は「啓示の法」（*ibid.*, I, 3, p. 21）、第四節は一貫してブラックストンの人間の法律すなわち「諸国民の法律」（*ibid.*, chap. I, sect. 5, p. 34）を論じている。第五節は「われわれの著者の議論の批評」（*ibid.*, chap. I, sect. 5, p. 34）、第七節は「法律の構成部分についてのわれわれの著者の説明」（*ibid.*, I, 8, p. 59）と題されている。第一節は法一般の観念を論じていると考えられ（Jeremy Bentham, *CW, A Fragment on Government*, II, 2, note a, p. 449 参照）、また第六節はブラックストンが「国内法」と呼ぶものを論じていると考えられる。『統治論断片』なる表題の下にベンサム〔原書は初版、第二版ともにブラックストンと誤記〕が切り離して刊行するのは後者である。——『法律集成計画』については、本書第二章注10を参照。「今僕は本の完成を急いでいる。印刷のために浄書してくれる筆耕屋が欲しいし、一度それを君とD（デイヴィス）君に読んで聞かせたい」（Lettre in *CW, Correspondence*, vol. 1, nº 140, p. 256）。

(101) Lettre de Jeremy Bentham à son frère, le 15 février 1776（*CW, Correspondence*, vol. 1, nº 150, p. 294）.「……僕は今朝、印刷所にパンフレットの最後の稿を急送した（だが、ああ！ 序ではない）。……君は考えられるか、それは五四ページに膨れた。目次と序以外で全体は二〇〇ページ足らずになるだろう」。

(102) Lettre de Jeremy Bentham à son père, le 1er octobre 1776（*CW, Correspondence*, vol. 1, nº 186, p. 358–359）.「僕は今、大きい著作に取り掛かっています。僕の言うのは、『法学の批判的綱要』です。今はこれまでのような材料集めはほとんどすみ、材料をこうあるべきだと僕が考えるような形に配列しているところです。僕の作業計画では、一部を切り離すことができ、それをその他の部分から分けて出版できます。僕が今取り掛かっている部分は個人的被害に関する法律です。その次には特定個人を対象とする犯罪に関する法律に進むつもりで、この法律は私的犯罪に関する法律という名称で特徴づけられます。その場合の残りの部分は公的犯罪に関する法律という名称になるでしょう。しかし、こうした区分の下にそれぞれ分けられる犯罪の間に引かれる線は、明瞭かつ自然な線、ブラックストンの区分についてこの問題の専門的考え方に認められている以上にはるかに明瞭かつ自然な線になるでしょう。こうしたことを詳論する前に一般原理を含む部分が来ます。この一般原理によりそうした詳細の論述は支配されます。この予備的部分についての計画は、かなり充分に定まっており、素材は充分に集まっています」。Voir aussi lettre de Jeremy Bentham à son frère, le 15 février 1776（*CW, Correspondence*, vol. 1, nº 150, p. 293–294）. ——UC 28（Legislation II, Law in general,

Common Law, Divine Law etc.）は、予告草案中に作品の完全な表題を含んでいる。すなわち「検討中。著者は本刊行物、批判的法学綱要の著者。最初が刑法部門で、以下の諸項目を含む。すなわち序論、これはこの部門と他の部門とに共通する論点の理論を含む」。――*Crit. Jurisp. Crim.*（UC 69〔f. 1-42〕）と題する草稿に含まれているのは、精神の快楽の分類、道徳算術の理論、四つの制裁とそれら相互の矛盾（制裁の闘争）に関する理論、道徳算術の規則に関する詳細の考察、ブラックストンにおける犯罪の分類の批判、自然法という言葉、法の区分、また自由の概念に関する一般的省察などである。これらは、書き上げられた作品の断片というよりは素案である。

(103)『刑罰の理論』は、『法学の批判的綱要』と一体であったものから後に切り離されたのではないかと疑わしく思っていい。デュモンは「自分が『刑罰の理論』を取り出してきた草稿は一七七五年のものである」とわれわれに語っている。一七七六年十月一日、ベンサムは『批判的綱要』を書く仕事をしている。ところで、『刑罰』と題され五篇に分けられた作品の完全な目次（UC 96）がある。序論、法律の目的である幸福について――法律、その主題。法律の区分――第一篇、犯罪一般について――第二篇、刑罰一般について――第三篇、特定の犯罪について――第四篇、法律の起草について――すなわち犯罪と刑罰とを叙述する様式――第五篇、法律の公布について――付録1、立法改革に対する障害について、2、科学の進歩について――したがってこの作品は刑罰の一般論しか含まない（第二篇の目次は刑罰の質の理論および刑罰を科すことのうちで守るべき規則の理論がまだ仕上がっていないことを証明している）し、全体の計画はどちらかといえばベンサムが一七七九年にその概要をベルン経済学会に送った『刑法分野における立法計画』に似ている（BL, Add. Ms. 33, 538, f. 313）。――UC 67の序説と第一篇の断片を参照。――この時期にベンサムの書いた草稿にはすべて――あるいはほとんどすべて――BRという二文字（ブラックストンの改訂（Black-stone revised）と解釈すべきであろうか）が書かれてあるが、その文字はある決まった著作のものとすることはできないように思われる。――刑罰の尺度の理論は一七七七年の終わりまでにはわれわれが今日知るような形に作られている。――Lettre de Jeremy Bentham à son frère, le 4 juin 1777（*CW, Correspondence*, vol. 2, nº 219, p. 57）。「……ウィルスンと僕は、一昨日フォーダイス博士の家で一緒に食事をした。そして僕は彼に僕の『刑罰』の生理学的部分を読んで聞いてもらって、彼から有益な訂正をしてもらった」。La lettre de Jeremy Bentham à son père, le 13 novembre 1777（*CW, Correspondence*, vol. 2, nº 227, p. 72）参照。彼が取り組んでいる章はこうである。「二つの補助的制裁、すなわち道徳的制裁と宗教的制裁の性質と適用についてです（*A Fragment on Government*, Bowring, vol. I, p. 182, note b を参照〔ここでは初版と第二版ともに誤りを犯している。一つは書名である。ここの議論は一七七七年に執筆中の書物が問題であるから、一七七六年に刊行された『統治論断片』が問題になることはありえないであろう。書名は、*An Introduction to the Principles of Morals and Legislation*, *CW*, p. 35 note b と思われる。第二版はさらに典拠をなぜか新全集版でなくバウリング版に求めたが、該当箇所にもどこにも問題の議論はない〕)。次の章は、道徳的制裁の長所と短所についてです。三つ目の章は宗教的制裁の長所と短所についてです。僕が今取り掛かろうとしている最後の章は宗教的制裁の有益性と運用です。ここで特定されるもの以上に道徳的制裁に関連するものは、不名誉の刑罰あるいは名誉の喪失という表題の下にすでに考察されています」。——また、(同じ手紙)「結局僕には、経験によって確証される三つの制裁の力の比較について一章を設けて書いたらいいかどうかは分かりません。しかしこのことについて大部分はもう書かれています」(*ibid.*)。——UC 98 (Legislation LXXII). デュモンの使用した草稿(宗教的制裁、所有、雑)を参照。「宗教的制裁の長所と短所」と題する草稿——「道徳的制裁の長所と短所」と題する草稿は後にベンサムにより「一七七五年と一七八〇年の間に執筆」と日付が記入された。超自然的刑罰の脅威の効力を評価するためにベンサムが介在させるのは、一、快楽と苦痛の計算、超自然的刑罰の確実性と時間距離の欠如、二、彼が仕上げたばかりの刑罰の質の理論である。超自然的刑罰には質素、分割可能性、模範性、道徳改革のための有益性、類比という性質は欠けている。大衆性に関してはここでは問題になっていない。——『苛酷労働法案の考察』は一七七八年春に出版される。

(104) ベンサムがこのニュースを知るのは一七七七年十月である。Lettre à son père, du 8 octobre 1777 (*CW, Correspondence*, vol. 2, nº 226, p. 67) 参照。彼の父は印刷するように強く勧めるが、彼はそれを避ける。「お父さん、僕の本の印刷についてのお申し越しは、告白しなければなりませんが、僕を少々困惑させています。今はやや時期尚早のように思われると申しあげてもお気を悪くされませんようにお願いします。……お父さん、僕の作品の刊行について不都合なく僕に与えてくださることのできる助力はどんなものであれ確かに極めて有り難いと申しあげますが、しかし僕は、出版する間、また出版のために、食べなくてはなりません」(*idem*, p. 67–68)。——次いで彼は、十月四日の新聞で懸賞金提供の広告を見たことを父に告げている。出された主題は刑法典編集の企画である。賞金は五〇ルイ〔一ルイは二四リーヴルに相当〕である。応募作品は、英語でもラテン語でもドイツ語でも、あるいはイタリア語でもよい。ベンサムはまだコンクール応募の考えはないように思われる。彼は書いている、「これを見て僕は嬉しく思いました。それは、わが国以外の国でこうした主題に注意が払われている証拠ですから」（*ibid.*, p. 69）。しかし一〇〇ギニー〔一ギニー＝二一シリング〕を稼ぐという話は父ベンサムの「耳をそばだた」せる。ヴォルテールは応募者を刺激するためにパンフレットを出した。ベンサムは一七七八年九月に仕事に取りかかる。一カ月後の一七七八年十月十三日に彼は弟に宛てて書いている。「僕はそれ（刑法典）をかなり書き進めた。バーリングで書いた部分は、自殺を殺人の名称と刑罰の下に含めないことを説明する注となるであろう」（*CW, Correspondence*, vol. 2, nº 277, p. 173）。これ以後ベンサムは、自分が取りかかっている作品のことを語る時には「法典」と述べる。ユニヴァーシティ・カレッジ（UC）草稿を参照。草稿断片には各ページの上部にCという文字が書かれている。

(105) 一七七九年三月三十日付のベンサムからベルン経済学会［フランツ・ルートヴィヒ・トリボレット］宛の手紙（*CW, Correspondence*, vol. 2, nº 311, p. 248–253）を参照。それにはこの作品の概略が書かれている。冒頭に序論があり、その項目は『道徳および立法の原理序説』の項目と照応している。その次に「法律そのもののために作られた法律を含む三つの項目（大法官ベイコンのいわゆる法律の法律）、すなわち、第八、法律の起草について、第九、公布、第一〇、解釈」（*ibid.*, p. 250）。――次に、種類、序列、分野による犯罪の分類が来る。「各分野は別々の項目をなす」（*ibid.*, p. 249）。――犯罪ごとの説明の構想が指示されている。――ばらばらな犯罪を集めたものの最初に、すべてに無差別に関連するいくつかの項目がある。重罪裁判を受けるべき情状、証拠となる情状、刑罰を免除される情状、酌量される情状、加重情状――共犯関係――犯罪の謀議――刑罰一般および刑法の条文解釈について判事の手引きとなる諸規則――金銭上の刑罰――補償――各刑罰執行の細目――追加の二つの部分が扱うのは、一つはベンサムの言う「私が証拠法と理解する」手続法であり（*ibid.*, p. 251）――もう一つは「犯罪を防止するために自然が提供しているように思われる手段」である（*ibid.*）。

(106) 〔一七八〇年〕三月三十日、ベンサムは『法典』の最初の部分を印刷所に送った。彼は、週ごとに三枚の校正刷を受け取ることを期待していた。すでに彼は、「形而上学的部分とあらゆる一般原理を含む法典序説」を切り離して出版することが適当ではないかと考えている（Lettre de Jeremy Bentham à son frère, des mars-4 avril 1780, in *CW, Correspondence*, vol. 2, nº 350, p. 411）。五月九日、彼は一二〇ページの校正刷を受け取った。序はまだ書かれていない（Lettre du même au même, les 8–9 mai 1780, in *CW, Correspondence*, vol. 2, nº 356, p. 436）。この頃彼は、七月にはその本が刊行されると考えていたように思われる（Lettre du même au même, le 10 avril 1780, in *CW, Correspondence*, vol. 2,

nº 351, p. 417)。——しかし八月六日、最後の章に至って彼は、すでに印刷した部分に変更を加える必要があると感じる（Lettre du même au même, le 6 août 1780, in *CW*, *Correspondence*, vol. 2, nº 370, p. 475, 477, 478, 479）。——これ以後、ベンサムは、サミュエル宛の手紙の中で本の刊行を近日のことのように語らなくなる。

（107） オクスフォードから父に宛てた一七六七年三月四日付の興趣深い手紙を参照。彼は父に、自分がホーンズビー氏の自然哲学講義に援助するのを許可して一ギニー貸してほしいと慇懃《いんぎん》に頼んでいる（*CW*, *Correspondence*, vol. 1, nº 71, p. 107–109）。

（108） 彼はプリーストリに「空気発生」装置*の試案を送った（Lettre de Jeremy Bentham à Joseph Priestley, novembre（?）1774, in *CW*, *Correspondence*, vol. 1, nº 124, p. 210–216）。プリーストリは一七七五年八月二十三日、シェルバーン卿宅からそれに礼を述べている。「あなたの『指針』論文を綿密に検討して大変嬉しく思い、お返しします。あなたは熱心に精進されれば相当なことをなさるだろうと、私は確信します」（*CW*, *Correspondence*, vol. 1, nº 142, p. 265）［Voir aussi la lettre de Joseph Priestley à Jeremy Bentham, du 16 décembre 1774, in *CW*, *Correspondence*, vol. 1, nº 129, p. 225–226］。

＊〔第二版編者注〕この「空気発生」機械は一種のポンプで、運動を生み出すためにシリンダー内部の空気を希薄にする。したがってそれは、「空気を発生させる」というよりも密度の違う空気を作るものである。その発明から三〇ないし四〇年後、ベンサムはそれを思い出して、『クレストメイシア』付録Vにおいて描写し批判した。*CW*, *Chrestomathia*, ed. M. J. Smith et W. H. Burston, Oxford, Clarendon Press, 1983, p. 290 sq. しかしその機械は理論倒れに終わっており、ベンサムは蒸気機関との比較においてその弱点を認めるにやぶさかではなかった。

（109） *An Essay on the Usefulness of Chemistry and its Application to the various Occasions of Life*, translated from the original of Sir Torbern Bergman, London, 1783.——ベンサムが行った翻訳の底本はフランス語訳であって、ドイツ語原文ではない。

（110） Jeremy Bentham, UC nºs 87 et 88.——後出の第三章二〇八ページおよび付録Iを参照。

（111） Lettre de George Wilson à Jeremy Bentham, le 24 septembre 1786（Bowring, vol. X, p. 163; et reprise in *CW*, *Correspondence*, vol. 3, nº 576, p. 489–493）——Lettre de Jeremy Bentham à George Wilson, les 19–30 décembre 1786（Bowring, vol. X, p. 165; et reprise in *CW*, *Correspondence*, vol. 3, nº 584, p. 513–518）.——Lettre de George Wilson ［et James Trail］

à Jeremy Bentham, le 26 février 1787（reproduite in Bowring, vol. X, p. 171; et reprise in *CW*, *Correspondence*, vol. 3, n° 587, p. 526–527）. ──Lettre de George Wilson à Jeremy Bentham, le 30 novembre 1788（reproduite in Bowring, vol. X, p. 194–195; et reprise in *CW*, *Correspondence*, vol. 4, n° 630, p. 15–17）. Cf. Jeremy Bentham, *A Fragment on Government*（Bowring, vol. I, p. 252; repris in *CW*, p. 532–533）; récit de John Bowring, in Bowring, vol. X, p. 123; récit de Jeremy Bentham, retranscrit par John Bowring, in Bowring, vol. X, p. 185; et la lettre de George Wilson à Samuel Bentham du 18 janvier 1780（この手紙はフランス語で書かれている）.「あなたは彼（ジェレミ・ベンサム）に『法典』と『刑罰』がどうなっているかお尋ねになりたいでしょう。──彼はあなたに答えないでしょう。私はもう幾度も彼に同じことを尋ねましたがいつまで待てばよいのかについてはっきりしたことは何も聞くことができませんし、それを尋ねるだけで彼を怒らせるに充分です。──そこから考えて私は『法典』は少し遅れていると思います。それというのも、彼は一度にたくさんのことをするからで、怠けているのではありません。彼は、『法典』を書き始めますが、一時間も経たないうちに二〇もの別の主題について書いています。しかもそれはすべて、きっとまた頭に浮かぶ観念、たぶんすでにかなり以前に原稿に書いていて忘れた観念を忘れないためなのです。実行可能な唯一の手段は一度に一冊の書物を作り、その主題に属さないすべての観念を捨てておくことだと、私は信じますけれども、こういう風にするよう彼を説得することは私にはできません」（*CW*, *Correspondence*, vol. 2, n° 360, note 17, p. 407–408）。

(112) *Memoirs of William Paley*, by George Wilson Meadley, 2e éd. 1810, p. 89.

(113) Jeremy Bentham, *Not Paul but Jesus*, Introduction; et Bowring, vol. X, p. 37.

(114) William Paley, *Principles of Moral and Political Philosophy*, Book I, chap. V.

(115) *Indications concerning Lord Eldon*, sect. II; Bowring, vol. V, p. 349（*Official Aptitude Maximised; Expense Minimized*, in *CW*, 1993, p. 203 を参照）. ──ベンサムの父が悪意ある人間であったとは思われない。しかし、それぞれ非常に賢い二人の息子に出世をさせ金儲けをさせようと心に決めていた俗物であったので、息子たちにとって耐えがたくなる。彼らは父に対して常に作戦をめぐらせている（彼らの手紙がそのことを立証する）。──シェルバーン卿がベンサムの父をバウッドの館に招待する意向を明らかにした時のベンサムのおびえが興味深い。Lettre de Jeremy Bentham à George Wilson, du 25 août 1781（BL, Add. Ms. 33, 539, f. 213; *CW*, *Correspondence*, vol. 3, n° 404, p. 90).「こう返事した。『閣下の非常なご親切に御礼申します。──しかし父は今いるところで充分に満足しております』。これで丁重ではなかっただろうか。もし僕が卿をわずらわせて彼らを呼んでもらったら、一体どんな見事な情景が展開されただろうか。空威張りと自画自賛、自己満足と卑屈、自己顕示とやむをえず示す慇懃の混合ではなかったろうか」〔初版、第二版ともにこの手紙を弟宛としている〕。

（116）Lettre de Jeremy Bentham à son père, du 14 octobre 1772 （*CW, Correspondence*, vol. 1, nº 95, p. 154–155）. ——「ところですみませんが、お父さんにとって、ある部分に関しては一般の人びと以上に、お父さんの前職の人たちと同じように、難解さはたぶん一層大きいかもしれないと思います。お父さんは新しく言葉を習得しなくてはならない上に、古い言葉と頭を入れ替えなくてはなりません。僕自身に関しては、僕は、もし〔弁護士〕業務の深みに浸るまで待っていたら、その構想に従事する意向をたとえずっと持っていたとしても、そうする能力を持たなかったと自分で納得しています。……お父さん、簡単率直に申しあげますが、この大仕事が片づくまではほかのことは何もできないことをお許しください。——意思はここでは問題外です。ほかの人と違って僕は、愉しいことだからといって僕の工夫の才を機械的にそれに向けることはできません。——ある人びとにおいてそうした才能に仕事をさせる必要があるという意識は、僕を動けないほど打ちのめします。僕はこの点ではダヴィデに似ています。僕は、『重い気持ちでメロディを奏でる』ことはできません。僕は今僕がいる道を喜びと希望に満ちて進みます。それ以外の道はどんな道も、何の感激もなく、気の進まないまま、いやいや足を引きずって行くことになるでしょう。——もし僕が愛着と成功の強い予感をもって従事する仕事で成功しそうにないのであれば、愛着も成功の予感もどちらもないところではなおさら成功の見込みはありません。僕の言うのは、今僕が置かれている状況のことです。——お父さんがお気づきのように、僕が企てているような事業での相当な成功にはかなりの革命を行う必要があります」。

（117）後出の第三章Ⅱを参照。

（118）Lettre de Jeremy Bentham à son frère, du 14 août 1778 （*CW, Correspondence*, vol. 2, nº 269, p. 156）.「僕たち（ウィルスンとベンサム）が一緒に馬で遠出をしていた時に、たまたま話す機会があったから言ったのだが、僕の原理の手ほどきを受けた五、六人の生徒がいて、彼らに僕の計画の非常に多くの部分を与えて僕の監督下で草稿を書かせられるなら、迅速処理にはもってこいだと思う」。そうしてウィルスンは手伝いを申し出、ベンサムは「有益性の原理から引き出された、公的会議における討論法規の規準」の論述を彼にやらせる（*idem*, p. 157）。

（119）しかし彼は自分を形而上学者と考え、その草稿中に「形而上学の擁護」を唱え、バークを形而上学に対して憎悪を宣言したとして非難する。しかし、その時彼が形而上学と呼ぶものは純粋かつ単純に一般論理学である。

（120） Jeremy Bentham, UC 69.

（121） Jeremy Bentham à George Wilson, le 8 juillet 1789（reproduite in Bowring, vol. X, p. 216; et reprise in *CW*, *Correspondence*, vol. 4, nº 669, p. 79）.

（122） Etienne Dumont, Discours Préliminaire, p. X–XI. 一七八九年にベンサムに出版を決意させた理由の説明（Jeremy Bentham, *An Introduction to the Principles of Morals and Legislation*, préface à la deuxième édition）を参照。「もう１つの動機はこうである、すなわち、本書の出版を取りやめることはどれほど固い決意でそう願ったとしても、もうまったく手に負えなくなっているということである。かくも長期間の間にさまざまな出来事がいろいろな人の手にその本を渡し、そのうちの一部の本は死亡その他の出来事のために著者の知らない他の人びとへと移った。かなりの量の抜粋が出版されたことがあるが、不名誉な見方をされたわけではない（というのは著者の名は極めて誠実にその抜粋には付けられていたからである）。けれども、著者の同意もなければ、その出版の企画を著者は知ることもなかった」（Bowring, vol. I, p. 1; repris in *CW*, p. 2）。しかし、この抜粋の出版の痕跡は発見されていない。

（123） Jeremy Bentham, *An Introduction to the Principles of Morals and Legislation*, chap. I, § 1（Bowring, vol. I, p. 1; repris in *CW*, p. 11）. Cf. Helvetius, *De l'esprit*.「神は……人間に……こう話された……ように思われる、『私はおまえに感受性を与える。おまえは私の考えの深さを知る力のない、私の意思の盲目的な道具でありながら、おまえがそうと知らずに私の意図すべてを果たすことになっているのは、その感受性による。私はおまえを快楽と苦痛の監督下に置く、云々』」。

（124） Jeremy Bentham, *An Introduction to the Principles of Morals and Legislation*, chap. XIX, § 2 in Bowring, vol. I, p. 142; repris au chap. XVII, 2 in *CW*, p. 282.「対象とする人びとの利益のために、できる限り最大量の幸福を生むようその人びとの行為を規律する技術」。

（125） *Ibid.*, chap. VII, 1（Bowring, vol. I, p. 35; repris in *CW*, p. 74）.

（126） *Ibid.*, chap. VI, 41（Bowring, vol. I, p. 30; repris in *CW*, p. 68）.

（127） *Ibid.*, chap. I, 13（Bowring, vol. I, p. 2–3; repris in *CW*, p. 14–15）.

（128） *Ibid.*, chap. II, 3（Bowring, vol. I, p. 4; repris in *CW*, p. 17–18）.

(129) *Ibid.*, chap. II, 8 (Bowring, vol. I, p. 5; repris in *CW*, p. 19–20).「禁欲原理」という表現の価値を理解するには、ヒュームとスミスの伝記中、スコットランドの宗教的熱狂家たちが彼らに嘗めさせた苦労を参照。また、古い大学の「禁欲的道徳論」、道徳理論における「自由な」体系と「厳格な」体系との対立についての、スミスの考察を参照。特に Rae, *Life of Adam Smith*, p. 81 et 124 sq. を参照。

(130) Jeremy Bentham, UC 69 を参照。*Inserenda Preparatory Principles*〔予備的原理の挿入〕と題された六一四ページの草稿から。「有益性は法則ではない。なぜなら有益性は質であり、すなわち性質にすぎないからである。性質とは、ある行為が持つ幸福を増大させる性質、言い換えれば、苦痛を避けあるいは快楽を増大させる性質のことである。有益性は多くの種類の行為に見られる一つの質である。しかし命令は一つの特定種類の行為自体である。そうして法律は命令である。――有益性の指示は法律ではない。なぜなら有益性の指示は、一定様式の行動には有益性があるというある人の意見にすぎないからである。意見は悟性の行為である。しかし命令は意思の行為である。そうして法律は命令である。したがってわれわれは、自然法と称せられるもう一つの部門から解放される。――さらにベンサムは続ける。「彼は悟性を有し、彼の悟性はわざわざ賛否に耳を傾けることをしないでも、ある行為の正邪を判定するし、それだからある行為に賛成する自然法もあれば、反対する自然法もある。これはプライス博士が自然法を作る仕方である。別の人は自分にはことさらに一つの感覚があると言う。正邪を判定するのはこの感覚である。これは、シャーフツベリ卿、ハチンスン博士《ママ》、および三博士たち、すなわち最近プリーストリ博士により粉砕されたとは言わないまでも叩きのめされた三博士たちが自然法を作る仕方である」。――それゆえベンサムはリード、オズワルドおよびビーティーに対するプリーストリの評言を読み評価していた。――『民法と刑法の立法理論』においては共感と反感の原理もまた「恣意的」原理と呼ばれている。この呼称の中に見るべきものは、リードがヒュームの懐疑論を批判しながらみずからは普遍的懐疑論を導入したと、プリーストリが非難したことの追憶であろうか。「これまでいくつかの精神現象、力能および作用の間に存在すると考えられてきた結び付きをすべて否定し、数えるだけでも実にうんざりする数多くの独立の、恣意的、本能的原理を代置した」とプリーストリはリードを非難した。

(131) Jeremy Bentham, *An Introduction to the Principles of Morals and Legislation*, chap. II, 12 (Bowring, vol. I, p. 8; repris in *CW*, p. 25).

(132) Jeremy Bentham, *An Introduction to the Principles of Morals and Legislation*, chap. I, 14 (Bowring, vol. I, p. 3; repris in

CW, p. 15–16）――客観的論拠のない独断的定言（ipsedixitisme）、感情主義（sentimentalisme）という言葉は『序説』中にはないけれども、同じ時期の草稿中に――たとえその言葉そのままでないとしても、少なくとも近似的な「彼みずから言えり〔自分の言葉以外に論拠がない〕（ipse dixit）」という表現や「感情的」という形容詞が見つかる。その時形容詞「感情的」は流行の新語である。George Campbell, *The Philosophy of Rhetoric*, 1776, vol. I, p. 179 を参照。「その言葉はかなり新しいが、それにもかかわらず、空隙を埋めているから便利だと私は思うし、新流行語のほとんど大部分と違って、古くからの立派な現住者を押しのけて言葉に少なからぬ損失を与えることをしない」。――『悪口学校』でシェリダンが「感情の人」を嘲笑するのは一七七七年である〔原書初版、第二版ともに一七七六年とするが、各種書誌により訳者の責任において訂正〕。「感情の人」の道徳論はまるきり信仰告白であり、偽善であり、「皮相《サーフィス》」〔主人公の姓〕である。有益性の道徳理論家たちは、利害という現実的基礎の上に立脚していて、ジョウジフ・サーフィスの道徳とは違う道徳理論を構築しようと努めている。

（133）Jeremy Bentham, *Pannomial Fragments*〔, chap. IV, Axioms〕; Bowring, vol. III, p. 224.

（134）古典的となったこの表現は一七八〇―一七八九年の『道徳および立法の原理序説』には現れない。それは、デュモンの『民法と刑法の立法理論』の「序論」に用いられている（p. XXV）。

（135）方法に関する考察は、化学と電気の問題を論じて、一七七四年〔十一月？〕に書かれた〔プリーストリ宛の〕手紙の中で初めて現れる。「あまり行きすぎなければ人工的な命名法は科学においては簡潔さと正確さのために非常に有用です。簡潔さというのは、一つの完全な文章に代えて一語ないし二語ですむということであり、正確さというのは、同じ事柄の叙述で多様な言葉使いを削除できるということです」（*CW, Correspondence*, vol. 1, nº 124, p. 214）。

（136）Jeremy Bentham, *An Introduction to the Principles of Morals and Legislation*, chap. IV（Bowring, vol. I, p. 15–17; repris in CW, p. 38–41）.

（137）*Ibid*., chap. III（Bowring, vol. I, p. 14–15; repris in CW, p. 34–37）.

（138）これら要素の列挙にはいくらか混乱がありはしないであろうか。モーペルテュイは、ベンサムがこの点に関して彼を批判したにもかかわらず、時間距離という要素を排除してもいいと考えているのではないであろうか。時間距離という要素は実質上、確実性の増大を引き起こす限りにおいてのみ快楽の価値を増大させるように思われる。

（139）付録Ⅱを参照。――UC 69（Legislation, Crit. Jur. Crim. Preparatory Principles）. *Crit. Juris. Crim*〔批判的刑法学〕と

題した長い断片中の七二ページ。「快楽の確実性と時間距離を表す数は分数でなければならないことに注目しよう。脅威の限界——極大——は一単位である。——ある犯罪と別の犯罪の関係は各人の苦痛の価値の合計と他人の苦痛の価値の合計の関係と同じである。——社会におけるある快楽と別の快楽の関係は、n（idecp）とN（IDECP）の関係と同じである。Cとc、Pとpは常に分数である。——ある苦痛あるいは快楽は、遠くかけ離れているというだけの理由により確実性を減ずる。しかしこのことは一定の比率に従っており、あらゆる苦痛と快楽とについて同じである」。——範囲を表すのにベンサムは記号e（extension）と記号n（number）のどちらにするか迷っていた［*i*: intensité; *d*: durée; *c*: certitude; *p*. proximité］。

（140）Jeremy Bentham, *An Introduction to the Principles of Morals and Legislation*, chap. IV, 6（Bowring, vol. I, p. 16; repris in *CW*, p. 40）.

（141）*Ibid*., chap.V, 1（Bowring, vol. I, p. 17 sq.; repris in *CW*, p. 42）.

（142）*Ibid*., chap.V, 32（Bowring, vol. I, p. 20–21; repris in *CW*, p. 49）.

（143）*Ibid*., chap.V, 1（Bowring, vol. I, p. 17; repris in *CW*, p. 42）.

（144）*Ibid*., chap.V, 1（Bowring, vol. I, p. 17; repris in *CW*, p. 42）.

（145）*Ibid*., chap.VII, 9（Bowring, vol. I, p. 40 sq.; repris in *CW*, p. 86）.

（146）*Ibid*., chap. X, 9–11（Bowring, vol. I, p. 46 sq.; repris in *CW*, p. 100 sq.）.

（147）David Hartley, *Observations on Man, his Frame, his Duty, and his Expectations*, Part I, chap. III, sect. I, Prop. LXXX, Cor. 5.「言葉は、快苦の振動を引き起こすものとしばしば結び付くことによって、神経組織にこうした振動を引き起こす大きい力を得た場合、別な時にしばしば無関係な物事と結び付くことによって、これら快楽あるいは苦痛の一部をこうした無関係な物事に移動させることがある。このことが、人生におけるいくつかの偽りの快楽と苦痛の主な源泉である。したがって、子供の頃からの例を挙げれば、一方では甘い、善い、可愛い、見事なという単語が、他方では悪い、醜い、恐ろしいなどという単語が幼い子供の耳にほとんど無差別に、正しい会話では守られる制約に頓着なく、保母や従者により吹きこまれれば、前者の単語はいくつかの意味でのあらゆる快楽に対して用いられ、後者の単語はいくつかの意味でのあらゆる苦痛に対して用いられ、観念連合により一般的な快楽および苦痛の振動を引き起こすに違いない。その振動中のどの部分も一つとして他とは区別されない。またそれらの単語は、中立的な対象に用いられる場合には、それ以上の観念連合によりそれらの対象に一般的な快楽もしくは苦痛を移動させずにはおかない」。

(148) Jeremy Bentham, *An Introduction to the Principles of Morals and Legislation*, chap. X, 13 (Bowring, vol. I, p. 49; repris in *CW*, p. 102).

(149) *Ibid*., chap. X, 13 (Bowring, vol. I, p. 49; repris in *CW*, p. 102). Cf. Adam Smith, *Theory of Moral Sentiments*, Part VI, Book II chap. 4 〔Glasgow edition, VII, ii, 4, 11, p. 312〕参照。「彼(マンドヴィル)の推論の独創的な詭弁はここでは、他の多くの場合と同様、言葉の曖昧さに覆い隠されている。われわれの情念の中には、不快で気にさわる程度を示す名称でしか言い表せないものがいくつかある。観察者は、何よりもこの程度の情念に注目しがちである」。

(150) Jeremy Bentham, *Nomography*, Bowring, vol. III, p. 273.

(151) Jeremy Bentham, *Traités*, *Code pénal*, Part IV, chap. III. ――Jeremy Bentham, *An Introduction to the Principles of Morals and Legislation*, préface (Bowring, vol. I, p. IV; repris in *CW*, p. 8).

(152) Jeremy Bentham, *A Table of the Springs of Action* (Bowring, vol. I, p. 205; repris in *CW*, p. 86). Cf. Jeremy Bentham, *Pannomial fragments*, Bowring, vol. III, p. 212; 〔*The Elements of the*〕 *Art of Packing* 〔*, as applied to*〕 *Special Juries*, Bowring, vol. V, p. 71, etc.; *Traités*, Code civil, Part I, chap. VI.

第二章　ベンサムの法哲学

(1) Blackstone, I Comm. 4.「彼が責任をもって彫琢し、組織化し、大学の講義課程において説明すべきだとして委ねられた科学とは、われわれ自身の国の法律と統治機関法《コンスティテューション》〔憲法〕の科学です。それは他の全ヨーロッパの紳士にもましてイングランドの紳士たちに著しく不足している知識の一種です」。――一七六一年十二月二十七日付、ブラックストンのシェルバーン卿宛の手紙参照。――ブラックストンとベンサムがそれぞれの目的をほとんどまったく同じ言葉で規定したという興味深い点に注目すべきである。――Blackstone, I Comm. 32 参照。「彼〔ブラックストン〕が教えられたのは実践でしかないとすれば、彼がこれまでに知っていることもまた実践だけであるに違いない。もし仮に彼が実践の規則の基礎である要綱や第一原理を教えられていないとすれば、確定した先例からごく僅かでも違っているだけで完全に彼を混乱させ困惑させるであろう。法律はこのように書かれているというのが彼の知識が到達する極限である。彼は、法律の精神と正義の自然的基礎から先験的に引き出されるどんな論議をも、決して構築しようと高望みしてはならないし、その意味を理解しようと期待してはならない」。――そうして、ベンサムはブラックストンを論じて言う。「彼〔ブラックストン〕の公言する目的は、イングランドの法律はどんなものであるかをわれわれに説明することであった。法律はこのように書かれているという言葉が、常に彼の念頭にあった唯一のモットーであった」〔〔一七七六年四月刊行の〕『統治論断片』初版の序（Bowring, vol. I, p. 229; repris in *CW*, p. 398)〕。

（2） Jeremy Bentham, *A Fragment on Government*, préface écrite pour la seconde édition（Bowring, vol. I, p. 249; repris in *CW*, p. 526). ブラックストンの講義を聴いたベンサムの感想をバウリングが書きとめたものは Bowring, vol. X, p. 45.

（3） ベンサムは、ブラックストンの容赦ない敵として「アンタイ・ブラックストン」を自称する。彼は『統治論断片』〔一七七六年〕を書いた時から死の四年前の一八二八年まで、ずっとブラックストン批判に没頭している。計画されたが完成されなかったこの〔一八二八年の〕著作の表題は、『ブラックストンの分かりやすい見方』あるいは『分かりやすいブラックストン』あるいはまた『分かりやすいブラックストンと法律』である。また、以下はその序文の冒頭である。「この論稿が対象もしくは目的とするのは、イングランドとその従属国の国民にできる限り少ない言葉で、イングランドの法律の現状についてできる限り明確な理解を与えることである。このことをどのようにして行おうかと考えた時気づいたことは、法律の現状をいくらかでも明確に理解してもらうには理想の法律を説くことによる以外には不可能であろうということであった」。――ベンサムはこの著述を夢物語、すなわち一つの寓話から始めることを試みている。彼はロンドン大学の講義室でまどろんでいる。すると四人の女性が彼の前に現れる。アストゥリーア〔ギリシア神話中の正義・裁判〕は法服をまとい、その右にフィリシア〔幸福〕がいる。フィリシアは最大幸福原理に立脚し、理想の法律を教える。左には現状の法律を教えるグベルニア〔指導〕と、ある与えられた事例には法律が存在しないにもかかわらず存在するように見せかけることを教えるドローザ〔狡猾〕がいる。――ベンサムは続ける。「見たところ、ブラックストン教授の席は彼女ら〔グベルニアとドローザ〕のまん中の下にあり、彼は二人の非常なお気に入りに見えた。そうして和気藹々《わきあいあい》の気分が壊れもせず、彼は共同の家臣という地位で二人の所有にかかるもののようであった」。この後四人の女神にブラックストンが加わって対話が続く（UC 31）。——別の箇所（UC 73）を参照。法律を理解しようと『イングランド法注釈』を買ったが失望を語る田舎紳士の架空の手紙。「私は田舎の一紳士です。——私は自分が従っている法律をよく知りたいと思っています。私は、法律の知識を得るのに役立つ著作があると、あらゆる方面の人から聞きます。その本のおかげで法律の知識を理解する喜びは大きく、その本を越えるものは僅かに連帯して行われる一連の授業があるだけだと聞きます。……私は法律の初歩的知識は持っているとひそかに思っていますが、その著作は初歩的知識しか持たない人びとを教えるのに特に適しているということです。それはなるほど法律全部を含んではいないと聞いています。それもそのはずで、この著書は四巻しかありません。法律全部となりますと四〇〇巻はいります。しかしこの著書に書かれている限りは、正しいと信頼してよいでしょう。——私はそれを買います」。——そして手紙は以下のように終わっている。「結局、もしも言葉の用途は、自分の身を隠しながら他方で他人をまどわせる用語を提供することではなく、言葉が向けられるその人たちの心に物事の真実と合致する観念を印象づけることであるというのが仮に正しいとすれば、われわれはそのことを次のような人にとって、すなわち、正しい教育という幻影に満足することなく真実を述べようとする人、法律を規制する衡平法と一緒でなければ法律を発布しようとしない人、コモン・ローを変更した制定法があるのにそれを無視してコモン・ローを適用するようなことをしない人、あるいはまた実効性あるように修正する実際を無視した法律文を提示しようとはしない人にとっての、普遍的にして破ることのできない規則としてあえて打ち立てるべきでしょう」。

（4） Jeremy Bentham, *A Fragment on Government*, préface de la première édition（Bowring, vol. I, p. 229; repris in *CW*, p. 397-398）.

（5） *Ibid.*, préface de la première édition（Bowring, vol. I, p. 237; repris in *CW*, p. 415）. Cf Jeremy Bentham, *An Introduction to the Principles of Morals and Legislation*, chap. XVIII, § LVII in Bowring, vol. 1, p. 138; repris au chap. XVI, § iv, 57 in *CW*, p. 272.

（6） Jeremy Bentham, *Traité des délits et des peines*, § IV.

（7） Jeremy Bentham, *Traités. Vue générale d'un corps complet de législation*, chap. I（Bowring, vol. III, p. 158）.

（8） Jeremy Bentham, *An Introduction to the Principles of Morals and Legislation*, note finale（一七八九年に追加された注）, § 23（Bowring, vol. I, p. 153; repris in *CW*, p. 308）. ——それにもかかわらず最初からベンサムが訴訟手続の問題に関

心を払っていたことに注目すべきである。訴訟手続は刑罰の適用の確実性を保障するために用いる手段の総体であったし、したがって問題はまた道徳算術に戻ったことになる。UC 50, および本書Ⅲ巻第三章Ⅰを参照。――「訴訟手続の問題に属する部分の法律群とその他の法律全体との間の結合関係を……確認する」〔*An Introduction to the Principles of Morals and Legislation*, chap. XVII, § 1（Bowring, vol. I, p. 142; repris in *CW*, p. 282）〕を参照。――実体法と手続法という名称はまさにこの時に始まった（UC 69 et 71）。

（9） Jeremy Bentham, *An Introduction to the Principles of Morals and Legislation*, note finale, § 8–9（Bowring, vol. I, p. 151; repris in *CW*, p. 303）.

（10） Jeremy Bentham, *Traités de législation civile et pénale*, *Principes du Code civil*, chap. VII（Bowring, vol. I, p. 307）.「所有権の観念は期待の確立であり、事例の性質に応じて対象から一定の利益を引き出す力の確信である。ところでこの期待、この確信は法律しか生み出せない。私が自分のものだと考えているものを好きなように使用できると信頼できるのは、それを私に保障する法律の約束によってだけである。私の生来の非力を忘れさせてくれるのは、ただ法律だけである」〔*ibid.*, chap. VIII（Bowring, vol. I, p. 308）〕を参照。――「人間に生来的に備わっているものというのは、苦痛もしくは快楽の感情、すなわち性向である。しかしこれらの感情あるいは性向を法と呼ぶと、誤った危険な観念を導入することになる。それは、その言葉をみずからに対立させることになる。なぜなら、それら性向を抑えるにはまさしく法律を作る必要があるからである。……最も抑圧的な法律を作らなければならないということは、最も強い自然の性向に反抗することである。共通の利益の方向にすべての人間を向けさせる自然法があるとすれば、法律は無用であろう」〔Jeremy Bentham, *Principes de législation*, chap. XIII〕。――Cf. David Hume, *Treatise*, Book III, Part II, Sect. II（vol. II, p. 268–269）.「人びとは、もし生来、心からの愛情をもって公共の利益を追求するものならば、こうした〔正義の〕規則により相互に抑制し合うことを夢想だにしなかったであろう。またもし自分自身の利益を何の警戒心もなく追求するものならば、人びとはあらゆる種類の不正と暴力に向こう見ずに突っ込むであろう。だからこうした規則は人為的なものである、云々」。

（1） Jeremy Bentham, *Traités. Vue générale d'un corps complet de législation*, chap. XII（Bowring, vol. III, p. 179）.

（2） *Ibid.*, chap. XIV（Bowring, vol. III, p. 184）.

（3） ジェイムズ・ミルは（『法学』Ⅲにおいて）書いている。「すべての権利は、その本質が語られる場合、個人にとっての権限である。社会を支配する人たちがその権限を保障している。権限とは、大小の差はあれ、人もしくは事物を個人の欲求の満足に役立たせる力である。そして個人の欲求を満足させることは、その個人にある奉仕〔サーヴィス・用役〕を与えることである。そして奉仕という用語は幸いにして人にも物にも使用できる。人は穀物を生産する畑から奉仕を受けもするが、同様に畑を耕す使用人や馬からも奉仕を受け取る。奉仕という言葉の一つの意味は、ただ積極的奉仕、感覚的存在の自発的作業によって与えられる奉仕という意味のみである。しかし今の場合には能動的奉仕と受動的奉仕の双方を指すために用いられている。生命のないものが欲求充足の用に役立てられている場合は、いずれも奉仕は正しく言えば受動的奉仕である。また、生命あるものでも、欲求充足のために同じく受動的と言われるやり方で役立てられることがあるのは、明らかである。——奉仕という言葉が用いられるさいの意味についてのここでの説明には注意が必要である。イングランドの法曹人もローマの法曹人も、ともにそれを非常に限られた意味で用いているからである。ここではその用法は、われわれの欲求充足に役立つものすべて、すなわち、人からであれ事物からであれ、われわれが権利というものの結果として引き出す権限を有するすべての役立つものを指すことにする。したがって今やわれわれには、そのおかげでかなり明瞭に話すことのできる言葉がある。——ベンサムは『道徳および立法の原理序説』において事物に対する権利と奉仕に対する権利を区別している。「問題になっている対象を享受することだけに関係する財産犯罪については、この対象は、ある人が行うべきであったある奉仕あるいは一連の奉仕であるか、あるいはある種の事物に属する財貨であるかのいずれかである。前者の場合、その犯罪は奉仕の不正妨害と呼んでいいであろう」（Jeremy Bentham, *An Introduction to the Principles of Morals and Legislation*, chap. XVIII, § XXXV in Bowring, vol. I, p. 117; repris in *CW*, chap. XVI, § 35, p. 228）。——しかし彼はそれに注を付けている。それからすると、彼はすでにジェイムズ・ミルが明確に提案する用語法の変更を思いついていたように推察される。「もし奉仕という用語の範囲を最大限に考えるとすれば（積極的だけでなく消極的も含める）、この一つの項目だけで法律全体を網羅するであろう。だからそうではなくてこの用語には次のような奉仕の意味だけが与えられるべきである。すなわちその奉仕を妨害することがほかのどんな犯罪とも一致しないような奉仕で、それには別の名称が与えられているような奉仕である」（*ibid.*, chap. XVIII, § XXXV in Bowring, vol. I, p. 117; repris in *CW*, chap. XVI, § 35, p. 228, note g 3）。――『民法と刑法の立法理論』における同様の不確実性には次のような表現がある。「人間は……二つの側面で考えられる。すなわち法律の恩恵を受け取ることができるという面と、法律により義務を負わされるという面である。財貨は奉仕を与えることしかできない。人間は奉仕を与えることも受け取ることも等しくできる」（Jeremy Bentham, *Traités. Vue générale d'un corps complet de législation*, chap. XII intitulé《Quatrième titre général du Code civil ― Des services》。さらに特徴的なことに、デュモンは後の版において第二の表現を削除している。

（4） Jeremy Bentham, *Traités, Code civil*, partie II, chap. V intitulé《Droits sur Services. Moyens de les acquérir》〔奉仕に対する権利。奉仕を獲得する方法〕（Bowring, vol. I, p. 339）。

（5） *Ibid.*, partie II, chap. II, § II（Bowring, vol. I, p. 333）.

（6） *Ibid.*, partie II, chap. II, § II（Bowring, vol. I, p. 331）.

（7） *Ibid.*, partie II, chap. II, § II（Bowring, vol. I, p. 331）.

（8） *Ibid.*, partie I, chap. VI（Bowring, vol. I, p. 304）.

（9） *Ibid.*, partie II, chap. II（Bowring, vol. I, p. 330）.

（10） Jeremy Bentham, *Traités. Vue générale d'un corps complet de législation*, chap. XVI（Bowring, vol. III, p. 190–191）.

（11） *Ibid.*, chap. XIII intitulé «Cinquième titre général du Code civil〔民法の第五一般権原〕――De l'Obligation〔義務について〕»――「私が理解する擬制とは、誤りであることが周知の事実であるが、まるで真理のように一般に推論の基礎とされるものである」（Jeremy Bentham, *Traités, Principes de législation*, chap. XIII intitulé «Exemples des fausses manières de raisonner en matière de législation»〔立法における誤った推論方法の例〕）。――一七七四年から一七七五年にかけての備忘録にベンサムは書いた。「法律の擬制――法律の擬制――擬制はかなり力強いものである。ロックは擬制を賞賛している。『イングランド法注釈』の著者は擬制が大好きである。大抵の法曹人は今でも擬制を歓迎している。一体どんな理由によるか、見てみよう。――擬制とは何であろうか。虚偽であるが、この中にはその本来の特性を析出するものは何もない。――誰によって発明されたであろうか。判事によってである。――いかなる場合に発明されたであろうか。彼らが判決を述べるさいである。――どんな目的があってのことであろうか。二つのことが考えられる。――単刀直入に宣告すればいいことを遠回しに言うためか、あるいは彼らには宣告する権利がまったくないことを遠回しに言うためである」（reproduit in Bowring, vol. X, p. 74-75）。

（12） David Hume, *Treatise*, Book III, part II, sect. V, vol. II, p. 284 sq.

（13） ベンサムがダランベールから学んだ表現――UC 27――*An Introduction to the Principles of Morals and Legislation*, Preface, p. 109.「ダランベール氏から学んだ真の実体と、言葉だけの実体すなわち擬制的実体との区分は、定義する上で［私にとって］限りなく有益であった」。――Voir les *Mélange* de d'Alembert, t. I, *Disc. prélim*.

（14） John Locke, *Of Government*, Book II, chap. V, Of Property, § 25, 26.

（15） *Ibid.*, § 27, 30.

（16） *Ibid.*, § 31.

（17）〔Joseph Priestley,〕*Essay on ... Government*, sect. II, éd. 1771, p. 41.

（18） David Hume, *Treatise*, Book III, part II, sect. II, vol. II, p. 261.

（19） *Ibid.*, Book III, part II, sect. III, vol. II, p. 274.

（20） *Ibid.*, vol. II, p. 276. Cf. Francis Hutcheson, *A System of Moral Philosophy*, Book II, chap. VI.「最初の占有という偶発事はささやかな違いかもしれない。ただ、ささやかだけれども、それと対抗して相殺するだけの考慮が他方の側にない場合には、一方の側に正義があると決定されるであろう」。

（21） David Hume, *Treatise*, vol. II, p. 278.

（22） *Ibid.*, vol. II, p. 279.

（23）［*Ibid.*, vol. II, p. 280-282〔第二版で挿入〕.］ドゥグルド・ステュアート（*Works*, VII, p. 263）によれば、アダム・スミスはハチスンから継承した理論を法学講義において述べている。この理論は、所有権の基礎を人間の感じる一般的共感に置き、占有者が獲得もしくは発見した対象を妨害なく享受できるようにしたいと抱く合理的期待には置かない。――Adam Smith, *Lectures on Justice, Police, Revenue and Arms*, p. 108; repris in The Glasgow Edition, p. 459 を実際に参照。「占有（所有の第一の権限）に十分な根拠があるように思われるのは、力づくでも私がそれを所持することに観察者が同意する［私が自分の所持を弁明するさいにも賛同してくれる］場合である。私が野生の果物を採集した場合、私が好きなようにそれを処分するのは観察者には合理的に思われるであろう」。――期待の観念が現れているが、（そうしてその期待によってすべては一変しているが）問題となるのは理性に基礎を置く期待の観念であって、ヒュームとベンサムに関する限り期待は権利を根拠づける唯一の理性である。——Cf. Francis Hutcheson, liv. II, chap. V, § V. ハチスンはヒュームとベンサムが用いているのとほとんど同じ言葉で語り始めている。「この問題の難しさはある混乱した想像から生じてくる。すなわち所有とは人びとの行為が生み出す物理的性質あるいは関係であるという、混乱した想像からである」。彼は続けて言う。「しかし、所有の始原に関するわれわれの研究において、われわれの意図するところはただ、ある人が一定の物を完全に自分のものにすることや、またそれを他人が妨害するのは不道徳だと受け取ることを、道徳的に公序良俗に合致すると言えるのは、いかなる事情あるいは状況においてであるかということを知ろうとすることにすぎない」。そうして彼はロックに詳細に従いつつ、所有権の基礎を、一、有益性、二、労働に置く。

(24) Jeremy Bentham, *Traités, Code civil*, partie I, chap. II intitulé «Buts distincts de la Loi civile〔民法の明確な目的〕» et chap. III intitulé «Rapports entre ces buts〔目的相互の関係〕» (Bowring, vol. I, p. 302–303).

(25) *Ibid*., partie I, chap. VII intitulé «De la sûreté〔安全について〕» et chap.VIII intitulé «De la propriété〔所有について〕» (Bowring, vol. I, p. 307–309). 「民法の目的のうち安全は必然的に未来を包含する唯一の目的である。生存、豊富、平等が考えられるのは現在の一瞬に関してである。しかし安全は、それが意味するあらゆる利益に関連して一定の将来への広がりを意味している。それゆえ、安全は他に優越した目的である」〔*ibid*., partie I, chap. II (Bowring, vol. I, p. 302)〕。

(26) *Ibid*., partie I, chap. XI (Bowring, vol. I, p. 311).

(27) David Hume, *Treatise*, Book III, part I, sect. I, vol. II, p. 245.

(28) Jeremy Bentham, *Traités, Code civil*, partie I, chap. VIII (Bowring, vol. I, p. 308).

(29) Jeremy Bentham, *Traités. Vue générale d'un corps complet de législation*, chap. XV (Bowring, vol. III, p. 189). 「私が権利保有事象と呼ぶのは法学の書物において権原と呼ばれているもののことである」。——しかし「権原という言葉には欠陥があることをすべての人に理解してもらうためには、非常に多くの言葉を述べなければならなかった。その長広舌のために、権利授与的あるいは権利賦与的という用語が明示している観念は混乱してしまった。私は一つだけに限りたい。——貴殿は権原をお持ちですとある人に言うのは、その権原のおかげで彼は権利授与的事象の一つを手に入れたと明言することである。しかし貴殿は権原をもうお持ちでないという言い方はあまり満足すべきものではない。

この表現は、この権利資格がもう存在しなくなった理由と方法を少しも説明していないからである。権利授与的事象がなくなった後に反対の性質のものが代わりに与えられたと理解しなければならない」。――p. 281.「権原という言葉に対する根本的反対論は、それが曖昧だということである。それは物事を、あるがままに示さない。ある事象が起きたと述べることは単純な真理を述べている。それは精神にイメージを生じさせた事実を述べている。それは描くことのできる画布を差し出している。貴殿は権原をお持ちですと述べることは擬制の言葉を語ることである。それは、一般に知られるようになった別の言葉に言い換えられなければ何のイメージも生まない音を、発することである」。後の版では権利授与（investitifs）の事象と権利剝奪（divestitifs）の事象は〔聖職禄〕授与的（collatifs）事象と〔聖職禄〕消滅的（ablatifs）事象となる。ある注ではこう述べられている。「最初の言葉は封建的な用語から借用した」。そして「問題となっている単純な事実をあまり鮮明に表現していない」。授与（collatifs）という言葉はすでにイングランド法で用いられている用語である（Blackstone I Comm. 22）。――ベンサムの定義はこうである。「権利の発生という事象に日付をつけて時期という質を加えよう。そうすると、これは、この権利との関連でこの事象を権利が与えられた状態〔授与的〕にする。権利の終了という事象に日付をつけて時期という質を加えよう。これは、この出来事をこの権利との関連で権利が消滅した状態〔消滅的〕にする」。――Cf. UC 69. ――*Crit. Jurisp. Crim.*, p. 234.「ある物事に対して利害があるということはそのものを利用する権利があるということである。――利害関係は権原以上に一般的な言葉である。権原はある事象の全体にかなり当てはまるし、その使用法の全体に当てはまる。利害関係は、ある物事の全体にも、ある部分にも、いくつかの部分にも、またその使用法のすべてにも、一つあるいはそれ以上の使用法にも、無差別に当てはまる」。

（30） Jeremy Bentham, *Traités*, *Code civil*, partie II, chap. I intitulé «Des titres qui constituent la Propriété〔所有を構成する権原について〕»（Bowring, vol. I, p. 326）. ――*Traités. Vue générale d'un corps complet de législation*, chap. XV（Bowring, vol. III, p. 186 sq.〔『立法理論』の「法律全書の概観」第一五章〕）においてベンサムは、事例を区分しながらさらなる体系的分類を試みている。すなわち、まだ誰にも属したことのない権利が問題である場合（初めての発見、生産されたばかりの物の所持、受け取ったばかりの物の所持、自分の物の改良）と、すでに誰かのものであった権利が、自然的出来事（所有者の死、財貨の特徴の阻止しようのない消滅）の結果として、あるいは社会的出来事（私的意向、競売、廃棄物の占有、遺贈、ある地位への任用、あるいは職務の受諾および義務的約束）の結果として問題となる場合を区別し、それに基づいて体系的に精密な分類を試みている。——ジェイムズ・ミルは同じ原理を基礎としながら分類をもっと単純な表現にしている。彼は以下のように区別する。「立法府が所有に関して何らかの意向を表す場合に行われる立法府の意思の表明、ある人が誰のものでもないものを取得した場合の占有、また労働、寄贈、契約、相続。これら六つの権利開始の根拠のうち、最初の三つとあとの三つの間には顕著な違いがある。最初の三つは、ある個人に権利開始を認めるが、必ずしも他の個人の権利を無効にするわけではない。あとの三つは、ある個人に権利開始を認めるのは、他の個人の権利を無効にすることによってのみである」。

(31) David Hume, *Treatise*, vol. II, Book III, part II, sect. 2, p. 263–270.［この経験からわれわれがさらにもっと確信を得るのは、われわれの同類すべての者にとって利害の感覚が共通になっているということであり、将来われわれの行動が規則的になるということである。そしてわれわれのこの期待によってのみ、節制と慎しみが生まれる。……正義は、種の取り決めあるいは協定により成立する。すなわち、どんな行為も、他人も似たことをするという期待の中で行われるところでは、全員に共通と考えられる利害の感覚により成立する〔第二版で追加された引用文〕］。

(32) Jeremy Bentham, *Traités, Code civil*, partie I, chap. VII (Bowring, vol. I, p. 308).「私がこの方法のモデルを発見したのは、法学の書物ではない。むしろ形而上学の著作中である。私が、トレボニアン、コッケーイ、ブラックストン、ヴァテル、ボティエ、ドマといったような人たちの著作中に発見したものは、かなり僅かなことにすぎない。ヒューム、エルヴェシウス……は私にとってははなはだ有益であった」[Propos de Jeremy Bentham cités par Etienne Dumont dans le *Discours préliminaire des Traités*]。

(33) Jeremy Bentham, *Traités, Code civil*, partie I, chap. XI (Bowring, vol. I, p. 311).

(34) *Ibid.*, partie I, chap. XV (Bowring, vol. I, p. 318). Cf. Thomas Hobbes, *De Homine*, chap. XIII, §7.「民主主義が繁栄していたか、まだごく最近に崩壊したばかりの時代のローマ市民（またアテネ共和国が繁栄していた時代のギリシア人）が書いた本には、民衆に反国王感情を持たせる実例や教訓が満載されている。ほかでもなくこの理由によって、不誠実な者どもが犯す恥ずべき行為、とりわけ王殺し（少なくとも王を殺す前に王を僭王と呼んでいる場合には）を、こうした本では賞賛している。実際、民衆の気質がこれほどまで堕落したのは、王権は王国に属し、教会権力は市民〔社会〕のものであるとしたい者たちの本を読んだり、同じ趣旨の煽動演説を聞いたりしたためである。その結果、カッシウスやブルートゥスに代わってラヴァイヤックやクレマンが出てくるようになる。彼らはまったく別の野心に駆られて自分たち自身の王を殺した時にも、自分たちは神に仕えていると信じこんでいた」。

（35） Jeremy Bentham, *Traités, Code civil*, partie I, chap. VI（Bowring, vol. I, p. 304）――Cf. Jeremy Bentham, *Pannomial fragments*, IV, § 5（Bowring, vol. III, p. 228–229）.

（36） Jeremy Bentham, *Pannomial fragments*, chap. IV, § 5（Bowring, vol. III, p. 228–229）.「立法者の自由になる富の個数を、例えば一万個としよう。――最も富裕な者の幸福と最も裕福でない者の幸福の比を例えば二対一としよう。立法者は、一万人の一人ひとりに一個の富を与えた場合、一万個を一人だけに与えることで生み出すより五〇〇〇倍の幸福を生み出すであろう。――こうした数字によって幸福量の増減を測る尺度が作られるとよい。この尺度は、富の最小量に上記のような追加が行われるごとに富がお互いに一個ずつ増加する人びとの増加幸福量を、何人であれ、測ることができる。――また、「こうした数字によって最低目盛りの富に一〇ポンドから一万ポンドの間の金額の追加があった場合の追加幸福量を測る尺度あるいは表が作られてよい」〔この引用文の直前に「最小量の富を年一〇ポンド、富の増加により作られる最大幸福量を二対一、一個の富の大きさを年一ポンドとする」という文章がある〕。――Cf. David Hume, *An Enquiry concerning the Principles of Morals*, sect. III, Part II（*Essays*, vol. II, p. 188–189）, et Jeremy Bentham, *Traités, Code civil*, partie I, chap. XI intitulé «Sûreté. Egalité. Leur opposition〔安全、平等、それらの対立〕»（Bowring, vol. I, p. 311–312）.

（37） David Hume, *An Enquiry concerning the Principles of Morals*, sect. III, Part II（*Essays*, vol. II, p. 188）.「実を言えば、平等が崩れる場合常に、貧者から奪われる満足は、富者に追加される分の満足よりも多いし、またある個人のくだらない虚栄心を少しばかり満足させるために払う犠牲は、多くの家族に、また諸州にさえ必要なパンを上回る」。

（38） Jeremy Bentham, *Pannomial Fragments*, Axioms applying to Equality in respect of Wealth（Bowring, vol. III, p. 230）.

（39） Jeremy Bentham, *Traités, Code civil*, partie II, chap. II（Bowring, vol. I, p. 333）.

（40） *Ibid.*, partie I, chap. XII（Bowring, vol. I, p. 312）.『民法と刑法の立法理論』のよく嘲笑の対象とされる文章は同じ意味に理解されなければならない。「平等が奨励されるべき場合とは、安全をいささかも損なわない場合、法律が作り出した期待を少しも裏切らない場合、また現在の配分状態を決して乱さない場合のみである」〔*ibid.*, partie I, chap. III（傍点はエリー・アレヴィ）〕。

（41） Jeremy Bentham, *Théorie des récompenses*, p. 209. ――Jeremy Bentham, *Traités, Code civil*, partie I, chap. XV, section 6 intitulé «Suppression des places et des pensions sans dédommager les individus qui en étaient possesseurs〔旧所有者に補償することなく閑職と年金を停止すること〕»（Bowring, vol. I, p. 320–321）.

（42） Jeremy Bentham, *Traités, Code civil*, partie I, chap. XV, 5 intitulé «Dissolution des ordres monastiques et des couvents〔男女の修道院の解体〕»（Bowring, vol. I, p. 320）.「人びとの現実の期待に反する法律を作らなければならないものでしょうか。仮にそれが可能でも、この法律が遠い未来でなければ発効しないようにしてください。遠い未来であれば登場してくる世代は完全に心の準備ができているでしょう。青年たちは古い世論に対抗する上で助けとなるでしょう。実際的利益はまったく打撃を受けないでしょう。なぜなら、新しい秩序ができてくる準備をする時間があるからです。すべてはうまく収まるでしょう。なぜなら、誰もがこれまでと逆のことが起きると予見しているからです」［*ibid.*, part. I, chap. XVII（Bowring, vol. I, p. 323）］。

（43） 一七七六年にアダム・スミスは、平等な分割が「相続の自然法」だと賞賛した［*An Inquiry into the Nature and Causes of the Wealth of Nations*, vol. 1, Book III, chap. II, p. 386–387（repris in The Glasgow Edition, p. 382）］——Cf. *ibid.*, vol. 1, Book III, chap. II, p. 389（repris in The Glasgow Edition, p. 384）: vol. 2, Book IV, chap. VII, Part II, p. 152（repris in The Glasgow Edition, p. 572）.——et Adam Smith, *Lectures on Justice, Police, Revenue and Arms*, p. 120, 128（repris in The Glasgow Edition, p. 466, 471）. とりわけアダム・スミスはベンサムの言わんとするところを語るかのようであり（本書一〇七–一〇八ページを参照）、平等によって直接の利益を生むことにはさして興味を示さず、第三次的利益（人間の勤労に対する奨励）を生み出すことに関心を寄せている。

（44） Jeremy Bentham, *Traités, Code civil*, partie II, chap. III intitulé «Autre moyen d'acquérir. Succession〔取得のもう一つの方法。相続〕»（Bowring, vol. I, p. 334 sq.）.

（45） *Ibid.*, partie I, chap. XI（Bowring, vol. I, p. 311）.

II　刑　法

（1） Montesquieu, *Esp. des lois*, livre I, chap. I.——Livre XII, chap. IV.

（2） Jeremy Bentham, *Traités, Principes de législation*, chap. XIII, § 8.

（3） Bowring, vol. X, p. 69. 一七七三―一七七四年に書かれたベンサムの雑記――刑罰――報復原理の起源。Cf. UC 96. 「刑罰、その目的。社会の進歩に関してわれわれは三つの時代を考えることができる。それらは、観念においては区別できるが実際にはお互いに入り交じって気づかない。――第一は過去である。各人は報復原理を動機としている。受けた被害に対して各人の情念が持つ激しさの程度に応じてさまざまの強度の刑罰を気ままに科している。――第二は現在である。公共という観念が形成され確立している。国家の最高権力は個人の手から報復の杖を取り上げ、それを定まった規則に従って用いているが、この規則はまだかなりの程度同じ報復原理に支配されている。――第三は未来である。報復原理の痕跡はすべて完全に消し去られ、予防が刑法の唯一の目的かつ目標となるであろう」。――ベンサムは括弧して次のような非宗教的考察を付け加えている。「報復は主権者に委ねられ、そうして主権者のもの、また主権者だけのものとなる」。――一七七二年に遡るらしく思われるベンサムの現存する最古の草稿（UC 73）は、「ノンコン（Noncon〔A. Taylor Milne（ed.）, *Catalogue of the Manuscripts of Jeremy Bentham in the Library of University College, London* は［Sexual］Nonconformity; [c. 1774] としている〕）」という表題のもとに共感と反感の原理に対するさまざまな反論を含む。ベンサムはそこにおいて、自殺、幼児殺し、男性同性愛というような一定の犯罪に駆り立てる不合理なおぞましい感情を批判する。「彼らの考えを変える理性を生み出すこと、また生み出されたその理性の力によって彼らがある考えに固執するのを抑制すること、これらのことのためには人びとの間であまり普通には見られない一種の公平、公正な態度が必要とされる。私が人びとと言うのは、何らかの腐敗した動機に動かされていてもそのことに気づかない人たちや、せいぜい先入見に動かされている程度の人たちのことである」。Cf. UC 96: sous le titre *Punishment*〔*After End*〕*Right of*――*Death*〔死刑を科す権利。After End はタイトルではなく、刑罰の目的を論じた後の意味で、草稿の順序を指示したもの〕.――「さまざまな時代にさまざまな人たちが死刑を科す社会的権利について疑問を抱いてきた。人びとが解決のない疑問を議論しているさいの不幸に満ちた状況。この状況は、この場合と同様、人びとが疑問を抱いたさいの言葉が実際には何の意味も持たないあらゆる場合に生じる。権利という言葉は、実定法とも便宜とも関連がない場合は、何の意味もない。権利の第三の意味を求めることにこだわる人は、暗黒と混乱の深みにますますはまるだけである」。

（4） Jeremy Bentham, *Théorie des peines*, p. 6.

（5） Jeremy Bentham, *Traités. Vue générale d'un corps complet de législation*, chap. XII（Bowring, vol. III, p. 179）.――

Jeremy Bentham, *An Introduction to the Principles of Morals and Legislation*, chap. XII, § 36（Bowring, vol. 1, p. 76; repris in *CW*, p. 157).「刑罰、それはここで考察されている意味においては、ある場合の犯罪行為に対して行政当局から科される一つの人為的結果である。当局がそれを科す目的は、他の場合に、犯罪行為の有害な自然的結果に似た事象が生まれるのを阻止するためである」。

（6） Jeremy Bentham, *Traités, Code pénal*, 2e partie, chap. I. ——Cf. *Th. des peines*, liv. I, chap. I（Bowring, vol. I, p. 390 sq.）.

（7） Jeremy Bentham, *Traités, Code pénal*, 2e partie, chap. VIII（Bowring, vol. I, p. 367）, et chap. XVI（Bowring, vol. I, p. 371–382）.

（8） Jeremy Bentham, *An Introduction to the Principles of Morals and Legislation*, chap. XII, § ii, 27, note（Bowring, vol. 1, p. 74; repris in *CW*, chap. XII, § ii, 27, p. 154, note o）. これはマンドヴィルの示唆である。個人のよこしまな気質が社会の幸福に貢献する。Cf. Jeremy Bentham, *Traités, Code pénal*, Partie I, chap. XVII（Bowring, vol. I, p. 383）.

（9） Jeremy Bentham, *Pannomial Fragments*, Axioms applicable to Security for Person（Bowring, vol. IV, p. 225–226）.

（10） モルレによるフランス語訳は、六カ月間で七版を数えた。Morellet, *Mémoires*, chap. VII. 最初の英語訳は一七六七年に出た。——ブラックストンとマンスフィールド卿に比べてベッカリーアの本が成功を収めたことについては、Morellet, *Mémoires*, Supplément, Lettre XIII を参照。

（11） Beccaria, *Des délits et des peines*, § IX〔XXVIII〕.——Cf. § XLI〔XLI——四一節だての節数。以下同じ。ただし風早訳は章とする〕.「民衆の騒がしい行為を、混乱と不規則を排した幾何学的秩序の精密さに服させようと思うことは、成功を決して保証されない企画を立てるようなものである。自然法則は常に単純で恒常的であるが、天体の運動が乱れるのをとめられるわけではない」。

（12） *Ibid.*, § VI〔XXIII〕.

（13） *Ibid.*, § XII〔XV〕. ベッカリーア（『犯罪と刑罰』第二〔一二〕章）はモンテスキューを引用している。「偉大なモンテスキュー」。「絶対的必要から生まれたのではない刑罰はすべて専制的である」（『法の精神』第三部第一九篇第一四章）。——Cf. Bentham, *Théorie des peines*, p. 7.「刑罰を正当化するのは、そのやむをえない有益性、もっとよく言えばその必要性である」。

（14） Jeremy Bentham, *Traité des délits et des peines*, § XIX. ——Cf. Servan, *Discours sur l'administration de la justice crimi-*

nelle, p. 173–296.

(15) Beccaria, *Des délits et des peines*, §XXI〔XXVII〕.「人類は、各人が自然から受け取った勝手気ままを放棄して、こう言ったと信ずべきである。……なるほどこういう布告が人類の集まった議会から発せられて公布されたわけではないが、しかしそれにもかかわらず、それは物事の不変の関係の中に存在する」。――§XVI〔XII〕.「ある人に、告発者であると同時に被告でもあれと要求することは、あらゆる関係を混乱させることになる」。――Cf. UC 96（Legislation LXX, Raw Materials）.『立法の素材』と題する原稿（一七七〇年）の束の中に以下の言葉がある。「『刑罰　目的　誤った復讐』〔タイトル〕。論説家（?）の文章の中には著作から追放されることが刑法学の重大な改善の画期になるような表現がある。――『かくかくの犯罪はしかじかの刑罰に値する』〔というものである〕。……これは、近代理性を備えた著者の心に知らず知らずのうちにまとわりつく最後の先入見の一つである。ベッカリーアは言う、『共和制であれ君主制であれ、すべての統治者は、誣告者に対しては彼の誣告により告発されたものが〔有罪とされた場合に〕受けるはずの刑罰と同じ刑罰を科すべきであろう』（§XV〔IX〕, p. 68）。これは彼がモンテスキューから引用する命題『絶対的必要から生じないすべての刑罰は専制的である』（§II〔I〕, p. 15）とどのように整合するであろうか」。

(16) Beccaria, *Des délits et des peines*, section XXVIII, XXIX〔XVI, XX〕.

(17) あらゆる刑罰が適切に正しく目指すのは、悪人たちが刑罰を恐れて不正〔不法、有害〕なことをしないように思いとどまることによって、他の人びとが安心して〔安全に〕生活することができるようにすることである。〔刑罰とは区別される〕懲らしめが目ざすのは、自分の罪を認めた者の性格改善である。被害の補償は、損害をこうむった者の利益を目的として行われる。前もって何らかの犯罪あるいは過失がなくとも、人びとはこのことをしなくてはならないことがよくある。――刑罰の動機が犯人に対する怒りであったり憎しみであったりしてはならず、さらにまた罪の醜さが善人たちの精神の中に引き起こす義憤であってはならない。むしろ公の福祉の追求と無辜の者たちの保護であるべきである。刑罰の唯一つの尺度は罪のひどさではなく、刑罰によって生ずる公共の福祉である（*Philosophiæ Naturalis*, lib. III, c. 8〔in *Collected Works of Francis Hutcheson*, vol. III, *Philosophiæ Moralis Institutio Compendiaria*, Lib. III, cap. 8, IX, p. 334-335, English translation, *Collected Works of Francis Hutcheson*, vol. IV, *A Short Introduction to Moral Philosophy*, Book III, ch 8, IX, p. 327〕）。――Cf. Francis Hutcheson, *A System of Moral Philosophy*, Book III, chap. IX,

section X sq.〔section X は二つあって、右の趣旨の文章は正しくは section XI であるべき箇所にある。〕

（18） Blackstone, IV Comm. 11–12.

（19） Blackstone, IV Comm. 7–11.

（20） Beccaria, *Des délits et des peines*, § VIII〔XXIII〕. 彼は別の区分も提案している。第三〇節〔一三節〕。「第一（部類）は残虐行為であろう。これは殺人に始まり、一連の恐るべき大罪すべてを含むであろう。第二（部類）にはその原理においてむごさの程度が少なく、その結果において痛ましさの少ない行為が入れられよう。こうした区分の源は人間本性にある。個人の安全は自然権であり、利益の安全は社会的権利である」。

（21） Jeremy Bentham, *An Introduction to the Principles of Morals and Legislation*, chap. XVIII, § LVIII, note（Bowring, vol. I, p. 139; repris in *CW*, chap. XVI, § iv, 58, p. 273, note y 4. ——*Traités. Vue générale d'un corps compet de legislation*, chap. VII, note（Bowring, vol. III, p. 171–172）. UC 67.「法律と物理学の分類——政治的専制の精神も教条的神学の精神も、触れるものすべてを毒するが、どちらも、単独でも共同してでも、法学あるいは物理学に覆いかぶさって天才の飛翔を阻止することはしなかったからである。……病気の区分を、例えば瀉血治療、アヘン治療、アンチモン治療、キニーネ治療としてきた医学分類学者（？）を考えてみよう」。——道徳理論の進歩を遅らせる社会的要因については、Helvétius, *De l'esprit*, Disc. II, chap. XXIII. を参照。ベンサムはエルヴェシウスのこの章から着想を得た考えを「障害」と題する一連の断片で展開している（UC 97: Divines interested contra; Practitioners interested contra, etc.）。これは『批判的法学要綱』の付録（付録I「立法改革の障害について」）の主題となるはずである（UC 96 の目次を参照）。

（22） Jeremy Bentham, *An Introduction to the Principles of Morals and Legislation*, chap. IX, § 17（Bowring, vol. 1, p. 45; repris in *CW*, chap. IX, 17, p. 94–95）.

（23） そしてベリマン。——UC 33: 表題 *Civil Rubr. gener. Introd. July 1786. Projet forme* の箇所を参照。ベリマンはかつて鉱物界の相関図を描いた。法学界の相関図を書いてみよう。彼は鉱物の外皮を剝ぎ取り、どれからも狭雑物を取り除いた。彼は大地が包含する物体の各元素をそれぞれ適切な場所に位置づけた。私はここで法学の各元素について同じことを始めようと思う。さあ、輝くスウェーデン人よ、私たちを隔てる距離は巨大ですが、私はあなたの足跡を追って進みます。化学者の王よ、私のみすぼらしい賛辞をお受け取りください。私はいつの日にか生き返ったあなたに面と向かってその賛辞を申し述べようと心に誓いました。ああ、私にはあなたの影にその賛辞を呈するみすぼらしい役目しか残っていません。長い命の仕事とはこのような運命《さだめ》なのです。

（24） Jeremy Bentham, *An Introduction to the Principles of Morals and Legislation*, chap. XVIII, § I in Bowring, vol. 1, p. 96–97, note; repris in *CW*, chap. XVI, § i, 1, p. 187, note a――chap. XVIII, § XVI in Bowring, vol. I, p. 101, note; repris in *CW*, chap. XVI, § i, 16, p. 196, note q――chap. XVIII, § LVI in Bowring, vol. I, p. 137–138; repris au chap. XVI, § 56 in *CW*, p. 270–272.――UC 27 : *An Introduction to Morals and Legislation*, preface, p. 109;「主題を網羅的計画によって分析するよう試みるという発想は『ヘルメス』の著者ハリス氏〔James Harris（1709–1780）, *Hermes, or a Philosophical Inquiry concerning Universal Grammar*, 1751〕から［私は学んだ］」。

（25） Jeremy Bentham, *An Introduction to the Principles of Morals and Legislation*, chap. XVIII, § II in Bowring, vol. 1, p. 97; repris in *CW*, chap. XVI, § i, 7, p. 189――*Traités, Principes du Code pénal*, Partie 1, chap. I.――*Traités. Vue générale d'un corps complet de législation*, chap. VI.

（26） ベンサムがエカテリーナ大帝の指示書からこの区分原理を学んだということは考えられる。UC 32（Legislation VI, Code civil).「ロシア皇帝指示書第六条第三五項から第三六項の言うところでは、行為が禁止されるべき場合は二つしかない。その行為の性質が特定個人にとって有害である場合と、社会一般にとって有害である場合である。なぜなら法律の目的、唯一の固有の目的および目標は、法律の保護下に生きる人びとの最大可能な幸福だからである。それ以外にはありえない。――だからここに、有益性の原理は至高のものであることが表明されている。そのことのこれ以上完全な、これ以上明白な承認を言葉で表現することはできない」。

（27） ベンサムが一種類〔公共的犯罪〕を十一に小区分しているのは、二分法の適用が不完全だからである。「一．〔国家の〕対外的安全を侵す犯罪。二．正義を侵す犯罪。三．治安の予防的部門に対する犯罪。四．公権力に対する犯罪。五．国民の幸福を積極的に増大するのを妨げる犯罪。六．公共の富に対する犯罪。七．人口に対する犯罪。八．国民の富に対する犯罪。九．主権に対する犯罪。十．宗教に対する犯罪。十一．国民の利益一般に対する犯罪」（*An Introduction to the Principles of Morals and Legislation*, chap. XVIII, § XVI in Bowring, vol. I, p. 101; repris in *CW*, chap. XVI, § i, 16, p. 196）。*Traités*（*Code pénal*, Partie 1, chap. II）は十一の小区分から第五と第十一の小区分を削除することで九つにまとめている。

（28） Jeremy Bentham, *An Introduction to the Principles of Morals and Legislation*, chap. XVIII, § XI in Bowring, vol. I, p. 99–

100; repris in *CW*, chap. XVI, § ii, 11, p. 191–194. —— *Traités, Code pénal*, Partie 1, chap. II

（29） Jeremy Bentham, *An Introduction to the Principles of Morals and Legislation*, chap. XVIII, § XII in Bowring, vol. I, p. 100; repris in *CW*, chap. XVI, § i, 12, p. 194. —— *Traités, Code pénal*, Partie 1, chap. II.

（30） この区別の起源については、本巻第三章Ⅱ、注85を参照。

（31） Jeremy Bentham, *An Introduction to the Principles of Morals and Legislation*, chap. XVIII, § XXXIII in Bowring, vol. I, p. 114–115; repris in *CW*, chap. XVI, § iii, 33, p. 222–224.

（32） *Ibid.*, chap. XVIII, § XXXI in Bowring, vol. I, p. 113–114; repris in *CW*, chap. XVI, § iii, 31, p. 222. 一般的に考えられる犯罪の分類については、*ibid.*, chap. XII, § 15 in Bowring, vol. I, p. 71; repris in *CW*, p. 148; et chap. XVIII, § I–IX in Bowring, vol. I, p. 96–98; repris in *CW*, chap. XVI, § 1–9, p. 187–190. —— *Traités, Code pénal*, Partie 1, chap. I を参照。『道徳および立法の原理序説』においてベンサムは、第五種類を付け加えている。それを彼は、「多形態あるいは異種の犯罪」と呼ぶ。そして彼のその定義はかなり曖昧で、それは「行われる状況によって、また特に意図する目的によって、他人に有害であるかもしれないような行為」から成るとされている〔Jeremy Bentham, *An Introduction to the Principles of Morals and Legislation*, chap. XVI, § i, 10（*CW*, p. 190）〕。彼がそれに付け加えて言うところによれば、「この種の犯罪は犯罪被害を基礎としたどんな分類方法にも収まらない」〔*ibid.*, chap. XVI, § v, 66（*CW*, p. 279）〕。しかし彼はここで二つの区分をする。「虚偽による罪」と「信頼を裏切る罪」である〔*ibid.*, chap. XVI, § i, 10 et § v, 66（*CW*, p. 191, 279）〕。——デュモンは〔『民法と刑法の立法理論』の〕『刑法の立法理論』においてこの第五種類を削除した。ベンサムは『道徳および立法の原理序説』第二版のある注において、この削除には理由があると認めている。第五種類の犯罪は、別個の種類というよりは第四種類の中の属種にすぎないからである。言葉の不完全のためだけで、他の種類に属するものを別個の種類のように論じざるをえなくなる〔*ibid.*, in *CW*, chap. XVI, § i, 10, p. 190, note f〕。——ベンサムはここでは、当時流布していた技術的分類法の犠牲者ではなかったろうか。信託〔信頼〕と欺瞞は、衡平法で裁かれる法学の二大分野である。コモン・ローにはそれらの余地はなかった。ベンサムは怒りをこめて書いている（*Petition for Justice*, Bowring, vol. III, p. 186）。「このことに関してまったく何も、あるいはほとんど何もなされていない法体系というものを考えてみたまえ」。しかしこれと同じ非難がベンサムの「自然的」分類に向けられてもよかったではないであろうか。

(33) Jeremy Bentham, *An Introduction to the Principles of Morals and Legislation*, chap. XVIII, § LXII in Bowring, vol. I, p. 139; repris in *CW*, chap. XVI, § v, 62, p. 275–276.

(34) 「私は自然法論者との和解協定を想像してみる。もし自然がこれこれの法律を作ったとするならば、それを自信たっぷりに引用する者、控え目にその解釈者を自任する者は、そうする理由が自分にはあると考えているに違いない。こうした理由をわれわれに直接示してくれるほうが、見知らぬ立法者の意思をそれ自体で権威あるものとして教えてくれるよりも、確かで説得力があり、簡潔ではないであろうか」(Jeremy Bentham, *Traités, Principes de législation*, chap. XIII, § 10)。

(35) Jeremy Bentham, *An Introduction to the Principles of Morals and Legislation*, chap. XVIII, § LX in Bowring, vol. I, p. 139; repris in *CW*, chap. XVI, § iv, 60, p. 274. Cf. UC 67.「場所と時間、東インド」という表題のもとに〔ベンサムは言う。〕「私はある法学書に関説した文章を読んだ。それは演説の一節で、それを述べたとされる貴族院議員の見解を語っているかどうかはともかくとして、すべての人の見解を述べている。それは、法律を主題とするあらゆる事柄は地域的事情によるところが大きいと考えられるから、遠く離れた国民に法典の骨組みを与えるという発想は空想的だとあしらわれると言う」。——引用された文章は『ポリティカル・レジスター』一七七二年六月一日号のものである。この草稿断片はおそらく同じ年に書かれたと思われる。そしてベンサムは余白に付け加えて書いている。「こういうことを言うのは、地域的なものと普遍的なものとをどう区別するかということのはっきりした考えがないからである。——洋服仕立師は一人ひとりの個人の寸法を測る。ところが大部分の個人は、東インドのある州の個人同様、自国の立法者に知られていない。——したがってこのたとえは、いずこにおいても立法者はまったくいらないと言っているに等しい」。

(36) 単純な身体に対する刑罰と単純な身体に対する被害、複合的な身体に対する刑罰と修復不可能な身体的被害が対比される。ついで、自由を制約する刑罰(自由を制限する犯罪を参照)が来る。これは、追放と投獄を含む。さらに単純な誹謗による精神的苦痛に対する労役、すなわち苦汗労働の刑罰が来て、最後は殺人に対する死刑である(Jeremy Bentham, *Théorie de peines*, livre I, chap. II; livre II)。——『刑法の理論』において十一の種類に区別されている刑罰の分類は、皮相で混乱している(Jeremy Bentham, *Traités, Code pénal*, Partie 3, chap. VII)。

(37) Jeremy Bentham, *An Introduction to the Principles of Morals and Legislation*, chap. XVIII, § LXII in Bowring, vol. I, p.

140; repris in *CW*, chap. XVI, § iv, 62, p. 275.

(38) Jeremy Bentham, *An Introduction to the Principles of Morals and Legislation*, chap. XVI, § XXV in Bowring, vol. I, p. 90, note; repris in *CW*, chap. XIV, 25, p. 172, note r.「……以下のモデルにおいて私は度を越した努力をしたと考えられるのではないかと恐れている。これまでそれにはほとんど関心が払われてこなかった。モンテスキューはこのようなことにいささかでも気がついたほとんど最初の人であったように思われる」[Montesquieu, *De l'esprit des lois*, VI]。

(39) Beccaria, *Des délits et des peines*, Conclusion.

(40) Jeremy Bentham, *An Introduction to the Principles of Morals and Legislation*, chap. XVII, in Bowring, vol. I, p. 91 sq.; repris in *CW*, chap. XV, p. 175–186.――道徳の向上に対する関心はベンサムの理論においては二義的重要性しか持たないことに注意。「みせしめの目的は改革の目的に比べて重要性の大きい目的である」(*ibid.*, chap. XVII, § XXV in Bowring, vol. I, p. 95–96.; repris in *CW*, chap. XV, 25, p. 185)。――「みせしめはあらゆる目的のうちで最も重要な目的である。犯行の誘惑を感じる人びとの数が多いほど重要である」(*ibid.*, chap. XV, § II in Bowring, vol. I, p. 83, note; repris in *CW*, chap. XIII, § i, 2, p. 159, note a)。

(41) Jeremy Bentham, *Théorie de peines*, p. 33. 平等の性質は確実性の性質に還元される。

(42) 理論全体については Jeremy Bentham, *An Introduction to the Principles of Morals and Legislation*, chap. XII〔この章は〕「有害な行為の結果について」と題されている。§ i〔この節は〕「行為の有害性が現れる形」と題されている(Bowring, vol. I, p. 69 sq.; repris in *CW*, p. 143–152)(第三次の被害は注で述べられている。*CW*, p. 152, note m)。―― *Traités, Principes de législation*, chap. X.〔この章は〕「政治的利益と弊害。これらはいかにして社会に広まるか」と題されている。

(43) Jeremy Bentham, *Théorie de peines*, p. 9–10 (Bowring, vol. I, p. 395).―― *An Introduction to the Principles of Morals and Legislation*, chap. XII, § i, 14 (Bowring, vol. I, p. 71; repris in *CW*, p. 147).―― *Traités, Principes de législation*, chap. X.

(44) Jeremy Bentham, *Théorie de peines*, p. 17–19 (Bowring, vol. I, p. 398–399).―― *Traités, Code pénal*, Partie IV, chap. XXII (Bowring, vol. I, p. 580). この作業は、良い法律によってほとんどすべての犯罪を単純な金銭的補償によって償うことのできる行為に変えられるという一般的結果を生む。……この場合、犯罪の弊害はほとんどまったくなくなる。

（45） みせしめについては、Jeremy Bentham, *Traités, Code pénal*, Partie 3, chap.VI. ――*Théorie des peines*, livre I, chap. VI, p. 36–37（Bowring, vol. I, p. 404）. ――*Panopticon*, Postscript Part I, sect. VII,（Bowring, vol. II, p. 79–80）を参照。――犯罪類似のものについては、*Traités, ibid.* ――*Théorie des peines, ibid.*, p. 35–36（Bowring, vol. I, p. 403）. ――*Panopticon*, Postscript Part II, sect. XIV（Bowring, vol. II, p. 164）、「類比の一つの仕方は、刑罰と被害を受けた身体機能をきちんとつきあわせることである。もう一つの方法は、刑罰がおのずと犯罪原因から生じてくるかのように事件を整序することである」を参照。

（46） ベンサムはこの要素を期待の感情の考慮、言い換えれば安全の原理に帰結させる。彼は言う。「法律は期待が生まれるより前にできていなければならない。もし新国民、つまり子供の世代を想定するならば、立法者にとっては、自分たちの見解に反対する可能性のある期待はまだまったく生じていないから、彫刻家が大理石の塊を扱うように、期待を自分の好みに合わせて仕立て上げることができよう。しかしどの国民にもすでに古い法律あるいは古い習慣に基づくおびただしい期待があるから、立法者は調停と妥協の制度を求めざるをえず、絶えずそれに悩むことになる」。なぜなら「彼の作る法律の長所は、一般的期待との合致に左右される」からである［*Traités, Code civil*, Partie I, chap. XVII（Bowring, vol. I, p. 323）］。

（47） Jeremy Bentham, *An Introduction to the Principles of Morals and Legislation*, chap. XVII, § XXIV in Bowring, vol. I, p. 95; repris in *CW*, chap. XV, 24, p. 183–184.

（48） Jeremy Bentham, *Traités, De l'influence des temps et des lieux*, chap. II（Bowring, vol. I, p. 178）.

（49） Jeremy Bentham, *An Introduction to the Principles of Morals and Legislation*, chap. XIV, § XIV in Bowring, vol. I, p. 88; repris in *CW*, chap. XIV, 14, p. 169.「規則六。各犯罪者個人に科せられる〔刑罰の〕量は、同様な犯罪者一般に考えられている量と一致させるために、感受性に影響するいくつかの状況が常に考慮されなければならない」。――『立法理論』の第五規則はこうである。「同じ刑罰が同じ犯罪を犯したすべての犯罪者に例外なく科されてはならない。感受性に影響する事情が酌量されなければならない」（*Traités, Principes du Code pénal*, Partie 3, chap.II）。これは『刑罰の理論』では第六規則である（p. 29――Bowring, vol. I, p. 401）。

（50） Jeremy Bentham, *An Introduction to the Principles of Morals and Legislation*, chap. XVI, § XXV in Bowring, vol. I, p. 89–90; repris in *CW*, chap. XIV, 25, p. 172.「規則十三。犯罪と刑罰を完全に均衡させることを目的とする条項のうち、

もしある条項が、特定の有益な結果を生み出しても、法典の複雑さが増大するために生まれる弊害を埋めあわせられない場合は、その条項は削除されるべきである」。――Cf. Dumont, *Traités, Principes du Code pénal*, Partie 3, chap. II et Jeremy Bentham, *Théorie des peines*, p. 30（Bowring, vol. I, p. 402）.

（51） Règle 1, Jeremy Bentham, *An Introduction to the Principles of Morals and Legislation*, chap. XVI, § VIII in Bowring, vol. I, p. 87–88; repris in *CW*, chap. XIV, 8, p. 166; *Théorie des peines*, p. 21（Bowring, vol. I, p. 399）――Cf. Beccaria, *Des délits et des peines*, § VI〔XXIII〕.「犯罪が公共の利益に対してもたらす損害と犯罪を犯すように促す動機が、……それら犯罪を阻止するために求められる抑止力の尺度でなければならない。したがって犯罪と刑罰との間に均衡がなければならない」。――Règle 2: *An Introduction to the Principles of Morals and Legislation*, chap. XVI, § X in Bowring, vol. I, p. 88; repris in *CW*, chap. XIV, 10, p. 168. *Traités, Code pénal, Théorie des peines*, p. 27–28（Bowring, vol. I, p. 400）. Cf. Beccaria, *Des délits et des peines*, § VI〔XXIII〕.「絶えず沸騰する人類の情念から生まれる混乱をすべて防止しようとすることは無理であろう。こうした混乱は人口に比例して、また特殊利益と公共の利益との衝突に比例して増大する。この混乱を公共の利益のほうに常に向かわせるのは不可能である。したがって最も危険な混乱を最も厳しい刑罰で抑制し、最もゆるい刑罰は最も重要性の薄い犯罪にとっておく必要がある」。――Règle 3: *An Introduction to the Principles of Morals and Legislation*, chap. XVI, § XI in Bowring, vol. I, p. 88; repris in *CW*, chap. XIV, 11, p. 168. *Traités, Code pénal, Théorie des peines*, p. 26–27（Bowring, vol. I, p. 400）. ベンサム自身は、モンテスキュー（*Esprit des lois*, livre IV, chap. XVI）の参照を求めている。「刑罰は相互に調和が取れていることが重要である。なぜなら、小さい犯罪よりも大きい犯罪がないこと、社会に衝撃を与えることが少ない犯罪よりも社会に大きい打撃を与える犯罪がないことが、重要だからである。……辻強盗を働く者にも、強盗の上に殺人を犯す者にも、同じ刑罰を与えるのはわが国の大きな欠陥である。公共の安全のためには刑罰にいくらかの相違を設けなければならないのは明らかである」。――Règle 4: *An Introduction to the Principles of Morals and Legislation*, chap. XVI, § XII in Bowring, vol. I, p. 88; repris in *CW*, chap. XIV, 12, p. 168.――『立法理論』にも『刑罰の理論』にもこれはない。

（52） Jeremy Bentham, *An Introduction to the Principles of Morals and Legislation*, chap. XVI, § XIII in Bowring, vol. I, p. 88; repris in *CW*, chap. XIV, 13, p. 169.――『立法理論』にも『刑罰の理論』にもこれはない。――Cf. Beccaria, *Des délits et des peines*, § XXVIII〔XVI〕.「刑罰は、正当であるためには、犯罪を遠ざけるのに十分なだけの厳格さを持つだけ

でいい」。

（53） Jeremy Bentham, *An Introduction to the Principles of Morals and Legislation*, chap. XVI, § XXIV in Bowring, vol. I, p. 89; repris in *CW*, chap. XIV, 24, p. 171.――『立法理論』にも『刑罰の理論』にもこれはない。

（54） Jeremy Bentham, *An Introduction to the Principles of Morals and Legislation*, chap. XVI, § XVIII, Règle 7 in Bowring, vol. I, p. 89; repris in *CW*, chap. XIV, 18, p. 170.『立法理論』の第二規則、『刑罰の理論』の第三規則。

（55） Jeremy Bentham, *An Introduction to the Principles of Morals and Legislation*, chap. XVI, § XIX, Règle 8 in Bowring, vol. I, p. 89; repris in *CW*, chap. XIV, 19, p. 170.『立法理論』の第三規則。『刑罰の理論』にはこれはない。

（56） Jeremy Bentham, *An Introduction to the Principles of Morals and Legislation*, chap. XVI, § XX, Règle 9 in Bowring, vol. I, p. 89; repris in *CW*, chap. XIV, 20, p. 170.『刑罰の理論』の第二規則。

（57） Jeremy Bentham, *An Introduction to the Principles of Morals and Legislation*, chap. XVI, § XXII, Règle 10 et § XXIII, Règle 11 in Bowring, vol. I, p. 89; repris in *CW*, chap. XIV, 22–23, p. 171.『立法理論』を参照。「悪徳というものはかなり以前から犯罪を準備するものであるが、その悪徳に対する嫌悪感を民衆の心に養うために、もし刑罰がもっと過酷でもっと適切であるべきならば、いくらか均衡を犠牲にしてもいい」。また『刑罰の理論』三〇ページ。「均衡にまさるものがある。法律の明確性、簡潔性、単純性、みせしめの効果である」。

（58） Jeremy Bentham, *Théorie des peines*, p. 70–71（Bowring, vol. I, p. 412）;――*Traités, Code pénal*, Partie 3, chap. VIII.

（59） Jeremy Bentham, *An Introduction to the Principles of Morals and Legislation*, chap. XI, § XLII–XLIII（Bowring, vol. I, p. 67–68; repris in *CW*, chap. XI, 42–43, p. 140–142, 本文中の翻訳抜粋は一四二ページ）et chap. XVI, § IX in Bowring, vol. I, p. 87–88; repris in *CW*, chap. XIV, 9, p. 167–168.

（60） Beccaria, *Des délits et des peines*, § XXVII〔XV, XX〕De la douceur des peines〔刑罰の重さについて〕. モンテスキュー『法の精神』第六編第十二章「刑罰の力について」を参照。「経験が指し示すところによれば、刑罰が軽い国においては市民の精神は、軽い刑罰でも衝撃を受け、そうでない他国の市民精神は重い罰によって衝撃を与えられる」。

（61） Jeremy Bentham, *Théorie des peines*, p. 16.

（62） Jeremy Bentham, *Traités, Code pénal*, Partie 3, chap. VIII.

（63）〔本巻〕付録Ⅲ参照。

（64） Beccaria, *Des délits et des peines*, § XXVII〔XV, XX〕.
（65） *Ibid.*, § XIX〔XIX〕.
（66） *Ibid.*, § XXVIII〔XVI〕.
（67） ヴォルテールはその著『正義と人道の価値』（一七七七年）において反対した。――ロミリ（一七八三年五月九日付ロジェ宛の手紙において）は同じ理論によって死刑を擁護している。「人間の刑罰の中で死刑は大変慎重に避けるべきものだと私が考えない一つの理由は、私が死を最大の害悪とは考えないためです。ベッカリーアとその弟子たちも最大の害悪ではないと言い、他の刑罰のほうが厳しく効果的であると薦めますが、もし人間の法廷に死刑より厳しい刑罰を科す権利があるならば、死刑そのものを科す権利もあることを、おそらく彼らは忘れています」。
（68） Jeremy Bentham, *Théorie des peines*, livre II, chap. XIV, p. 234 sq.
（69） *Ibid.*, livre II, chap. IV, p. 109（Bowring, vol. I, p. 420）.
（70） Blackstone, IV Comm. 18.
（71） Romilly, *Observations on ... Executive Justice*.
（72） Lettre de Jeremy Bentham à Etienne Dumont, le 15 mai 1800（reproduite in Bowring, vol. X, p. 356; et reprise in *CW*, *Correspondence*, vol. 6, nº 1545, p. 294）.
（73） ブラックストン（『イングランド法注釈』四巻三の四）。ブラックストンは法曹人として刑法のこの欠点の説明として、新刑法が法曹人との協議なしに議会の投票で決まったという事実を挙げている。「個人の所有権にかかわる個人法案を貴族院が審議するにさいして、まずいくたりかの有識判事の検討に委ねもせず、その報告も待たずして審議に入るのは尋常ではない。そして確かに所有権、自由およびおそらく数千人の人の生命にさえかかわる法律が制定される場合には、同様な注意が必要である」。――一七五〇年に犯罪の増加という主題を一定の形式のもとに審議するために、ペラム、初代ピット、グレンヴィルが参加して構成された議会の一委員会はこう結論した。「死刑を適当な他の何らかの刑に変えるのが合理的であろう」。一七七〇年に同じ事情の下にグレンヴィルとフォクスが参加して構成された別の委員会は、八ないし十の法律の廃止を結論し、庶民院で可決され、貴族院で否決された（Hansard, vol. XXXIX, p. 778 sq., discours de Mackintosh, 2 mars 1819）。
（74） Jeremy Bentham, *Théorie des peines*, p. 30.

(75) Jeremy Bentham, *Traités, Code pénal*, Partie 3, chap. IX. ――とりわけモンテスキュー『法の精神』第六篇第十三章参照。モンテスキューによれば、「過度に厳しい法律はその執行を妨げる。刑罰があまりに度を越していると、人びとは人道によりしばしば罰しないことを選ぶようになるであろう」。――刑罰の重さについては、Beccaria, *Des délits et des peines*, § XXVII〔XV, XX〕De la douceur des peines〔刑罰の重さについて〕。「刑罰が残酷であると無罪にすることになる。人間本性には善事においても悪事においても限界がある。人間本性にとってあまりに野蛮な光景は専制君主の一時的な怒りによっても、恒常的法体系によっても、裁可されるものではない。恒常的法体系がもし残酷であれば、必ずや改訂されるか、機能を停止されるであろう」。――ヴォルテール『正義と人道の価値』(一七七七年)の第二項は言う。「イングランドにおいては、窃盗はすべて死刑の上に十二スーを科せられるという法律はまだまったく廃止されていない」。そして注で付け加えている。「この法律は施行されていない。法律を無視するかあるいは国王に請願するかどちらかが慣行となっており、そのため刑罰は変更される。ほとんどいたるところで、世の習俗は、かつて残忍であった時代に作られた法律よりも今はもっと優しい。国民の第一級の人士が非常に開明的であるイングランドという国が、大量の不合理な法律を残しているのは奇妙である。そうした法律が施行されていないのは確かである。しかしそうした法律のため、国民は法律の修正あるいは破棄の権限を行政権に委ねざるをえなくなる」。――UC 67 (Penal Code):「憂鬱かつ残念な、しかしあまりに異論の余地ない事実は、ヨーロッパの他のいかなる国よりもイングランドにおいて、多くの窃盗、強盗その他、貧窮に由来する犯罪(殺人は問題外とする)が起きていることである。問題はどうしてこうなったかである。答えは、支配権力における誤った人道主義、臆病と無関心の混じりあいである。刑法を施行し、その効力を強化する手段を求める見解をほどんど無視したことによる。このような見解は他の多くの国では経験に基づく共通世論が指示してきた。――だから今政治家に蔓延している臆病、軽蔑、高慢および卑屈の混じりあいを描くべきである」。

(76) UC 98. 表題「企画、形式、改良」。「体系的精神は常に私には疑わしい。それは国璽尚書が国王に言わせるものである。――しかし体系の精神とはいかなるものであろうか。それはなぜに疑わしいのであろうか。――体系とは秩序ではないであろうか。結果であろうか。体系の精神とは秩序の精神ではないであろうか。秩序とは、不完全、行きすぎ、矛盾、不合理に対する唯一の保障であり、防衛策であり唯一の防衛策ではないであろうか。――宇宙開闢《かいびゃく》のさいには体系などまったくなかったのは、まったくもってよかった。世界を作ったのはわれわれではない。どのようにしてこの世が作られたかを知ることができるのはわれわれではない。しかしわれわれは、しかもわれわれだけが、われわれの法律の世界を作ることを可能にする」。

(77) Jeremy Bentham, *Théorie des peines*, p. 67.「すべての刑罰が自由に反している。制約を受けなければ刑を受けたことにならない。しかしこの点に注目しないで一定の刑罰、例えば強制労働を伴う投獄を自然権の侵犯のように非難する狂信家がいる。……この一種の知的熱狂を翻訳すれば、自由を乱用する人に自由を委ねるべきである、あるいは悪人の自由が誠実な人間の自由の重要な一部であると言うに等しい」。

III 理論と時代

(1)『陪審員の統治機関法上の権限と義務に関する断片』と題するパンフレットは、出版の自由の歴史上重要な、反響の大きかったセント・エイセフ修道院長事件に巻き込まれたロミリの著書であるが、ロミリはこの著書によってシェルバーン卿の注目をひいた。V. *Memoirs of the life of Sir Samuel Romilly, written by himself; with a selection from his correspondence*, edited by his sons, London, 1840(3e éd., vol. I, p. 86–87). 興味深いのは、セント・エイセフ修道院長がその『学者と農夫の対話』によって受けた訴追がシェルバーンの弟フィッツモーリスのイニシアティヴによるものであったことである(*Life of Lord Shelburne*, vol. III, p. 493)。

(2) Lettre de lord Lansdowne à Jeremy Bentham, le 16 juin 1788(reproduite in Bowring, vol. X, p. 183; et reprise in *CW, Correspondence*, vol. 3, nº 622, p. 621).

(3) UC 132. 一八一九年に書かれたが出版されなかった一連の『アースキン卿への手紙』においてベンサムは、特に(書簡十一)ロミリと自分の考えが一致することの確証に務め、詳細にロミリと自分とのかかわりの歴史を述べている。ベンサムがロミリを初めて知ったのはウィルスン〔「ベンサムはいつも彼〔ウィルスン〕を私の生徒と呼んでいた」〕を通じてである。「ものの見方が私と同じと分かるはずだと言ってロミリが私に面識を求めてきたのが、一七八五年秋の旅行に出る直前であったか、一七八八年冬の帰国直後であったか、私は忘れている。われわれはクラウン・アンド・ロールズで一緒に食事をした。こうして始まった友人関係は折にふれてランズダウン家で固められていった」。――ジョン・バウリングがバウリング版『ベンサム著作集』第一〇巻一八六ページに収録した(ジェレミ・ベンサムの）談話によると、ベンサムはウィルスンおよびロミリと一七八四年にグレイズ・インで食事をしている。弁護士、のち判事のウィルスンについては、Bowring, vol. X, p. 133–134を参照。――Cf. Jeremy Bentham, *Indications concerning Lord Eldon*, sect. XIX（Bowring, vol. V, p. 370〔, *CW, Official Aptitude Maximized, Expense Minimized*, § XIX, p. 257, note a〕）; Fitzmaurice, *Life of lord Shelburne*, vol III, p. 485–486: lettre de Mirabeau à lord Lansdowne, du 15 juillet 1789.

（4） Dumont, *Souvenir sur Mirabeau*, p. 5–10.

（5） Blackstone, I Comm. 62–64:「現在、わが国の法習慣の記念物や痕跡がいくつかの法廷の記録、報告書や司法判決書、その道の学識豊かな賢人の論著の中で、非常に古い昔から保存されて、伝えられている。しかしながら、だからこそ私はわが国の法律のこうした部分を書かれざる法律と呼ぶ。なぜなら、こうした法律が作られた時の内容や威力は、議会の法令が今書き留められるようには書き留められていないからである。しかしそれら書かれざる法律は、記憶にないほど遠い昔から施行され、王国中に広く受け入れられてきたから、拘束力と法律としての力を受け取っている」。――I Comm. 67.「……わが国の法律において、慣習の長所は記憶にないほど長期間使用されてきたことによる。あるいはわれわれの法学用語の形式で言えば、人の記憶が遡ることがないほどの昔から長期間、使用されてきたことによる」。

（6） Jeremy Bentham, *Traités, Principes de législation*, chap. XIII, § 1 intitulé «Antiquité de la loi n'est pas raison〔法律の存在理由は古きことにはない〕».

（7） Jeremy Bentham, *Traités. Vue générale d'un corps complet de législation*, chap. XXXI（Bowring, vol. III, p. 206）

（8） Beccaria, *Des délits et des peines*, § XLI〔XLI〕. ――Cf. UC 29.「刑法と民法は法律の一部であって、一国の幸福をより直接的に左右する。しかし彼らは法律のことを少しも気にかけない。政治家と呼ばれる人びとを私は、競争相手と批判者を持つ行政家と言いたいが、彼らは、国に充満している難題に尻込みして、まるで棘のあるオニナベナの畑を驢馬に任せるように、国を手工業者、法曹人に任せきりにしている」。

（9） ベンサムは著作活動の初期から、成文法の曖昧な内容と不適切な規定に対して関心を抱いていた。彼の『過酷労働法案の考察』（一七七八年）は、一定の点において間違った考えから作られた法案というだけでなく、あらゆる点において誤った内容の法案の全面改訂にほかならない（Bowring, vol. II, p. 5参照）。ベンサムは次いで案文に加えた改良点を列挙する。すなわち印刷上の改良（欄外注、条項の番号付け、条項間の余白）——文章構成上の改良点（あまりに長い文節を区切り、余分な言葉を削除する）。——*Traités. Vue générale*, etc., chap. XXXIII を参照。またバウリング（Bowring, vol. V, p. 231 sq.）が *Nomogamy, or the art of inditing laws*〔法律書すなわち法文作成技術〕という表題のもとに編集した草稿（一八一一―一八三一年）を参照。——Cf. la lettre de Jeremy Bentham à Henry Dundas, du 20 mai 1793（reproduite in Bowring, vol. X, p. 292; et reprise in *CW*, *Correspondence*, vol. 4, nº 900, p. 428–429）.

(10) Jeremy Bentham, *Traités*, *Code civil*, Partie 1, chap. XVIII（Bowring, vol. I, p. 322）. 最初からベンサムにはこれらの問題に対して関心がある。彼はまず一定の法律を詳細に検討してその内容の改訂を考える。例えば通行料金徴収所に関する現行法（UC 95–96: Turnpikes'Act）、酒類の小売（UC 79）、あるいはさらに「生活保護法〔救貧法〕」の整理を考える。彼は最後の問題について書いている（UC 97）。「公布、法典化可能になるほど出来上がった生活保護法。——生活保護法という内容の多い重要な表題の法律は実際に出来上がっていて施行可能である。現在までの四〇年間に作られたすべての法令資料は今や、ある報告者の収集するところとなった。法学のうちでも重要だがあまりに無視されてきたこの領域は、他の誰よりも彼の恩恵を受けている。その資料収集は完成し、公開されている」。言い換えればベンサムには、イングランド人は法律の「統合」と呼ぶものでさし当たり満足しているように思える。——次いでベンサムの意欲は広がる。彼は法律全体の「法典化」と「公布」を目ざす。彼は「法典化することにより大量にあるコモン・ローを制定法に変え……」ようとする（Jeremy Bentham, *CW*, *A Fragment on Government*, chap. V, § 11, p. 499）。彼が『法典化計画』を書くのはこの時である。その目次を草稿（UC 79）に従って掲げる。「1．企画全体の目的の考察——2．公共事業の目的——3．法律の法典化の目的——4．直接の目的の内容と単に関連するのみの目的の内容——Ⅱ．5．法律の形式、および〔形式と〕内容との対比が法典化の考慮事項——6．法律の内容、その主要原則、法律の形式——7．法律の一部門の簡潔性すなわち短さと、冗漫すなわち長たらしさ——Ⅲ．8．量すなわち多さ——9．法律の一部門が記憶される可能性はその簡潔性にある。10．またしたがってその部分の数にある。各部分はそれぞれ違うグループの関心事である——Ⅳ．11．分類の第一規則、すなわち人格による分類——12．人に関する法典とは何か——Ⅴ．13．その統一性は何によるか——14．必ずしもすべて名称の統一性によるわけではない——15．同義的名称——16．両義的名称——17．一般の会話における——法律における匿名の種類——Ⅶ．18．常時かかわりのある法律——19．一時的かかわりのある法律——Ⅷ．20．常時かかわりのある法律はまとめられるべきこと——

21．一時的かかわりのある法律はさらに分けられるべきこと——22．考慮の時間の充分さ——不充分さ——23．この分類は不変ではない——しかし目的にはかなうであろう——24．分類規則すなわち事例による規則」。しかしベンサムはすぐにさらに前進する。彼は現行法の分類をもう問題にしない。彼が問題にするのは、客観的原理に立って分類された法律の新しい体系を考えることである。その時「法典」はベンサムが次々に採用した表現によれば、「パンディケイオン」（UC 33）、「パノミオン」になる。——一七七五年頃ベンサムはすでに訴訟統合法に対する反対意見を固めていた。UC 69（彼の『刑法典』の一部となるはずであった「雑」という草稿）参照。「訴訟統合法に対する反論——古い法律に新しい条項を統合することに対する大きい反対論は、統合した場合には全部が新しくなると主張する。あるいは新しい条項に反対する陣営は古い条項を改めて討論することで時間を引き延ばすことになると主張する。ロビンスンとノース卿からリンドを通じて伝えられた所見。——対策としては、議会の討論議題は新しい条項に限られるべきであるというのが議会の見解であるという恒久的決議をすることであろう。しかしこの困難をうまく回避するには、すべての法律を単なる法案として考えて取り扱い、そしてそれを修正する、すなわち加除訂正する動議を出すという私の（?）方法を取るといいであろう。——ジョージ三世治下第一八年のある法律は、自治体という単語を人という単語のあとに入れるだけのために制定された」。

（11）*Jeremy Bentham, An Introduction to the Principles of Morals and Legislation*, préface（Bowring, vol. I, p. v; repris in *CW*, p. 10）．——デュモンが『法律全書の概観』第三章から削除した一文においてベンサム（UC 98）は、細かなことにとらわれすぎているという批判を気にするかのように弁解している。「議論の詳細というのは一つの資質である。それに対する批判は他の大部分の批判と同様に一つの暗黙の比較を前提にしている。——もしある分類にあまりに細かな区分が詰め込まれているように思う人がいるとすれば、彼らがそう思うのは、既存の分類との比較によってか、細分類という点ではすべての既存の分類より好ましいある別の〔理想的〕分類から作られた観念との比較によってである。もし細分類が比較の条件として使われてきたものの第一の対象であれば、私は大胆だがそれと同様な細分類を提起できる。私は、この企画における細分類として、もっとも徹底した細分類をいくらでも提案しよう。この企画中の細分類は、実は既存の分類の中にはないであろう。しかし、既存の分類の中には同じくらいの量の細分類が認められるのみならずかなり多量に認められる。そこには、充分に多量の細分類があって、細かなことにとらわれているという批判を消し去っている。私の細分類とそこでの細分類との大きい相違は、私の細分類が有益性に関連してそれに照応した区別を基礎としている限りにおいてのみ行われているのに対して、他方の細分類はそのほとんど大部分が有益性とはっきりした関連を持たないことにある。私の細分類は有益性という非常に望ましい目的を達しようと達しまいと、少なくとも有益性を意図している。もう一方は、同じことを意図していない。また少なくとも議論が細かいという非難を前面に出すことはこうした法曹人たちのすることではない」。――また『文案作成・文体』という草稿（UC 100）を参照。「もしこの企画の中に科学しか、しかも新しい科学しかないと分かれば、誰も私の矛盾を非難すまい。私以上に科学の乱用を嫌っている者はいない。科学の乱用が生み出す不都合を私以上に強く感じている者はいない。こうした企画が多くあるほど、法律の文章はそれだけ洗練されるであろう。もし私がそれを職とする者に担ってもらうとしても、それは、その分大多数の民衆をその任から解放するためである。もし私が強い者に仕事を与えるとしても、それは弱い者が枕を高くできるようにするためである」。

（12） Jeremy Bentham, *Traités. Vue générale d'un corps complet de législation*, chap. XXXI, XXXII, XXXIII. ――原則が単純な法典に必要なことについては Beccaria, *Des délits et des peines*, § V〔V〕を参照。「もし法律を解釈することが悪であるならば、法律が曖昧であることも疑いなく悪であろう。なぜなら、曖昧な法律はそれゆえ解釈を必要とするからである。この悪は、法律が庶民の言葉で書かれていない場合には一層大きいであろう。この場合に、人びとは少数の法律管理者の意のままになるであろう。この管理者は一種の神がかり的な神託受託者になる。ところが、市民の生活と自由のあり方は、本の中に書き留められなければならず、その本はやがて彼らのところに届けられ、彼らの手中に置かれなければならないものであった。……この最後の考察から結論されることは、一団の成文法がなくては、いかなる社会もしっかりした統治形態を持つことはできないということであった。しっかりした統治形態の下では、権限は全員にあって一部の者にはなく、全員の中において不変の法律は国民の合意なしには部分的特殊権益所有者によって変えられることが決してない」。――*Ibid.*, § VIII〔XXIV, XXVI, XXVII〕. ――*Ibid.*, § XLI–XLV,〔XLI〕.「犯罪防止の手段について。国民の一部の者が法律を占拠して根底から覆すということをできなくするために、法律を明確、単純にし、それら法律の統治する社会全体が法律を守るために力を合わせるようにすること」。――Cf. Brissot, *Théorie des lois criminelles*, Introduction, vol. I, p. 23 sq.「それ（刑法典）は明確、単純、正確、不変かつ公開でなければならないとわれわれが言う理由はこうである。……それは明確でなければならない。両義性、曖昧性は判事の精神に疑問を生み出すし、人間の自由と生命を恣意の混乱の中に突き落とすからである。それが明確でなければならないのは、社会の各成員が犯罪行為と有徳な行為を区別し、自分たちに課された義務を認識できるようにするためである。……したがって刑法は、すべての臣民に必要な知識を身に付けさせ、殺人犯の解釈を不変の注釈から切り離すために、単純化する必要がある。——単純化、ここにこそ立法の際立った特質がある。法が複雑であることは国家の不幸である。それは、あまりに多くのバネを積みすぎたせいでうまく動かない機械であり、そこでは混乱がたちどころに起きる。……それが専制の悪弊である理由は、専制というものは人びとを惑わせ、自分の行為を人びとの視線から隠そうとするものだからである。したがって法律を増やすことは、唾棄すべきことの手助けをすることになる」。これはモンテスキュー政治哲学の常套句と明らかに矛盾する。ブリソは結論する。「法律の表現における明確性、法律の原則における不変性、法律の理解における精密性、簡潔性および公開性。したがってこのようなものが、刑法典の主な四つの資質である」。ベンサムはデュモン版(*Traités. Vue d'un corps complet de lois*, chap. XXXIII)において同じことを言う。「法律の目的は市民の行為を規律することである。この目的達成のためには二つのことが必要である。一、法律は明確であること、すなわち立法者の意思を正確に表す思惟を〔市民の〕心の中に生み出させること。二、法律は記憶の中にたやすく定着するために精密であること。それゆえ明確性、簡潔性は二つの基本資質である」。ベンサムとデュモンは二人とも、ベンサムの友人ブリソの本を読んではいたが、この表現の一致は両者の着想が共通していたからだというだけで充分説明がつく。——ベンサムは、本来の立法上の法典のほかに「実践倫理規範」の作成を求めている(UC 62)。「このような倫理規範を作成することは、政治や道徳の問題それぞれについて公衆の声を具現する〔司法〕判断をいわば方向づけることになるであろう。このほか、この公衆の声がみずから下した誤った判断を是正するために、それに注目していなければならない場合がよくある。同様にこのような倫理集に相応しい補遺がある。それは先入見の是正に役立つ考察をつけた民衆の先入見集であろう。この先入見集もまた一般法典と特定法典との区分を認めるであろう。一般法典によって先例と先入見が明らかとなり、これらのものはあらゆる人びとに無差別にゆきわたって議論の主題となる。特定法典はあれこれの特定階層に特定の影響を与える。両者はともに、さまざまな国民において、風土、統治および宗教において多様であるから多くの点で違うであろう」。

(13) David Hume, *Essay* VIII, *Of parties in general* (*Essays*, vol. I, p. 127). ——十八世紀末の事実はベンサムを批判していないであろうか。ジェニー紡績機や蒸気機関の発明は、同時期の法典作成者より深い作用を西洋世界に及ぼさなかったであろうか。

（14） Helvétius, *De l'esprit*, Disc. III, chap. XXV.

（15） Jeremy Bentham, *Traités, Code pénal*, Partie 4, Introduction（Bowring, vol. I, p. 533）. —— *Traités, Code civil*, Partie 1, chap. XVII（Bowring, vol. I, p. 323）.「もし新世代の人びと、つまり子供の世代を想定できる場合、立法者は、自分の見解に反対するかもしれないという予想をこれまでしたことがなかったとしたら、立像製作者が大理石の石塊を扱うように子供の世代を自分の好みにあわせて仕立てることができるであろう。しかしすでに民衆すべてに古い法律あるいは古い習慣に基づく期待が多くある場合には、立法者は、自分の意に反して妥協の体制および慎重な体制に従わざるをえない」。

（16） Jeremy Bentham, *Traités, Principes de législation*, chap. IX, sect. II.

（17） Jeremy Bentham, UC 143（sous le titre: *Reward*）. これは『顕彰の理論』の素稿である。

（18） Brissot, *Mémoires*, vol. II, p. 17.

（19） Blackstone, IV Comm. 343.

（20） ジョサイア・タッカーは『フランスとグレート・ブリテンにそれぞれかかわる貿易の利益と不利益』の七五ページにおいて、イングランドにとってその貿易の持つ長所の中にその「自由な統治」を数えている。——商人は私的市民をも国王をも同じように気安く相手取って訴訟を起こすことができる。——J・タウンゼンド『専制政治体制と自由政治体制についての自由な思索』（ロンドン、一七八一年）は二つの章（第二章 法律について——第三章 司法権力と手続）でイングランドの法律と司法制度に熱意を込めて賛辞を贈っている。イングランドはとりわけ自由な国と考えられている。同じ年、バウッドでタウンゼンドはベンサムと親交を結ぶ。——ウィリアム・ゴドウィンは何年か後にすべての「現実の制度」を攻撃したさい、そこに司法制度を含めているが、しかしフランスとの対比において「イングランドでは刑法は裁判自体に関する限り非常に公平に行われている」ことを認めている。Cf. Voltaire, *Commentaires sur les délits et les peines*, § XXII. —— *Prix de la justice et de l'humanité*, 1777, art. XXIII. ——ブリッソ（Brissot, *Mémoires*, vol. II, p. 39–40）は一七八一年に「刑法哲学文庫」を創刊した。それは、ヌシャーテルで印刷され、同時にロンドンとパリでも刊行された。「私は真の目的をはっきりと示すことができなかったが、それはイングランド人とアメリカ人の指導原理である自由の原理を拡大することであった。そのために、この叢書に大きな政治改革のみを論ずる多くの著作を入れようと思った」。

(21) Montesquieu, *Esprit des lois*, liv. VI, chap. I et II. ——De Lolme, *Constitution de l'Angleterre, ou état du gouvernement anglais, comparé avec la forme républicaine et avec les autres monarchies*, 2e éd., liv. I, chap. X. Du droit observé en Angleterre quant aux matières civiles〔イングランド民事法の考察〕. ドゥ・ロルムの考察によれば、「同じ形式と職業上の規則は、弁護士や法廷の手続に統一性を与え、相互に設定した規則の一貫性と安定を保証するのに役立っている」。しかし彼の考えでは、「もし今われわれが対象としているすべての洗練された体制が将来数世紀後にも現状のままで存続するようであれば、それは大部分（他の原因を挙げるまでもなく）その制度が法律の基幹部分と強く結合しているからであり、それを切り離すことが危険であるか、少なくとも非常に困難だからである。この点で、それは家を建てるさいの足場にたとえることができる。足場は、単に材料を置き職人を支えるためにのみあるとはいえ、建築が終わってもまだ長く残ることがある。なぜならすぐに撤去するのは建物にとって危険だと考えられるからである」。ドゥ・ロルムは一七七二年に『イングランド憲法と前スウェーデン政府との比較』をロンドンで出版した。一七七五年には『イングランドの憲法』（フランス語初版、一七七一年）の英訳が出た。一七八一年には同書増補第三版、一七八四年には第四版が出た。——また De Lolme, liv. II, chap. XVI, XVIII を参照。

(22) William Paley, *Moral and Political Philosophy*, Book VI, chap. VIII, sub finem.

(23) Blackstone, IV Comm. 11.

(24) William Paley, *Moral and Political Philosophy*, Book VI, chap. IX.

(25) *Id.*, ibid.

(26) *Id.*, ibid.——Cf. Blackstone, IV Comm. 16.

(27) Madan, *Thoughts on Executive Justice*. 影響力のあったこの興味ある著作（ロミリの回想『若き日の物語』一七八五年、第一巻、八九ページ参照）において、マダンが示そうとしたことは、一、効力ある刑罰は確実でなければならない。二、いかなる他の文明国よりもイングランドにおいて犯罪が多い。三、この犯罪の頻発は刑罰の不確実性が原因にある。四、この刑罰の不確実性は、判事と陪審員との軽率な寛大さが原因にある。五、イングランドの法律は厳しくない。——彼がとりわけ最後（一三三―一三四ページ）に認めたことは、もし法律があまりに血生臭いと判断されるから施行されないのだとすれば、それを緩和する必要があるということであったが、それに彼は付け加える。「しかしながら、これはまったく立法者の考慮事項であるから、私はこの問題を終わりにしたい。ただ私は、緩和されたら、このような緩和策の最も熱心な擁護者が抱くことのできる期待もしくは願望のすべてであるような非常な利益が、公衆にもたらされることを心から願っている。ただ同時に、現行の法律がそのまままきっちりと施行されれば、公共の被害を防止するのに現行制度に匹敵する制度がほかにあろうかという疑問も呈しておく」。──マダンの著作はロミリの回答を引き出した点でとりわけ興味がある。その回答にすでにベンサムの影響が認められるように私は思う。五ページ参照。「犯罪の訴追はいつも公共のために行われるべきであって、個人の情念を満足させるためであってはならない。立法者の主な目的は犯罪の防止であって犯人を懲らしめるためであってはならない。その目的はおそらく単なる刑罰の恐ろしさでは達成されない。そしてもし、いろいろな程度の犯罪の間でその時に定められた刑罰が正しく均衡していると認められなければ、法律は犯罪を抑止するよりむしろ刺激するに違いない。こうした真実は、非常に一般的に認められているから、ほとんど刑法の公理として考えられるようになっている」。──三一ページ。「すべての刑罰は悪である。しかしそれは、それより大きい悪すなわち犯罪を、防止するのに必要である」。──三五ページ。「法律は、社会的に不評であるから、法による刑罰を受ける者は自発的に受けるのであり、したがって彼らには不平を言う理由がないと言われる。……確かに毎年、膨大な量の制定法が印刷され公然と売られている。しかしそれを買う金がなく、それを読む時間も専門的かつ訳の分からない言葉を理解する能力もない王国中の大衆にとっては、それらはないに等しい」。

(28) William Paley, *Moral and Political Philosophy*, Book VI, chap. IX.

(29) *Ibid.* 一七八四年、ウィルクスはミラボーとロミリの二人と会食しながら、死刑執行の多いことを弁護したが、それも同様に奇怪な論理によってであった。「彼の考えではわが国の刑法の苛酷さのおかげで最も幸福な結果が生じた。人びとは非常に残酷な光景を目にすることをとめられてはいなかったから、死を軽く見ることに慣れた。そしてイングランド人の勇気、その人間性の多くは、わが国の死刑の性質に遡れるし、民衆が非常によく見物できることによると、彼は考えていた」(ロミリ『回想』第一巻、八四ページ)。

(30) Disraeli, *Sybil*, chap. I.

(31) De Lolme, *Constitution de l'Angleterre*, vol. I, p. 93 sq.

(32) Jeremy Bentham, *Judicial Establishment* (Bowring, vol. II, p. 309).

(33) Jeremy Bentham, *Truth versus Ashhurst; or Law as it is, contrasted with what it is said to be*, Bowring, vol. V, p. 233 sq.

（一七九二年十二月執筆、一八二三年初版）――アシュハーストの主張は、一、法律の保護のもとにいない人間ほど賤しい人間はいない。――そこで正義〔司法〕の費用はいかほど？ と、ベンサムは尋ねる。――二、イングランドの法律が個人の行動に加える制限は、社会全般の安全と良い秩序に必要なものだけである。それでは狩猟法は？ 誹謗罪は？――三、われわれは、王国全体の実質的同意によって非難されない限り、いかなる法律によっても拘束されない。――実質的とは？ それはどういう意味？ 実際的あるいは仮想的？――四、われわれは知る手段がすべての人にないいかなる法律によっても拘束されない。――不幸にしてコモン・ローはその定義によって知ることができない。

(34) Jeremy Bentham, *View of the Hard Labour Bill*; Bowring, vol. IV, p. 5.

(35) Jeremy Bentham, *View of the Hard Labour Bill; being an abstract of a pamphlet, intituled, «Draught of a bill, to punish by imprisonment and hard labour certain offenders; and to establish proper places for their reception»: interspersed with observations relative to the subject of the above draught in particular, and to penal jurisprudence in general*, 1778.――「序」(Bowring, vol. IV, p. 3) を参照。「提出された法案は、以下で考察しようと意図しているところであるが、この法案が最初に私の手に入った時、私はまとまった分量の仕事を完成させようとかかりきりになっていた。その仕事の中で私は、刑罰全般を主題として論じていた。……このためこれら散在する断片を全体から切り離す前に、私にもし時間の余裕があったなら、まず全体をひとまとめにして出版したいと願った。しかし問題の提出法案が刊行され、その法案に関連する情報が耳に入ると、そんなことをしている時ではなくなってしまった。……私は、ハワード氏の刑務所に関する著書を読んだ時のその一つの成果として、理論に導かれて抱く望みよりも、孤独な監禁と労働が結び付けられるという刑罰の一般的計画が採用されるのを見てみたいという、なおもっと熱心な望みを抱いた」。――John Howard, *State of Prisons in England and Wales, with Preliminary Observations and an Account of some Foreign Prisons*, 1777, Warrington.――ベンサムのパンフレットはブリソ『刑法の理論』第一巻一八二ページによってフランスで著名である。「イングランドでは犯罪者の待遇改善に気を遣うことが非常に真剣な問題になっているように見える。一定の犯罪者を投獄と労働によって罰し、彼ら犯罪者を受け入れる適当な場所を作ることを目的とした一法案が通過した。――イングランド人ジェレミ・ベンサムはこの法案に対する考察を一七七九年に公刊した。それには優れた洞察もあるが、おかしいところもある。彼が日曜日に聴くことを推奨している音楽の効用は、腐敗した魂を清めるなどまったくできないように私には思われ、せいぜい凶悪犯の凶暴性をほんのすこし和らげるくらいにしか思えない。音楽の影響は、古代人たちが述べたように、お伽噺でしかない。しかしわれわれの感覚に与える音楽の影響と、われわれの魂に与える感覚の影響は、同じように異論の余地なく大きい。それゆえ立法者は音楽を用いるべきである。

――ハワードはベンサムの友人であった。『ハワードは彼の親友であった。――自分より優れた有益な才能を見出し、認める友人であった』（Bowring, vol. XI, p. 93）。――Cf. la lettre de Jeremy Bentham à David Stewart, du 27 juin 1783.「われわれのすばらしい友人ハワード氏……ご記憶のことと思いますが、失礼ながら私は貴殿とハワード氏に対して、同じ仕事をする一種の兄弟としてお近づきをお願いしました。私は今も、少なくとも努力の及ぶ限り、たとえ才能の点で劣るとしましても、兄弟のつもりでおります」（Lettre rerproduite in Bowring, vol. X, p. 129–131; et reprise in *CW*, *Correspondence*, vol. 3, n° 450, p. 180–182）。――Lettre de George Wilson à Jeremy Bentham, du 24 septembre 1786（Lettre reproduite in Bowring, vol. X, p. 164; et reprise in *CW*, *Correspondence*, vol. 3, n° 576, p. 491）.「新聞でご覧のことと思いますが、貴殿の友人ハワードの像を建立するための大規模な寄付金募集が行われています。ハワードは今、ペスト隔離病院調査のためにレヴァント地方を旅しています。あなたのもう一人の同業者でいささか疎遠なジョーナス・ハンウェーが亡くなりました」。――ハワードに対する美しい賛辞（*Panopticon*, Postscript, Part II, Principles and plan of management, section I, Leading positions, Bowring, vol. IV, p. 121）を参照。「通常の刑務所管理体制……は……依然としてハワード氏の著作が推奨していないようなこんな作業をしている。ハワード氏の著作はたくさんの資料を提供している。しかし、目的は家ではない。私の尊敬する友人は、言葉と文章を並べるよりもっと大切なことをしていた。彼が人類のためにしたことは、多くの者がやろうと思えばやれることではなく、誰にもできることではなかったし、彼以外の人間がやろうと思わなかったことであった。道徳的な功績という面においては、大地が天空の下にあるように立法者と著作家の仕事は彼のはるかに下にある。彼の仕事は本当のキリスト者の道であった。その生涯には、利己的な性質が隠れ潜む余地は見当たらず、そういうものからは身を避けている。彼の王国は、使徒として生き、しかる後に殉教者として亡くなった天国であった」。

（36）Jeremy Bentham, *Constitutional Code*; Bowring, vol. IX, p. 605〔ブラックストンはこのページには出てこない。六四ページに出てくる〕; cf. Bowring, vol. X, p. 86〔これはベンサムの父の日記で、確かにブラックストンに対する言及はある〕.

（37）パノプティコンについては、Bowring, vol. IV, p. 37 sq.: *Panopticon or the Inspection House; containing the ideal of a new principle of construction applicable to any sort of establishment, in which persons of any description are to be kept under inspection; and in particular to penitentiary-houses, prisons, houses of industry, work-houses, poor-houses, manufactories, mad houses, lazarettos, hospitals and schools: with a plan of management adapted to the principle: in a series of letters, written in the year 1787, from Crecheff in white Russia, to a friend in England*（1787–1791）. ——また以下のパンフレットを参照。*Panopticon versus New South Wales*（Bowring, vol IV, p. 173 sq.）; *A plea for the Constitution*（Bowring, vol. IV, p. 249 sq.）——Cf. Dans les *Traités: Panoptique, mémoire sur un nouveau principe pour construire des maisons d'inspection et nommément des maisons de force*（これは一七九一年にフランス立法議会にベンサムから提出された覚書であり、立法議会の命により印刷されたものである。——覚書は要約であり、もとの論説は混乱している。刑務所制度の目的（Bowring, vol. IV, p. 46. 確実な拘禁、労働）に関する理論は未定稿であり変更の可能性がある。——原理の厳格な表現については、『ブリタニカ百科事典』第五版補遺に書かれたジェイムズ・ミルの「刑務所と房内規律」の項を参照。

（38） Jeremy Bentham, *Traités: Panoptique*, début.

（39） Propos de Jeremy Bentham, retranscrit par John Bowring in Bowring, vol. X, p. 250; extrait de «History of the War between Jeremy Bentham and George the Third. By one of the Billigerents»（1830–1831）, reproduit in Bowring, vol. XI, p. 97.

（40） Jeremy Bentham, *Panopticon*, Postscript Part I, sect. V: 独房でなく二人部屋（Bowring, vol. IV, p. 71 sq.）.

（41） Jeremy Bentham,〔*Panopticon*,〕Bowring, vol. IV, p. 45; Bowring, vol. XI, p. 96, note*.

（42） Jeremy Bentham,〔*Panopticon*,〕Bowring, vol. IV, p. 60 sq.

（43） Jeremy Bentham,〔*Panopticon*,〕Bowring, vol. IV, p. 63–64. ——ドゥ・ロルムの一節（*Constitution de l'Angleterre*, liv. II, chap. V）参照。「自由という言葉は最も誤用される言葉の一つである。……現代について論じた著者の場合も同様である。古代の統治に対してあまりよく考えないで行われる賞賛につられ、おそらくまた現代という酒糟《さけかす》の中で強く比較対照する喜びによって、彼ら著作家は、スパルタとローマの制度にしか模範を見ることができなかった。彼らによれば、市民の唯一の業務は、絶えず広場に集まること、あるいは戦闘に参加することである。勇敢で労働になれて、党派精神に熱心に燃えること（これは実際には、われわれがメンバーである社会のことを考慮すれば他人に危害を加えるという熱い欲求にほかならない）、そして栄光の熱心な讃仰者であること（これもまた、大量虐殺をしてそれを自慢したい熱い欲求にほかならない）、こうしたことが彼ら著作家たちには社会的人間が評価されるに値する唯一の尺度に思われた。そしてこのような思想を支えるために誇張された表現、またしたがって正確さを欠いた表現や、決して定義されない言葉、無気力とか堕落とか偉大な魂とか美徳とかという言葉を多用しながら、しかし彼ら著作家は語るに値する唯一の事柄について、すなわち彼ら著作家がわれわれに見習うように勧める国において人びとが幸せであったかどうかという肝心な事柄について、決して語らなかった」。――ヘイズリット（『時代の精神』二七ページ）は、かなり後になって、ベンサムの最大幸福主義の機械論的性格について主張することになる。「彼（ベンサム）は木の道具を旋盤にかけて回して練習し、同じように人間を回すことができると空想に耽る」。

（44）Jeremy Bentham,〔*Panopticon*,〕Bowring, vol. IV, p. 122–123.

（45）Jeremy Bentham, *View of a Hard Labour Bill*, section XXIII. この基本的にベンサム的定式をベンサムは一七七八年の法案から借用した。その法案の規定では、刑務所長の処遇は、当該刑務所内で行われる労働の量に比例すべきであった。その目的は、「所長の拘禁下にあるすべての者が仕事を与えられて、規則的に、かつ利益をあげるようにすることが、各所長の義務でもあり利益ともなるようにするためである」。立法者に与えられたすばらしい教訓であると、ベンサムは書いている。この原理が無視されてきたからこそ、個人の誤りではなく法律自体の欠陥のせいで法律の適用が非常にゆがむ。「このような一撃の改革によって、すぐれた才能と深い洞察力が浅い思慮と経験主義と区別される。ユートピア的夢想家が考えることは、一人の人間の行為（どの側面に彼の関心があるにせよ）は義務と一致するであろうと根拠なく想定するか、そうでなければ一致しないであろうと空しく悔やむかどちらかである」。

（46）Lettre de Jeremy Bentham à George Wilson, les 19–30 décembre 1786（reproduite in Bowring, vol. X, p. 165–166; et reprise in *CW*, *Correspondence*, vol. 3, nº 584, p. 513–518）. したがって手紙は一七八六年以降に書かれている。それらが一七八七年に書かれたことを伝える『パノプティコン』の表題〔前出注37〕は不正確である。――Réponse de George Wilson à Jeremy Bentham, du 24 avril 1787（Lettre reproduite in Bowring, vol. X, p. 172: et reprise in *CW*, *Correspondence*, vol. 3, nº 589, p. 532）. ベンサムの父の反対、国内にいないものの著作を出版する困難、書簡形式に関する批判。「（……）われわれ、つまりトレイルと私は、あなたがはるばる送るのがいいとお考えの他の作品はどんなものも、その出版にはかかわらない決心でいます」。――バウリング（Bowring, vol. X, p. 171）は語っている。「ジョージ・ウィルスンに彼は『刑務所の規律』というパンフレット〔の草稿〕を送ったが、ウィルスンはそれを『ささやかな戯れ』『一般受けしない主題』として出版社に送ることを断った」。

(47) Lettre de Jeremy Bentham à son frère, les 1er–2nd janvier 1779（*CW*, *Correspondence*, vol. 2, nº 297, p. 208–209）.

(48) Lettre de Jeremy Bentham à son frère, les 4–28 décembre 1779（*CW*, *Correspondence*, vol. 2, nº 342, p. 341）. 手紙の原文はフランス語である。

(49) Lettre de Jeremy Bentham à son frère, le 6 août 1780（*CW*, *Correspondence*, vol. 2, nº 370, p. 479）.「これらの人びとすべてに宛てた手紙はまだまったく印刷されていません。しかし僕は、今の困難を乗り越えるまでは、これらの手紙に最後の手を加える気力が出てこない気がします」（困難とは『道徳および立法の原理序説』の執筆にかかわることを指している）。

(50) ラスプ（Lettre de Jeremy Bentham à son frère, le 10 avril 1780, *CW*, *Correspondence*, vol. 2, nº 351, p. 417）、レオナルディ（Lettre du même au même, les 8–9 mai 1780, *ibid.*, nº 356, p. 434 ―― Lettre du même au même, le 6 août 1780, *ibid.*, nº 370, p. 478）、すでに『国富論』を翻訳していたシラー（Lettre du même au même, le 6 novembre 1780, *ibid.*, nº 375, p. 496–497, et Lettre du même au même, les 10–21 juillet 1781, *CW*, *Correspondence*, vol. 3, nº 397, p. 43–45）.

(51) Lettre de Samuel Bentham à Jeremy Bentham, le 4 septembre 1780［*CW*, *Correspondence*, vol. 2, nº 374（en date du 15 (?) septembre 1780）, p. 493］.

(52) Lettre de Jeremy Bentham à son frère, le 6 novembre 1780（*CW*, *Correspondence*, vol. 2, nº 375, p. 498）.――ドゥ・ロルムはリンドのパンフレットをフランス語に訳した。ベンサムはドゥ・ロルムを「イングランドの憲法〔統治機関法〕に関して非常に功績の大きい高く評価される書物を書いた男」という言葉で評価している（Lettre de Jeremy Bentham à son frère, les 22 et 23 janvier 1777, *CW*, *Correspondence*, vol. 2, nº 199, p. 14）。

(53) Lettre de Jeremy Bentham à son frère, le 26 décembre 1780, *CW*, *Correspondence*, vol. 2, nº 380, p. 517.「君が手紙で、フランス語でなきゃ駄目だ、駄目だ、駄目だと新しい槌で僕の頭に叩き込んでくれたのは本当に恐ろしかった。その時は、フランス語ではできない、できない、できない、それで終わった。君がトルコ語でなきゃ駄目だと言っても同じことだった。翻訳してくれる者はいないし、自分でやるとなると少なくとも半年はかかる。……」。

(54) 一七七七年十二月七日のベンサムの父の日記。「朝、息子ジェレミの書斎で『刑罰のあり方』と題する予定の新しい著作を読む」（reproduit in Bowring, vol. X, p. 86）――一七八七年二月九日から二十日付、ジェレミ・ベンサムのジョージ・ウィルスン宛の手紙。「私は、『顕彰論』の欄外要旨を書いています。大きさは、ヴォルテールが評注をつけたベッカリーアの本くらいです。その欄外要旨は、私のフランス語の大著を区分するもの〔章や節〕の一つとして役立つように始めたものです。しかし私はそれを独立させることができるように考え、少しばかり分量を増やしました。それを貴殿がいいようになさってくださるように送ります。……民法部分について言わなければならないことはすべて、欄外要旨にしましたから、もし貴殿がここにおいでになるなら、すぐに読んでいただけます。それは先行する序説的な書物です。アリックスという名のフランス人がいます。フランス語を教えることを職業としています。かつてクラーク参事を通して、私は彼を知ったのですが、そのクラーク参事なら彼の居所を知っていると思います。彼に校正をしてもらって文法の間違いを直してもらおうかと私は思っています。教区司祭ならそれをしないでしょう。なぜなら、偽証の告白は非難され、聖職者給与は副牧師時代に設定された額に減額されるからです。もしヒューズの校正係がフランス人と同じようにアクサンなどを理解しておれば、アリックスのような悪漢が五ギニの価格で雇えない場合、文法の誤りを直させようと思います（Lettre reproduite in Bowring, vol. X, p. 170; et reprise in *CW, Correspondence*, vol. 3, nº 586, p. 524）。〔アリックスについては、新全集版編者も不明としている。〕――ウィルスンはフランス語の使用に反対した（Lettre de George Wilson à Jeremy Bentham, le 24 avril 1787, reproduite in Bowring, vol. X, p. 172; et reprise in *CW, Correspondence*, vol. 3, nº 589, p. 532）。――一七八八年五月二日、イングランドに帰国してベンサムは弟に書いている。「僕は、切り離しては出版できない法典部分を書き上げ次第、パリに行ってその言葉を直してもらい、印刷について注文をつけてこようと思う」（Lettre reproduite in Bowring, vol. X, p. 182; et reprise in *CW, Correspondence*, vol. 3, nº 620, p. 621）。――デュモンが舞台に登場するのはこの時である。バウリングは書いている。「私が知るデュモンへの最初の言及は一七八八年である。彼のところへロミリがベンサムの書いたものの一部を送ってきた。デュモンはその独創性と説得力に圧倒され、そして著者は自由の大義に奉仕する価値のある人だと言った。草稿はフランス語で書かれていて、デュモンは一部を書き改め全体の出版を監修しようと申し出た。彼は『未知の友人』と称していた」（Bowring, vol. X, p. 184）。――『道徳および立法の原理序説』（第二版、一八二三年）の第十三章の注におけるベンサムの指示は、デュモンがベンサムを翻訳したと信じさせる（Jeremy Bentham, *CW, An Introduction to the Principles of Morals and Legislation*, chap. XIII, §i, 2, p. 158, note*）が、実際にはただ、言葉を直し編集しただけであった（Bowring, vol. X, p. 548）。詳細については「付録I」を参照。

第三章　経済理論と政治理論

Ⅰ　アダム・スミスとベンサム

（1）Jeremy Bentham, *Defence of Usury*, Letter XIII（Bowring, vol. III, p. 20; repris in Stark, vol. 1, p. 167）.

（2）Adam Smith, *An Inquiry into the Nature and Causes of the Wealth of Nations*, Book IV, chap. IX, vol. 2, p. 273; repris in The Glasgow Edition, p. 687–688.「主権者すなわち国家にとって、第三にして最後の義務は、公共的制度と公共的事業を創設、維持することであって、これらは大きな社会にとって最高度に有益ではあるけれども、しかしいかなる個人あるいは少数の個人にとっても費用を償うだけの利潤はあげられず、したがっていかなる個人あるいは少数の個人も創設ないし維持するとは考えられない性質のものである」（Adam Smith, *An Inquiry into the Nature and Causes of the Wealth of Nations*, Book V, chap. I, Part III, vol. 2, p. 305; repris in The Glasgow Edition, p. 723）。

（3）*Lectures on Justice, Police, Revenue and Arms*, delivered in the University of Glasgow, by Adam Smith, reported by a student in 1763, and edited with an introduction and notes by Edwin Cannan, Oxford, 1896〔repris in The Glasgow Edition, *Lectures on Jurisprudence B*〕. 講義の日付についてはエドウィン・キャナンの序文（p. xxix–xx）を参照。

（4）「人が……働くのは他人の利己心に基礎を置いている。すなわち他人が手に入れたいと思うに足る魅力あるものを、その目の前に提供することによる。この情景を表す言葉は『私に必要としているものをください。そうすればあなたが必要としているものをあげます』というものである。人が何かを期待するのは、慈愛心からではなく……利己心からである。醸造業者と製パン業者がわれわれの役に立ってくれるのは慈愛心からではなく利己心からである。乞食以外に誰も慈愛心に頼る人はなく、乞食でさえもっぱら慈愛心のみに頼っていれば一週間で死ぬであろう」（Adam Smith, *Lectures on Justice, Police, Revenue and Arms*, p. 169; repris in The Glasgow Edition, p. 493）。

（5）アダム・スミスによれば、二つの原理が統治の起源を説明する。有益性の原理と権威の原理（能力、年齢、財産において最も優れた者に対する尊敬）である。原理自体が生じてくるのは「優れた人に対する共感からである。優れた人に対する共感は、同等もしくは目下の者に対する共感より大きい。われわれは彼らの幸せな境遇を褒めそやし、彼らの気分に入り込んで喜びを感じ、それを増大させようと努める」（Adam Smith, *Lectures on Justice, Police, Revenue and Arms*, p. 9 sq; repris in The Glasgow Edition, p. 401–402）。――「危害は当然に観察者の憤慨を呼び起こし、加害者に対する処罰は無関係な観察者が耐えられる限りであれば合理的である。これが刑罰の自然的尺度である。われわれが刑罰に最初に賛成する時、通常刑罰の基礎とされる公共の有益性に対する考察に実は基礎を置いていないことが認められるべきである。真の原理は、被害者の憤慨に対するわれわれの共感である」（*ibid*., p. 136; repris in The Glasgow Edition, p. 475）。

（6） Adam Smith, *An Inquiry into the Nature and Causes of the Wealth of Nations*, Book II, chap. III, vol. 1, p. 344; repris in The Glasgow Edition, p. 341.

（7） 「各個人は、支配できる資本がどれだけあるにせよ、その最も有利な用途を絶えず探し求めている。彼が意図しているのは、自分自身の利益であって社会の利益ではない。しかし彼自身の利益の探求は当然に、あるいはむしろ必然的に、社会にとって最も有利な使途を彼らに選ばせる」（Adam Smith, *An Inquiry into the Nature and Causes of the Wealth of Nations*, Book IV, chap. II, vol. 2, p. 26; repris in The Glasgow Edition, p. 454）。――「各人が自分の境遇をよくしたいという一様な、恒常的な、不断の努力」（*ibid*., Book II, chap. III, vol. 1, p. 346; repris in The Glasgow Edition, p. 343）。――「各人が絶えず自分の境遇を改善しようと行っている自然な努力」（*ibid*., Book IV, chap. IX, vol. 2, p. 258; repris in The Glasgow Edition, p. 674）。――「大胆かつ意欲的で行動的気質の人においては有益性の原理が支配的であり、平穏かつ穏やかな心の人は通常、優れた人におとなしく従うことを喜びとする」（Adam Smith, *Lectures on Justice, Police, Revenue and Arms*, p. 11; repris in The Glasgow Edition, p. 402）。――「確かにセストス市民は、各人が父の職業に従うべきであるということを法律にした。しかしこのことは、人間性の気質に適さないから、長続きしなかった。各人は、自分の父が自分のなりたいものであろうとなかろうと、地主になりたいと思うものである。最も力が強く、社会の動きの中で弱い者に勝った者は、多くの劣った者の境遇を守ってやらなければならない」（*ibid*., p. 168; repris in The Glasgow Edition, p. 492）。

（8） アダム・スミスは例えば、大土地所有者と商人、すなわち公共の役に立とうという意図などいささかも持たなかった二つの階級が、近代文明社会形成過程において演じた重要な役割を主張している。「最も子供じみた虚栄心を満足させることが、大土地所有者の唯一の動機であった。商人と手工業者は、それよりはあまり不合理ではなかったが、行動にあたって自分の利益しか眼中になく、一ペニーでも手に入るところでは一ペニーを稼ぐという行商人の原理を追求していた。いずれの階層も、その一方の階層が愚かで他方が働き者であるために、自分たちが次第に生み出しつつある大きな変革を自覚することもなければ予見もしなかった」(Adam Smith, *An Inquiry into the Nature and Causes of the Wealth of Nations*, Book III, chap. IV, vol. 1, p. 418; repris in The Glasgow Edition, p. 422)。——また同様に彼が航海条例の心理的原因を探らなければならなかったのも、国民的憤激のさなかであった(*ibid*., Book IV, chap. II, vol. 2, p. 36–37; repris in The Glasgow Edition, p. 464)。しかしながら、条例の規定は、最も深い思慮分別に導かれていたものと思われるほど、賢明なものにできていた。——同様にまた、支出には二通りがある。一つは、すぐに消費されてしまうものに対する支出であり、もう一つは耐久的なものに対する支出である。社会的富が進歩するには、前者より後者が好ましい。しかしアダム・スミスは付け加えている。「しかし私は、このことすべてによって、一種類の支出が常に多種類の支出より自由な、あるいは寛容な精神を表しているという風には理解してほしくないと思う。ある資産家が収入を主に慈善に使う場合、彼はその大部分を友人たちや仲間たちと分担する。しかし、彼が耐久財の購入に収入を使用する時、しばしば全費用を自分一身で引き受け、対価がなければ誰にも何ものも与えない。それゆえ後者の種類の支出は、特につまらないものに向けられる場合、例えば衣服や家具の飾り小物、宝石、小さい装飾品、金ぴかのまがいものに向けられる場合、その人がつまらぬ気質であるというだけでなく、いやしい利己的な気質であることをはっきりと示している。私が言いたいことはただ、一方の〔耐久財に対する〕支出のほうが、常に貴重な商品の蓄積を引き起こすし、また私的倹約にも、したがって公的資本の増加にも好都合であるし、それに不生産的な人びとよりも生産的な人びとを扶養するから、他方の〔消費財に対する〕種類の支出よりも公共的富裕の増大に貢献するということである」(*ibid*., Book II, chap. III, vol. 1, p. 350–351; repris in The Glasgow Edition, p. 349)。——最後に、より一般的に言えば、資本を産業に用いようとする個人はそこから得られる利潤にもっぱら関心があって、資本によって動かされる生産的労働の量に関心があるわけではない。しかしながら、個人的利益に対する関心は公共的利益に対する関心と一致するということがおのずから明らかとなる。例えば、各個人は利己心から自分の資本をできるだけ自分で運用しようとする。あるいは国民的産業を維持するために自分の資本を用いるすべての個人は、必ずその産業を規制してそこから生産される生産物ができるだけ大きい価値を表すようにしたがる。「彼は一般に、公共的利益を促進する意図も持たなければ、それをどれほど自分が促進しているかを知ることもない。外国産業の維持より国内産業の維持を優先させることで、彼はただ自分の安全を意図しているだけである。そうして国内産業をその生産物が最大の価値になるように方向づけることで彼が意図しているのは、自分自身の利益だけである。この場合も、他の多くの場合と同様、なんら彼の意図にはなかった目的を促進するように見えない手によって導かれる。その目的が彼の意図にはなかったということは、社会にとって常に必ずしも悪いことではない。自分だけの利益を追求することによって、彼はしばしば社会の利益を、彼が実際に促進しようと意図した場合より効果的に促進する。私は、公共的利益のために取引を営むかのような気どった態度をとる人びとが、それほどまでのいいことをしたのを見たことがない。それは商人の間ではあまり一般的ではない気どりであり、その気どりを商人たちが持たないようにするには、多言を要しない」(*ibid.*, Book II, chap. III, The Glasgow Edition, p. 456)。

(9) Adam Smith, *An Inquiry into the Nature and Causes of the Wealth of Nations*, première phrase de l'introduction.

(10) *Ibid.*, Book I, chap. 1, p. 5 sq.; repris in The Glasgow Edition, p. 17. Cf. Adam Smith, *Lectures on Justice, Police, Revenue and Arms*, p. 163 sq.; repris in The Glasgow Edition, p. 490 sq.

(11) Francis Hutcheson, *A System of Moral Philosophy*, Book II, chap. IV, section 5. ——経済学者アダム・スミスの先駆者としてのハチスンについては、*Lectures on Justice, Police, Revenue and Arms*, by Adam Smith, p. xxv–xxvi におけるエドウィン・キャナンの序文、および William Robert Scott, *Francis Hutcheson*, p. 230 sq. を参照。ハチスンはアダム・スミスの師であり、グラスゴウ大学道徳哲学教授としてスミスの先任者であった。

(12) David Hume, *Treatise*, Book III, Part II, sect. II, vol. I (éd. Green, vol. II, p. 259).

(13) Adam Smith, *An Inquiry into the Nature and Causes of the Wealth of Nations*, Book I, chap. II, vol. 1, p. 14 sq.; repris in The Glasgow Edition, p. 26–27. ——『道徳哲学講義』においてアダム・ファーガスンは分業の理論を述べている。それはおおよそアダム・スミスの理論と一致するが、ファーガスンはスミスの影響を受けた(Rae, *Life of Adam Smith*, p. 258, 264)。——一七六六年にバーミンガムのボタン製造業についてシェルバーン卿が書いた興味ある覚書に関する同様な考察。「彼らは、ボタンあるいはその他いかなるものでも仕上げに同じ職人を用いないで、できるだけ多くの違う職人に小分けする。おそらく人間の能力は同じことの繰り返しだけをすれば、いろいろな仕事を移動させられる場合よりも手早くなり、信頼が置けるようになることを知っているからである。だからボタンは五〇人の職人の手を通るし、各職人はおそらく一日に一〇〇〇個を扱う。このようにして作業は単純化されるため、六回のうち五回は六歳ないし八歳の子供が大人の職人と同じようにうまく仕事をし、週に一〇ペンスないし八シリングを稼ぐ」（*Life of Lord Shelburne*, vol. I, p. 402–405）。しかしシェルバーン卿は一七六一年以降、アダム・スミスと個人的関係を持った（Rae, *Life of Adam Smith*, p. 153）。――プリーストリは一七六八年の『統治の第一原理』において、進歩の理論中、分業の原理に多大な重要性を与えた。――UC 87:『間接立法』と題する草稿のある注において、ベンサムは書いている。「公正な取引においてはコンディヤック師の天才的考察に明らかなように、各当事者が利益を得る。各当事者は、自分では価値が小さいと評価するものを手放して、価値が大きいと評価するものを入手する。もしそうでないとすれば、彼らはそれぞれ動機なしで行動することになるであろう」（*Le Commerce et le Gouvernement considérés relativement l'un à l'autre*, Amst., 1776, 12mo）。

（14）Adam Smith, *An Inquiry into the Nature and Causes of the Wealth of Nations*, Book I, chap. IV, vol. 1, p. 29; repris in The Glasgow Edition, p. 44.

（15）*Ibid.*, Book I, chap. V, vol. 1, p. 32; repris in The Glasgow Edition, p. 49.

（16）価値と等価は、アダム・スミスの用語においては同義語である。「アメリカのそれらの商品はハンガリーやポーランドに入ると、これらの国の剰余生産物と交換される新しい価値、新しい等価である」（*ibid*, Book IV, chap. VII, vol. 2, p. 172; repris in The Glasgow Edition, p. 592）［傍点はエリー・アレヴィ］。

（17）*Ibid.*, Book I, chap. V, vol. 1, p. 31; repris in The Glasgow Edition, p. 47–48.

（18）*Ibid.*, Book I, chap. VI, vol. 1, p. 49; repris in The Glasgow Edition, p. 65. ――Cf. Adam Smith, *Lectures on Justice, Police, Revenue and Arms*, p. 173–174; repris in The Glasgow Edition, p. 494–496; et Adam Smith, *An Inquiry into the Nature and Causes of the Wealth of Nations*, Book I, chap. V, vol. 1, p. 32; repris in The Glasgow Edition, p. 48.

（19）*Ibid.*, Book I, chap. X, vol. 1, p. 103–104; repris in The Glasgow Edition, p. 116.

（20）*Ibid.*, Book I, chap. XI, vol. 1, p. 227–228; repris in The Glasgow Edition, p. 234–235.

（21）Pufendorf, *Devoirs de l'homme et du citoyen, tels qu'ils lui sont prescrits par la loi naturelle*, trad. Barbeyrac, liv. I, chap. XIV, § 3-4. プッフェンドルフは付け加えている。「さまざまな事情が労働の価格および取引の対象となる行為のすべての価格を増大させる。例えばそれら行為が必要とする苦しみや、それらの行為をするさいの困難、取引をうまく行うのに必要な技巧や手腕、それらの有益性、そのために気遣いをし勤労を用いる必要、同じ職業に携わる人たちが少数であること、問題となっている人の性格と威厳およびそういうものなしですませられる自由、ある技術あるいは職業の世界においてわれわれが行為するさいの事情などである」。——バーベイラックはプッフェンドルフが目に見える価格（*pretium eminens*）（貨幣価格）に対立させた通常価格（*pretium vulgare*）を「本来の内在的価格」と訳した。

(22) Francis Hutcheson, *A System of Moral Philosophy*, Book II, chap. XII, 1.

(23) John Locke, *Of Civil Government*, Book II, chap. V, § 40.

(24) Adam Smith, *An Inquiry into the Nature and Causes of the Wealth of Nations*, Book I, chap. VIII, vol. 1, p. 67; repris in The Glasgow Edition, p. 82.

(25) *Ibid.*, Book I, chap. XI, vol. 1, p. 181; repris in The Glasgow Edition, p. 188.

(26) *Ibid.*, Book IV, chap. V, vol. 2, p. 116; repris in The Glasgow Edition, p. 539.

(27) *Ibid.*, Book IV, chap. V, vol. 2, p. 107; repris in The Glasgow Edition, p. 530.

(28) *Ibid.*, Book IV, chap. VII, vol. 2, p. 162; repris in The Glasgow Edition, p. 582. ——Cf. *ibid.*, Book I, chap. X, The Glasgow Edition, p. 157（「定住」法が問題である）.「不法行為を犯していない者を本人が住居として選んだ教区から退去させることは、明らかに自然的自由と正義との侵犯である」。

(29) *Ibid.*, Book IV, chap. IX, vol. 2, p. 247; repris in The Glasgow edition, p. 664. Cf. *ibid.*, vol. 2, p. 254; repris in The Glasgow Edition, p. 669.「完全な正義、完全な自由、完全な平等の確立……」。

(30) Adam Smith, *An Inquiry into the Nature and Causes of the Wealth of Nations*, Book I, chap. VI, vol. 1, p. 49; repris in The Glasgow Edition, p. 65.

(31) 「いくつかの職業においては、同量の勤労が、年によってかなり違った量の商品を生産する。他方、そうでない職業においてはいつも同量あるいはほとんど同量に近い商品を生産するであろう。……いかなる点においても有効需要に適合するのは、一種類の勤労の平均的生産量のみである」（*ibid.*, Book I, chap. VII, vol. 1, p. 60–61; repris in The Glasgow Edition, p. 75）。——「（金と銀の）輸入業者は、ほかのすべての商人と同じだとわれわれは信ずるが、彼らのその時どきの輸入を、彼らが目下の需要量と判断する量に合わせるようにできるだけ努める。しかしながら、彼らがいくら注意していても、取引は過剰であったり過少であったりする。彼らが必要以上の金塊を輸入した場合、再び輸出する危険と労苦を冒すよりも、彼らはときに通常価格あるいは平均価格以下の金額でその一部を売ろうとする。

他方、必要以下しか輸入しない場合、その価格以上の金額を得る」(*ibid.*, Book I, chap. V, vol. 1, p. 47–48; repris in The Glasgow Edition, p. 63)。

(32) Adam Smith, *An Inquiry into the Nature and Causes of the Wealth of Nations*, Book I, chap. VII, vol. 1, p. 59–60; repris in The Glasgow Edition, p. 74.

(33) *Ibid.*, Book IV, chap. VII, vol. 2, p. 213; repris in The Glasgow Edition, p. 630. 傍点はエリー・アレヴィのものである。——Cf. *ibid.*, Book I, chap. VII, vol. 1, p. 59–60; repris in The Glasgow Edition, p. 74–75; et Book III, chap. I, vol. 1, p. 382; repris in The Glasgow Edition, p. 377.

(34) *Ibid.*, Book IV, chap. I, vol. 2, p. 8; repris in The Glasgow Edition, p. 435（貴金属）.

(35) *Ibid.*, Book II, chap. V, vol. 1, p. 365; repris in The Glasgow Edition, p. 294. ——Book I, chap. X, vol. 1, p. 103; repris in The Glasgow Edition, p. 116.

(36) *Ibid.*, Book II, chap. II, vol. 1, p. 294; repris in The Glasgow Edition, p. 295. Cf. David Hume, Essay VI, Of the Independency of Parliament（*Essays*, vol. I, p. 119）.

(37) Adam Smith, *An Inquiry into the Nature and Causes of the Wealth of Nations*, Book IV, chap. V, vol. 2, p. 111; repris in The Glasgow Edition, p. 534.

(38) 「自然価格は……いわばあらゆる商品の価格が絶えず引き寄せられる中心価格である」(*ibid.*, Book I, chap. VII, vol. 1, p. 60; repris in The Glasgow Edition, p. 75)。——「(……)とはいえ、すべての特定商品の市場価格は、このようにして絶えず、こう言ってよければ自然価格に引き寄せられている」(*ibid.*, vol. 1, p. 62; repris in The Glasgow Edition, p. 77)。ヒュームも『貿易差額について』で同じ比喩を用いた。「こうした極端な不平等が仮に奇跡的に生ずるとすれば、それを是正しようとする同じ原因が、通常の自然的経過の中でその不平等が生ずるのを防止するに違いなく、またその同じ原因が、あらゆる近隣諸国において各国民の技芸と勤労にほとんど比例して貨幣を永久に保持するに違いない。水はすべて、水路が通じているところではどこでも常に同じ高さである。自然研究者にその理由を尋ねると、回答としては、もしどこか一カ所でも高くなると、その部分の重力が強くなって均衡が失われ、平衡を回復するまでそこを押し下げるに違いないと答える。また不平等が生じた場合にそれを是正する同じ原因が、暴力的かつ外的作用なしに不平等を永久に防止するに違いないと、答える」。——そしてさらにこう言う。「この作用の必要性を説明するのに自然的引力に頼る必要はない。人間の利害関心と情念から生ずる道徳的引力があって、この引力は充分に強力で確実である」（*Essais sur le Commerce et Lettre d'un négociant de Londres à un de ses amis*, Paris, Lyon, 1767, p. 194–195, p. 197, trad. modifiée）。——「自然的」はだから「必然的」と同義になる。「……自然的に、あるいはむしろ必然的に……」（Adam Smith, *An Inquiry into the Nature and Causes of the Wealth of Nations*, Book IV, chap. VII, vol. 2, p. 208; repris in The Glasgow Edition, p. 627）。

（39） *Ibid.*, Book I, chap. VI, vol. 1, p. 49 sq.; repris in The Glasgow Edition, p. 65–71.

（40） *Ibid.*, Book I, chap. VII, vol. 1, p. 57; repris in The Glasgow Edition, p. 72.

（41） *Ibid.*, Book IV, chap. VII, vol. 2, p. 145; repris in The Glasgow Edition, p. 565.

（42） *Ibid.*, Book I, chap. XI, vol. 1, p. 264; repris in The Glasgow Edition, p. 266.——Book IV, chap. VII, vol. 2, p. 180; repris in The Glasgow Edition, p. 598–599.——なぜなら「政治経済学の大目的は」ある決まった一国の「富と力を増大させることである」（*ibid.*, Book II, chap. V, vol. 1, p. 377; repris in The Glasgow Edition, p. 372）。しかし最も人口の多い階級の生活条件を改善しないでいかにしてそれを増大させうるであろうか。「さまざまな種類の召使、労働者、職人がすべての大きな政治社会のほとんど大部分を占めている。しかし大部分の者の環境を改善することが、全体にとって不都合と見なすことはできない。いかなる社会も、大部分の成員が貧しく不幸であれば、間違いなく繁栄し幸福であることはありえない。その上、民衆の全体に衣食住を与える人びとが、自分たちも充分に衣食住を持てるように、彼らの労働による生産物の分け前を受け取るのは、まさしく公正である」（*ibid.*, Book I, chap. VIII, vol. 1, p. 82–83; repris in The Glasgow Edition, p. 96）。

（43） Adam Smith, *An Inquiry into the Nature and Causes of the Wealth of Nations*, Book I, chap. XI, vol. 1, p. 153; repris in The Glasgow Edition, p. 161. アダム・スミスはしかし、独占価格と自然価格を徹底して対立させている。「独占価格はいかなる場合にも付けられる最高価格である。逆に自然価格あるいは自由競争の価格は、いかなる場合にもというわけではないが、かなりの期間にわたって付けられる最低価格である。一方は、いかなる場合にも買手から絞り取る最高価格、あるいは買手が同意して与える最高価格である。他方は売手が通常受け取って、同時に事業を継続できる最低価格である」（*ibid.*, Book I, chap. VII, vol. 1, p. 64; repris in The Glasgow Edition, p. 78–79）。

（44） *Ibid.*, Book I, chap. XI, vol. 1, p. 263–264; repris in The Glasgow Edition, p. 265–266.

(45) *Ibid.*, Book I, chap. XI, The Glasgow Edition, p. 266.〔上の注記は第二版で挿入。初版は以下の Cf. だけであった。〕Cf. Book V, chap. I, vol. II, p. 365–366; repris in The Glasgow Edition, p. 782.

(46) *Ibid.*, Book II, chap. IV, vol. 1, p. 359 sq.; repris in The Glasgow Edition, p. 356–359.

(47) *Ibid.*, Book II, chap. II, vol. 1, p. 326; repris in The Glasgow Edition, p. 329.

(48) *Ibid.*, Book I, chap. VIII, p. 69–70; repris in The Glasgow Edition, p. 83–84.

(49) *Ibid.*, Book I, chap. VII, vol. 1, p. 65; repris in The Glasgow Edition, p. 79. ——Book I, chap. X, vol. 1, p. 130; repris in The Glasgow Edition, p. 140–141 et p. 143–149; repris in The Glasgow Edition, p. 152–156; et *ibid.*, Book IV, chap. II, vol. 2, p. 44; repris in The Glasgow Edition, p. 470.

(50) Adam Smith, *An Inquiry into the Nature and Causes of the Wealth of Nations*, Book I, chap. X, vol. 1, p. 148–149; repris in The Glasgow Edition, p. 157.「各人が自己の労働の中に所持する資質〔プロパティ〕は、他のすべての所有〔プロパティ〕の最初の基礎であるから、最も神聖で不可侵である」(*ibid.*, Book I, chap. X, vol. 1, p. 128; repris in The Glasgow Edition, p. 138）を参照。

(51) *Ibid.*, Book V, chap. II, vol. 2, p. 417 sq.; repris in The Glasgow Edition, p. 828 sq.

(52) *Ibid.*, Book V, chap. II, vol. 2, p. 415; repris in The Glasgow Edition, p. 825. もしアダム・スミスを信ずるならば、第三階級の間における労働の生産物の不平等な分配はたいして重要ではない。なぜなら「逆に文明的で繁栄している国民の間では、多くの人びとが働いていないけれども、彼らの多くは働いている者の大部分より一〇倍、しばしば一〇〇倍もの労働の生産物を消費する。しかし社会の全労働の生産物は非常に大きいから、しばしばすべての者が豊かな生活をし、最低かつ最も貧しい階層の職人でさえ倹約をし勤勉に働くならば、いかなる未開人に入手可能な量よりも多く生活必需品と便宜品の分け前を享受するであろう」(*ibid.*, Introduction, p. 2; repris in The Glasgow Edition, p. 10)。『グラスゴウ講義』におけるアダム・スミスはそれほど明確ではなかった。「文明社会においては、労働の分割〔分業〕はあるが平等な分割〔配分〕はない。なぜならまったく働かない者が非常に多くいるからである。豊かさの分割は仕事によるのではない。商人は、仕事は少ないけれども彼のすべての事務員より豊かである。事務員もまた、同じ数の職人の六倍の豊かさを所有する。職人の数は事務員より多い。室内で自分の責任で働く職人は、休みを与えられずに重い足取りで働く貧しい労働者よりもはるかに多くを所有する。こうしていわば社会の重荷を担う者の利益が一番少ない」（Adam Smith, *Lectures on Justice, Police, Revenue and Arms*, p. 162–163; repris in The Glasgow Edition, p. 489–490）。

（53）『道徳哲学講義』におけるハチスンは、自然法の倫理と知識を区別した。自然法の知識においては、彼は私法理論、経済学および政治学を区別した。しかし彼が経済学ということで理解したのは「一家族のさまざまな成員の法と権利」であった。しかしこれが、ハチスンの「経済学〔家政学〕」という一つの章である。その章で彼は「金の価値あるいは価格について」という表題の下でプッフェンドルフから継承した一定の観念を発展させている。スミスの「政治経済学」はそうした観念から出発したように思われる。『グラスゴウ講義』においてスミスは、正義と治政を区別する。「治政の目的は商品の安いこと、公共の安全そして清潔である。ただしあとの二項目はこの種の講義が取りあげるに値しないというのでなければのことである。この主題の下で本書は一国の富裕を考察する」（p. 3〔; repris in The Glasgow Edition, p. 398〕。――「ほとんどすべての国の治政には多くの誤りがあって、そのために農業の進歩が非常に阻害された」（p. 228〔; repris in The Glasgow Edition, p. 525〕）。――「これ（小麦輸出禁止）は依然としてヨーロッパの大部分の政策であり、そしてこの禁止によって阻止しようと意図している飢饉すべての原因となっている」（p. 229〔; repris in The Glasgow Edition, p. 525〕）。――「われわれは後にこのこと（公収入の徴収のために土地の一部を国家が専有すること）は悪い政策であって、富裕の進歩が遅いことの一つの原因であることを述べよう」（p. 238〔; repris in The Glasgow Edition, p. 530〕）。――「今や残されていることは、治政の最後の分野を考察し、商業が民衆の生活様式に及ぼす影響を示すことである」（p. 253〔; repris in The Glasgow Edition, p. 538〕）。――フランスにおいては「経済表」が重農主義経済学者一門にとってある種の聖書の役割を果たしている。――政治経済学という表現が生じたのはおそらく二つの表現の合体によるものではないであろうか。

（54）Rae, *Life of Adam Smith*, p. 61.――グラスゴウにおける思想運動については、五九ページ以下、八七ページ以下を参照。

（55）Rae, *Life of Adam Smith*, p. 197, 215–217.――彼が『国富論』を書き始めたのは一七六四年七月、フランスのトゥルーズにおいてである（Rae, p. 178–179）。

（56）Adam Smith, *An Inquiry into the Nature and Causes of the Wealth of Nations*, Book I, chap. V, vol. 1, p. 31; repris in The Glasgow Edition, p. 47.

（57） *Ibid.*, Book I, chap. VI, vol. 1, p. 52; repris in The Glasgow Edition, p. 67.

（58） この点に関しては、David Ricardo, *Principles*, chap. I, sect. I（éd. MacCulloch, p. 11〔*The Works and Correspondence of David Ricardo*, vol. I, p. 13–14〕）の批判を参照。

（59） 「人の労働の自然価格というのは、彼が労働している間彼を扶養し、教育費用を支払い、充分に長生きできなかったり事業に成功しなかった場合の危険を償うのに充分なものである」（Adam Smith, *Lectures on Justice, Police, Revenue and Arms*, p. 176; repris in The Glasgow Edition, p. 495–496）。

（60） しばしば地代理論に関する多くの文章が取りあげられたが、アダム・スミスはそこにおいて明らかに重農主義者の影響を受けている。重農主義理論がイングランドの人びとに及ぼした深い影響を確かめたい人には、エドマンド・バーク『フランス革命の考察』中の一文が参考になろう。バークはかなり一般的にアダム・スミスの弟子として通っている。実際にはスミスの大著の刊行以前に経済学的信念を形成してしまっており、問題の文章（*Works*, vol. V, p. 288 sq.）において自分をケネーの正統な弟子と称している。――他方、アダム・スミスにおいて差額地代の理論を予感させる文章については、Ricardo, *Principles*, chap. XXIV を参照。

（61） Adam Smith, *An Inquiry into the Nature and Causes of the Wealth of Nations*, Book IV, chap. IX, vol. 2, p. 258–259; repris in The Glasgow Edition, p. 674.――Cf. Dugald Stewart, *Biographie*, p. CXVI sq.〔*Account of the Life and Writings of Adam Smith, LL. D.* in *Essays on Philosophical Subject*, The Glasgow Edition III, p. 316–317.〕; et Adam Smith, *An Inquiry into the Nature and Causes of the Wealth of Nations*, Book V, chap. II, vol. 2, p. 420; repris in The Glasgow Edition, p. 830.

（62） *Ibid.*, Book IV, chap. VII, vol. 2, p. 150; repris in The Glasgow Edition, p. 570.

（63） *Ibid.*, Book IV, chap. I, vol. 2, p. 8; repris in The Glasgow Edition, p. 436.――Cf. *ibid.*, Book II, chap. III, vol. 1, p. 349; repris in The Glasgow Edition, p. 346.――Book IV, chap. V, vol. 2, p. 117–118; repris in The Glasgow Edition, p. 540–541.――Book IV, chap. VII, vol. 2, p. 150; repris in The Glasgow Edition, p. 570.――Book IV, chap. VIII, vol. 2, p. 238; repris in The Glasgow Edition, p. 654.――Book V, chap. III, vol. 2, p. 530; repris in The Glasgow Edition, p. 935.――「自分の境遇を改善したいというすべての人の一様な、絶えざる、たゆみない努力は……人生の知られざる原理のように……病気にもかかわらずというだけでなく、医師の馬鹿げた処方にもかかわらず、しばしば身体に健康と活力を回復させる」（*ibid.*, Book II, chap. III, vol. 1, p. 346; repris in The Glasgow Edition, p. 343）。

(64) カーライル『チャーティズム』第六章第七章の興味ある考察を参照。

(65) Adam Smith, *An Inquiry into the Nature and Causes of the Wealth of Nations*, Book IV, Introduction, vol. 2, p. 1; repris in The Glasgow Edition, p. 428. ——ステュアートは一七六八年に『経済学原理』を刊行する。ファーガスンは国民経済および公共経済というステュアートの表現を用いている。ベンサムは国民経済と言う。『統治論断片』[chap. V, section 12, Bowring, vol. I, p. 295; repris in *CW*, p. 500] においては類似の合成語表現「立法経済」を用いている。——経済学者《エコノミスト》という実体名詞の当初の意味については、Burke, *Speech on Economical Reform* (*Works*, vol. III, 特に p. 281) を参照。——*Ann. Reg.*, 1770, p. 186.「フィレンツェ市民たちはイタリアの最も偉大な経済学者たちと評価されている。これは彼らの洞察力と明敏さによるし、ある程度まで彼らの領域が小さいせいである。領域が小さいことは彼らが未開拓の部分を残さないようにする」。——「もし彼（大土地所有者）が経済学者であれば、一般に毎年の貯蓄を古い所領の改善に用いるよりは新しく購入することに用いたほうが、利益があがることを知っているであろう」(Adam Smith, *An Inquiry into the Nature and Causes of the Wealth of Nations*, Book III, chap. II, vol. 1, p. 389; repris in The Glasgow Edition, p. 385)。——ジョサイア・タッカー『冷静な思考』（一七八〇年、三〇ページ）、「われわれの不平家たちのうちの最も正しい経済学者は、もしじっと自分自身と自分の行動を見つめるならば、自分の私的な事柄においてさえ、ある種の不規則性があることを知るであろう」。——ベンサムは後に語る (Bowring, vol. X, p. 86)。「この時私はお金に窮していたけれども、びた一文も無駄にしない節約につきまとう金勘定が奇妙に嫌いであった。……お金を数えない者が私のように厳しい経済学者であることはあまりないことである」。——Cf. Meadley, *Memoirs of William Paley*, p. 69; Stephen's *Life of Tooke*, 1807, vol. II, p. 359.

(66) Adam Smith, *An Inquiry into the Nature and Causes of the Wealth of Nations*, Book V, chap. III, vol. 2, p. 594–550; repris in The Glasgow Edition, p. 947.

(67) Webb, *Hist. of Trade Unionism*, p. 42 sq.

(68) 例えばジョサイア・タッカーの著作の新しい知見の進展を追うとよい。Josiah Tucker, *A brief essay on the advantages and disadvantages which respectively attend France and Great Britain, with regard to Trade, with some proposals for removing the principal disadvantages of Great Britain in a new method*, 3e éd., 1753 (réimprimé par MacCulloch dans les *Scarce and Valuable Tracts on Commerce*, p. 309 sq. ——*The Case of going to War, for the sake of Procuring, Enlarging, or*

Securing of Trade, considered in a new light, being a fragment of a greater work（anonyme, London, 1763）, p. 32, 40. ——Josiah Tucker, *Dispassionate Thoughts on the American War; addressed to the moderate all parties.*

(69) Adam Smith, *An Inquiry into the Nature and Causes of the Wealth of Nations*, Book IV, chap. II, vol. 2, p. 25–26, 29; repris in The Glasgow Edition, p. 543, 456–457.

(70) Lettre de François Xavier Schwediauer à Jeremy Bentham, du 15 juillet 1784, reproduite in Bowring, vol. X, p. 136; et reprise in *CW, Correspondence*, vol. 3, nº 509, p. 294. ——Cf. La lettre de George Wilson à Jeremy Bentham, du 24 avril 1787, reproduite in Bowring, vol. X, p. 173; et reprise in *CW, Correspondence*, vol. 3, nº 589, p. 533「確かに政治経済学のあらゆる論点について、ここ十年来、世論に明瞭な変化があります。これは、ある程度スミスの本の流布によるものでしょう。しかし、さらにそれ以上にすべての古い君主国にとってまったく恥さらしですが、アメリカとの政治的商業的関係に生じた事件によるでしょう」。——ジェイムズ・トレイルはアダム・スミスの著作についてベンサムに刻々と知らせている。「私はスミスの本は印刷中で、かなりの追加があると思います。それは八折本の四巻になるでしょう。追加がどの特定の論点にかかわっているかは知ることができません。二カ月以内に出版になることはないでしょう」(Lettre de James Trail à Jeremy Bentham, du 9 août 1784, *ibid.*, nº 512, p. 299)。——バウッドのシェルバーン卿の館でベンサムは、タウンゼンド、すなわちマルサスの先駆者と知己となり、一七八一年に長い会話を交わした。ユニヴァーシティ・カレッジの草稿（UC 19, Political Economy）は、シェフィールド卿の保護主義的著作のうち、アメリカ合衆国の通商とアイルランド（後者は第六版に引用）に関して長い議論をしている。それは一七八九年以前のはずである。「卿の権威が私の上に重くのしかかっていますから、私はできるだけうまく自分を弁護しなければなりません。と言いますのは不幸にも私は、『多数の者の利益は少数の者の利益よりも考慮に値する』、すなわち五分の四の人びとの利益は残る五分の一の人びとの利益より考慮に値すると考える『感傷的政治家』の一人だからです。そして私は、彼が私を攻撃した武器以上に適切な武器を欲しいとは思いません」。——一七九一年頃（『高利の擁護』がフランス語に訳された時期に）ベンサムはこの著作の第二版を用意しており、そして序を書いたが、この序はこの頃に彼の経済理論は完成したことを立証している。彼はそこで、反高利法を廃止することに対する新しい二つの反対論に対して「産業は資本によって制限される」という原理に基づいて反論している。『顕彰の理論』はベンサムのロシア滞在中にフランス語で書かれ、固有の経済学的部分を含んでいる。一七八五年四月二十八日付のジョン・シモンズのベンサム宛の手紙はイタリアの政治経済学に関する数冊の本の表題をベンサムに知らせている（Lettre in *CW, Correspondence*, vol. 3, nº 527, p. 325）。――経済学者ジョウジフ・タウンゼンドの一七八五年六月二十五日付の手紙はあまり興味を引くものではない（Lettre in *CW, Correspondence*, vol. 3, nº 534, p. 332–333）。――バウッドにおけるベンサムとタウンゼンドの再会については、ベンサムのジョージ・ウィルスン宛一七八一年四月二十四日付の手紙（reproduite in Bowring, vol. X, p. 92, et reprise in *CW, Correspondence*, vol. 3, nº 403, p. 57）。彼らはお互いに未完の作品の草稿を見せあうほど、充分に信頼しあっている。――経済学者タウンゼンドについては、II巻第二章IIを参照。

（71）Rae, *Life of Adam Smith*, p. 153. 一七九五年、シェルバーン卿のドゥグルド・ステュアート宛の手紙。「スミス氏に同行してエディンバラからロンドンに旅したおかげで、私の生涯で最良の歳月に体験した光と闇の差を知りました。私は、私の若さと先入見に加えて彼の原理の新しさのために当時それらの原理を理解できませんでしたが、流暢な語りだけでなく、深い慈愛心をもって説かれたため、それらは一定の根を下ろしました。ただそれらは、数年後まで完全な確信に至るまで展開しませんでしたが、その後は人生においていささか考えをめぐらせた場合の想源となっただけでなく、幸福を伴っていると心から言えます」。スミスとシェルバーン卿がロンドンへの旅行をともにしたのは一七六一年である。――モルレ師によればシェルバーンはフランス重農主義者の影響を受けている。Morellet, *Mémoires*, chap. XIV, p. 268; Lettre de lord Shelburne à l'abbé Morellet, 23 mars 1783 を参照。「私はヴェルジェンヌ子爵とドゥ・レヌヴァル氏を同伴してヴェルジェンヌ伯爵〔一七一九―八七〕に話しに行きました。もし私たちの話し合いの中で私の見解が伯爵の賛成と評価を得たとすれば、それはあなたのおかげだと思っています。あなたの会話とあなたの知識のおかげで私はこの問題（商業の一般的自由の原理）に関する自分の考えを広げ、解放することができました」。――モルレはシェルバーン邸においてベンサムに政治経済学の最初の手ほどきをしたのではないであろうか。一八〇二年九月四日付、ジェレミ・ベンサムのサー・フレデリック・モートン・イーデン宛の手紙（Lettre reproduite in Bowring, vol. X, p. 395, et reprise in *CW, Correspondence*, vol. 7, nº 1727, p. 124）を参照。「モルレ師（私は師を自分の先生の一人に数えている）」。

（72）シェルバーン卿の政策については『シビル』と題する小説におけるディズレイリの興味ある考察を参照。

（73）Jeremy Bentham, *Manual of Political Economy*（Bowring, vol. III, p. 33; repris sous le titre *Institute of Political Economy*, in Stark, vol. 3, p. 318）。「政治経済学は科学であると同時に技法である。科学の価値は、技法に対する有効性にあり、

その価値の大きさはその働きによる」。

(74) アダム・スミスの定義。「政治家あるいは立法者の科学の一部門として考えられた政治経済学は、二つの明確な目的を提示する。第一は豊かな収入あるいは生活資料を人びとに提供すること、あるいはもっと適切に言えば人びとがこのような収入あるいは生活資料を自分自身で調達できるようにすることである。第二は、行政サービスを行うのに充分な収入を国あるいは国家にもたらすことである。それは、人びとと主権者をともに豊かにすることを目的とする」（Adam Smith, *An Inquiry into the Nature and Causes of the Wealth of Nations*, Book IV, Introduction, vol. 2, p. 1; repris in The Glasgow Edition, p. 428）。――ジェレミ・ベンサムの定義。「立法技法のあらゆる部門における有益性の原理によれば、意図されている目的は、対象とする社会における、ある一定の時期における最大量の幸福であるべきであろう。――この一般的目的が最大量の富の生産と最大量の人口によって促進される限り、技法のこの分野〔政治経済〕において意図する目的は、最大量の幸福の生産であるべきであろう」（*Manual of Political Economy*, chap. I, Bowring, vol. III, p. 1; repris sous le titre *Institute of Political Economy*, in Stark, vol. 3, p. 318）。

(75) Jeremy Bentham, *Manual of Political Economy*（Bowring, vol. III, p. 35; repris sous le titre *Institute of Political Economy*, in Stark, vol. 3, p. 321）.「富の問題の発生については――さまざまな形態における富の生産の原因と方式については――さしあたりアダム・スミスを参照されたい。方法と精密さの点を除けばアダム・スミスが論じ残したことはあまりない」。

(76) Jeremy Bentham, *Théorie des récompenses*, liv. IV, p. 247.

(77) Jeremy Bentham, *Traités. Vue générale d'un corps complet de législation*, chap. XXVIII（Bowring, vol. III, p. 203）.――*Traités, Code civil*, Partie I, chap. IV intitulé «Des lois relativement à la subsistance〔生活資料に関する法律〕» et chap. V intitulé «Des lois relativement à l'abondance〔豊富に関する法律〕»（Bowring, vol. I, p. 303–305）.

(78) Jeremy Bentham, *Manual of Political Economy*, chap. II（Bowring, vol. III, p. 35; repris sous le titre *Institute of Political Economy*, in Stark, vol. 3, p. 322）――*Théorie des récompenses*, livre IV, chap. I.

(79) Jeremy Bentham, *Manual of Political Economy*, chap. III（Bowring, vol. III, p. 58–59; repris sous le titre *Institute of Political Economy*, in Stark, vol. 3, p. 337）.――*Théorie des récompenses*, livre IV, chap. III, p. 264 sq.

(80) Jeremy Bentham, *Manual of Political Economy*, chap. III（Bowring, vol. III, p. 71）.――*Théorie des récompenses*, livre

IV, chap. XIII, p. 352.

（81） Jeremy Bentham, *Manual of Political Economy*, chap. III（Bowring, vol. III, p. 33; repris sous le titre *Institute of Political Economy*, in Stark, vol. 3, p. 333）.――ベンサムは政治経済学の分野において自分の責任において作り出したこの表現を一七七六年に立法の分野においてブラックストンを非難するために用いた。Jeremy Bentham, *A Fragment on Government*, chap. V, 10（Bowring, vol. I, p. 294; repris in *CW*, p. 498）.「であるとべきであるという二つの論点は、実際には他の人びとの目にはしばしば正反対に見えるのに、われわれの著者〔ブラックストン〕においては体質的と思える従順な静寂主義のために彼にはその差がよく分からないらしい」。

（82） Jeremy Bentham, *Théorie des récompenses*, livre IV, Introduction, p. 249. この結果、政治経済学は技法というよりはむしろ科学である。もっぱら理解することが仕事であり、行動すべき仕事は少ない。

（83） Josiah Tucker, *The Case of going to War, for the sake of Procuring, Enlarging, or Securing of Trade, considered in a new light, being a fragment of a greater work*, London, 1763, p. 31.「神の偉大な法則と自然の経路は向こうみずな人間の弱い力のよく逆らい対抗すべきものではない」。――p. 32.「自然世界においてわれわれの慈愛深き創造主は、さまざまに違った土地を作り気候を定めたもうた。それによりさまざまな国の住民たちは、お互いにそれぞれの果物や生産物を供給し合うことができる。そのためお互いの勤労を刺激し合うことで相互に利益となるような普遍的に恵み深い交易を営むことができる。」――また Burke, *Letters... on the... peace with the regicide directory*, Works, vol. VIII, p. 337.「あらゆるものの優しく賢い配剤者。その人は、人びとを好むと好まざるとにかかわらず、人びと自身の利己的利益を追求することのうちに、彼ら自身の個人的成功と一般的利益とを結び付けないわけにいかなくさせる」。

（84） Jeremy Bentham, *Introduction to the Principles of Morals and Legislation*, chap. XVIII, section XXXV, Bowring, vol. I, p. 118, note; repris in *CW*, chap. XVI, § iii, 36, p. 231, note 13.「高利は、もし罪でなければならないとすれば、同意を得て行われる罪であって、犯罪の一覧表に位置を占めることはできない。ただしその同意が不正に結ばれたり、自由意志でなく結ばれる場合は別である。前者の場合、それは詐欺になり、後者の場合は強要になる」。

（85） Lettre de Jeremy Bentham à George Wilson, les 19–30 décembre 1786, reproduite in Bowring, vol. X, p. 163; et reprise in *CW, Correspondence*, vol. 3, nº 584, p. 518.「サー・R・Wの考えではピットは利子率を五パーセントに下げるつもりのようです。貴殿が何かそれについて聞いておられたら教えてください。もしその報道が本当だとしたら、私は彼に

まず私の気持ちの一片を伝えたいと思います。私にはそれに対する反論がすでにできて（cut and dry）います。あなたは前の形容詞（cut：明瞭な）にはちょっと疑問があるかもしれませんが、あとの形容詞（dry：無味乾燥）には異論がないでしょう」。Cf. La lettre de Jeremy Bentham à George Wilson, les 9–20 février 1787, reproduite in Bowring, vol. X, p. 170; et reprise in *CW, Correspondence*, vol. 3, nº 586, p. 524.「……私が貴殿に手紙を書いているのは、利子率を今まさに引き下げようとし、そして利子率を完全に制限して世界に害毒を流すピットを批判するためです」。

（86） Lettre de Jeremy Bentham à George Wilson, les 19–30 décembre 1786, reproduite in Bowring, vol. X, p. 167; et reprise in *CW, Correspondence*, vol. 3, nº 584, p. 518.

（87） Lettre de [George Wilson et] James Trail à Jeremy Bentham, 26 février 1787, reproduite in Bowring, vol. X, p. 171; et reprise in *CW, Correspondence*, vol. 3, nº 587, p. 527; lettre de George Wilson à Jeremy Bentham, le 24 avril 1787, reproduite in Bowring, vol. X, p. 172–173; et reprise in *ibid.*, nº 589, p. 532.

（88） Adam Smith, *An Inquiry into the Nature and Causes of the Wealth of Nations*, Book II, chap. IV, vol. 1, p. 360–361; repris in The Glasgow Edition, p. 356–357.

（89） *Defence of Usury: showing the impolity of the present legal restraints on the terms of pecuniary bargains; in letters to a friend, to which is added, a letter to Adam Smith, esq. L.L.D., on the discouragements opposed by the above restraints to the progress of inventive industry*, by Jeremy Bentham, Letter I, Introduction, Crichoff, in White Russia, January 1787（Bowring, vol. III, p. 3; repris in Stark, vol. 1, p. 129）.

（90） Jeremy Bentham, *Defence of Usury*, Letter X（Bowring, vol. III, p. 16; repris in Stark, vol. 1, p. 158–159）.「かの偉大な哲学者の心に思い浮かばなかったけれども、もし思い浮かんだとしても、まったく注目に値しなかったと思われるある考察とは、こうである。一ダリク〔古代ペルシャの金貨でその鋳造権はダリウス王が握っていた〕は別の一ダリクを生むことはないし、同様に一頭の雄羊も雌羊も生まない。けれどもある男は借りた一ダリクで雄羊一頭と雌羊二頭を入手できるし、また雌羊はもし一定期間雄羊と一緒に放牧されていれば、おそらく子羊を産まないわけはないであろう。そうだとすればその年の終わりには、彼は三頭の羊と二頭の子羊、でなければ二頭の子羊の飼主になるであろう。また彼は、一ダリクを返済するために羊を売り、子羊の一頭をしばらく貸し出せば、このような取引をしなかった場合よりも二頭の子羊分あるいは少なくとも一頭の子羊分だけ豊かになっているであろう。こういう考察はかの哲学者には思い浮かばなかったであろう」。

(91) *Ibid.*, Letter II（Bowring, vol. III, p. 4; repris in Stark, vol. 1, p. 131）.

(92) *Ibid.*, Letter VI（Bowring, vol. III, p. 9; repris in Stark, vol. 1, p. 142）.

(93) *Ibid.*, Letter IV（〔Bowring, vol. III, p. 7–8〕Stark, vol. 1, p. 138–140）.

(94) *Ibid.*, Letter V（〔Bowring, vol. III, p. 8–9〕Stark, vol. 1, p. 140–142）.

(95) *Ibid.*, Letter III（〔Bowring, vol. III, p. 5–7〕Stark, vol. 1, p. 133–138）.

(96) *Ibid.*, Letter II（Bowring, vol. III, p. 3; repris in Stark, vol. 1, p. 130）.

(97) *Ibid.*, Letter VI（Bowring, vol. III, p. 10; repris in Stark, vol. 1, p. 145–146）.

(98) *Ibid.*, Letter XIII（Bowring, vol. III, p. 21; repris in Stark, vol. 1, p. 169）.

(99) *Ibid.*, Letter XIII（Bowring, vol. III, p. 28–29; repris in Stark, vol. 1, p. 185）.

(100) *Ibid.*, Letter XIII（Bowring, vol. III, p. 28–29; repris in Stark, vol. 1, p. 185）. UC 99を参照。これは「経済論説」と題された草稿。『高利の擁護』と同時期に計画された著作の表題は『現状の法律（別題、現在あるがままの法律）により有益な発明を奨励して発明活動を活発化することに関する論説』である。――冒頭は小説調である。ユーゲニオという主人公が大富豪に自分の発明の秘密を盗まれ、非業の最期を遂げる。

(101) Turgot, *Sur la formation et la distribution des richesses*, LXXV. 利子の価格〔利子率〕は、すべての商品の価格と同様に取引の過程によってでなければ固定されるべきではない。――法律は商取引の中を流れるすべての他の商品の価格を決定すべきではないが、それ以上に貨幣利子率を決定してはならない。

(102) *The Interest of Money considered*, 1787: voir la lettre de Jeremy Bentham à George Wilson, des 3–15 mai 1787, reproduite in Bowring, vol. X, p. 174; et reprise in *CW*, *Correspondence*, vol. 3, nº 592, p. 545–546.

(103) *Monthly Review*, May 1788, art. I. ――Voir aussi la lettre du Dr. Thomas Reid au Dr. James Gregory, du 5 septembre 1788, Bowring, vol. X, p. 176–177.

(104) Bowring, Vol. X, p. 176. 六〇年後にもなお、ステュアート・ミルは、ベンサムが高利禁止法に対して果敢に挑んだ彼のいわゆる「勝利の猛襲」について賞賛をもって語っている。すなわち「この問題について存在する最高の著作」（*Pol. Ec.*, Book V, chap. X, § 2, People's Edition, p. 559〔*CW*, vol. III, p. 923, cf. *CW*, X, p 81–2〕）。

(105) 『顕彰の理論』の中でベンサムが植民地不要論を述べた部分が他の部分とともに一七八六年ないし一七八七年に書かれていないと推定する根拠はない。一七八九年にシェルバーン卿（この年にランズダウン侯爵になる）はこの点について教示を受けたことで、ベンサムに感謝している（Lettre du marquis de Lansdowne à Jeremy Bentham, le 20 janvier 1789, in *CW, Correspondence*, vol. 4, nº 636, p. 23）。

(106) Jeremy Bentham, *Théorie des récompenses*, p. 259.

(107) *Ibid.*, p. 320.――Jeremy Bentham, *Manual of Political Economy*（Bowring, vol. III, p. 54〔新全集版にもスターク版にも文字通り同じ文章が収められているものはない。ただし、章として同じ趣旨のものは *Institute of Political Economy*, Stark, vol. 3, p. 352–357 にあるが、貿易が資本により制限されるという趣旨の文章はこの章にはない〕）.

(108) Adam Smith, *An Inquiry into the Nature and Causes of the Wealth of Nations*, Book IV, chap. II, vol. 2, p. 25–26; repris in The Glasgow Edition, p. 453.

(109) *Ibid.*, Book IV, chap. VII, vol. 2, p. 178–191; repris in The Glasgow Edition, p. 595–599.

(110) *Ibid.*, Book IV, chap. VII, vol. 2, p. 181 sq.; repris in The Glasgow Edition, p. 599 sq.

(111) Jeremy Bentham, *Manual of Political Economy*, chap. III（Bowring, vol. III, p. 54）.

(112) Adam Smith, *An Inquiry into the Nature and Causes of the Wealth of Nations*, Book IV, chap. VII, vol. 2, p. 171–173; repris in The Glasgow Edition, p. 591–593.

(113) Jeremy Bentham, *Manual of Political Economy*, chap. III（Bowring, vol. III, p. 52; repris sous le titre *Institute of Political Economy*, in Stark, vol. 3, p. 353）.

(114) Adam Smith, *An Inquiry into the Nature and Causes of the Wealth of Nations*, Book IV, chap. VII, vol. 2, p. 186–187; repris in The Glasgow Edition, p. 604–606.

(115) *Ibid.*, Book IV, chap. VII, vol. 2, p. 198–199; repris in The Glasgow Edition, p. 616–617.

(116) 東インド（Jeremy Bentham, *Emancipate your Colonies*; Bowring, vol. IV, p. 417〔repris in *CW, Colonies, Commerce, and Constitutional Law: Rid Yourselves of Ultramaria and other writings on Spain and Spanish America*, p. 310–312〕）については、どうも彼はヨーロッパ人の支配が住民の利益になるし、東インド会社の統治は考えうる最良のものだと考えているようである。

(117) Jeremy Bentham, *Emancipate your Colonies!*; addressed to the National Convention of France, Anno 1793. *Shewing the uselessness and mischievousness of distant dependencies to an European State*, Bowring, vol. IV, p. 407 sq.〔repris in *CW, Rights, Representation, and Reform: Nonsense Upon Stilts and other writings on the French Revolution*, p. 289 sq.〕.

(118) *Lettre de l'abbé Morellet à lord Shelburne*, p. 102.

(119) Blackstone, I Comm. 301–302.

(120) Adam Smith, *An Inquiry into the Nature and Causes of the Wealth of Nations*, Book IV, chap. V, vol. 2, p. 116–117; repris in The Glasgow Edition, p. 539.

(121) *Ibid.*, Book IV, chap. V, vol. 2, p. 111; repris in The Glasgow Edition, p. 534.

(122) *Lettres de l'abbé Morellet*, etc., p. 74.

(123) Ap. Lecky, *Hist. of England*, etc., vol. IV, p. 444.

(124) Adam Smith, *An Inquiry into the Nature and Causes of the Wealth of Nations*, Book IV, chap. VIII, vol. 2, p. 231; repris in The Glasgow Edition, p. 647–648.

(125) ベンサムが草稿（UC 98）を「逆の原理の追加，序」という表題で書いていた時に研究していたのは，解放の倫理である。「有益性の原理の目的は，すべての（書き換え：各）人にとって可能な最高限度まで快楽の総量（書き換え：享受の程度）を増大させること，したがって快楽の総量が増えるのに応じて各人の快楽を増大させることである。可能な快楽の量については，各人が，そして各人だけが判定者である。有益性の原理に基づいて作られた法律制度の目的はしたがって同一であろう。この点については，既存の制度のうちで最も不合理性の少ないものでも，その目的は，あらゆる機会にできる限りこの可能な快楽の総量を減らすことである。禁止と許可は，それぞれその〔有益性の原理の〕基礎から切り離されて別の基礎の上に置かれてきた。一般的許可を認めるには理由はいらず，あれこれの特別の理由による禁止を取り払えばいいのであるが，既存の制度は，一般的許可を認可する代わりに，何の根拠もない一般的禁止を命じ，ただ，その緩和要件としては，一般的禁止の拒否が不可能な場合とその限りにおいてのみ，個別の許可を得ることとしてきた。禁止は憤怒した血生臭い法律に支えられ，許可はできるだけ作用を妨げられ足かせを嵌められる」。――しかし『経済学便覧（*Manual of Political Economy*）』の別の箇所（Bowring, vol. III, p. 34〔Stark, III, *Institute of Political Economy*, p. 318〕）の特徴的文章を参照。「大量の自由あるいは自由な行動主体からこのように生じる背任を理由として、この目的あるいは他のいかなる目的のためにでも法律を作ることに断固として反対するのは、……大きな誤りであり、非常に悪質な誤りであろう。強制的法律の全部あるいは一部の廃止を規定しない法律はすべて、それ自体が強制法である。あれこれの法律から生まれる悪弊、それはすべての法律の本質そのものである資質であるが、この悪弊を非難することは、ある程度の、すなわち——法律体系の各部門を見慣れた者の目にはほとんど考えられないほどの、無理解と無知をさらけ出すことである。——法律の論理と呼ばれるものに対する完全な無知をさらけ出すことである。——しかし、それほど法律知識の状態は不完全である。——このまったく驚くべき無知、またいつの日にか深く慨嘆されるようになると思われる無知の印が、非常に多弁な人の書物は言うまでもなく非常に経験を積んだ人の書きものの中にも、見ることができる」。

(126) ベンサムは快楽表の中で「特定の対象に対して行われる技術の快楽」、すなわち「多少の困難あるいは努力なしでは使いこなせない特定の喜びの道具を使用することに伴う快楽」と、苦痛表の中で「肉体的あるいは精神的、いずれかの努力の苦痛、すなわち精神あるいは肉体の強い努力に伴いがちな不安の感情」を述べている［Jeremy Bentham, *An Introduction to the Principles of Morals and Legislation*, chap. V, 5(3)(Bowring, vol. I, p. 18; repris in *CW*, p. 43), et 21(9)(Bowring, vol. I, p. 19; repris in *CW*, p. 47)］。しかし一般的に考えられる労働の中で「器用さの快楽」が「努力の苦痛」を償うことができると考えるのは不合理であろう。

II 民主主義者たちと最大幸福《ユーティリテール》主義者たち

(1) David Hume, Essay XII, Of the Original Contract (*Essays*, vol. I, p. 446–447).

(2) Lecky, *Hist. of England in the XVIIIth Century*, vol. III, p. 338.

(3) Sidney, *Discourses concerning Government*, chap. II, sect. XVI.「民主主義に関しては……それがうまく結び付くのは、めったにない環境を持つ小さな町の利便性だけだと、私は信じる」。——Joseph Priestley, *First Principles of Government*, sect. II, éd. 1771, p. 15.

(4) David Hume, Essay XVI, Idea of a Perfect Commonwealth (*Essays*, vol. I, p. 492).

(5) Price, *Observations on the Nature of Civil Liberty, the Principles of Government, and the Justice and Policy of the War*

with America, etc., sect. II.

（6）一七七四年には彼は『アメリカを回復させグレート・ブリテンを救済する提案』を刊行した。国王に献呈されたこの書物において、彼は毎年の議会の解散と、毎年新しく選出される議会の召集を要求している。すなわち「各州ごとに選出されるすべての議員が州ごとの総選挙で、自由土地保有者であれ、公民であれ、あるいは自治都市市民であれ、現在投票権を有するすべての人によって選出されるべきことを指示する目的の法令」を要求している。

（7）これは第二版（一七七七年）の表題である。初版の表題より完全である。初版の表題は副題になっている。*The Legislative Rights of the Commonalty vindicated, or Take your Choice! Representation and Respect – Imposition and Contempt: Annual Parliaments and Liberty – Long Parliaments and Slavery. Wherein it is contended, upon the unalterable Principles of Law and the Constitution, that an equal and complete Representation in Parliament, and annual elections, are, at this Day, the undoubted Rights of the Commonalty of this Realm; notwithstanding the supposed validity of certain Acts of Parliament; and wherein is also shown precisely how far*（*and it is to a most alarming Degree*）*the People are absolutely enslaved already, notwithstanding they vainly imagine themselves free*, 2e éd., 1777.

（8）これら一連の暴力事件のせいで、イングランド憲政はその偏狭な寡頭制的性格、ディズレイリが有名にした表現によれば「ヴェニス的体制」の性格を失わないでいる。しかしすでにベンサムは、その体制を特徴づけるのに同じ表現を用いていた（*Essay on Political Tactics*; Bowring, vol. II, p. 316〔*CW*, p. 43〕）。「討論の内容と投票者の氏名を明らかにしている刊行物が多くある。これら刊行物は犯罪であるが、こうした幸せな犯罪のおかげでイングランドはヴェニス政府に似た貴族政治を免れている」。

（9）*Ann. Reg.*, 14 mars 1770, p. 200.

（10）Jeremy Bentham, *A Fragment on Government*, chap. IV, 24（Bowring, vol. I, p. 288; repris in *CW*, p. 485）.「……出版の自由、すなわちどの階級の人間であれ、すべての者が全社会に対して不平と憤懣を知らせることができる保障」。

（11）*Ibid.*, chap. IV, § 24（Bowring, vol. I, p. 288; repris in *CW*, p. 485）.「……公的結社の自由、すなわち行政権力が法律によって妨害を正当化することなく、不平家が自分たちの感情を伝え、計画を共同で行い、実際の暴動に至らないあらゆる形態の反対運動を実践する保障」。

（12）Josiah Tucker, *A brief essay on the advantages and disadvantages which respectively attend France and Great Britain*, *with regard to Trade*, 3e éd., 1753. ——Burke, *Observations on a late publication intituled «the State of the Nation»*, 1769 (*Works*, vol. II, p. 139–140). ——しかしブラックストンは、イングランド統治機関法が有権者の「資格制限」を要求するいくつかの目立った理由を説明したあと、付け加えている。「これがわが憲政の精神である。ただ、ここで私が述べようと努めてきたほど、実際にはわが憲政は完全ではないと、私は主張する。なぜなら、現在の議会の構造に何らかの改定を望む人、あるいは改定を示唆する人があるとすれば、それは人びとの代表がもっと完全になることを願うからである」。

(13) *Junius*, éd. de 1812, en particulier vol. I, p. 277.

(14) *The Speeches of Mr. Wilkes, in the House of Commons*, 1786, p. 54 sq.

(15) *The Legislative Rights*, § 41. ——これはまさしく将来の「急進的」綱領であり、また将来の「チャーティスト」綱領である。カートライトのパンフレットには、彼の政治的意味における「急進的《ラディカル》」という言葉がおそらく初めて用いられている。§ 116 参照。「庶民の平等な代表からなる一年議会がこの場合の唯一の特効薬である。そしてそれは根本的に治療するであろう」。

(16) John Cartwright, *The Legislative Rights*, etc., § 152 sq. 将来永久に平等代表制と一年議会を保障するために議会によって制定されるべき条項のスケッチ。——カートライトは十八歳を選んでいる。なぜならそれは民兵入隊の年齢であり、戸籍登記が完了する年齢だからである。彼は無記名投票を正しいとする。「これは不当な圧力、人身攻撃、そして自責の念を防止するであろう。しかし、人の真価、英知、それに正しく使われる富といったものに伴う影響力を妨げないであろう」。——カートライトはしかし、女性参政権には賛成しない（*The Legislative Rights*, etc., § 55）。タッカーはなぜかと問う。もし人はすべて投票すべきだとすれば、同じ原理の適用を女性に拡大しないのはなぜか。「これら紳士方に、おっしゃっていることが真面目な発言であるかどうかをお尋ねするのはおそらく失礼ではありましょうが、私自身も真剣でありますから、お許しを願って、この点を解決するために、司祭長殿には聖書を、他の紳士方には自然法とイングランドのコモン・ローを、また両者ともに美しい女性をよくご覧になっていただきたく存じます。夫と妻は聖書では同体と呼ばれ、法律では一身と呼ばれております。そしてそのどちらによっても一時的支配権は夫に与えられております。……女性は、神と自然が彼女たちに何を求めているかを紛れもなく充分に承知していますから、選挙権に参加を要求するなどという馬鹿げた考えを申しません。彼女らの権利と力は別の種類のものです。そして彼女らはその領域をわきまえています」。

(17) *Ibid.*, § 135.

(18) Joseph Priestley, *The Present State of Liberty in Great Britain and her Colonies*... By an Englishman, etc., 1769.

(19) 同じ年の公開書簡において彼はバーク「アメリカ課税論」に反論した。

(20) John Cartwright, *The Legislative Rights*, etc., § 154.

(21) ディネ版著作集冒頭の『回想』を参照。

(22) シェリダンがいかに自分独自の急進主義を楽しんでいたか（Moore, *Life of Sheridan*, p. 129, 220）、またカートライト『生涯と往復書簡』中におけるフォクスの政治的懐疑主義に対する憤慨を参照。

(23) *A Sketch of the various proposals for a Constitutional Reform in the representation of the people... from 1770 to 1812*, par Meadly, reproduit ap. Bowring, vol. III, p. 553 を参照。

(24) Price, *Observations on... Civil Liberty*, sect. II.

(25) Condorcet, *Esquisse d'un tableau historique des pregrès de l'esprit humain*, 9e époque.

(26) Fitzmaurice, *Life of Lord Shelburne*, vol. I, p. 169.

(27) 土地所有階層（the landed interest）。金融業者階層（the moneyed interest）。既得権益者階層（a vested interest）。

(28) Joseph Priestley, *An Essay on The First Principle of Government, and on the Nature of Political, Civil and Religious Liberty, including Remarks on Dr. Brown's Code of Education, and on Dr. Balguy's Sermon on Church Authority*, 1768, 2e éd., 1771.

(29) Joseph Priestley, *An Essay on The First Principle of Government*, sect. II, on Political Liberty, 2e éd., p. 13.

(30) *Ibid.*, p. 5.

(31) *Ibid.*, p. 43.

(32) *Ibid.*, p. 18; cf. p. 21.「無制限の権力を所有する人びとが一般に、あたかも自分たちの地位の正しい性質と目的を忘れたかのように振る舞い、自分たちの利益が社会全体の利益と対立していても、自分たちの利益を追求するというのが、人類の現状である」。二四ページ参照。「非常に大きな国においてもし政府の悪政がいかなる時にも大きく明白である場合、もし民衆に対する奉仕者がその主人たちと主人たちの利益を忘れて自分たちだけの独自の利益を追求するならば、……もしこうした状況の結果、革命を試みることにつきまとう危険が小さくて、革命によって懸念される害悪が実際にこうむる害悪よりも、また日ごとに増大する害悪よりも、かなり少なければ、被害を受け侮蔑を与えられた民衆が彼らの自然権を行使しないようにすべきであるという主張はどんな原理から出てくるであろうかと、私は、神の名において問いたい」。

(33) Price, *Observation on... Civil Liberty*, chap. I.

(34) Joseph Priestley, *An Essay on The First Principle of Government*, sect. I, p. 9. この政治的自由の定義はベンサムの採用するところとなった。

(35) *Ibid.*, sect. II. ――ポウプのこの諺についてはヒューム（*Essays*, III: That Politics may be redduc'd to a science）の評言、またずっと後のベンサムの評言を参照。「もし知識があって書かれたのなら、これまでに書かれた最も愚劣な二行連句の一つ。というのは、ポウプはボウリングブルックの衛星にすぎなかったからである」（Bentham's Memorandum-Book, 1822, reproduit in Bowring, vol. X, p. 532）。しかし一七七六年頃になるとベンサムにはポウプの諺を非難する気持ちは少なくなっていた〔英訳版ではポウプの詩を元の形で引用している〕。

(36) Sydney, *Discourses concerning Government*, chap. II, sect. 1.「実を言えば、彼（プラトン）は、民衆にとって何が利益であるかということを求めながら、また利益だというものを理性で民衆に納得させようとしながら、民衆には自分たちにとって最良と思われるものを選択する自由があると頭から決めてかかっている」。――Chap. III, sect. XIV.「大衆集会においては、自分の利益が公衆の利益に含まれているのでなければ、自分で判断するものは誰もいない。国家に有害なことだけが、個人をも傷つける。人びとのうちで私的被害をこうむった者だけが他人の配慮を受けるのは、彼らの苦痛が公衆に影響するかもしれないからである。もし彼らが少数で、事件が大きくなくても、他の人びとは、そうした事件によって日常生活に妨害を受ける場合、黙って耐えてはいないであろう。もし彼らが多数で苦しんでいれば、そのことで専制は非常に残酷に思われるから、専制が是正されるか抑制されない限り、国民は存立できない」。――Chap. III, sect. XLI.「一般に言われているところでは、誰も自分自身の事件の裁判官であってはならない。……しかし、恐れずにあえて言えば、人は当然かつ正当に自分自身の関心事の裁判官である。誰もこの特権を、同意なしで、また彼が加わる社会の利益のためでなければ、奪われることはないし、そういうことはありえない」。

(37) David Hume, *Treatise*, Book III, Part II, sect. VIII, vol. II, p. 305.「私は一部の哲学者のように、人間は統治なしには

社会形成はまったく不可能だとは考えない。それどころか、統治の最初の萌芽は、同じ社会の人間同士の喧嘩からではなく、別の社会の人間同士の喧嘩から生まれたと主張する」。――*Ibid.*, p. 306.「統治のない社会状態というのは人間の最も自然な状態の一つであり、多くの家族の結び付きによって、第一世代以後も長く存立するに違いない」。――ヒュームはまた言う。正義の基本法則は「統治に先立つものであり」、彼のいわゆる「小さな未開拓の統治のない社会」においてさえ必要である。商業的自由主義の旗手プリーストリについて言えば、統治の機能の数をできるだけ減らすことを求めている。Voir Joseph Priestley, *An Essay*, etc., p. 52, sect. III, Civil Liberty.――「市民的自由が大変に損なわれてきたのは、次のような公理の悪用のせいである。すなわち社会の全成員の共同の理解は、きちんとまとめられれば、個人の理解より優先されなければならない、またしたがって、人類が全社会のこうした理性の結び付きにより統治される事例が増えれば増えるだけ、それだけ良くなるという公理である。ところが人間の行為の大部分は、法律によって固定されることから生じる不都合のほうが、各人の自由意思に委ねられることから生じる不都合よりも大きいという性質を持っている」。――しかしながら、彼は、社会と統治を同一視し続ける。Sect. I, p. 3.「完成に向かう人類のこの進歩に関して神慮の手にある大きな道具は社会であり、したがって統治である」。

(38) *Common Sense.*――ボウリングブルック体系の不合理性に対する『自然社会の擁護』と題する反論においてバークが行ったすばらしい論理展開（*Works*, vol. I, p. 10–11）は、著者の意に反して民主主義者を鼓舞することもあった。「人間の精神は、あまりに積極的かつ不撓の動因であるから、真の静寂というところにとどまることができない。毎日、人間の精神は肉体の中に欲求の訴えを発見するが、実際には欲求はほんの僅かである。それは毎日、いくつかの新しい人為的規則を発明して人間の性質を導こうとするが、その性質は、それ自体に任せておけば最も良い、最も確実な導き手である。それは、想像上の法律を規定する想像上の存在を発見する。そしてそれから、それは、想像上の恐怖をあおってその存在に対する信仰と法律に対する服従を支持する。……肉体、すなわちある人たちの好む言い方によると、われわれの劣った性質は、精妙さを誇る精神よりもはっきりと賢く、より直接的にそれ本来の役目を果たす。……両性相互の肉体と愛情を結び合わせたいという欲望と、こうした交わりの結果である子供たちが最初に社会の概念を導入し、その利便性を教えた。自然な欲求と本能に基礎を持ち、いかなる人為的制度にも基礎を持たないこの社会を、私は自然社会と呼ぼう。このようにして自然は、進化し継続したが、人間はそれ以上に進むであろう。われわれの性質の大きな誤りは、どこでとどまるべきかを知ることではなく、ある合理的達成をもって満足することでもなく、われわれの状態と妥協することでもなく、飽くことなき向上の追求によってわれわれが得たすべてを失うことである。多くの人びとが一つの家族を形成するこの結合によってかなりの利益が得られる。したがって人は、多くの家族を一つの政治体に結び付けることはそれ相応に割に合うと判断する。そして自然は人びとをともに結び付ける紐帯を作らなかったので、人間がこの欠点を法律によって補う。――これが政治社会である。そうしてここに、国家、市民社会、あるいは統治と通常呼ばれるものの源泉がある。広狭の差はあれ、国家、市民社会、あるいは統治のいずれかの形態に、すべての人類は次第に入り込んだ」。

(39) Jeremy Bentham, *A Fragment on Government*, chap. II, 34 (Bowring, vol. I, p. 276; repris in *CW*, p. 458-459).

(40) 原契約命題に対してヒュームが述べた一定の反対論が、利害の自然的一致の命題、少なくともこの命題の一定の心理学的公準に反対の意向を含んでいることに注目するのは興味深い。Voir David Hume, Essay XII, Of the Original Contract (éd., Green, vol. I, p. 451).「貧しい農民あるいは職人が、外国の言葉も習慣も知らず、手にする僅かな賃金によって日々の暮らしを立てている時に、自分の国を自由に離れる選択権を持っていると、真面目に言えるであろうか。われわれに言えることは、人は船にとどまれば眠っている間も船で運ばれるとはいえ、船長の支配に自由意思で同意しているということであり、人は船を離れた途端に大洋に身を躍らせ、消え失せざるをえないということである」。ここに認められるのは、自由放任の理論家たちによる自称「自由主義」に対して当時流布した反対論である。このヒュームによる反対論をアダム・スミスが『グラスゴウ講義』〔法学講義B〕で取りあげているのは興味深い。――また (*ibid.*, p. 450 ―― Cf. vol. II, p. 197)、「すべての人が、非常に完全な理性を持っていていつも自分の利益を知っていると仮定するならば、統治は、同意により作られ社会のすべての成員によって充分に検討されたもの以外は、提起されることはなかったであろう」。しかしまた、すべての個人が「常に自分の固有の利害を知っているだけの完全な理解力を与えられている」と仮定するのが、利害の一致原理の適用条件の一つである。

(41) John Cartwright, *The Legislative Rights, etc.*, § 27.「われわれにとって極めて幸いなことであるが、われわれの議会を一年任期とし、われわれの代表制を平等にすることを革新と呼ぶのは、そのどちらもいかなる意味においてもできないことであり、またまったくの誤りである。そのどちらも憲政の古い慣行であった。しかしわれわれが今経験している任期の長い議会と庶民院の部分代表制は、国王の統治戦略と宮廷対策のために導入され、また庶民院の無気力化が考えられた最初の頃には、あまり大きい危険が疑われなかっただけに、それ以上に破壊的な革新であった。庶民院の無気力は緩みをもたらした。そして緩みは、汚れを生んだ。汚れは、最初身体〔憲政〕の健康に対して僅かな、目に見えない印象しか与えなかった。その後、それは、はっきりと見えるように身体〔憲政〕の力と美しさを損なうようになった。しかし最後には、腐った残骸にしてしまった。しかし私は、それは回復不可能ではないと信じている」。また、*The People's Barrier against undue Influence and Corruption*, chap. II.「わが国古代の議会においては、すべての庶民が代表を持っていた。彼らの選挙は毎年一回行われ、もっと頻繁なこともあった。そして彼らが、特別の議事のために国王の臨時の召集によるほかは、時とところとを定めて集まり会合したのは、議会の規定によってであった」。

（42） したがって原契約の命題は保守的に解釈されやすい。Burke, *Reflections on the Revolution in France*, p. 75を参照。「われわれがこれまでに行ったすべての改革は、古式を参照するという原則に則っている。そしておそらくこれから行われる改革もすべて、注意深く類似の先例、権威および模範によって行われることを、私は望みたいし、むしろそう確信している」。――Cf. *Ed. Rev.*, nº LV, mars 1817.

（43） Locke, *Of Civil Government*, chap. VIII, XIX.

（44） バーク（*Speech on the Army Estimate*, 1790, *Works*, vol. V, p. 4）は語る。「あらゆる公共の美徳のうち自信が最も危険であり、あらゆる公共の悪徳のうち庶民院における嫉妬が最も寛容できるものである。とりわけ平時における常備軍の数と負担が問題であるところではそうである」。――『エディンバラ評論』一八一六年九月号は同様なことを語っている。「わが国の支配者における自信は、無気力、臆病あるいは個人的好みのどれから生じているにせよ、自由な国民には愚かしくもあり、無価値でもある」。――また、『エディンバラ評論』一八一一年二月号を参照。「忘れられてならないことは、腐敗、抑圧および恣意的権力に対する大きな究極の防壁は、常に世論を基礎に築かれなければならない――そしてその場合の世論とは、もし世論がひとたび侮られ、挑みかかられるならば断固として抵抗を指示する非常に価値のある、非常に確信を持った世論――でなければならない」。――そして一八〇九年七月号。「あらゆる統治は恣意的になる傾向があり、またあらゆる立法議会は、選挙によるにせよ世襲によるにせよ、同じような傾向がある。権力による侵害と専制初期の抑圧に対する唯一の歯止めは、民衆の精神、知性、警戒心、用心おこたりない抵抗である」。――Cf. Graham Wallas, *Life of Francis Place*, p. 63.

（45） David Hume, *Essays*, éd. Green, vol. I, p. 443: Part II, Essay XII, Of the Original Contract.

（46） David Hume, *Treatise*, Book III, Part II, sect. V, VI, VII, éd. Green, vol. II, p. 284.

(47) *Ibid.*, Book III, Part II, sect. II, vol. II, p. 263

(48) *Ibid.*, Book III, Part II, sect. VIII, X.

(49) ヒュームは書いている。もし人間の世代が蝶の世代のように、一団となって交代するならば、その時には後継の各世代ごとに契約の更新が問題となるかもしれない。しかし、人間の社会は絶えず流れている状態にあるし、ある人がこの世を去って時間が過ぎないうちに別の人が入ってくるから、社会の安定のために人びとは生まれる前から作られていた憲政を受け入れる必要がある（*Essays*, vol. I, p. 452）。ロックが原契約命題そのものを支えるために提起した議論を、ヒュームが原契約命題に反対する方向に向きを変えたのは、興味深い。ロックは書いた（*Of Civil Government*, chap. VIII, §117）。「統治体制下に生まれた自由な人びとの同意だけが、彼らを統治体制下のメンバーとする。この同意は、各人が成年に達するごとに順次一人ひとりに与えられ、群集として一緒に与えられるわけではないから、人びとはそれに気づかず、同意がなされたとも考えず、必要であるとも考えない。人びとは、生まれながらに人であるように、臣民でもあると決め込んでいる」。

(50) David Hume, *Treatise*, Book III, Part II, sect. V, vol. II, p. 287.

(51) Adam Smith, *Lectures on Justice, Police, Revenue and Arms*, p. 11–13; repris in The Glasgow Edition, p. 402–404.

(52) William Paley, *The Principles of Moral and Political Philosophy*, Book III, chap. III. ペイリがヒュームの評言をいかにして新しい歴史的状況に適応させたか、またヒュームが一六八八年革命を主題にして提出した懐疑的考察をいかにしてアメリカ革命に適用したかということに注目すると、興味深い。

(53) Blackstone, I Comm. 47.——抵抗権については I Comm. 51（「ロック氏はおそらく理論をあまりに極端にまで推し進めている」）。また I comme. 161（「ロック氏とその他の理論的著作家たち……この結論は理論においてはいかに正当であれ、われわれはそれを採用できないし、あるいは現存統治の意向がいかなるものにもせよその下では、この結論から論議を始めることはできない」）。

(54) Jeremy Bentham, *A Fragment on Government*, chap. I, 37（Bowring, vol. I, p. 268, note; repris in *CW*, p. 441）.

(55) *Ibid.*, chap. I, 38（Bowring, vol. I, p. 269; repris in *CW*, p. 442）.

(56) *Ibid.*, chap. IV, 22（Bowring, vol. I, p. 287–288; repris in *CW*, p. 484）.

(57) *Ibid.*, chap. I, 48（Bowring, vol. I, p. 271–272; repris in *CW*, p. 446–448）.

(58) Burke, *Speech on the Reform of Parliament*（*Works*, vol. X, p. 94–95）.

(59) Paine, *Common Sense*, 1776; ――Price, *Observations on the Importance of the American Revolution, and the Means of making it a benefit to the world*, London, 1784.

(60) このパンフレットの分析については、*Life and Correspondence of Major Cartwright*, vol. I, p. 62 sq. を参照。

(61) John Cartwright, *The Legislative Rights*, § 102.

(62) ベンサムのいわゆる「有益性の指示」、彼のフランス語では «les dictées de l'utilité»。

(63) Joseph Priestley, *An Essay on...Government*, sect. II, éd. 1776, p. 41.

(64) Jeremy Bentham, *Pannomial Fragment*, chap. III; Bowring, vol. III, p. 217–220.〔以下、第二版編者の挿入〕*Pannomial Fragments* の草稿におけるこれら文章すべては、恐怖政治の期間にフランス語で書かれた断片から構成されている（BL, Add. Ms. 33, 550, f. 90–7）。その証言としてのこの文は英文テクストでは消えている。「（自然権の）発明は便利であった。それは常識に気を遣い、とりわけ温和と寛容に気を遣った。貴様の血なぞは糞くらえだという言葉はイングランドの勢威を振った追剝ぎがよく口にした台詞であるが、その台詞を人間の権利論〔者〕は恐怖政治家の常套句にした」。

(65) *Take your Choice*, § 94 sq. 本書では、カートライトが用いた「便宜」という言葉を「有益性」と訳し、「最大多数にとって最大の獲得可能な幸福」という表現を「最大多数の最大幸福」と考える。

(66) *Ibid.*, § 1.

(67) David Hume, Essay XII, Of the Civil Liberty（*Essays*, éd. Green, vol. I, p. 156 sq.）.［これは Of Liberty and Despotism という論説に一七五八年に新しく付けられた表題である。］

(68) David Hume, Essay XIII, Of Passive Obedience（*Essays*, éd. Green, vol. I, p. 461 sq.）.

(69) ベンサムはこの頃、明らかに無宗教という点で自分をヒュームの仲間と考えている。一七七七年三月十七日付ジェレミ・ベンサムの弟宛の手紙を参照。「ヒュームの非常に短い自伝が出た。ちょうど今僕は読んでいる。それは大義のために役立つであろう」（Lettre, in *CW, Correspondence*, vol. 2, nº 208, p. 38）。――また一七七七年五月六日付ジェレミ・ベンサムの弟宛の手紙。「聞くところによると、デイヴィド・ヒュームが安らかに亡くなったというアダム・スミス博士の証言に対して聖職界から二つの攻撃があったそうだ。先日Q・S・P（すなわち Queen's Square Place

とはベンサムの父の住所）に、小柄な、信仰者面をしたオクスフォードの坊主が来た。その男に、マダム〔ジェレミ・ベンサムの継母〕はヒュームの不信心にどう答えるのかと聞いていた。つまり二つの攻撃のうちの一つと言っていい」（Lettre, in *ibid.*, n° 214, p. 47–48）。

（70） Rae, *Life of Adam Smith*, p. 123, 188–189, 231.

（71） Adam Smith, *An Inquiry into the Nature and Causes of the Wealth of Nations*, Book V, chap. III, vol. 2, p. 547; repris in The Glasgow Edition, p. 945.

（72） Rae, *Life of Adam Smith*, p. 130, 162–163, 320, 378, 387.

（73） Adam Smith, *An Inquiry into the Nature and Causes of the Wealth of Nations*, Book I, chap. X, vol. 1, p. 149; repris in The Glasgow Edition, p. 156–157.

（74） Blackstone, I Comm. 413–414.

（75） Adam Smith, *An Inquiry into the Nature and Causes of the Wealth of Nations*, Book V, chap. I, vol. 2, p. 290 sq.; repris in The Glasgow Edition, p. 706 sq.――Cf. De Lolme, éd. de 1781, vol. II, p. 184 sq.――この点についてはアダム・スミスの思想はある進化をとげたように思われる。一七六二年に彼はエディンバラ・ポーカー・クラブの創設者の一人であったし、このクラブはスコットランド民兵軍の設立を意図しているからである（Rae, p. 135 sq.）。

（76） Adam Smith, *An Inquiry into the Nature and Causes of the Wealth of Nations*, Book V, chap. II, vol. 2, p. 420; repris in The Glasgow Edition, p. 830.

（77） *Ibid.*, Book IV, chap. III, vol. 2, p. 68; repris in The Glasgow Edition, p. 493.

（78） *Ibid.*, Book IV, chap. II, vol. 2, p. 41; repris in The Glasgow Edition, p. 468.――「俗に政治学と呼ばれるもの」（*ibid.*, Book V, chap. I, vol. 2, p. 305; repris in The Glasgow Edition, p. 722）参照。――「われわれが政治家と呼んだ者たち」（Adam Smith, *Lectures on Justice, Police, Revenue and Arms*, p. 253; rerpis in The Glasgow Edition, p. 539）参照。――この文章の中にイングランドが自分で作った混合憲政の風刺を見ることはできないであろうか。「イングランドのような統治は、その長所がどんなものであれ、節約ということでは名だたるものでは決してなかった。――平時においては一般にその運営について、おそらく王制には本来的な、締まりのない、だらしのない浪費がつきまとった。戦時においては、統治行為には絶えず民主主義が陥りがちな、無思慮なあらゆる浪費が伴った。……」（Adam Smith, *An In-*

quiry into the Nature and Causes of the Wealth of Nations, Book V, chap. II, vol. 2, p. 405; repris in The Glasgow Edition, p. 818）。――また東インド会社に対する興味ある批判を参照（Adam Smith, *ibid.*, Book IV, chap. VII, vol. 2, p. 221 sq.; repris in The Glasgow Edition, p. 636 sq.）。東インド会社を構成する卸売業者たちのヒンドスタン統治がよろしきを得ないのであれば、それは彼らが専制的かつ無統制に支配しているからでは決してなく、彼らが商人として統治しているからである。「主権者として考えられる東インド会社の利益は、彼らのインド領に持ち込まれるヨーロッパ商品ができる限りそこで安く売られ、そこから持ち出されるインド商品ができるだけ高く売れることである。しかし商人としての彼らの利益はこの逆である。主権者としては彼らの利益は、彼らが支配する国の利益とまさに同一である。商人としての彼らの利益は国の利益の正反対である」（*ibid.*, Book IV, chap. VII; repris in The Glasgow Edition, p. 638）。ここには重農主義者の憲政理論の名残りが見られないであろうか。

（79） Jeremy Bentham, UC 126.『議会改革の必要』と題する草稿の第二章「ジェレミ・ベンサムによる昔日の改革反対論」において一八一〇年一月二十三日、彼は書いている。「私の心を現在の研究に向ける気になるまで、心はこの問題について白紙であった。私自身には何らかの価値を認める所見はなかった。――この問題についてなんら真剣な考えを巡らさなかったから、私は自分の頭の中にその問題に関する充分に正しい、あるいは包括的な見解を持たなかった。私の精神状態は自覚的無知の状態であった。その自覚的無知の状態は、知識のかなり大きい分野に関して、私にかなり習慣的なものであったから、そのことを自覚しても、その自覚を表明しても、いささかも不安な感情に駆られることはなかった」。――そして余白にこうある。「彼（ベンサム）の意向はかなり反改革であるが、主に改革に賛成する理由が説得的でないことによる」。

（80） Etienne Dumont, *Discours préliminaire des Traités*, p. X. ――Cf. Jeremy Bentham, *An Introduction to the Principles of Morals and Legislation*, chap. XIX, § 1, in Bowring, vol. I, p. 142, note; repris au chap. XVII, § i, 1 in *CW*, p. 281, note a.「そして憲政部門はどうなったか。……記憶が働く限り、憲政部門は、その重要性と、それ以外の問題から区別して論じうる可能性にもかかわらず、当時独立のものとしては私の心に浮かんでこなかった。私の研究の糸はまだそれに届いていなかった」。

（81） Blackstone, I Comm. 48. ――Jeremy Bentham, *A Fragment on Government*, chap. II et III（Bowring, vol. I, p. 272 sq.; repris in *CW*, p. 449 sq.）.

（82） Jeremy Bentham, *A Fragment on Government*, chap. III, 4-6（Bowring, vol. I, p. 278–279; repris in *CW*, p. 462–464）. Cf. Jeremy Bentham, *Principes de législation*, chap. XIII, § 6, in *Traités*, t. 1, p. 109–114. ベンサムがブラックストンの権力分割理論を批判するより前に、エルヴェシウスはモンテスキューの権力分割理論を批判した。Lettre à Montesquieu, *sub finem* を参照。「閣下、最後に私は、さまざまな統治形態に関して絶えず繰り返される微妙な区分をよく理解できなかったことを申しあげます。私が知る統治形態は二種だけです。良いものと悪いものです。良いものはさらに続行すべきです。悪い統治は、いろいろ違った手口を使って総力をあげて、被統治者のお金を統治者の財布に移します。……私は……良い統治の可能性を信じます。良い統治の下では、人びとの自由と所有は尊重され、閣下のおおせられる均衡など一切なくとも、個別利益から一般的利益が生じるようになるでしょう。その機構〔機械〕は単純でしょう。その発条《ばね》は操作がしやすく、巻き上げるのが難しい歯車や分銅といった大掛かりな装置を必要としません。ただし、そういう装置は非常によく統治に口を出す不器用な人びとには操作が難しいかもしれません」。——ベンサムはこの手紙を渡してもらった（la lettre de Jeremy Bentham à Caroline Vernon, décembre 1791〔reprise in *CW*, *Correspondence*, vol. 4, nº 825, p. 347–348 参照〕）。「ランズダウン卿は私に厄介なことを持ちかけています。私の友人にエルヴェシウス夫人と懇意にしている者がおりますが、夫人は夫からの重要な手紙を二通私に手渡してくれました。エルヴェシウスはその手紙で友人モンテスキューの貴族的原理を非難し、『法の精神』の即座の成功とその後の凋落を予言し、それとともに民主主義的原理の普及も予言しています。私はその手紙を文学的興味の対象としてランズダウン卿に渡しました。手紙は卿の関心を引き、その証拠に英語に翻訳し注釈つきで出版すべきだと卿はおっしゃっています。あなたが今すぐにそれをするという条件でです」（Lettre reproduite in Bowring, vol. X, p. 270; et reprise in *CW*, *Correspondence*, vol. 4, nº 825, p. 347）。——エルヴェシウスが権力分割理論を貴族的理論として批判していることに注目すべきである。ベンサムはトーリ主義から一挙に急進主義に移り、ウィグ主義に足をとどめることがなかった。

（83） Jeremy Bentham, *A Fragment on Government*, chap. IV, 32–39（Bowring, vol. I, p. 289–290; repris in *CW*, p. 488–491）.

（84） *Ibid*., chap. I, 11（Bowring, vol. I, p. 263; repris in *CW*, p. 428–429）.「自然社会の状態という考えは、すでに述べたように否定的な考えである。多数の人びとが、お互いに会話する習慣にあるが、同時に既述のようにこのような習慣（服従の習慣）がない場合、彼らは自然社会の状態にあると言われる」。

（85） 明らかにジョン・リンド宛の手紙［このことは *CW*, *Correspondence* で確認される。一七七六年三月二十七日と二十八日、および四月一日付〕を参照。「半年か一年か、それよりもっと前になるでしょうか、その時を正確に思い出せませんが、あなたに一種の発見をしたと思うとお伝えしました。それは、自由という概念は積極的なことを何も含んでいないということです。それは、ただ単に消極的なものです。それで私は、自由を『抑制の欠如』と呼ぶことにしました。その後私は〔抑制に〕『拘束』を加えようとは考えていません。それはあなた自身が加えたものです。先日あなたが私に言ってきた時にこれが加わっていました。そのうち私はその欠点に気づきました。そして私の論説で抑制という言葉を強制に変えました。強制は抑制と拘束の双方を含んでいるでしょう。この新しい用語をその後私はあなたに伝え、あなたは他の二つよりいいものとして、それを採用してくれました」（**Lettre in *CW, Correspondence*, vol. 1, nº 158, p. 309–311**）。ここで引用した手紙においてベンサムは、リンド（あるいはひょっとするとウィルスンかもしれないが、われわれはリンド宛の手紙だと思う）に不平を述べている。すなわちアッティリウスという署名で『ガゼッティア』に連載された一連の手紙の中で、自由と権利の概念を基礎として、ベンサムの名を述べることなくベンサムの理論を展開したことに対する不平である。自由の概念が論じられているアッティリウスの手紙は、プライス博士宛である。博士の『市民的自由の考察』は激しい議論を巻き起こした。とりわけ「アッティリウス」とリチャード・ヘイの間で論戦が交わされた。ヘイは、一七七六年に出版された興味深いパンフレット『市民的自由の性質と統治の原理の考察』の著者である。この著作は、この頃一定の原契約理論家がどのようにしてなかば自覚した最大幸福主義者《ユーティリテール》になったかということを知りたい者には興味深い作品である。とはいえ、著者は原理として原契約理論を保持しているように思われる（Part II）。彼は書いている（§ 89）。「法律作成の方法は、すべての個人が同意を与える方法以外はどんなものでも、正当化される根拠としては、不便、弊害および困難だけである」。この著作は、多数決〔過半数〕の原理は契約原理と矛盾することに目を向けさせる（§ 84）。「過半数の者の要求が全体を支配するようになるのはいつからであろうか。ロック氏はこのことから、すべての個人の同意は得られないに等しいと言う。私は彼の結論に異存はない。――しかし私はとりわけ、彼の推論の理由に着目したい。彼は、すべての個人の同意を得ることの非常な困難、あるいはこのような同意が要求され続けるならば生ずるに違いない多大な弊害の観点から、議論している。だから彼が推論を構築するのは、有益性の原理を基礎としている。――すべての民法と（おそらく）道徳の基礎」。そしてまた、多数者の同意を得ることが不可能である多くの場合、有益性の考慮は「刑罰の恐怖からだけでなく原理からも」既存の規則に従うことを求める（§ 86）。――ベンサム‐リンド‐ヘイの話についてはまた、

UC 69（Crit. Jur. Crim. Preparations Principles）も参照（ヘイ〔Hey〕と題された断片はキー〔Key〕と題された断片とごた混ぜに置かれていた）。

（86）Jeremy Bentham, *Traités, Code civil*, Partie I, chap. II.「個人的自由はその個人に関連する一定の被害を防ぐ安全保障である。いわゆる政治的自由に関しては、それは別の部門の安全保障である。すなわち、政府の閣僚が仕掛けてくるかもしれない不正に対する安全保障である」。——Hey と題する断片中の UC 69, p. 4 を参照。「自由は多かれ少なかれ強制の欠如である。これが自由という言葉の真の、本来の、適正な意味である。その観念は純粋に否定的観念である。それは、実定法によって生み出されるようなものでは決してない。それは法律がなくては存在しないが、法律によって存在するわけではない。それは法律によって作られないけれども、それ以前にその反対物である強制が法律によって作り出される場合は別である。自由の名の下に法律という貴重な作品と同じように賛美されるのは、自由ではなく安全である」。——p. 11.「政治的自由と政治的安全は、まったく性質が違う。これらは、別々の作用によって作られている。もしこれらのものが今でも作用と呼ばれるとすれば、そのうちの一つは何もしないことにある。自由は、われわれ自身に抑制が加えられていないことによって、存在する。安全は、他人に抑制が加えられていることによって生じる」。——そしてもっと先のページ。「強制がないところには、法律により生み出される自由は何一つとしてない。——それでは自由が生み出されるのはすべての強制によってであろうか。決してそうではない。それはただ抑制によって生み出される。それではあらゆる抑制によって生み出されるのであろうか。自由が作り出されるのは、どんな種類の行為もできないようにある人を抑制することによってであろうか。決してそうではない。もし彼がある行為をしなければならないとすると、他人の自由を抑制してしまうという、そういう行為のみ〔を抑制することによって〕である。だから明らかなことは、自由が生み出されるのは、ある行為を抑制されるその人においてではなく、他人においてである。自由は、自由が作用する人にあるのではなく、自由がかかわらない第三者にある」。——ベンサムは、おそらくモンテスキューから直接にかドゥ・ロルムを媒介してか、着想を得ている。——Cf. Montesquieu, *Esprit des lois*, liv. XII, chap. II, de la liberté de citoyen〔市民の自由〕.「哲学における自由とは意思の実行にある。少なくとも（もし哲学が全体系にわたって語らなければならないとすれば）意思を実行しているという所信にある。政治的自由は安全にある。少なくとも人びとには安全があるという所信に存する」。——そして De Lolme, *Constitution de l'Angleterre*, éd. 1781, liv. II, chap. V.「自由という言葉は最も乱用されている二つの言葉のうちの一つである。……一体、自由とは何であろうか。私は答える。自由とは、利害がほとんど常に相互に対立する人たちの集合の中に存在する限り、各人が他人の人格を尊重し、各人が他人に勤労の成果を平穏に享受することを許し、そのためまた自分のことになれば自分の勤労の成果を確実に享受でき、自分自身が安全であることである。しかし政治参加〔投票〕によってこうした秩序を作ることに貢献すること、いわば群衆の中に埋没している人が確実に守られる手段に対する連携に貢献すること、すなわち、かなりの力を与えられていて人びとを守ることに責任のある人が従うべき規則を定めること、その人がそうした規則を踏みにじらないように気をつけること、こうしたことは統治機関の役割であり、統治機関のなすべきことであって、自由のいかなる構成部分でもない。……すべての者にとって法律が平等であり、確実に執行される国で生活すること（こうした利益がどのような手段で得られようと）、このことが自由である」。

(87) Jeremy Bentham, *A Fragment on Government*, chap. IV, 19 (Bowring, vol. I, p. 287; repris in *CW*, p. 483).

(88) Jeremy Bentham, *A Fragment on Government*, chap. I, 36, *CW*, p. 440, note v.「誠実だが偏った先入見のあったクラレンドン伯爵、すなわちその高潔さは非の打ちどころがなく、そしてその英知には欠けるところがほとんどなく、晩年の生活の不運以外は言うことがなく、修道僧の雰囲気を漂わせていた伯爵の著作は、その他の原因とあいまって、私の幼い感情をあおって専制制度に共鳴*させた。私が住んでいた環境が示した思潮、国家の権威、厳かな礼拝に響く教会の声、すべてこれらが私にチャールズを殉教者、そしてその反対者を反乱者と呼ぶように教えた」。——Cf. *Common Place Book*, 1774–1775, Bowring, vol. X, 72. ——*Panopticon*, Postscript, Part II, Sect. XV; Bowring, vol. IV, p. 164. 反軍的先入見に対する彼の皮肉——そして Lettre XII（Bowring, vol. IV, p. 52）。「政治には非常に克服しにくい二つの問題があります。一つは靴の製作について立法者が靴職人よりもよく理解しているわけではないことを立法者に悟らせることです。もう一つは、立法について靴職人は立法者よりもよく理解しているわけではないことを靴職人に悟らせることです。あとのほうはわが愛しの国においては特に困難ですが、前のほうはどの国においてもあらゆる困難なことのうちでも最も困難です」。

＊〔第二版編者注〕ここでの英語は lifted であるが、バーンズとハート編の新全集版『統治論断片』は enlisted の意味の listed という用語に変えている。これは engagé（参加・支持する）と訳していい。

(89) Jeremy Bentham, UC 62.「全イングランドが誹謗文書にしか関心を持たなくなっておよそ二〇年になる。……思想はいつもどこかの部分が欠けており、また言葉はそれに比例して過剰にある。生きている言語はあまり明瞭ではないから、死語が再び引っ張り出された。いかなる考えからかと問われたとする。そして私はむしろ考えが欲しいと答えたとすると、そこで事柄は説明されたことになる」。一般的には意図の問題が論議されながら、動機と意図が混同されていることをベンサムは追究する。

(90) *Remarks on the Principal Acts of the Thirteenth Parliament of Great Britain*, By the Author of Letters concerning the Present States of Poland. ——Vol. I. Containing Remarks on the Acts relating to the Colonies, with a plan of reconcililation, London 1775. ——ベンサムの協力については、Jeremy Bentham, *A Fragment on Government*, préface écrite pour la seconde édition (Bowring, vol. I, p. 247; repris in *CW*, p. 520–521) を参照。「リンドのその書物において、私は上述のように最大多数の最大幸福を根拠に、つまり両国を常にともに考慮に入れてという意味だが、問題を提出した。私にとってそれは計算の問題であった。苦痛と快楽はその要素である」。——さらに問題の文章が参照されれば、ベンサムがそこではあまり最大幸福主義的でなく、非常に「法曹家的」「専門的」であったことが見てとれるであろう。彼はずっと後にそのことに思い至る (Lind, p. 15–16, cité par John Bowring, in Bowring, vol. X, p. 63, note★)。

(91) Voir Jeremy Bentham, *A Fragment on Government*, préface écrite pour la seconde édition (Bowring, vol. I, p. 247; repris in *CW*, p. 523–524); John Bowring, in Bowring, vol. X, p. 82, 88; la lettre de lord Shelburne à Jeremy Bentham, du 26 juillet 1781 (reproduite in Bowring, vol. X, p. 88; et reprise in *CW*, *Correspondence*, vol. 3, nº 398, p. 45–46); et une conversation entre Jeremy Bentham et John Bowring, retranscrite par ce dernier 〔またバウリングが記録したジェレミ・ベンサムとジョン・バウリングの会話〕 in Bowring, vol. X, p. 565. 一七七七年の終わりにシェルバーン卿は、私的拠出金による軍隊の徴募が合憲であるかどうかという問題について、マンスフィールド卿の見解に従うことを拒否する。彼は言う。「本院にはいくつかの問題が問われております。閣下は本院の裁定者として決定する能力を有しておられません。国家的大問題について、私は法曹人の所見に決して耳を傾けるつもりはなく、また憲政が危機にあるかどうかを確かめにウェストミンスター・ホールに行く所存でもありません」(Fitzmaurice, *Life of Lord Shelburne*, vol. III, p. 13)。『続治論断片』第四章三〇–三一節 (p. 487 in *CW*) の残照を見ないわけにいかない。——しかし一七七九年以降ベンサムはメイザーズの仲介によってシェルバーン卿と意図的にかかわりを持つようになった。弟サミュエルがロシアへ旅立つにあたって紹介状を携行したいと望んだため、そのことで面会する必要があった。Voir la lettre de Jeremy Bentham à son frère, du 16 mai 1779 (Add. Mss. Brit. Mus. 33, 538, f. 325; *CW*, *Correspondence*, vol. 2, nº 315, p. 257–258),

et celle de Francis Maseres à Jeremy Bentham, 16 juin 1779（Add. Mss. Brit. Mus. 33, 538, f. 333.〔後者の手紙の原本は失われている。そのため新全集版は収録していないが、記述はある。*CW, Correspondence*, vol. 2, p. 265 note 参照〕）。その手紙でメイザーズは書いている。「シェルバーン卿は気のいい優しい人で近づきやすい方です」。――一七八〇年七月二十六日付のシェルバーン卿の手紙は、ベンサムの心遣いに対して相応のお礼を言わなかったことを詫び、またよければ午前（ただし毎週金曜日と次週の火曜日を除く）いつでも都合のいい時間の面会の許可を与えている（Lettre in *CW, Correspondence*, nº 368, vol. 2, p. 470-471）。翌日、ロンドンを離れるさいにベンサムは、十一月以前にはシェルバーン卿を訪問できないことを詫びている（Lettre de Jeremy Bentham à lord Shelburne, du 27 juillet 1780, *ibid*, nº 369, p. 471）。そしてベンサムは父に八月六日付で手紙を書き、説明している。「面会を断った理由、一、僕は卿が僕に会う前に『法典』の序説を読んでいてもらいたいと思っています。二、僕が頻繁に会いたがっていると卿が考えないようにしてもらいたいのです。三、僕が恐れるのは、僕の手紙が謙譲の精神において欠けるものがあったため、卿がこれらの手紙をすでに片づけてしまわなかったかということです。要するに、僕は充分に準備して十一月に面会したいと考えています」（lettre in *ibid*., nº 370, p. 480）。

(92) Lettre de Jeremy Bentham à George Wilson, le 5 septembre 1781（reproduite in Bowring, vol. X, p. 98; et reprise in *CW, Correspondence*, vol 3, nº 406, p. 70-72）. ――Cf. la lettre de Jeremy Bentham à George Wilson, du 24 août 1781（lettre in *CW, Correspondence*, vol 3, nº 403, p. 58）.「私のような哀れな者にも、彼らは、私がまるで貴族でもあるかのように敬意を払い丁寧です。夫人はご主人よりさらに遠慮深く、お喋りも少なく、同じようにお優しい。彼が気持ちを昂ぶらせたのを見たのは、政治についてまくしたてた時ぐらいなものです。しかし、私はよく彼の意見に反対し滅多に同調しませんが、彼はそれを、考えられる限りいいほうにとってくれます」。

(93) Jeremy Bentham, UC 88（Legislation CXII）.「イングランドの法律のうち憲法〔統治機関法〕は、その指導的原理を考えれば、おそらくこれまでこの世に出現した憲法〔統治機関法〕の中では比べものにならないほど群を抜いて、いいものであろう」。――デュモンの翻訳 *Traités*, de l'influence des temps et des lieux, etc., chap. V を参照。――かなり後になって、民主主義者となったベンサムは、その草稿に加えた注において、これは「一七八二年に書かれた」とわれわれに教えてくれている。

(94) デュモンが「間接的方法」の研究の抜粋を作った英語の草稿は、ユニヴァーシティ・カレッジの草稿中の第八七にある。それが書かれた日付については、付録Iを参照。

(95) ベンサムは、とりわけここで権力の二つの分け方を区別する。I．権力をいろいろな部門に分ける。II．権力の特定の部門を、それぞれがいろいろな共同分割機関であるように配置する。表題Iにおいて、彼は「この分割によって分離した独立の権力を構成すべきではない。そんなことをすれば混乱状態を招くであろう」と述べている。第二の配置方法について彼は、ロシア帝国（統治が自由とは考えることができない）が模範となるとして引用する。英文草稿において彼は、二つの配置様式を区別する理由を、デュモンが削除した次の表現によって述べている。「ここで特定された分け方は、前の見出しの下で問題としていた方法とははっきり区別される方法と考えていいであろう。この方法も、ある部門がどのような原理によって他の部門と区別されるかによって、すなわち、抽象的に考えられた権力の性質に応じてであろうと、それが用いられるようになる統治業務あるいは統治機能に関連して考えられた権力の性質に応じてであろうと、同様に妥当するであろう」。モンテスキューやドゥ・ロルムらイングランド自由主義の理論家が理解したような、権力分割原理に対する制約についても同様である。

(96) Jeremy Bentham, UC 62. しかしデュモンはフランス語のテキストを使わないで一七八二年の英文テキストを翻訳するほうを選んでいる。

(97) Burke, *Thoughts on the Causes of the Present Discontent*（*Works*, vol. II, p. 233 sq.）.

(98) 例えば Cartwright, *The Legislative Rights*, Préface を参照。「この国民は浪費と奴隷制についてはあまり深く関与していないし、高貴にして指導的な人たちのうちに少数でも真の愛国者（ウィグとかトーリとか、議員であるとかないとかは問題ではない）が存在してくれて非常に名誉ある事業〔統治事業〕を運営してくれさえすれば、しかしとりわけ第一の行政官〔国王〕が「臨時的救世の将帥」になってくれるならば、この国民がやがて美徳と自由に引き戻されるであろうと、私は固く信じている」。

(99) Lecky, *History of England*, vol. III, p. 206–207.

(100) Stephens, *Life of Tooke*, vol. II, p. 437.

(101) Morellet, *Mémoires*. ——Stephens, *Life of Tooke*, vol. II, p. 390; *Life and Correspondence of Major Cartwright*, vol. I, p. 95, 107, 112. ——Lettre de Jeremy Bentham au marquis de Lansdowne [lord Shelburne], le 24 août 1790.「[閣下はその日のその時間にシェルバーン派の会合を開かれました。それは、主題が何であったにしましても、一人で主宰されたの

ですから、その会派の首領として非常に名誉なものでした。」その会合は、名声という点だけならば国の偉大な貴族制と釣り合っておりました。それは、クリケットの時の言葉を借りれば、シェルバーン対全イングランドでした」［Lettre reproduite in Bowring, vol. X, p. 236; et reprise in *CW, Correspondence*, vol. 4, nº 710, p. 158.［ ］内の文章はバウリング版にしかない］。

（102） UC 132（*Parliamentary Reform*）: *Defence of the People against Lord Erskine*, 1815; Letter XI: *Romilly's principles, what*. ——「それ（有益制の原理）はわれわれが出会う前に彼が憲法〔統治機関法〕に対して用いていました。彼が憲法〔統治機関法〕に対するその原理の適用可能性を認めたのは、私自身がそれを適用する以前でした。彼は、追放されたフランス・プロテスタントの出身で、最も輝かしい共和国の中で育ち、ごく幼少の頃からその原理が実践に適用されることを望み、アメリカ共和国の登場以前に適用されていたのと同じように緊密に適用されることを望んでおりました。彼が私に会う以前の彼の研究仲間は共和国派でした。閣下は個人的にご存知ではなくとも、少なくとも名声によってブランド・ホリスをご存知に違いありません。共和主義の愛好家、堂々たる出版人、そして多くの共和主義的書籍の配布者です。ロミリは、何冊くらいかは知りませんが彼から本を受け取っています。特にそのうちの一冊は、どこからどのようにして手に入ったか、私は彼から見聞したように思います」。——ロミリがデュモンの面識を得たのはブランド・ホリス宅である。

（103） 付録Ⅲを参照。

（104） Jeremy Bentham, *An Introduction to the Principles of Morals and Legislation*, note additionelle, Bowring, vol. I, p. 134; repris in *CW*, ch. XVI, 55, p. 263–264. Cf. dans une lettre à Mirabeau, écrite en 1789.「自然権という言葉は有益性と対立する場合はまったく無意味な言葉である。最高機関と認められる立法府に向かって『諸君はしかじかのことをたとえそれが国家に有益であろうともする権利はない』と言うとしたら、それは『なぜだか知らないが、諸君がしかじかのことをするのを私は好まないのだ』と言うのと同じである。——しかしここでの議論は人びとの理性にだけでなく、ある場合には理性以上に人びとを支配するもの、すなわち偏った先入見や好みにも適用されなければならない」（Lettre（datée de mi-octobre 1789）in *CW, Correspondence*, vol. 4, nº 680, p. 95–96）。Cf. *Traités, Principes de Législation*, chap. XIII, 9.「もし政治理論が国民代表制という抽象的観念の当然の結果と思われるものすべてを考慮して、それを基礎として作られるとすれば、たちどころに普通選挙権を認めなければならないことの立証に行き着く。……この問題を有益性の原理により検討するには、言葉の上で推論してはならず、もっぱら結果に注目すべきである。立法議会の選挙の場合、選挙権が認められるのは、選挙権の行使について国民の信任を得ていると見なされる者だけでなければならない。……国民の信任を持たない人びととは、政治的廉正と必要な程度の知識を持っているとは思われない人びとのことである。……」普通選挙という命題を批判した後、ベンサムは結論する。「抽象的な言葉から引きだされた考察を含みこむことなく……有権者の必要条件を確定できるのは、このような原理かその他の類似の原理によってである」。

(105) Fitzmaurice, *Life of Lord Shelburne*, vol. III, p. 238.

(106) Lettre de Jeremy Bentham à son frère, le 2 mai 1788（reproduite in Bowring, vol. X, p. 181, et reprise in *CW*, *Ccorrespondence*, vol. 3, nº 620, p. 617）; propos de Jeremy Bentham（1788–1789）retranscrit par John Bowring, in Bowring, vol. X, p. 185. 本文に引用した文章は、一七八九年一月二十日付ランズダウン侯爵からジェレミ・ベンサム宛の手紙の抜粋である（reproduite in Bowring, vol. X, p. 196, et repris in *CW*, *Correspondence*, vol. 4, nº 636, p. 23–25）。——Fitzmaurice, *Life of Lord Shelburne*, vol. III, p. 476.——*Théorie des récompenses*, p. 318 におけるヘイスティングス頌。

(107) Jeremy Bentham, *A Fragment on Government*, préface écrite pour la seconde édition（Bowring, vol. I, p. 247; repris in *CW*, p. 524）.ジェレミ・ベンサムとランズダウン家との関係については、以下を参照。*Ibid*.（Bowring, vol. I, p. 249, 251; repris in *CW*, p. 523–529, 532–533）; et les propos de Jeremy Bentham retranscrits par John Bowring in Bowring, vol. X, p. 116.

(108) Lettre du Marquis de Lansdowne à Jeremiah Bentham, le 25 novembre 1789（reproduite in Bowring, vol. X, p. 225）.

(109) Bowring, vol. X, p. 187.

(110) UC 33. *Projet Politique Plan* がタイトル。「法廷が有罪の主権者に対する積極的刑罰を容易に容認しないとしても、それでもなおこの種の法律を白紙のように見なしてはならない。自然的刑罰は無力だと考えるのはとんでもないことである。直接の刑、主権者の恥、臣民の不満。最後にその補助的意味の刑罰としての反乱。したがって今日のヨーロッパでは、とりわけ、特権が尊敬すべき誠実さで行使されるという美しい光景が見られる。——さらに主権に関する法律と通常の刑法を区別するのに役立つ一つの事情は、前者にはそれに伴う手続法がないことである」。——UC 100. *Projet Forme Composition Méthode* との表題を持つ断片において。「完全に組織された法律、より大きい成果を生むために法律に必要なすべてをそれぞれが備えている法律、またそのことによってそれぞれが法律の完全な模範であるような法律、これらが構造に欠陥のある法律に優先しなければならない。同様に自然界においては、自然の日常的運行の歴史はその逸脱の歴史に優先する。ここに、なぜ刑法が政治的権利の一定の部分より重視されるかという理由がある。平民の法律が皇帝の法律より重視される。最後に、臣民を制約する法律が主権権力を制約しようとする法律より重視される。重視される法律は布告すればいいし、その結果、付随物としてまず刑法、次いで刑法の施行に関する手続法が作られる。皇帝の法はこうした二種の補助的法律のどちらをも有することができない」。

(111) *Indirect Legislation* と題する英文草稿(UC 87)の中で「出版の自由」というタイトルの草稿中、デュモンが削除した文章を参照。「ロシアでは立法に関する論議は許されているのみならず奨励されている。この巨大帝国の各州代表者が召集されたのは、重大な問題を担わされる目的のためであった。もしまだなんらの特別な効果がその巨大装置から生まれていないとすれば、それは国民的知性がまだ若いからであって、主権者が望まないからではない。極めて広範かつ繊細な立法部門について、すべての階層の者が所見を述べるように招待された。そして特別の出版物の討議のため、法案が提出され開示された。いくつかの政府においては(ベンサムは真っ先にフランスにおいてと書いた)人びとを考えさせないように多くの苦労を重ねているが、ロシアでは、人びとを考えさせるように同じくらい多くの苦労が払われてきた」。――また興味あるフランス語の草稿(UC 43)を参照。これは一七八九年、ちょうど出版の自由の問題がフランスで討議されていた時に、ベンサムにより書かれた。「啓蒙の時代には、法律のことについて有益な所見を述べられる人は多いが、法律の制定について投票を許される人はそれより少ない。われわれは希望するすべての者に対して立法府への関与を認めるわけにはいかない。しかし理解してほしいと望む者の声を聞くことはできる。あるいはむしろ、見解の相違は最も基本的なものであるから、誤解を避けるために読んでほしいというものすべてを読むことはできる」。――議会で話される言語の暴力、軽率に関しては、ベンサムは書かれた論説のほうが理性的だとする考えに反対している。「出版の自由がなければ、民衆の政治は、採用されてもみずからが掲げる目的とはまったく首尾一貫せず、極めて相反するものとなるであろう。〔出版の自由がなければ〕みずからの目的実現にとって有益な事柄について根拠づけもし、またそうしたことを増大させもするという、最も危険の少ない伝播方法を禁止してしまう。毒〔謬論〕を野放しにしておきながら、解毒剤、それも唯一の解毒剤を禁止することになるであろう。一部分しか抑制できないといわれる害悪に対して精魂を費やして闘いながら、同種の最も大きい害悪を増大させることになるであろう」。「したがってもし革命を避けたければ、出版の自由を許容するのは、統治の側の利益である」。「人は過度の読書はできないし、話を聞かないでいることもできない」。そしてベンサムは結論する。「（もし出版の自由が禁圧されても）いかなる反対者をもなくせないだけでなく、手に入れられたはずの無数の救済手段すら失う。しかし、一般に政府の側に立って考え、政府の利益を願う人も、自分が書きたいことを政府の息のかかったものにならないように気をつけるものである。そして私はそのほうが、議論のためには政府の利益にも好都合であり政府の見解にも好都合であると思う。しかし、それを保証する手段は何であろうか。この分野における統治機関とはどんなものであろうか。それは統治する人たちと何の関係もない無名の書記である。世に知られない下層役人の恣意、すなわち本質において奴隷であり暴君でもある下層役人の恣意のままにならざるをえない場合とは、どんな場合であろうか。——例えば、もし私が何らかの政党を信ずるとすれば、私は与党に信頼を寄せるであろう。私の願いは統治の盛運にある。私の目的は、私自身が確信したことについて国民に説得することにある。すなわち、政府の損失になると私が予想した案件の成立は、国民にとっても有害であることについて国民に説得することにある。だから私はそうすることが統治に役立つと信じている。しかし、政府は同じ確信を持っているであろうか。そしてそれを私はどのようにして確かめられようか。私はいかにしてその点について、いささかでも推論を抱くことができようか」。

（112）UC 27——二三三ページまで番号のついた原稿の束のうち、*Introduction to Morals and Legislation Preface*, p. 28–29.「イングランドは立派な法典に最も適した揺籃。それを採用する可能性の最も少ない国」——p. 141. 時代の幸福。王の幸せ——「フィリップは息子アレキサンドロスがアリストテレスの時代に生まれたことを喜んだ。そして私、すなわちエカテリーナの時代、ヨーゼフの時代、フリードリヒの時代、グスターヴの時代、そしてレオポルトの時代に著作ができる私。もし私の書いたものがよく書けているようならば、書いたのは無駄ではなかった」。

（113）Jeremy Bentham, *Traités*, Promulgation des lois.

（114）Jeremy Bentham, UC 100. *Loi. Forme. Promulgation des raisons*（法律。形式。理由の宣明）というタイトルを掲げた法典の冒頭は次のように考えられている。一、ここにフランス国民の全法典体系が始まる。これは、われわれ国民の王、ルイ十六世により、キリスト紀元一八〇〇年一月一日に開催されたヴェルサイユの三部会の合意を得て制定された。——法典の第一条は二つ案があって、別の草稿と同様に特徴的である。第一条　ここに［フランス］国民の全法典体系が始まる。これは、キリスト紀元［一八〇〇］年［一月］一日に制定された。——52. この本には、われわれ、すなわちN——国民——に現実に承認されたL——立法者——が、全法律をまとめている。われわれは国民がこれを、定められた日から同じ権威により別に定められる日まで、機会あるごとに参照すべきものとして遵守することを期待する。

付録

〔付録の凡例〕

一、「書き換え」という用語が付録では多用されている。これは、ベンサムが草稿において、別の表現に替えたほうがよい、あるいは別の表現も可能だと考えた場合に、その別の表現を記していることを示す。

二、すべての付録について「注の凡例」を準用する。

三、付録Ⅳには個別に必要な凡例を記した。

付録I　『民法と刑法の立法理論』

〔アレヴィのまえがき〕

「私が手を入れたのは、基本的でない事柄に関する瑣末な部分だけである。私がしなければならなかったことは、〔原稿には〕言葉の書き換えが数多くあったので、その中から〔一つを〕選択すること、繰り返しを削除すること、曖昧な箇所を明確にすること、主題が同じものはすべてをひとまとめにすること、著者が執筆を遅らせないために残しておいた空欄を埋めることであった。書き加えるより削除するほうが多かったし、敷衍するより省略するほうが多かった。私が閲読し、読みにくい字を判読し比較検討しなければならなかった草稿は、膨大な量にのぼった。文体を整え、改訂を施すために私がしなければならなかったことは多かったが、思想の基本について私がすべきことは何もなかったか、あってもごくごく僅かであった。内容は非常に豊かであったから、管理者の配慮をするだけでよかった」。これは、デュモンがベンサムの草稿に加えた自分の仕事について語った言葉である。――ユニヴァーシティ・カレッジの草稿を検討すれば、デュモンの言った言葉の正しさを確証できるし、いくつかの点ではその言葉を補うこともできる。

一、デュモンの用いた草稿が書かれた日付について。――草稿はデュモンが受け取った時には完成していなかった。デュモンの言葉によると「ありがたいことに、著者が草稿を引き渡してくれたのは友情の絆によるものであったと私は感謝している。また彼は不完全な作品で申し訳ないとか、材料が整っていなくて申し訳ないと、時折私に洩らしていた」。けれども大部分は下書き（ベンサムが言うところの「材料《マティエール》」の形においてのみならず、浄書原稿（ベンサムの用語では「正式《フォルム》」）の形においても書き上げられていた。それに付け加えて言えば、われわれの推定では、すでに数年以前、一七八三年には大部分が完成していた。一七八〇年の終わり頃、ベンサムは弟にフランス語で書くように求められても、まだうんと言っていなかった（BL, Add. Ms. 33, 539, f. 117〔*CW, Correspondence*, vol. II, n° 380, p. 517〕）。一七八一年八月、ベンサムは、初めてシェルバーン卿の食客《いそうろう》となったバウッドからジョージ・ウィルスン〔初版はサミュエルと誤記し、第二版もそれを継承している〕宛に手紙を書き、こう言っている。「まったく無精をしています。これは、半分は気分から、半分は道義から、そうしているのです」（BL, Add. Ms. 33, 539, f. 209〔*CW, Correspondence*, vol. III, n° 403, p. 58〕）。彼が「間接立法」と「法律の移植」と題する長文の論説を英語で書いたのは一七八二年である。その年、ベンサムはフランス語の著作執筆のために、たいして努力をしたようには思われない。しかし一七八三年十月、サミュエルはベンサムに「私たちが再会するまで『法律草案』の原稿が印刷されないように願っています」と書いている（BL, Add. Ms. 33, 539, f. 455〔*CW, Correspondence*, vol. III, n° 478, p. 227〕）。その『法律草案』とは、デュモンが近く整理に取り掛かろうとしているフランス語の草稿全部のことで、それにベンサムがつけた表題である。一カ月後、サミュエルは自分が責任をもってロシア人用に不安箇所を削除したフランス語版を作ろうかと提案している（BL, Add. Ms. 33, 539, f. 466〔*CW, Correspondence*, vol. III, n° 499, p. 179〕）。一七八四年六月二十日に至ってもサミュエルは、「お兄さんがほどなく完了されることを祈ります」と書き送っている（〔BL, Add. Ms.〕33, 540, f. 74〔*CW, Correspondence*, vol. III, n° 505, p. 275〕）。しかしながらユニヴァーシティ・カレッジ所蔵の草稿では、その一定数が、一七八六年の日付となっている。これはすなわち、ベンサムがロシアで弟のところに滞在中の時期である。一七八六年の日付のある草稿は、非常にしばしば民法の四目的の理論に言及している。例えば、UC 29, Proj. Mat. Droit Distrib. Privé Plan Sept. 1786 を参照。……〔一・二は省略〕三．平等のよい効果。豊かさが幸福に及ぼす影響を増大させるのに平等はいかに役立つか。四．安全と両立しないために完全な平等がもたらす悪い効果。五．平等が優先されても安全を害することがない場合。六．平等は、もし安全と対立しないと考えられる場合には実施されなければならないであろう。このことが起きる場合。――UC 32。安全、平等および両者の調停手段を論じた断片の日付は一七八六年五月である。そして、Projet Matièrs Dr. Privé Propriété II. 2 Sept. 1786 と題する章は、「私的分配法の四目的」を論じている（UC 100）。——「Proj. Mat. Contents」と題する断片には、民法、刑法、手続法、国際法、国会運営法について、一〇部にわたる一般理論の簡潔な案が書かれ、鉛筆書きの「一七八六年九月起草」というメモ書きがついている。——『法体系の概観』においては民法の「一般的項目」の序論に一七八六年七月の日付がある（UC 33）。『民法と刑法の立法理論』のこの部分の残りにも同じ日付をつけていいのではないであろうか。要するに、法律の「作成」と「文体」に関する草稿は少し後に書かれたと考えられる。それらには、「一七八五年云々、刑法」という言葉が書かれた表紙がついている（UC 98）。そして同じ番号の函の「Projet Forme Amélioration」と題する断片は一七八八年四月のイングランド法の事例に言及している。ある束（UC 100）の表紙に書かれている見出しは、「立法　一．起草。二．証明。三．解釈。四．改訂。五．布告。六．創意。七．教育。一七八二―六年」である。ただ、ルイ十六世と三部会を論じた草稿の一つは間違いなく一七八九年の初めである。

ベンサムは執筆を続けた。しかし、日付は一七八九年より後でも、一般的にはその日付は改訂の日付であって書いた日付ではないとも言えるし、あるいはそれら草稿は後で論じるように、目次を並べただけの単なる表だとも言える。一七九四年七月、ベンサムは「民法の内容」と題して平等論の項目を表にしている。それには、以下のノートがついている。「メモランダム。一七九四年七月。この原稿用紙と次の原稿用紙は一般的すなわち形而上学的部分の目次。しかし、この項目が作られてからこの部分はかなり拡大、変更されてきた。それにまだ完了していない」。さらに以下を参照。UC 99.「民法草稿、一七九五年七月三日、道徳。ルソーは破壊の司祭。彼は言うだけであったが、私は実行する……」。草稿の第四欄にはこう書かれている。「デュモンのための指示（書き換え：挿入）。一．進歩など。一三ページ。ルソーによれば、儲けは合法的利潤によるよりも非合法の利潤によるほうが大きい。二．政治的自由、第三、四、五章、三ページ」。しかしもしベンサムが実際にこの頃、反平等主義的理論の性格を強めたとすれば、最初のテキストが大切にされたかどうかを知るには、デュモンのテキストと、一七八六年の日付のある草稿を対比するか、この草稿の目次を対比するだけで充分である。——あるいはまた、デュモンは、はなはだつまらない修正に拘泥している。例えば「豊富を実現するのに最も力強い手段は、所有権の安全を確保し、またその所有権との関連で平等を奨励する手段である」とベンサムが書いた（UC 33. Project Forme Economie）箇所を、デュモンは「所有権のゆっくりとした平等化を奨励する手段」と書いている（『一般的概要』第二八章）。――一七九五年七月の『民法典』の目次の表（UC 100）。――一七九五年（七月三十日、八月九日）『契約』の多くの断片、しかしこれらは英語で書かれており、デュモンが利用したとはあまり思われない（UC 100）。――クィーンズ・スクエア・プレイス、一七九五年六月十三日の日付を持つ断片は、「法典の根拠づけに関する方法について」と題されている（UC 100）。――政治経済学（特に『国富論』の分析）のさまざまな断片は一八〇一年六月と八月に「論評」、「概要作り」として、一覧表化されているだけである（UC 99）。――ベンサムはこうした資料をデュモンに一八〇一年十月二十四日、「見たことあるかい」と言いつつ渡した。デュモンは横にいて答えた。「いいえ。目次と、『時間と場所の影響』という論説と『間接立法』という論説の目次と下書きしか見たことがありません」。

二．多くの草稿の統合。デュモンは書いている。「私が加えなければならなかった改訂は草稿の性質により違った。主題は同じだが書かれた時期も観点も違う複数の草稿があった場合、調整して一つのまとまりのあるもののようにする必要があった。著者は、今日では関心もないし理解もしにくい急ごしらえのいくつかの草稿を廃棄してしまったが、私はそっくり全部がなくならないように願った。それで私は、いわば廃屋のように保存可能だと思われたものをすべてほかに移した」。草稿を検討してみると、デュモンは統合の仕事の重要性を誇張していると言わざるをえない。厳密を期するためにデュモンが『民法と刑法の立法理論』の執筆において用いたいくつかの要素を示そう。

Ａ．――デュモンは民法理論を三巻に分けるが、それは彼の本に収録された『民法典の原理』を構成する三部と正確に照応していない。第一巻は、「一般原理」に当てられていた。それはデュモンが草稿を受け取った時にはあまり進んでいなかった。現存する草稿（UC 32）は、第一章から第五章、第十章、第十三章の下書き（Projet. Matiérè）と、それにデュモンが自分で言うように、おまけとして『道徳および立法の原理序説』の「いくつかの章」を用いて構成した「立法の原理」の下書きである（Bowring X, 309, et BL, Add. Ms. 33, 543, f.

13〔*CW, Correspondence*, VI, Letter 1425, p. 136–137〕。デュモンからベンサム宛の一七九九年二月〔初版、第二版とも十二月となっている。新全集により訂正〕付手紙を参照。「拝啓　私はもう朝の会話をお願いしませんが、お願いしたいのは問題の原稿と他の類似草稿です。もっとも、もしあなたが研究中に、立法の分野における誤った推論の方式〔の項〕に入れることができるものをいくつか見つけられたらの話です」）。第二巻は『民法典の原理』の最初の二部に照応しているように思われる。そのほぼ完全な、ときには荒削りな浄書原稿と決定的浄書原稿の二様に書かれた草稿がある（UC 29, Primière partie, chap. II, VII; UC 32, Primière partie, chap. II, VI, VII, VIII, XI, sect. I, XV, XVII. —Deuxième Partie, chap. I, II, III, V, VI, VII）。第三巻は、第三部（UC 32; chap. I, II, IV, V 参照）に照応している。ベンサムは、第九九函の草稿で、一七九五年の項目表において、それに「人格の状態」という表題をつけている。

B.　——『刑法典の原理』の草稿もまたデュモンが受け取った時には完成寸前であった（UC 62 参照）。第一部は草稿では一八章あった。「悪意」に関する三つの章はデュモン版の第六章となっている。「動機」に関する二つの章は第八章となっており、「性格」に関する二つの章は第九章となっている。——第二部には二〇章があった。デュモンは「再犯防止の手段」に関する複数の章と「賠償の事例」に関する章を削除した。第一四章、第一五章、第一七章（名誉毀損に対する賠償、聖堂利権に関する賠償）の内容については、UC 100 を参照。また BL, Add. Ms. 33, 543, f. 13〔*CW, Correspondence*, IV, nº 1245, p. 137〕の、デュモンのベンサム宛一七九九年二月〔初版、第二版ともに一七九五年十二月と誤記。新全集版により訂正〕の手紙を参照。「しかし天にしろしめすすべての神の名にかけて誓って申しますが、あなたは私宛の文書、つまり刑法典の原理の第二部をお持ちです。そこには名誉毀損に対する賠償の一部分と、大聖堂の利権に関する賠償すべての部分があるはずです。——この最後の項目を完成させてほしいという私の願いを聞き入れて、あなたは原稿に向かってくださいました——あなたはその原稿用紙で仕事をしてくださいました——あなたは原稿を完成されませんでしたし、まだ私に渡していただいてもおりません。私はあなたにもう三年以上もお願いしています」。——〔BL, Add. Ms.〕33, 542, f. 520〔*CW, Correspondence*, VI, nº 1306, p. 3〕. 一七九八年一月八日付、デュモンからベンサム宛の手紙を参照。——そしてUC 98. 聖堂に関する賠償、目次、一七九五年七月二十七日。——第三部の草稿はなくなっている。デュモンが『民法および刑法の立法理論』出版後『刑罰の理論』を編集するさいに再度使用するためそれを保存していたということは、充分に考えられる。——第四部については、ベンサムはフランス語で計画を書いており（UC 62）、「研究方法」という題をつけていた。しかしデュモンの第四部は、もっぱら英語の『間接立法』と題された研究のほとんど逐語訳である。それは今、ユニヴァーシティ・カレッジ草稿第八七のほとんどすべての内容となっている（Bowring, X, 383参照）。この研究は、その冒頭が語っているように、「〔道徳および立法の原理〕序説」の続きとなるべきものであった。おそらくこの研究は、一七八二年の後半に書かれた。ベンサムはこの草稿において、ごく最近兵士の募集方法に加えられた改善に言及している。それは、一七八二年五月二十五日付『ロンドン・ガゼット』に掲載された戦争相タウンゼンドの決定に基づいている。この草稿のその先では、ベンサムは検察官制度に賛成して、王座裁判所法廷において一七八二年六月二十八日に起きたある事件をひきあいに出している。——その上、ベンサム草稿（UC 62）には「第五巻」の目次もある。それは「特定の刑法犯罪」と題され、「付加刑」、「大逆罪」、「社会全体に関わる犯罪、文書誹毀」を論じている。これらはデュモン〔の本〕に相当するものがない。「宗教犯罪」（UC 98）はデュモンが使用しなかったが、この長文の断片はそれと同じ巻に収めるべきものであろうか。

C. ——『完全な法体系の概観』の草稿は、UC 33の全部を占めている。収められている章は、一、二、三、七―一三、二二、二四、二五、三〇である。UC 29には三、一四、一五章の下書きがある。四、三一、三二、三三章については、UC 98およびUC 100を参照。これらは、一時期、著作の中心部分であったように思われる。デュモンは、一七八九年一月八日、ベンサムに宛ててこう書いている（BL, Add. Ms. 33, 542, f. 520 sq. 〔*CW, Correspondence* VI, n° 1306, p. 3〕）。「私の考えでは、『立法者の論理』をもっと興味あるものにするには、民法典の原理と刑法典の原理の要約を入れたらいいと思います。『ブリテン叢書』であなたがご覧になられた抜粋とほぼ同じ手法と同じ趣向でできるでしょう。——著作は一巻でなく、二巻になりますが、このように大きな目的を考えれば大きすぎることはありません」。

D．――デュモンの語るところでは、「パノプティコン」は、立法議会議員で刑法改革委員ギャラン・ドゥ・クーロン氏宛に届けられたベンサムの「論説形式の……覚え書」である。

E．――『法律の公布』はフランス語で書かれた。これがデュモンに渡されたのは一八〇一年になってからであった（UC 100）。

F．――『立法における時間と場所の影響について』と題する論説は、英語で書かれた論説（UC 88）の翻訳である。この論説は一七八二年執筆である。ベンサムはそこで述べている。「これをイングランド法における憲法〔統治機関法〕典部門の主要原理とするならば、イングランド法の憲法〔統治機関法〕典部門はおそらく世界にこれまでに見たことのない、比類のない良い憲法〔統治機関法〕典になるであろう」。そして急進主義者となったベンサムが後にこの草稿に赤インキで書き加えた注が、「一七八二年執筆」と伝えている。

G．――ベンサムがフランス語で書いた本文にデュモンが施した修正の性質。――文体に加えた改訂を記憶するためにのみ、述べておく（「自傷的違法行為」をベンサムが délits réfléchis と書いたのをデュモンは délits réflectifs とし、「抑制的賠償」をベンサムが satisfaction supprimatoireto と書いたのを、デュモンは satisfaction suppressive とし、「六法全書の全体」をベンサムは entierté（英語の entirety）d'un corps de droit と書き、デュモンは intégralité と書いた）。修正は、執筆後一四年して著作が刊行されたために必要となった。デュモンが施した修正は三つの点に注目すると興味深い。

一．デュモンは信仰に無頓着な（ベンサムの）文章表現を和らげた。彼は、『間接的方法』の第一八章となった『間接立法』の章については、これを尊重し、あまり原意を損なわないように訳した。その章は、率直に意見を述べていたものの、穏和に見えたからである。しかし、第十章中「宗教関連の中傷」を論じたベンサムの文章を削除した。「高僧の権力と悪意に対して憂慮するあまりに行われた犯罪を人びとに教える教訓。この種の物語は不幸にして多くありすぎる。ただし、似たような憂慮の幻想を真面目に抱いたために、法律の手続を踏まえて当局から同等あるいはそれ以上の不幸な目に遭わされた例は、それほど多くはない」。同じ章で、ベンサムが、あらゆる統治形態のうちで専制は最も単純かつ最も粗雑であり、未開時代に最も相応しいと述べた箇所で、デュモンはこの反キリスト教的警句を削除した。「専制は、最も生じやすい統治形態であり、文明以前の人びとはそれしか知らない。一人の人間が複数の主人に仕えることは不可能であるとどこで言われたのかは、今では周知である」。とりわけデュモンは、ベンサムが「宗教関連の犯罪」について行った長い重要な考察を完全に抹殺した。その考察は、ベンサムが「邪宗」と呼ぶものに対する論難であり、無神論を擁護し、将来の『自然宗教の分析』を予見させる考察である。

二．デュモンはベンサムの文体を和らげている。ベンサムの草稿を見れば、彼がかくも流暢にフランス語を書くことをどの学校で学んだか、たちどころに分かる。十歳で〔ヴォルテール〕『カンディド』を読み、十五歳で〔ヴォルテール〕『白い牛』を翻訳した子供であったこと、『法の精神』と〔ヴォルテール〕『一般史、各国民の風習・精神論』の読者であったことが分かる。自分の子のソプラノを維持するために去勢する権利が父親にあるかどうかという問題に関する議論を参照。——一妻多夫と一夫多妻に関する余談、これらはすべてデュモン版で削除された。さらに（UC 33）神、アダムおよび天使ガブリエルの登場する一種の哲学物語を参照。ベンサムはその物語をタルムード〔ユダヤ律法集成〕の新しく発見された断片から学んだように思われる。彼はこの断片を『一般法規集、その民法典中の「権利」』と題して手許に置いていた。しかし、デュモンは削除した。デュモンが完全に間違っていたとは言えない。その物語はあまりに良くないからである。しかし、この草稿にはヴォルテール風の色合いがあって、それがこの作品を古めかしく見せ、削除はいかにしても残念だと思われる。

三．しかしデュモンは、ベンサムの本文に加えた最も重要な、また最も幸福な修正をはなはだうまく特徴づけて、こう書いている。「彼が非常に深遠な抽象的思考、ある形而上学に耽っていたとしても、私は〔その抽象的思考を〕非常に無味乾燥とは言うが、非常に微妙とは言わない。私は思想にさらなる展開を与え、応用、事実、事例によって理解しやすくなるように努めた。だから私は、慎重にいくらか装飾を施したが、許されると思う」。さらにこうも言う。「この著作の多くの章を用いて立法の一般原理を作るさい、私はその役に立たないものを除外しなければならなかった。あまりに科学的形式、あまりに多くの細分化、そしてあまりに抽象的分析である」。デュモンはベンサムの本を簡略化する決心をすぐにはしなかったように思われる。一七九五年四月三日付、デュモンからベンサム宛手紙（BL, Add. Ms. 33, 542, f. 39〔*CW*, *Correspondence*, vol. V, n° 1052, p. 127–128〕）を参照。「話しあった最後のところを考えれば考えるほど、私は、あなたが本当に英語版を出す考えと勇気をお持ちなら、フランス語〔版〕はそれに比べればやや不完全でも仕方ないというお考えに一層同意します。英語版には、理解力の違ういろいろな読者を満足させるものがあることでしょう」。無数かつ巨大な「権利の表」をベンサムはデュモンに渡したが、デュモンは無視した。その詳細に立ち入るのは無駄なので省き、本書では一八〇二年の草稿と比較可能という観点から、特徴的な章を引用するにとどめる。次頁以降の表は、『刑法典の原理』第一部第五章である。左の列がベンサムの草稿、右の列がデュモンの本文である。

	第五章 罪となる違法行為：第一次的被害〔ベンサムの草稿〕	第五章 第一次的被害について〔デュモン版〕
I 感受性に影響する事情。	第一次的〔直接的〕被害の評価を正確に行うために考慮すべき問題。 1. 違法行為が単純であるか合併しているか——また単純な違法行為について。 2. 被害がまったく私的なものか，あるいは全部であるか一部であるかを問わず，被害が地域的なものかどうか。 3. 地域的である場合，その地域を広げると違法行為がただ分散するだけであるか，あるいは増大するか。 4. 第一次的被害の結果，同一人物に影響する二次被害があるかどうか。要するに。〔ママ〕 5. 被害を直接に受ける人と繋がりがあるために，直接的にせよ結果的にせよ，もとの被害の結果として生じる派生的被害を他の人が被るかどうか。 こうした特徴はすでに別のところ（民法における立法の原理，序など）で説明してある。 こうした疑問からいろいろな違法行為の被害の比較を評価するさまざまな規則が生まれる。	違法行為から生ずる第一次的〔直接的〕被害を評価する規則は次のようである。
II 合併した違法行為の被害は単純な違法行為の被害より大きい。	1. 合併した違法行為から生まれる被害は，その違法行為を分解できる場合に分解した時の単純な各違法行為の被害より大きいと思われる。	1. 合併した違法行為から生まれる被害は，その違法行為を分解できる場合に分解した時の単純な各違法行為の被害より大きいと思われる（合併し

	〔ベンサムの草稿〕	〔デュモン版〕
	無実の者を有罪にする偽証の被害は，同種の違法行為のため有罪である被告人を無罪とする偽証が生み出す損害より大きいであろう。無実の者の場合，それは私的違法行為と私的違法行為が結び付いている。有罪被告人の場合は完全に社会全体にかかわる違法行為である。	た違法行為第三章参照)。 無実の者を有罪にする偽証の被害は，同種の違法行為のため有罪である被告人を無罪とする偽証が生み出す損害より大きいであろう。無実の者の場合，それは公共的違法行為と私的違法行為が結び付いている。有罪被告人の場合は完全に〔社会全体に損害が及ぶ〕公共的違法行為のみである。
事例2：強盗と窃盗。	もう一つの事例。この考察が提示するのは（書き換え：この事例によれば，――もう一つの書き換え，とりわけここの主題に属するのは）強盗の被害が窃盗行為の被害をしのぐ理由の一つである。これら違法行為のうち，第一の強盗の被害は，他方の窃盗の被害にさらに，一種の脅迫の被害を加えたものから成り立つ。単純な違法行為（書き換え：窃盗）の場合，体験されるのは喪失の苦痛だけである。合併した違法行為（書き換え：強盗）の場合は，この喪失に，さらに身体に対する恐怖が加わる。	
Ⅲ 一定集団にかかわる違法行為について。その被害は増大し，その被害は主要な違法行為より大	2. 被害が繰り返し起きる一定集団にかかわる違法行為のうち，第一次的違法行為の被害は同種の私的違法行為の被害より大きい。したがって例えば，荒廃をもたらす行為は，一定期間，公道を通行不可能にしたとすれば，その被害は	2. 一定集団にかかわる，あるいは社会全体にかかわる違法行為から生まれる被害は〔私人を越えて〕拡大するから，同種の私的違法行為の被害に比べて大きい。――全大陸に

	〔ベンサムの草稿〕	〔デュモン版〕
きい。事例：荒廃をもたらす行為。	同様な行為が私道で行われた場合の被害に比べれば大きい。逆の場合。	ペストを持ち込むのは，住民も訪れる人も少ない小島に持ち込む場合より，被害が大きい。——異常な大火や大洪水が起きるのは，蔓延する性質があるからである。
Ⅳ 事例2および3：火災と洪水。	火災という特殊な異常事態の基本要因を確かめることは，広範囲で可能になってきている。それにさらにもう一つの兇事，すなわち洪水も付け加えなければならない。洪水は，幸い，はなはだ稀ではあるが，ある状況下では火災よりはるかに重大な結果に連なる可能性がある。いずれもそれ自体として一種の災害である。そして災害だから，直接に所有に対して打撃を与える。ただ，意図的に起こされたにせよそうでないにせよ，いずれの兇事にも死者が出るのは，たいていの場合自然につきまとう結果であるから，それら兇事は，所有と身体に同時に加えられる多数の違法行為の一つに数えられる（書き換え：属する）と見なされてよい。いずれに分類されるにせよ，その被害の及ぶ範囲は一地方かその主要都市に限られる。だから戦争は，兇事の災害に分類できない。戦争の災厄は，兇事の災害という名称により思い浮かべられるあらゆる被害を，はるかに越えて激しい。破壊の道具の使い方においてこの有害な性質を問題にしなければ，違法行為の性格は，災	

	〔ベンサムの草稿〕	〔デュモン版〕
	害の通常の限界（書き換え：通念）を逸脱するものではない。例えば空地で燃える火の中に，何らかの家財を投じた場合，あるいは何らかの家畜を川で溺死させる場合，こうしたことによる被害は，何かほかの方法でそれら家財や家畜を滅失する場合と比べて大きくない。同様に，これら二つの兇事それぞれに与えられる定義において，その叙述は，ある事例に限定する配慮が必要である。すなわち，その違法行為の被害が，少なくとももかなり多数の人びとを犠牲にするほどの惨状をもたらす可能性がある事例である。	
V 被害が分散する一定集団にかかわる違法行為について，その被害は私的違法行為の被害より小さい。 事例1：公財政に対して行われる窃盗。個人に対して行われる窃盗。	3. 被害が一定集団内でも社会全体でも分散する違法行為は，同種の私的違法行為に比べてその被害は小さい。同様に，例えば県の金庫を狙った窃盗行為は，個人に対して行われた同額の窃盗より第一次的被害は小さい。個人対象の違法行為については，被害は最小限に縮減するのが望ましいであろうか。そうするためには，すでに考察したように（『民法』を参照），方法は一つしかない。それは，違法行為の責任者に賠償負担能力がなければ，被害者に対して，公共財政の負担によって損害賠償をすることである。しかしそういうことをすれば，窃盗そのものは，個人に対して行われたのに，まるで公共に対して直接に行われたかのように様相が一変する。	3. 被害が一定集団内でも社会全体でも増大しないで分散するだけの違法行為は，同種の私的違法行為に比べてその被害が小さい。——同様に，県の金庫が荒らされた場合，その第一次的被害は，個人に対して行われた同額の窃盗の第一次的被害より小さい。その証明となる事例はこうである。もし特定の被害者が受けた被害を帳消しにしようとすれば，彼にその被害と同額の補償を公共の負担において行う以外にない。しかしそうすると，盗みは，ピエールあるいはポールに対して行われたの

	〔ベンサムの草稿〕	〔デュモン版〕
	第一次的被害に関するこの相違は確かに第二次的被害にまでは広がらない。しかし，このことは後にしかるべきところで考察しよう（以下を参照）。	ではなく，直接に公共に対して行われたのと同じことになる[1]。 1）この事例において第一次的被害は小さくても，第二次的被害はそうとは限らない。しかし，この考察は後にしかるべきところで行う。
Ⅵ 事例2：金銭に関する詐欺とその他の不正取得行為。	金銭に関して行われるこの種の詐欺（不正取得）の被害を減らすために上記の同じ考慮が同じように働く。特に，模造品の価値はずっと安いから，そうである。この軽減方法に反対するものとして，確かに刑罰を重くする理由となる事項がある。しかし，このことはしかるべきところで考察しよう（所有に対する違法行為を参照）。	
Ⅶ 被害が再分割可能な違法行為は，所有に対する違法行為にほかならない。	そうであれば，一定の場合に被害を分散させられる違法行為とはいかなるものであろうか。それは，所有に対する違法行為にほかならない。この違法行為において，その被害すなわち被害の配分は，［公共財政を構成する国庫支出に対する個人の富の総額が納税者の人数の割に大きいほど，また］納税者の数が多くなるほど，それだけ多くの者に分担され，そのことによって被害の結果はそれだけ大きく減少する。	所有に対する違法行為はすべて，この分散が可能である。すなわち，その違法行為から生じる被害は，もっと多数の人数ともっと裕福な個人に分散させられるならば，それだけ一層小さくなる。
Ⅷ 直接的被害の結	4．第一次的被害の結果として別の被害が生まれる違法行為の被害	4．ある違法行為の総被害は，その違法行為の結

	〔ベンサムの草稿〕	〔デュモン版〕
果として別の被害が生じる場合の計算。	全体は，このような別の被害が生じない場合より大きいであろう。 投獄あるいは負傷の結果，例えばある人が就くはずであった地位，望んでいた結婚，あるいは営んでいた商売により得られるはずであった利益を失った場合，言うまでもないことながら，投獄あるいは肉体的損傷に伴うこうした損失は，投獄あるいは肉体的損傷そのものの生む被害よりその量を相当に大きくする。	果として生じる派生的被害が，同一個人にふりかかるならば，それだけ大きい。――行動の自由が奪われるか，肉体的に傷害を負う結果，地位，結婚，利益のあがる事業を失うとすると，この損失がもとの被害に対する追加になることは明らかである。
	5. 派生的被害が生まれる違法行為の被害全体は，このような被害が生まれない場合より大きいであろう。 ある特定個人，ある女性あるいは子供が過失を被った(書き換え：受けた) ために，生活必需品にこと欠くようになったり，あるいは債権者がその貸金を返してもらえなくなった場合，これも争う余地なく同じく追加の被害である。直接的に被害者個人に降りかかる二次的被害の例を後に示そう。損失の対象が(書き換え：損失が降りかかると思われるのが) この個人自身でなく，彼の家族の誰かである場合，時間的に後続するものであると同時に基礎的な被害に対して派生的でもある被害の例を示そう。	5. ある違法行為が，他人に及ぶ派生的被害を生むならば，その被害の総計はそれだけ大きい。――もしあなたに加えられた被害のために，あなたの妻も子供も生活必需品にこと欠くようになるとすれば，それは，もともとの被害に対して議論の余地なくもう一つ加えられた被害である。
X（ママ） 概念を明確にするために，結果として生まれる	第一次的被害をもたらした違法行為からいくらかでも遅れて生じた後続の被害が，同じ違法行為から生じたと考えられようと，別の違	

	〔ベンサムの草稿〕	〔デュモン版〕
被害と派生的被害は別の同数の違法行為から生ずるものと見ることができる。	法行為から生じたと考えられようと，結局同じことに帰着する。上掲の違法行為の分類表を作成することを私は課題としたから，表が完全であるとすれば，被害を特徴づけるのに，それに照応した名称がその表に見当たらないということはおそらくない。例えば，不当に行動を拘束された結果，結婚が破棄になった場合はどうであろうか。この破棄は，拘束というもともとの被害の結果生じた後続的被害と考えることもできるし，別の違法行為，いわゆる不当な婚姻〔予約〕不履行から発生した被害と考えることもできる。この最後の論法は概念を明確にしている。もし実際には前者の論法が好まれるとすると，その理由は，前提により，相互にまったく別個の二つの被害が実際に単一の行為，単一の違法行為から生まれるということはないということにほかならない。	
XI〔原稿のママ〕同様に，できるだけ多くの違法行為を観念に分解すべきである。一定集団にかかわる違法行為は，被害者に加えられる可能性のある人数に比例した数の違法行為に分解すべきである。	一定集団にかかわる違法行為の第一次的被害は増大していく（書き換え：行われている間，増大する）が，この被害について正確かつ複雑な考えを持つためには，同様にこの複雑な違法行為をできるだけ単純な違法行為に，すなわち，この複雑な違法行為の被害が作用を及ぼした個人と同数の単純な違法行為に分解することから，始めなくてはならない。しかしながら，もしこの方法を取ることができれば，あらゆる場合に一定集団にか	

	〔ベンサムの草稿〕	〔デュモン版〕
	かわる違法行為という分類に基礎を置く区別は，余計な区別でしかなくなる。無用な重荷としてそれを違法行為の仲間から外していい。しかし，この分析がいつも一般論としてさえ使えるわけではないことを知るためには，この分類項目の下で提示される事例によく注目しなければならない。さもないと被害の量があらゆる実際的研究から抜け落ちるだけでなく，被害を受けた個人のリストも抜け落ちることを，われわれは絶えず見ることになるであろう。	
XII 違法行為の被害に対して言葉の綾によりその救済策を取らせないようにすることを封じる区別の有用性。	なぜこの区別が必要なのであろうか。それは愚言といってもいいようないわゆる煩瑣にわたる議論に私がいつも注目しているからである。そういう議論によって，イングランドの法曹人たちは，違法行為の確定とか，彼らが書く文書中で付ける（書き換え：見出す）必要のある難解な名称について，詭弁を弄して，しばしば（書き換え：絶えず）有罪を無罪にする喜びを味わい，また相手が守ってきた約束を自分たち弁護側において破って，権利を侵害された無実の被害者を救済しないで追い返すことを，喜びとしている（以下の免除の方法の章を参照。また『民法の原理』安全，手続の章を参照）。	
XIII 基本的被害ごとにその価値は，	基本的（書き換え：個別の；別の書き換え：構成要素となる）被害に分解する被害の全体（書き換え：	

	〔ベンサムの草稿〕	〔デュモン版〕
あらゆる被害と利益の四つの価値尺度により測定されるべきである。	組み合わさった），それを構成する単純な被害は，基礎的部分を評価するためには，すべての利益にもすべての被害にもある属性としてわれわれが注目した価値の4側面によって，測定するしかない（『民法の原理』序説の密度，持続時間，確実性，接近性を参照）。	
密度と持続〔時間〕—— 持続〔時間〕。	単純な身体の傷害，例えば，怪我は，他の事情が同じであれば，同じような怪我でも痛みが強くない怪我や長引かない怪我に比べれば，その被害は大きい。怪我でも重要な場所に受けたり，消えない傷痕をさらす怪我は，他の点ではまったく違わない同様な怪我に比べて，その被害は大きい。不当な脅迫に関しては，脅喝犯の暴力の強さあるいは犯人の人数の多さは，脅喝の成功の確実性を増すように見せるから，脅喝の被害の価値を増大させる。所有に対する違法行為のうち，将来の損失あるいは将来の利益の喪失にかかわる違法行為は，例えば僅かばかりの金額の即座の損失をもたらした損害行為の被害に比べれば，その価値は小さい。複数の側面から捉えられる被害の価値を増大させるものは，まさにこの事情のみである。脅喝犯の用いる変名は，二様に〔密度と確実性において〕，つまり恐怖が加わる分，恐怖の密度と，懸念される被害の密度を増大させるし，また，すべての点において，はっきりしないこと，とりとめのないことは，	

	〔ベンサムの草稿〕	〔デュモン版〕
	想像力に作用して，はっきりしたこと，決まったことに比べて強い印象を与えるために，その確実性を増大させる。	
XIV 追加の被害が生まれる理由。	第一次的被害が増大することによる被害拡大の理由は，以下の主要 7 項目にまとめられる。	以上の規則はあらゆる場合に第一次的被害の評価に役立つが，これらの規則のほかに，被害の拡大というものがあることを考慮に入れなければならない。被害の拡大とはすなわち，第一次的被害を増大させる特別の事情である。その完全な表を掲げよう。その主要なものは以下のようである。
	Ⅰ．――違法行為の被害が，適切な名称を持つある別の違法行為による被害という性格を持つ別の被害が加わることで増大する場合。違法行為の複合（a）。 Ⅱ．――第一次的被害そのものが，社会に広まることによって増大するという事情のために，違法行為の被害が増大する場合。増大する半公共性。	
	Ⅲ．――違法行為の中核ではないが異例な身体的苦痛が加わることによって，違法行為の被害が増大する場合。身体的苦痛の拡大。	違法行為の中核ではないが異例な身体的苦痛が加わることによって，違法行為の被害が増大する場合。身体的苦痛の拡大。
	Ⅳ．――基本的被害に対して恐怖という付随物が加わることによって，違法行為の被害が増大する場合。恐怖の添加。	基本的被害に対して恐怖という付随物が加わることによって，違法行為の被害が増大する場合。恐怖の添加。

	〔ベンサムの草稿〕	〔デュモン版〕
	Ⅴ．――名誉毀損，不名誉，恥辱を異例に与えられることによって違法行為の基本的被害が増大する場合。恥辱の添加。 Ⅵ．――取り返しのつかない被害によって違法行為の被害が増大する場合。取り返しのつかない被害。 Ⅶ．――被害者当人に異例の感受性があるために違法行為の被害の量が増大する場合。不幸の深化。	名誉を汚されるという異例の事態により違法行為の被害が増大する場合。不名誉の添加。 取り返しのつかない被害によって違法行為の被害が増大する場合。取り返しのつかない被害。 被害者当人に異例の感受性があるために違法行為の被害の量が増大する場合。苦悩の深刻化。

注

	〔ベンサムの草稿〕	〔デュモン版〕
XIV (*a*) 違法行為の合併については，この合併によっても名称が変わらない違法行為のみが論じられる。	名称自体がこの合併を表現していることにより，単純な違法行為の中（書き換え：部類）に入らない違法行為，例えば侮辱的威嚇行為や追剥ぎのような違法行為は，この合併のために一つの属種を作るとすれば，いちいち列挙する必要はない。それを知るためには，違法行為表に目をやるだけで足りる。 ここで問題になる事例はただ，違法行為のうち，別の名称で知られる違法行為が生み出すことのある被害を伴うことがあっても，それ自身の固有の名称を失わない事例のみである。だから，名誉毀損は，被害を拡大させて，金銭的損失を引き起こしたからといって，名誉毀損という名称を失うことはない。金銭的損失という結果は，	〔デュモンによる注釈は一切なし〕

	〔ベンサムの草稿〕	〔デュモン版〕
	もし名誉毀損とも無関係に，また固有の名称を持つあらゆる他の違法行為とも無関係に，生じるならば，〔敗訴して相手方に支払う〕確定訴訟費用契約あるいは共同取得財産の喪失という名称で表現されることがある。しかし，確定訴訟費用契約あるいは共同取得財産の喪失という名称はこうした二重の被害〔悪〕を表現する名称ではない。しかし，二重の被害〔悪〕を表現するには，二重被害が別べつにもし区別できるとしても，その片方だけしか表象しない表現を除外する名称でなくてはならない。例えば，追剥ぎという名称のように，脅迫と非道な占用という合併を特徴づけるのに役立つと同時に，単純な脅迫だけでも，また単純な侮辱的脅迫でもないことを表している名称である。 　これら二つの事例以外のあらゆる場合に，違法行為の名称が同一のままであれば，かかる名称の違法行為に適用される被害追加増大理由という名称の下で，偶然の事情がその名称を特徴づける。 　いろいろな違法行為にあてはまる被害〔悪〕の追加増大の理由。その表の開始。 　1. 違法行為，人身に対する違法行為。この種類全体に共通する被害追加増大理由，すなわち違法行為の合併。〔違法行為の〕特殊な追加増大の理由，すなわち，強制	

	〔ベンサムの草稿〕	〔デュモン版〕
	の意図。注意――この場合，これは追剝ぎ行為そのものではないが，追剝ぎに関連した予備的違法行為，準備あるいは試みである。 2. 違法行為，人身に対する違法行為，すなわち名誉に対する違法行為，そして何らかの私的違法行為。この種類全体に共通する被害追加増大理由，すなわち違法行為の併発。〔被害追加増大の〕特殊な理由。結果として生ずる被害，金銭の喪失，収入のいい役職に就く機会の喪失，結婚(？)などの消失。以下の補償の項を参照。 3. 違法行為，懲役。禁錮。国外追放。この種類全体に共通する被害追加増大理由，すなわち違法行為の併発。〔被害追加増大の〕特殊な理由，違法行為が行われている間の被害者。 4. 違法行為，かっぱらい。追剝ぎ。この種類全体に共通する被害追加増大理由，すなわち違法行為の併発。〔被害追加増大の〕特殊な理由，それに伴う無用の大規模破壊。 5. 違法行為，火災，洪水，いろいろな形の大規模破壊という社会全体に及ぶ違法行為。この種類全体に共通する被害追加増大理由，すなわち違法行為の併発。〔被害追加増大の〕特殊な理由，すなわち，その結果として生じる死。 6. 違法行為，自分の子供の扶養放棄，社会全体にかかわる保護児童の遺棄。この種類全体に共通	

	〔ベンサムの草稿〕	〔デュモン版〕
	する被害追加増大理由，すなわち違法行為の併発。〔被害追加増大の〕特殊な理由，その結果生じる死。 7. 違法行為，身元を偽って婚姻関係を不法に結ぶこと，この種類全体に共通する被害追加増大理由，すなわち違法行為の併発。〔被害追加増大の〕特殊な理由，その結果として生じる不倫。 7. 〔ママ〕違法行為，重婚。この種類全体に共通する被害追加増大理由，すなわち違法行為の併発。〔被害追加増大の〕特殊な理由　1. その結果として処女が奪われること。2. 新妻の財産が騙し取られること。 Ⅱ. ——違法行為，火災，洪水。この種類全体に共通する被害追加増大理由，半公共性の増大。特殊な〔被害追加増大〕理由，加害者が危害を加えようとする相手がいる場合に，特定の被害を超えて広がる多大な破壊。 2. 違法行為，単純な身体的被害。殺人。この種類全体に共通する〔被害〕追加増大の理由，半公共性の増大。特殊な〔被害追加増大〕理由，伝染病の侵入。 その他については，一定集団にかかわる違法行為の項目中の違法行為の表を参照。 Ⅲ. ——1. 違法行為，殺人。この種類全体に共通する〔被害〕追加増大の理由，身体的苦痛の付加，すなわち無用の残酷。特殊な〔被害追加増大〕理由，効果を生む	

	〔ベンサムの草稿〕	〔デュモン版〕
	ために加えられる必要以上の身体的傷害。餓死。 2. 違法行為，1. 追剝ぎ。2. 暴力による破壊。この種類全体に共通する〔被害〕追加増大の理由，すなわち無用の残虐。 Ⅳ. ――違法行為，身体的傷害。追剝ぎ。暴力による破壊。この種類全体に共通する〔被害〕追加増大の理由，すなわち恐怖の付加。特殊な〔被害追加増大〕理由：1. 夜襲。2. 犯人の恐ろしい変装。3. 住居侵入。4. 夜の休息の侵害。 Ⅴ. ――1. 違法行為，名誉毀損（中傷を受ける当人の面前における）。2. 誹謗（誹謗を受ける当人の面前における）。3. 身体に対する侮辱。4. 侮蔑的脅迫。この種類全体に共通する被害追加増大理由，すなわち恥辱の増加。特殊な〔被害追加増大〕理由，1. 被害者の地位。2. 被害者の性（女性，強制わいせつ）。3. 第三者の存在。4. 多数の第三者の存在。5. 居合わせた第三者の善意を被害者が特別に必要とする事情。6. 居合わせた当事者の当然な考え方（このような機会に彼らの善意あるいは評価を特に冷却させていくような）。例えば，恋する女性の面前で侮辱を受けた男，他の兵士の前で侮辱を受けた兵士，子供の目に嘲笑を浴びているように映る父あるいは母，生徒の目に嘲笑をあびているように映る教師，など。 Ⅵ. ――1. 違法行為，にせの	

	〔ベンサムの草稿〕	〔デュモン版〕
	誓約の遵奉。にせの誓約の破棄。かっぱらい。盗品隠匿。詐取。武力による破壊。強奪。追剝ぎ。この種類全体に共通する被害追加増大理由，すなわち償いのつかない損害。特殊な〔被害追加増大〕理由，愛情という価値を受けられる事項。 2. 違法行為，破壊。火災。洪水。武力による破壊。この種類全体に共通する〔被害〕追加増大の理由，すなわち償いのつかない損害。特殊な〔被害追加増大〕理由，再生不能の問題，樹齢の古い樹々の並木道。 3. 違法行為，人格に対する違法行為。かっぱらい。盗品隠匿。他人の幼児の詐取。この種類全体に共通する被害追加増大理由，すなわち償いのつかない損害。特殊な〔被害追加増大〕理由，訴訟中の死。 Ⅶ. ――違法行為，かっぱらい。盗品隠匿。詐取。この種類全体に共通する損害追加増大理由，すなわち不幸の増大。特殊な〔被害追加増大〕理由，1. 火災の場合。2. 洪水の場合。3. 何らかの公共災害の場合。情状酌量理由。 1. 同種に共通する情状酌量理由，すなわち，一部集団の分類。違法行為。所有に対する違法行為。所有に対して加えられた被害のみが問題になる程度の，所有と人身に対して同時に加えられる違法行為。 2. 同種に共通する情状酌量理由，すなわち弱い立場の人の価値。1. 違法行為，すなわちみだらな	

	〔ベンサムの草稿〕	〔デュモン版〕
	行為。脅迫によるみだらな行為。強姦。不倫。複数の配偶者を持つ制度。特殊理由，すなわち，1. 妻の売春。2. 妻の不品行。注意——不倫の場合，この理由の性格上それがもたらす被害は，不倫する妻の夫にもたらされる苦痛のみである。同様に一妻多夫の場合は，先に結婚した夫にもたらされる苦痛である。	
XVI 第二次的〔間接的〕被害について。第一次的〔直接的〕被害は，最も簡単な尺度であるが，しかし唯一の尺度ではない。	結びの言葉——われわれに理解できることはただ，他の事情が同じであれば，驚きの大きさは，見かけの価値に比例するであろうし，第一次的〔直接的〕被害の真の価値を上回るであろうということだけである。なぜなら，驚きは，第一次的被害の反映であり，それは各人の心の中に描かれたものだからである。例えば，修復不可能な身体の傷は，単純な身体の傷が生むより大きい驚きを生むであろう。殺人は単純な身体の傷が生むより大きい驚きを生むであろう。殺人の被害は，修復不可能ではあるが命にまでは及ばない身体的傷害よりさらに大きい驚きを生むであろう。また，その他のものについても同じである。明らかに第二次的被害の尺度が最も単純で最も目立つのはここにおいてである。しかしわれわれは，その重要性が決して軽々ではない他の七つのものについて，さらに考察を進めたいと思う。	以上の規則は絶対に必要である。これら規則は第一次的〔直接的〕被害を評価できなければならない。その外見的あるいは現実的価値によって警戒心は大きくも小さくもなるものだからである。第二次的〔間接的〕被害は，各人の想像において描かれる第一次的被害の反映にすぎない。しかし，警戒心は別の事情によっても修正される。

付録Ⅱ　快楽と苦痛の計算

〔アレヴィのまえがき〕
ここに抜粋した断片は「間接立法」と「場所と時間の影響」と題する論説と同じ時期、すなわち一七八二年頃に書かれたと思われる草稿に続くものである。これは、UC 27（Legislation t. Preface to a Body of Law）のほぼ全部を占めている。

快楽の量は、密度に関しては、感じなくなる状態が密度の最小値の限界である。快楽と分かるもののうちで、最も微《かす》かな快楽が持つ密度の程度は、1〔最小単位〕と表現される。この程度の密度は、日常的に経験されている。いかなる種類の快楽であれ、次第に密度が濃くなるにつれて、次第に大きい数で表される。しかし、最高の快楽として特定の濃度があるわけではない。快楽の量は、持続〔時間〕に関しては、それと分かる最小持続時間が限界である。仮にそれを一瞬としよう。その場合、もし一瞬が識別される時間の最小部分と考えられるとすると、いやしくも実在する快楽は一瞬以下は存続できないことは確かである。この程度の快楽の持続は日常的に経験されている。しかし、快楽は何であれ、持続し得る最長時間として特定の瞬間数が決まってあるわけではない。

快楽の価値は、時間距離〔快楽の実現がどの程度近づいているか〕という点では、最大値の限界としては、すでに〔快楽が〕実際に存在していることがある。時間距離に関しては現実に存在する快楽以上に近い快楽はありえないし、それ以上に価値の大きい快楽はない。現実に存在する快楽は日常的に経験されている。しかし、現在と、ある快楽の享受という出来事が生じるはずの〔将来の〕時間との間に存在する距離の最大値として、決まった数の瞬間、月、年があるわけではない。ある人の生涯がその最大可能な持続時間を仮に決められているとすると、一人の人に関する限り、快楽が到来するまでの最長期間を決定できよう。しかし、第一に、人の生涯の最大可能な持続の時間は決して定めることのできない量である。第二に、一人の人の快楽だけでなく彼に続く多くの人びとの快楽を考えることが、しばしば重要になる。

快楽の価値の大きさについては、可能性あるいは今の場合、もっと好都合な呼び方としては確実性があるが、この確実性という点については、大きいほうの限界は、絶対的確実性であって、それは快楽が現実に存在するということにほかならない。現に存在する快楽以上に確実な快楽はない。しかし、ある快楽が生じる確率について最大の可能性と思われる数字には、決まった数があるわけではない。

ところで、整数は同じ決まった点（書き換え：単位）から次第に増大する。分数は同じ決まった点から次第に減少する。だから、密度と持続〔時間〕の程度が整数で表現され、時間距離と確実性の程度が分数で表現されなければならない理由は、かなり明白であると私は思う。

以上が、個人にかかわる限りにおいての快楽の価値の構成要素をなす事情である。社会全体、すなわち個人の集合が快楽にかかわると考えられる場合、快楽の価値はこのような個人の数を掛け算しなければならない。社会全体に属する快楽の全価値は、ある一人に関して快楽の価値を表現する数に、このような個人の集合を表す数を掛けて得られる。このようにして、ある快楽の価値の増加は、その範囲と呼ばれる。

快楽がこのようにして全社会に拡大すると考えられると、共通の言葉で快楽と呼びにくくなる。それはむしろ、幸福と呼ばれるのがよいであろう。

〔アレヴィの注〕

Ins.（すなわち Inserenda「挿入」）という見出しのついた別の断片は、快楽と苦痛の評価を詳しく述べた評言を含む。特に以下の考察、すなわち上述の原理の結果を含む。

快楽の密度を表現する数とその持続〔時間〕を表現する数とは、掛け合わせるべきもので、単に足し算すべきではない……

同様にその規模を表現する数とその時間距離を表現する数とは、掛け合わされるべきで足し算すべきではない。

〔アレヴィの注〕

「苦痛あるいは快楽の価値」という表題を持つ別の断片は、次のような評言を含む。

身体は、生存するためには、同様に以下のものを持たなければならない。長さ、幅、厚み。これらは常に身体につきまとっている。身体はこうしたものなしには考えられない。身体はある意味でこうしたものから構成されていると言える。身体はこうしたものの下に抱含されていると言える。身体はこうしたものによって測定される。数学者たちはそれらをその次元と呼ぶ。「次元」は「測る」という意味の dimetior に由来する。

そこで、数学者の名称を借用しよう。そしてこう言うことから始めよう。快楽は二つの次元に包含される。密度と持続〔時間〕……

四要素のうち確実性と時間距離という二つの資質は、いずれもあらゆる快楽の考察に、したがって、あらゆる幸福の考察に、基本的に入らない。幸福〔快楽〕はその二つがなくても考えられる。というのは、幸福は現に存在する時には、それらの次元なしでも存在しているからである。一つの幸福は、その幸福に包まれた一定数の人びと、少なくとも一人に広まらなければ、ある状態で存在するとは考えられない。このため範囲は一個の幸福の、第三の次元と言える。

〔アレヴィの注〕

これから採録する主草稿においてベンサムは、快楽と苦痛の計算という観念を作るに至った経緯について語っている。

幸福を多くの個人的快楽に分解できるという考えを、私はエルヴェシウスから学んだ。彼の時代以前には、測定をしたとはとても言えない。この考えは、キケロの『トゥスキュラム〔キケロの別荘所在地〕論駁』において述べられた理論と正反対である。この書物は、この偉大な言語の達人のほとんどすべての他の哲学書と同様、山積みになった無意味《ナンセンス》でしかない。各感情の価値をこれら四要素に解析して評価するという考えは、ベッカリーア氏から学んだ。これら四要素が刑罰の力と刑罰の有益性を評価するさいに用いられているいくつかの論文を、さまざまな場所から集めた。このような分析が完全な道徳科学体系の基礎として欠けていたものであるように私に思われたのは、以下のようなことを考慮したからであった。すなわち、刑罰は一定の目的のために用いられる苦痛にすぎないこと、快楽の価値は同質のものからできていること、また道徳理論や政治学や、そのほか、科学において何らかの効用あるいは意味があった多くの理論が、研究の対象としていたのは、苦痛と快楽、およびそのどちらか一方を作り出したり、妨害したりする傾向を持つ行為であったということである。私がすでにその基礎をいくぶんか構築しつつあった時、モーペルテュイの『道徳哲学に関する論説』〔初版一七四九年〕が手に入った。この天才哲学者の著作はベッカリーア氏の著作〔初版一七六四年〕よりいくぶん早く刊行されていたが、この著者は、基礎工事としてこのような分析を行うという点で、同じ考えに立っている。しかしモーペルテュイは、それを半分探究しただけで、時間距離と確実性という二項目について何の説明もしなかった。この欠落に加えて、彼は、非常に憂鬱な基本的誤謬を犯し、快楽という言葉の定義に誤った方向を与えた。このため彼は、さまざまな誤っていると同時に憂鬱な結論に陥った。彼の本が本来注目されてよいほどの注目をまだ受けていないのは、そのためであるように思われる。彼が快楽に与えている定義では、最高の快楽〔至福〕に至らない快楽はすべて、いかなる程度のものも、快楽と呼ばれていいものから排除されるようになっている。

〔アレヴィの注〕

『民法と刑法の立法理論』における考察より一層発展した貨幣論が続く。貨幣は快楽の測定を可能にする客観的等価物と考えられている。

快楽を生み出すために……立法者が取るべき道は一つである。それは、快楽に役立つ何らかの道具を各人の歩む道に置き、その用い方を各人に任せることである。快楽の道具と言う意味は、所有という名称の下にあるもののことである。その所有が現実の実体あるものであるか、擬制的なものであるかは問わない。現実の実体である所有は、そのすべてが、われわれの周りにいる幾人かの人びとの間にあるはずである。その価値、すなわち快楽を生み出す現実的所有の適性は、現実的所有のうちの一種類のもので測定される。それは、他のほとんどすべてのものをいかなる時にも入手できる手段として、それらのものの担保および標証であるものである。すなわち私の言いたいのは貨幣である。擬制的実体である所有は、権力と名声である。貨幣はまた、直接あるいは間接にこれら権力と名声さえ入手できる手段である。……ところで、貨幣は快楽が手に入る証書として一般に流通しているものであるから、論議の余地なく経験によって明らかなように、実際の快楽の量はいつの場合でも貨幣の量にある程度比例している。その比例の法則に関しては、これ以上不確定なものはない。それは非常に多様な事情に左右されるものであるが、私はこうした事情の収集に努めるつもりである。しかし、一般に、お金があればあるだけ、快楽はそれだけ多く与えられるということだけは正しい。確かに、同じ金額でも、人により与えられる快楽に差がある。同様に同じ人でも、時期によって同じ金額が生む快楽に差があることもあろう。また同一時期の同一人物に関してさえ、二つの金額の不均衡が非常に大きい場合、二つの快楽の比率が金額の比率に正確に従うとは限らない。例えば一ギニーが一の程度の快楽をある人に与えるとしよう。百万ギニーが同一時期の同一人物に与えられても百万程度の快楽を彼に与えるとは決して限らない。おそらく千程度にも百程度にもならないかもしれないが、そのようなことを誰が知ろうか。五十程度もないかもしれない。金額が大きいと、快楽と快楽の比率はこうして貨幣と貨幣の比率より小さい。貨幣の量にはとどまる限界がない。しかし快楽にはこれ以上増大できない限界があり、それは比較的狭い。ある人びとの快楽は百ギニーで入手すれば最大の限界に達し、この限界は放心と接し、それ以上は苦痛である。十万ギニーでもそれ以上に限界を広げられないであろう。ここでだから貨幣量は千倍に増加しても快楽の量はまったく増えない。しかしそれにもかかわらず日常的に生じる比例関係(書き換え：少量)に関しては、他の点において等しければ、快楽と快楽の比率は金額と金額の比率と同じであるということが実際にはよくあることである。いずれにしても二組の量の間の比率は、設定可能な他のいかなる比率よりも等しい比率に近いと厳密に言える。だからそれら比率を等しいと考えるほうが、違うと考えるよりも正しい場合が多いであろう。それゆえ、逆が特定の理由により考えられないあらゆる場合に、等しいと考えられ、そのように語られるべきである。

だから一般的に言えば、二つの金額により生み出される快楽は少量の場合、それら快楽を生む金額に比例すると言って差し支えないであろう。しかし貨幣は測定可能である。全体として考えられたある金額の貨幣は部分に分割可能である。それら部分相互の比率は必要な最大限にまで明確に意識されるであろう。すなわち容積と重量について明示されるであろう。ところでこうした部分に、非常に多くの程度の快楽が照応している。そして、上のように特記された制限の下でわれわれが、貨幣の生み出しうるいかなる快楽、すなわち一般に立法者が仕事として与えるようないかなる快楽をも最高に正確に測定できるのはこのようにしてである。

だから貨幣の支出によって生み出される快楽、また貨幣を奪われることによって生み出される苦痛について、貨幣は直接かつ適切な尺度でもある。尺度であるだけでなく、快楽を生む証書あるいは原因でもある。

しかし、他の何らかの原因によって生み出される快楽あるいは苦痛については、貨幣は、原因ではないけれども尺度ではありうる。もし直接の尺度でないとしても、正確適切な尺度であり、しかも苦痛や快楽が受け入れる唯一の尺度でありうる。

二つの快楽があり、どちらをも知る人がどちらも楽しみたいと思うならば、その二つの快楽は同等だと評価されなければならない。その二つが同等ではないと考える理由はない。二つの苦痛があり、どちらをも免れたいと誰もが思うならば、この二つの苦痛は同等だと評価されなければならない。苦痛と快楽の二つの感情があり、誰しもその快楽を享受したい気持ちと享受したくない気持ちが同程度であり、その苦痛を甘受してもいい気持ちと甘受したくない気持ちが同程度であれば、このような快楽と苦痛は同等と評価されなければならない。あるいは、この場合には、等価と評価していいかもしれない。

それゆえ二つの快楽のうち、一つは貨幣を持っていることで生み出される快楽で、もう一つはそうでない場合、誰もがどちらをも楽しみたいと思うならば、このような快楽は同等と評価されていい。しかし、貨幣を持っていることで生み出される快楽は、それを生み出す貨幣量に比例する。したがって貨幣はこの快楽の尺度である。しかしもう一つの快楽はこの快楽と同等である。したがってもう一つの快楽はこの快楽を生み出す貨幣に比例する。それゆえ貨幣はもう一つの快楽の尺度でもある。苦痛と苦痛の間も同じであり、また苦痛と快楽の間もそうである。

共通の尺度を使えば、話す人は話しているものの量について、話すどんな相手にも自分が思いつくままに同じ考えを伝えられる。……だからもしさまざまな苦痛や快楽のそれぞれの量について話しながら、またそれら苦痛や快楽に関して同じ命題に同意し、われわれがそうした命題に関して同じ考えを共有するのであれば、すなわち、もしわれわれがお互いに理解しあえるならば、われわれはある共通の尺度を用いなければならない。本来物事が与えてくれる唯一の共通の尺度は、貨幣である。この快楽を購入するのにあなたはいくらのお金を出しますか。五ポンドです。それ以上は出しません。別の快楽を購入するのにあなたはいくらのお金を出しますか。五ポンドで、それ以上は出しません。あなたに関しては二つの快楽は同等と評価されなければならない。この快楽を即座に購入するのにあなたはいくらのお金を出しますか。五ポンドで、それ以上は出しません。この苦痛から即座に逃れるためにあなたはいくらのお金を出しますか。五ポンドで、それ以上は出しません。この快楽とこの苦痛は等価と評価されなくてはならない。

〔アレヴィの注〕

しかしだからといって、貨幣がわれわれの動機すべての共通の尺度になるようにするために、金銭欲がわれわれの唯一の動機である必要はない。

もし私がポケットに一クラウン〔五シリング銀貨〕を持っているが、喉が渇いておらず、自分の飲み物としてその一クラウンで一壜のクラレット〔ボルドー地方産の赤ブドウ酒〕を買うか、あるいはまったく扶助がないために命を落としそうになっている家族に食べ物を買ってあげるか、迷っているとする。結局のところ、私にとって何もいいことはない。だが、明らかに私が迷い続ける間、一方における〔渇きの〕感覚、他方における同情、これら二つの快楽はどちらも私にとって、きっかり五シリングの価値があったし、私にとっては両者は正確に同等であった。

私はここで、必要のためから、そして必要のためだけから、お金の話をするし、他人にもお金の話をするように促す間、感情を重んじる人にはしばしの間辛抱していただきたい。温度計は気温を測定する道具である。気圧計は空気の圧力を測定する道具である。これら器具の正確さに満足しない人たちは、もっと正確なほかの器具を探すか、自然哲学に別れを告げるか、どちらかをしなければならない。貨幣は苦痛あるいは快楽の量を測定する道具である。この道具の正確さに満足しない人びとは、もっと正確な別の道具を見つけ出すか、政治学および道徳理論に別れを告げるか、どちらかをしなければならない。

したがって私がこの著作の途中ですべてのものを貨幣で評価していても、どなたも驚いたり、憤激したりしないようにお願いしたい。このようにしてのみ、われわれは測定すべき整除数を得ることができる。もしわれわれが苦痛あるいは快楽についてしかじかの貨幣額相当に値すると言ってはならないとすれば、量の点でそれについて何か言うことは無駄であり、犯罪と刑罰の間に比例も不均衡もない。

〔アレヴィの注〕

この断片を抜粋した草稿すべては、哲学史家に対しても哲学者に対しても実に興味ある内容を提示している。おそらく抜粋でなく、全部の公刊を考えてもよかったであろう。この断片に含まれている考えは、ジェレミ・ベンサム著『刑罰の理論』中に非常に圧縮されて表現されている。これは、レーデラー編〔ベッカリーア〕『犯罪と刑罰』（一七九七〔革命暦第五〕年）と関連している（p. 185 sq.）。

付録Ⅲ　ベンサムと原契約の理論

〔アレヴィのまえがき〕

おそらく『統治論断片』〔一七七六年〕よりおよそ二〇年後の断片。これは、「デュモンが読み『民法と刑法の立法理論』中に用いた」原稿の束（UC 100）の中に含まれていて、上部に「市民的平等（*Civil Equality*）」という見出しがある。これは間違いなくベンサムがデュモンに送った追加文書の一つであり、その時ベンサムは、自分の反平等主義理論を強化しようとしていた。ここではベンサムがほとんどサー・ロバート・フィルマーの専制的、神政的理論に賛意を示すほど、原契約の民主主義理論に対して敵意を示していることがよく分かる。この断片の表題は、「ロック、ルソーおよびフィルマーの思想体系」となっている（UC 100 参照）。

原契約理論体系の発明者、あるいは少なくともその体系の創始者として普通考えられる最初の偉大な思想家は、ロックである。この体系は、王政下で起きると考えられるあらゆる場合の〔国王に対する〕抵抗を正当化し、当時流行の受動的服従の理論と闘うために用いられた。受動的服従の理論は、神の不興を買うとして、いかなる場合にも抵抗を禁じていた。原契約理論体系の発明は最も不幸な発明であった。理由あって偶発的に起きる抵抗には、どんな理論体系の支持も必要でなかった。そしてこの理論体系はいかなるものをも支えることはできなかった。……

―〔アレヴィの注〕

ロック理論とルソー理論の違い、すなわちルソーにおいては契約は国王と民衆の間で結ばれるのではなく、民衆を構成する個人間で結ばれるという違いを示してから、ベンサムは続ける。

ロックの擬制は王政にのみ妥当した。ルソーの擬制はすべての統治に等しく当てはまる。ルソーの擬制は、王政にも、最も民衆的な統治にも当てはめることができる。もっとも、ルソーにとっての国王は、ロックにとっての国王と比べてどうでもいい人物でしかない。ロックの体系においては、羊皮紙〔勅令〕の一方の端に国王の署名がされ、他方の端に全国民の署名を盛るようにされている。ルソーの体系においては、国王は一切、署名しない。彼は契約の当事者ではない。民衆はお互いに言う。「われわれはこの人に統治を委ねる契約をしているが、それは彼が一定の方式で統治し、善く治める限りにおいてである」。しかし国王本人は何も言わない。彼にはこの問題に対する発言権はなく、片隅に立って、命じられるままに行動するため待機している。つまり、契約に署名するのを待っている。その契約によって民衆は、国王が命ずるままに行動することになっている。

二つの理論体系のうち、どちらが最も正しく最もいい体系であるか、尋ねると、答えは、どちらでもない。フィルマーの統治起源論はいたるところで説明されている。ロックの統治理論は、周知のように、どこでも説明されたことはない。すべての家族に統治がある。すべての家族に服従、しかも最も絶対的な服従がある。父が主権者で母と子は臣下である。ロックの理論によれば、人びとが一つに集結するまで統治というものはまったくなかった。ロックの思考は非常に深く、推論は非常に天才的であったから、人は生まれた時にはまだ年を取っていないことを忘れてしまった。彼の体系によれば、人びとは完全に成人して世に生まれるのであり、カドモスが自分のキウリのベッドの角に播いた竜の歯から生まれた武人のように、あらゆる点で武装している。竜の子供たちの運命を司る女神から勧告を受けて、ロックの子供たちは、生まれる前にオウィディウスの『変身譚』を暗記して、国王と女王を選ぶ。それから主顕祭前夜に行われる十二夜の祝い菓子の席に着き、統治について国王と協議を行う。しかしなぜ協議という面倒なことをするのであろうか。何の目的で行うのであろうか。協議をすることにどんな利点があろうか。協議とはいかなる性質のことであろうか。協議が整ったならば、それが遵守されるのを期待するのはどんな理由からであろうか。彼ら、あるいは彼らのうちの誰かがともに一分間でも協定を守るのは一体どうしてであろうか。こうした疑問について自問してみることを、彼はまったく思いつかなかった。もし思いついたとしても、彼は、統治に推論を巡らせるまで回答が見つからなかったであろう。したがって、〔契約当事者を〕拘束できる契約が何かを意味している（もっとも拘束しない契約など何の役に立つであろうか）とすれば、統治に契約が由来するのであって、契約に統治が由来するのではない。

＊

父とその片腕の首相たる母との権威の下ですべての人間は服従に慣れ、服従の習慣がつくように訓練される。しかし、その習慣がひとたび身につくと、その習慣を別の人に移すのは、非常にたやすい。家庭内の統治が事前に確立していなければ、政治的統治を形成するには、流血によってのみ、しかも、おそらく長い過程を経るしか、なかったであろう。……

〔アレヴィの注〕
フィルマーが王権の神授を証明したことはない（なぜなら、すべての権利は神聖であり、あるいは神授の権利というものはないからである）。彼が、聖書は受動的服従の命題に好都合であることを証明したことはない（聖書には廃王の歴史はある）。しかし……。

フィルマーの理論体系が父の権威を引き合いに出したさいに触れた論点は、彼がその権威を用いようとした用途には役に立たなかったけれども、平等は普遍的にして永遠であるという理論に対する完全な反論を提供している。ほとんどすべての父親が行使する権力、やむなく行使する権力は、国王権力に服従する理由を提供しない。まして、悪政であっても国王の権威に対して服従を継続するほうがその権威を突き崩すことに努力するよりも危険であるような、国王の支配に服従する理由を、なおさら提供しない。しかしフィルマーの理論体系が間違っているかどうかはともかくとして、この問題に目を向けるすべての情熱家に対してそれが示唆していることは、自立しないで服従しているのが人間の自然な状態であることを教えることによって、絶対的平等と自立という理論体系は物理的に成り立たないということである。

付録Ⅳ「代表制論」

〔付録Ⅳの訳者凡例〕

アレヴィが復刻した以下のベンサムの原稿は、本書第二版以後、全文ではないが、Considérations d'un Anglois sur la composition des Etats-Généraux y compris réponses aux questions proposées aux notables &c. 1788として『新全集版（*Rights, Representation, and Reform; Nonsense upon Stilts and Other Writings on the French Revolution*, ed. by Philip Schofield, Catherine Pease-Watkin and Cyprian Blamires, Oxford 2002 p. 63–146）』にも収められた。以下の訳は、第二版を底本とする趣旨から、アレヴィの復刻を定本とするが、新全集版も参照している。アレヴィが判読した文章は［　］で示した。新全集版では、ベンサムが行った書き換えは、最終字句を採用して、注で書き換え前の字句を示す方法を取っている。また、新全集版では節に区分しておらず、節区分はアレヴィのものである。本付録はアレヴィが自分の問題関心から作った抜粋であるから、新全集版と相当に違っている。なお、本テキストは、部分訳かつ意訳ではあるが、Mary P. Mack, *Jeremy Bentham, An Odyssey of Ideas 1748-1792*, Heinemann: London 1962, Appendix D に英訳されている。この付録で用いられる括弧は、（　）が原書のもの、［　］はアレヴィ、［新全集版編者注］は新全集版の注、〔　〕は訳者の挿入である。

〔アレヴィのまえがき〕

ここに掲げるのは、ユニヴァーシティ・カレッジ所蔵草稿（UC 43）からのいくつかの抜粋である。執筆の日付と契機は厳密に確定することができる。これら草稿がその一部となるはずであった未完の著作が、「代表制」（問題の草稿全体にこういう表題がつけられている）の理論である。一七八八年十一月十五日付の『タイムズ』は、フランス政府〔ジャック・ネッカー〕が三部会の召集と組織の改善策について提起した一連の問題を公表した。ベンサムはそれを二十日木曜日に受け取ったが、彼の言うところでは「金曜日十一時以前には書くことなど考えもしなかった」。——二十三日、『ヨーロッパ通信』紙の「ブルターニュ貴族の逮捕」という校正刷りを見て、彼は同日、「ブルターニュ貴族の逮捕と題する記事に関する一イングランド人の考察」という短い論文を書いた。『代表制』論の序の原稿中に見られる以下の文言が実際に証言するところでは、これら二作は同時に掲載されるはずであったらしい。「最近『ブルターニュ貴族逮捕に関する一イングランド庶民の考察』と題するパンフレットが出版されるはずであった。私は、同国人が一友人に宛てて書いたこの小品の知らせを受けた。私がそれに言及したのは、無礼というよりは楽しいちょっとした人身攻撃を除けば、著者が言おうと思ったことすべてに全面的に賛同すると言いたいためであった。こうした一般的言及をしておけば私は引用したり繰り返したりする手数を省ける」。

数カ月後、彼はこの作品についてモレル師と話した。師は一七八九年三月二十五日〔三部会〕選挙にさいしてベンサムに回答している（BL, Add. Ms. 33, 541〔BL, V〕, f. 38〔*CW, Correspondence*, vol. 4, p. 41〕）。「あなたがご自分の国会運営法に関連するものとして私にお尋ねの問題は、非常に面白く思います。しかし私はあなたの『代表制論』のほうが他の何よりも緊急性があると思います。ただそれに私が付け加えたいのは、統治機関をさまざまな独立の機関に分割することを、あなたは語ろうとしておられます。この問題は一般議会の運営法に繋がる問題とは私には思えません。わが国も貴国もヨーロッパもアメリカも全国的代議制理論を特に必要としています。しかしそれはまだできていませんし、そしてそれなしには大きい国は社会生活の利益をすべて手に入れるに至らないでしょう。この立派な役目をしてくださるのは、あなたをおいてほかにありません。……だから私はあなたが立派な代表制論を仕上げてくださるのを切望しています。率直に申しあげて、その後検証してはおりませんが、わが国民はあまりに人口が多く、あまりに教育が低く、むしろあまりにひどく無知ですから、真に民主的な、完全な、最下層の市民階級にも選挙権が託されて作られる代表制は無理な気がします。こういう結論にあなたが納得されると、ありがたいことにこの思想に対する私の信念は強まりますし、あるいはこの結論があなたには正しいと思われないなら、私の誤りを指摘してくださると、ありがたく存じます」。

代表制論においてベンサムは初めに、「提起された問題の解決を指示するに相応しい原理にとって一致点として役立つ主要用語」を掲げている。以下、ベンサムの本文。

提起された問題の解決を指示するに相応しい原理にとって結節点として役立つ主要用語

〔このタイトルは原文にはないが、新全集版のタイトルで補った〕

こうした〔立法府の代表制という〕重要問題に対する回答を見いだすには基準にするのが適切と思われる原理を示すために、私はその結節点として四つの〔六つの――新全集版編者注：草稿は「四つの」を消している。もともとの用語は「安全」「平等」「自由」「単純」で、「平穏」と「明白」は草稿で追加された〕重要語を用いることにする。安全、平等、自由、（下線を引いた追加：平穏）、単純、（追加：明白）である。私は、これら荘厳な単語の響きの虜になり、差し当たりこれらの単語に匹敵〔新全集版編者注：ベンサムはこの単語（pareiller）を「匹敵する」の意味に使った〕するほかの言葉が見当たらないから、これら項目のうちのどれか一つと関連づけられるものは何事も決して排除しないこととした。しかし、実のところこれらすべての結節点を検討して得られた考察は、私にはすべて、無理のない推論の結果であるように思われた。

安全。安全ということで主に問題となるのは所有の安全である。所有の安全がその主題とするのはさまざまな程度の富である。私は優先順位として平等より安全を重視する。所有の安全がなければ所有はなく、生存資料もなく、平等の主題となるものがない。平等にするものが何もない。

自由。強制を伴う法律はすべてそれ自体で悪である。このような法律を認可するためにはその悪を上回る利益が必要である。このような法律を提案するにはこうした利益を示す必要がある。この法律には利益がないとしたらどうであろうか。法律を否認するにはそれだけで充分である。法律が禁止していることをしたがる者が誰かいるであろうか。それをしたがる欲望は有害である。それと同様な欲望はないであろうか。そういう欲望は無益である。周知のようにここで言う自由は、他人に損害を及ぼすような自由ではない。そうではなく理由なく行動を妨げられないという意味の自由だけである。

単純。規制のために法律の介入が必要な場合、規制の方法の説明は、方法によって分量に寡多の差あるいは分かりやすさの差が出るかもしれない。他のすべてのことが等しければ、最も選ばれる方法はいつも分かりにくい方法である。理解と記憶に重い負担となるほど法律が大量になると、それだけ各利害関係者の心に法律が思い出される機会は少なくなるし、また各利害関係者が自分の行為を決定するために法律を思い出す必要が生じても、そのたびごとに法律が思い出される機会は少なくなる。

施行の容易さ。この項目で主に問題となる容易さとは、一般に権限の明晰性とか権限の流動性と言われるものから生まれる容易さである。私はむしろ、それ〔権限の明晰性〕を動力因とするために選び出された事実を確認し、また与える法律の根拠を確認する容易さと言いたい。もし私に言葉を作り出す特権があるとすれば、単語をただ一つ、すなわち論議の余地のない明白さを意味する「争う余地なき明晰性（illitigiosité ou incontestabilité）」という単語をこの機会に提案してみたい。

〔アレヴィの注〕

このあといくつかの公理が来る。これは最大幸福主義者による人権宣言の翻訳のようになっている。

I〔この番号は新全集版にはない。以下同じ〕

各人は、それぞれの資質に応じて可能なすべての幸福を享受する平等な権利を有する。

「あるいは同じことを別の言葉で言い換え、そして権利の観念に付きまとう曖昧さを避けようとすると、こうなる。ある人間集団にとってある種の最上位の独立した存在があるとする。その人は、善意に溢れ、そのため人びとの境遇に心を寄せ、人びとに福祉がゆきわたることを考えて喜びを感じ、彼らのうちの一部の者だけを他の者よりえこひいきして幸せにするという個人的関心を持たない。この種の独立した存在は、当然にみんなの幸福に役立つことにともに喜びを感じるであろう。任意の一人の幸福は、最上位の独立した存在の目には、他の任意の誰かの同等の幸福より価値が大きいわけではない。しかし、任意の一人が得た幸福が、他の任意の誰かが得たささやかな幸福より大きければ、それだけその価値も大きいであろう」。

〔アレヴィの注〕

（そして、ベンサムはさらに欄外に付け加えた。「国王はまさしくこの最上位の存在である。国王は次のように宣言した〔新全集版編者注：ベンサムはここで一七八八年七月五日の国王国務顧問会議の決定を念頭においていたかもしれない。国王国務顧問会議の決定においては、ルイ十六世はフランス国民という大家族の「共同の父」とされている〕。何人も理由を設けて国王を信じないと申し立てることを許されない。私〔ベンサム〕は、徹底的に考え抜いた上で心の底から国王を信じている。そして私が国王を信じられなくなった時には、私の理性は理性であることをやめるであろう」）。

Ⅱ

さまざまな個人が享受できる幸福については、その相対的程度を決定することができないから、その程度は全員が同じであるという想定から出発するほかない。この想定は、真実そのものではないとしても、その代わりとなるどんな他の一般的想定よりも、少なくとも真実に近いであろう。

Ⅲ

この社会を構成するまずまずの数の個人の幸福をひとまとめにして、その幸福感に影響する行為があるとする。幸福の各分量が同じであるとすれば、この行為の有益性は、人数に正比例するであろう。この行為の恩恵が及ぶ各当事者は、この広がりに対して独自の新しい同等の賛意を示すであろう。こうして、同量の幸福を味わった者が一〇人いるある行為は、同量の幸福を味わった者が五人しかいなかった別の行為の、正確には二倍の価値があろう。

Ⅳ

関係当事者の人数を考慮しなければ、行為の有益性はその行為が生み出す幸福の量の大きさに比例するであろう。したがって各当事者が二つ分の幸福を味わうある行為は、同種の幸福を一つ分しか味わえない別の行為の正確に二倍の価値があるであろう。

Ⅴ

二つの行為があるとする。一方の行為は一〇人の関係当事者にそれぞれ一つ分の幸福をもたらす効果があり、もう一つの行為は五人の関係当事者のそれぞれに二つ分の同種の幸福をもたらす効果があるとする。これら二つの行為の価値はそれぞれ、正確に等しい。どちらかを優先させる理由はないであろう。どちらかを選ぶとして、くじを引いてもまったく別のやり方で決めても、結果は同じになるであろう。

しかし、幸福を生むにあたっては、どんな原因によるものであろうと、結果の量はあまり原因の量には比例しない。幸福の原因が二倍の量あっても二倍の量の幸福を生むとは限らず、それよりはるかに少ないかもしれない。例として富の問題を考えよう。富の問題は、幸福の原因のうち最も大きい部分を占め、とりわけ統治機関が意のままに動かせる部分を含み、あらゆる幸福の原因の代表として考えられても〔おそらく他のいかなる原因と比較しても不都合（書き換え：誤りをおかす危険）が少なく、結局――この部分は新全集版にない〕まったく差し支えない。幸福の内容についてさまざまな個人が持つ判断能力には非常にはなはだしい違いがある。しかしこの違いがないものと考えられる場合がある。それは、その違いを確認するに足る標識、証拠がない場合である。すなわちこの判断能力という点に関して、司法手続の場合に必要とされる証拠のように明々白々な証明能力を持つ標識あるいは証拠がない場合である。

〔アレヴィの注〕

そしてベンサムは、幸福の内容は計算の便宜上各人において感覚的に同等と考えられるとして、以下のように続ける。

各人の幸福に対する欲求は等しい。ただこの点に関していくらかの違いはあるが、こうした違いは、立証や測定が可能ではないから、計算することはできない。そしてあらゆる場合に、この一般命題は、他のいかなる命題に代置してみても、いかなるものにもまして真理に近い。

したがって問題にすべきなのは欲求の程度に関することしかないとして、もしすべての人が、ある行為はどの程度幸福を増大させる性質を持っているかという点の判断能力において、同等であるとすれば、統治の最良の形態という問題は、非常に単純な事柄になるであろう。この社会の各個人に一票を与える〔認可する〕こと〈またこういう想定の下では判事〔書き換え：そして私が想定する判事〕は各個人に一票を与えないでおくことはできない〉のみが問題であろう。

しかし、一見しただけで誰もが分かるように、この想定はどんな社会においても、多くの事例〔〈書き換え：場合〉〔新全集版注：意味〕〕において、真実と一致しない。

こうした能力がまったく欠けていることを衆目がただちに認める人は、さまざまな形で多勢いる。

そういう人びとは以下のようである。

一．未成年者。一定年齢以下の両性のすべて。

二．精神障がい者。この人たちは、未成年者と同様自分自身で自分の行動を決めるのに必要な能力を持たない。

三．これらの人びととともに〔新全集版編者注：原稿は「に加えて」〕、一般的な合意として、すべての女性は同じ〔幸福増大に関する判断〕問題に関して発言する能力を認められていない。その理由は、女性が未成年者および精神障がい者の中に入っているわけではなく、必要とされる種類の能力において当然に劣っているわけでも、あるいは男性と競合できない〔アレヴィが et capable と読んだところを新全集版は incapable とした。ここでは新全集版に従う〕程度にまで劣っているわけではない。そうではなく、別の明示的理由あるいは明示可能な理由からである。

一．〔幸福増大に関する判断とは〕別の行為がもっと必要とされるために生じる集中力の分散。

二．共同資産の管理において男性に〈書き換え：に対して〉頼らざるを得ないこと。

三．主に家庭内で生活しているから〔判断能力に〕必要な知識を得るのに比較的困難であること。

四．両性の同意〈書き換え：協力〉が必要な快楽を通して、それを最も必要とする男性に対して女性は影響〈従属〉を与えることができるから、ほかに影響力〔を行使する〕の必要がないこと。

五．いろいろな事柄についての見解の相違から生まれやすい不和が、一緒に生活しその結果について対等に責任を負う二人の間では、生まれずにすむこと。

〔新全集版編者注：余白にベンサムはこれら五つの「理由」のそれぞれに対する反応を記した。一は、労働者も同じである。二は、投票により避けられる。三は、頑張って読書をすれば避けられる。四は、投票により避けられる。五は、投票により避けられる。〕

注目されることは、このような理由が、すべての種類の女性、例えば夫を失った女性や未婚女性という両者ともに一定年齢を過ぎた女性に同程度に妥当するとは限らないことである。しかし、私がここにこのことを述べておくのは、この点に関して女性の人権は、今という時期には問題にならないから、それを忘れないようにするためだけである。

それゆえ以上三種の人びとは、明確かつ疑問の余地のない標識によってひとかどの存在と言えるものの中に入れられないとすると、まずその結果、その他のすべての人びとには資格が認められてしかるべきだということになる。すなわち、きちんと明示され意味の明確な標識によって同じように篩《ふるい》にかけられて排除されるということがない限り、資格が認められるべきである。

以上の趣旨に従って提案されている人びとを検討しよう。

人びとの中には、候補者（有権者？）〔新全集版編者注：ベンサムはこの「候補者（candidat）」という言葉をここに限らず他所でも「有権者」の意味に使っているように思われる〕には自分の利益(1)は何かを認識する能力がないとする人もあれば、その認識能力はあると想定するが、その認識に従って行動する能力がないとする人もある。

ベンサム注（1）――事例に挙げられている人びとのそれぞれが政府の活動すべてに個人的に関心を持っているわけではない。しかし個人的利益や、また個人の特定の狭い範囲の人間関係の利益が集まって、社会全体の利益が、最大のエゴイストにとってさえ、社会の一般的利益〔書き換え：単数の一般的利益〕となる。これは一種の二次的利益で、まったく個人とは相反すると誰も考えることはできない。特に各人が自分の利害に関心を集中する体制の下ではそうである。したがってこういう定式になる。すなわち彼にとって、つまり各個人にとって最大に有益と思われることは、彼によれば、この点に関して、社会にとって最も有益に思われるはずのことを凝縮して表現していることになると思われる。

私は、最後の種類の人びとの検討から始める。即座に生じてきそうな論議（書き換え：穿鑿）を片づけておくためである。

有権者が自らの意思や認識に従って投票しようとするのを妨げるものは何であろうか。それは、ある他者の逆らい難い圧力以外にはないであろう。

このような圧力を受けて決意された行為は、このような圧力を受けないで決意された行為とは正反対であるとか、あるいは結局社会の一般的利益に正反対であると思われるだけに、以上の考察は〔この種の人びとを選挙から〕排除する理由にはならないことを記憶するために書き留めておく。このような研究は少々厄介であることがよくある。幸いにしてこの研究を完全に無用にしてしまう考察が一つある。それは、無記名投票が徹底的に確実に各人をこのような圧力から容易に守ってくれるという事実である(2)。

この問題に関してイングランドを支配している無理解に注目しよう。これは極めて興味をそそるからである。この問題に関するすべての論議（そして実に多くのことが議論された！）のうちで、言いなりと自主という月並みな話題［新全集版編者注：ベンサムはこの単語（lieu-commun）の上に'topick'〔話題〕と書いている］がやむことはなかった。ところが、このような言いなりはすべて、この極めて簡単な手段〔無記名投票〕によって、まったくこの上なく確実に、かなり僅かな手数で消滅させることが可能である。それにこの手段は、フランスではよく知られており広く用いられている(3)。またポーランドでは、すなわちはなはだしく軽蔑の目が向けられているこのポ

ベンサム注（2）――そしてこの考察は女性の場合にも妥当する。

ベンサム注（3）――「私が言うのは王国全体に設立された地方議会のことである。そこでは人はあらゆる選挙において無記名投票しかできない」［この文章には以下の新全集版編者の注がある］［「地方議会（このうち二つは一七七八年と一七七九年に作られ、残りは一七八七年に作られた）の設置を定めた規則によれば、議員の選挙と議会内の役職者の選挙は、無記名投票によると規定されていた。例えば、*Règlement fait par le Roi, sur la formation & la composition des Assemblées qui auront lieu dans la province du Limosin, en vertu de l'Edit portant création des Assemblées Provinciales*, Paris, 1787, p. 3 を参照」］。

ーランド[4]においては、それは最も効果的に用いられている。最後に、イングランド自身でも主権機関においても役に立って、争う余地のない周知の効果をあげている[5]。

したがって残るのは、無能力という論拠から出てくる〔選挙権からの〕排除の理由である。

ここで二つの難問が現れる。一．論議の対象となっている理由を構成するのに充分な無能力の程度を決定し、表現する困難。二．指数としてこの無能力の程度の正確かつ厳密な、充分に役に立ちうる事実を発見する困難。もしこのような程度も、このような指数も見いだすことができなければ、結局、この排除の理由を評価できないし、その結論は無に帰し、そしてすでに述べた種類の人びと以外はすべての種類の人びとが等しく資格を認められるべきだということになるであろう。

これら二つの難問は結果として一つになる。なぜなら、もし問題の無能力の程度が確定され公表されるとすれば、それは、指数として役立つ事実に基づかなければならないからである。それには何らかの思想が必要であろうか。人が思想を発見できてきたのは、それを表現する言葉を発見することによってである。

〔アレヴィの注〕

何も書かれていない原稿紙の欄外に以下の注。「この問題の解決がない結果、これを基礎とした排除の理由すべて

ベンサム注（4）――『ライデン雑誌』一七八八年十一月（欠字）日号を参照［これに付けられた新全集版編者の注：*Gazette de Leyde*, **no. xci, 11 November 1788, and no. xciv, 21 November 1788** の報告によれば、一七八八年十月十七日のポーランド国会において、記名投票において約六〇票差を有した与党は、無記名投票では七票差に減ったし、また一七八八年十一月五日には、記名投票で三五票差あった与党は無記名投票では一八票差で逆転された。記名投票と無記名投票の功罪に関するこれ以上の議論については、*Political Tactics*,（*CW*）, pp. 144–149 を参照］。

ベンサム注（5）――庶民院においてこのようにしてときおり設置される委員会（調査委員会）の選任にさいしてがそうである［新全集版編者注：「特別委員会は無記名投票で選ばれるのが普通であった。例えば、激しく争われた選挙を審査するために一七七〇年のグレンヴィル委員会法（10 Geo. III, c. 16）の下で作られた委員会がそうである」］。

――が否定される」。これは、この後の書かれなかった展開を示唆するものとして役立つ。

ここで対立する二つの考察の検討が必要である。

一つは、この〔選挙資格を〕無能力とすることからどんな結果が予想されるか、その危険は何であり、不都合は何であろうかという点の検討である。

もう一つは、この種の不平等から予想される危険とはどんなものであり、不都合は何であろうか、平等から期待される利益は何であろうか、この利益は、こうした趣旨で取られる施策が完全な自由から離れるのに応じていかなる割合で減少しなければならないものと見なされるべきであろうかという点の、検討である。

このうち、後のほうの論点から検討を始めよう。

ある不平等な案があるとしよう。この不平等な案は、究極の結果において、完全に平等な案に必ずしも劣るとは限らないが、完全に平等な案には不平等な案に対してはっきり分かる長所があるだけではなかった。

一．――完全に平等な案には、すべての人の心に届くという特質があり、すべての人の胸に訴える特質がある。それは、単純だから理解しやすい。それは、非常によく理論と整合するし、こう言いたければ時効のない権利について話すように整合する。この理論は、曖昧であり、独断的提言〔道徳感覚学派理論をさす〕という脆弱な基礎に立脚していても、それでも魅力がないわけではない〔新全集版編者注：ここでベンサムは欄外に「最大の利益は社会全体の満足」と記した〕。

不平等案はいかなるものも、その長所がどんなものであろうと、他の〔平等〕案に比較すれば常に短所を持っている。その短所とは、不平等案がその有益性を知ってもらうためには、その証明を必要とするが、万人を満足させるようにはその証明を提出できないことにある。

二．――この平等案のほかにはもうどんな案もない。一切ない〔これは新全集版にのみある文章〕。結局それはうまくいくであろうか。「それは満票を得た」〔新全集版編者注：ホラティウス『詩の技法』三四三。完全な原文は、「読者に喜びと教訓を同時に与えて／喜楽と実益を合わせ持つものが満票を得た」〕。これ以上いいものはありえない。あらゆる努力、あらゆる決意は休息している。統治機構は不変となる。重力の中心線は垂直に走り、それは運動の中心と同じ垂線上に位置した〔以上、二つの文章は新全集版にない〕。流れは自然な傾斜に従って、結局水が溜まるところに注いだ。権利は力と混ざりあい、一つになった。どんなに素晴らしい理論もこれ以外のものを描くことはできない。これ以上ない幸福を失うこと以外、期待することでも恐れることでも、もうない〔新全集版編者がここの ne plus ultra と読んだところをアレヴィは nec plus ultra とラテン語に読んでいる〕。

もう一つの〔不平等案の〕場合には、痛切に感じられる不完全ではないが、想像される不完全が常に存在する。ところで、絶えず想像される不完全というものは、絶えず想像されるということによって痛切に感じられる不完全そのものである。ただし、想像力が幸福に多大の影響力を持っているとすればである〔書き換え：「なぜなら、いつも不幸であると想像することと、いつも不幸であることとの間には、相違があるであろうか」〔新全集版はこれを採用する〕〕。

権利の不平等。少なくとも権威の不平等、敬意の不平等、他人の評価と愛情に左右される快楽の不平等はある。そして、それらはこの快楽以外の何ものでもないのではなかろうか。

その結果、不平等を含む案はいかなるものも認められないということになる。たとえ完全に平等な案が、不平等な案が持たない確かで明白な危険をどれだけ多く提示していても、不平等を含む案は認められないということになる。

〔アレヴィの注〕

フランスの王政によって提起された問題に対するベンサムの回答は、すべてがわれわれの興味を引くとは限らない。例えば、僧侶および貴族の代表制が提出している問題に対して彼が示唆する解決案は、われわれにとってたいして重要性を持たない。〔それより〕利害の自然的一致の原理に対する断固とした肯定に注目したい。「各議員に特定利害よりも一般的利害を優先させるという誓約」を求めつつ、彼はこう付け加える配慮をしている。

この誓いは、特定利益が議会において一般的利益に優越することを、阻止することに狙いがあるわけではない。一般的利益は個別利益すべての合成にほかならない。したがって、個別利益が自由に発展すればするほど、その結果は一般的利益といっそう一致するであろう〔この文章は、これまですべての抜粋と同じ新全集版に収められた **France** と題する別の論稿の五一ページに出てくる〕。

〔アレヴィの注〕

「代表制――代議制を持つ他の国の実践例、なかんずくイングランドの実践例から引き出される対策」という表題の下で彼は書いている〔新全集版七八―七九ページ、ただし新全集版には「代表制」という言葉はない〕。

この問題については、他のすべての問題と同様、どの国でもその実践例は、それを検討して判断が下される限りにおいて、非常にいい教訓とすることができる。火と水、良い召使と悪い主人の例のように、それは立法に関する手本である。

〔アレヴィの注〕

次いで、フランスとアメリカを比較する。

アメリカの民主主義憲政とフランスの王政という相違はあっても、この輝かしい共和国が提供する模範は、ほとんどフランスに適用可能である。民衆の父〔新全集版では「王冠を戴いた農学者」。新全集版編者はこれが「ルイ十六世」に対するからかいの表現とする〕が植えようとしている憲政は、まさしく最も純粋な民主主義であって、ただ外観が王政であるにすぎない。アメリカ合衆国に連邦大統領の代わりに国王を与えれば、このアメリカは将来のフランスである。フランス国王を合衆国大統領のような役職に変えれば、フランスは現在のアメリカになる。

――〔アレヴィの注〕

ベンサムはさらに後の断片で書いている（ここでの問題はバスチーユの占拠である。すでにベンサムはフランス民主主義の可能性を疑っている）。

完全な、ほとんど理想に近い憲法〔統治機関法〕がすでにアメリカでは作られている。――イングランドの統治機関法〔憲法〕はイングランド人とフランス人には非常にいいものである。アメリカ憲法はそれ自体としてはさらにいいものではあるけれども、イングランドとフランスには適さない。

――〔アレヴィの注〕

そして、「イングランド統治機関法〔憲法〕の持つ有益性」と題する論説において。

立法のあらゆる部分において、重みの順序としてまず理由が来、次いで経験に基づく前例が来る。しかし理由は少数の人びとにしか理解されない。前例は全員に理解可能である。

――〔アレヴィの注〕

しかし、彼が批判するのは、

実質代表制の理論というわけのわからない話〔新全集版では「実質代表制の理論を生んだ異常事態」〕である。この論法をもってすれば、モロッコ憲法がイングランド統治機関法と同様に自由であると証明できる〔新全集版八六ページ〕。

――〔アレヴィの注〕

――ベンサムは、もし有権者資格に一定の地代収入が必要であれば、「資格制限」は次のようであるべきだと要求する。できるだけ少ないこと。例えば年地代二〇ポンドか一〇ポンド。これだけでも、いっぱしの額のものであって、少なすぎることはない。何よりも文字が読めるという個人的資質を付け加えるといい。人は、失うと困る不動産をいくらか所有する限り、自分の利害は何も持たない人びとと結ばれていると考えたり、所有の平等な分割、全財産の破壊を呼びかける危険はない〔新全集版八五ページ〕。

――〔アレヴィの注〕
ベンサムは、都市と農村の区別なく、平等な選挙区制を要求する。

――有権者集団〔選挙区〕ごとに一代表〔新全集版八三ページ〕。

――〔アレヴィの注〕
ベンサムは複数投票制を認めない。複数の地区の複数の財産が複数回の投票権を与えることを望まない。また財産の総額による累積投票をも認めない〔以下、新全集版八四―八五ページ〕。

〔有権者の〕資格制限を決める場合の財産の種類が何であれ、動産、不動産、生命のあるもの、生命のないもの、――まるまる全部のもの、あるものの部分、あるものに対する部分的権利であろうと、こうしたものは、幸福を保証するものではない。〔幸福を〕判定するものでもない。もし牛や驢馬が保護者の必要を感じ、また保護者を選任することができるとすれば、牛や驢馬の頭数だけ、票を増やしてもいいであろうし、またそうすべきであろう。しかし、この票は牛や驢馬自身に対して与えられるべきであって、その飼い主に対してではない。

富者に対してその富のゆえに複数の投票権を与えるべきなのはいかなる理由によるのであろうか。富のゆえにこそ、むしろ彼に多数の票を与えてはならない。人は、富を持てば持つほど、富の少ない者の票に影響する力は大きい。多くの票を与えるべきであるのは、むしろ、どうやってみても他人に影響する力を持たず、有権者資格分だけをかろうじて所有している者に対してである。もし、二〇〇〇アルパン〔一アルパンは約一アール〕の土地所有者に二〇〇〇アルパンを所有することを理由に二〇〇〇票〔新全書版編者注：「あるいは二〇〇票もしくは二票」〕を認めるべきであるとするならば、彼の二〇〇〇アルパンの土地が、他人の四〇票あるいは二〇票を自分自身の票として行使する能力を与えてくれることを理由に、彼に四〇票あるいは二〇票を与えていいことになるであろう。

同様の趣旨の弁明として、財産を最も多く持つ者は、財産の少ない者より、国家の繁栄と維持にそれだけ多くの関心を有していると、言えるであろうか。こういう趣旨のこと、あるいはそれに近いことが言われてきた。しかし、この議論は、他の場合には、例えば、誰かある者を行政の中の重要かつ活動的な職務に任用する場合には、妥当し値打ちがあるかもしれないが、ここ〔投票権の問題〕ではまったく適用できない。問題が、同様な〔行政の中の重要かつ活動的な〕職務の者の選任において、あるいは同様な職務の者の任用者あるいは監督者の選任において、いくらかの穀物あるいは酒樽一樽〔アレヴィはここで二字が解読不能としたが、新全集版によりこのように訳しておく〕を納付する租税のみが〔有権者資格の〕問題である場合、〔このような議論の〕論拠は、土地所有者が非所有者の投票により財産をむしり取られることのないように彼らを守ることだけである。しかし、非所有者が非所有者である限り、すでに私が理由を示したように〔新全集版編集者注：新全集版七三―七八ページ参照〕、なんら投票権を持つべき理由はない。この場合、土地所有者が、過小ならまだしも、すでに否応なく過大な優越的地位を持つ上に、これに倍する優越的地位を認めるべきだというのは、彼らを非所有者から守るためでしかない。たとえどんなに所有者仲間に貧しい者がいるとしても、富裕な土地所有者が恐れなければならないのは、所有者仲間の一部ではない。そうではなく、〔この〕不平等〔投票制度〕が誰に対して彼らを守ろうとしているかと言えば、その非所有者に対してだけである。大土地所有者にとってすべてであるものは、小土地所有者にとっては彼自身のものである。お互いに自然的に結び付けられているから、彼らの唯一の本来の敵は非所有者である。

――〔アレヴィの注〕彼は二段階選挙を論難する。彼が賞賛するのは彼の言うところの

直接的代表……理由、一．代表は有権者の批判に服する。――二．質朴の長所。

――〔アレヴィの注〕彼は「遊説」を非難する（英語では *canvassing*）。

選挙において望ましいのは、投票が有権者大衆において個人的面識によってでなく一般的名声によって決定されることである〔新全集版一四一ページ〕。

――〔アレヴィの注〕またさらにこれに続いて、選挙の組織に関する考察を提出する〔以下、新全集版一三八―一三九ページ〕。

投票方法として記名投票よりも無記名投票がいいのはなぜであろうか。

一．自由意志を思うように曲げさせる圧力をすべて排除して、選挙が有権者の本当の声の結果であるようにするため。

二．自由意志を曲げさせるこうした圧力をなくし、その代わり精神の響き合う影響力に任せて、教育をあまり受けていない者の行動をもっと教育ある者の見解に同調させる結果となるようにするため。

三．安心して腐敗行為をするということができないようにして、あらゆる種類の腐敗を根絶するため。

四．記名投票制の下で争われる選挙につきものの、家族と家族、また同一家族の中の個人と個人の積年の不和と憎悪を予防するため。

選挙区の主都市で全有権者に投票させないで、なぜ教区ごとに別々に投票をするのか。

理由

一．非常に多くの人数が移動することにより生じる経費を節減するため。
二．投票日数を短縮するため。
三．騒ぎや乱闘を減らすため。
四．あまり裕福でないものの移動費用を軽減する必要があるという、買収に口実を与えないため。

全教区において投票時間を同じにするのはなぜか。

一．候補者の当落が、善行の成果でも証しでもある一般的名声によって左右されるようにし、善行より策略と陰謀は強力であるから、そのため候補者個人の特別の働きかけを困難にするため。
二．さまざまな選挙区の投票が時間的に連続すると、その結果の部分的勝利を見て行われる駆け引きを、防止ないしは少なくとも機能させないようにするため。

〔アレヴィの注〕

ベンサムが一八〇九年に『議会改革問答』を書いた時に一七八九年の自分の労作を忘れていたとは、とても思えない。事実、一八一〇年頃に書かれた議会改革に関する草稿には、常に一七八九年と一七九〇年の草稿が混入されている。だから、ベンサムが一七八九年に民主主義的統治理論に心から転向したことは、彼の多くの主張からして認めなければならないが、もしそうだとすれば彼がその記憶をまったく失ったとは、とても考えることができない。本書がそのいくつかの抜粋を公表しようとしている草稿を、ベンサムはミラボーのために、ミラボーの視点に立ちつつ書いた。フランスは民主主義に傾斜するが、ベンサムは、政治についてはあまりに無関心なため、民主的最大幸福主義の経験を積むことができないし、結局、フランスで法典化の企画が歓迎を受けるよう手を回すことができない。

文献目録

〔訳者凡例〕第二版原書は、文献目録補遺を先に出し、初版の文献目録を後に置いているが、本訳書はこの順序を逆にした。原著者の意図は初版文献目録に書かれているように、参照した主要文献の目録である（そのため草稿も掲げられている）。第二版原書の文献目録補遺は、一九九五年当時に刊行されていた新全集版のうち注で用いられた三点と『書簡集』、単著をのみ掲げ、注における略書名を欄外に掲げている。本訳書では、略書名は書名の後に置いて［　］に入れた。本訳書は原著者の意図を尊重しつつ、参考文献の意味を持つ文献目録とするため、本文に使用されていないものも含めて二〇一六年七月現在刊行されている新全集版をすべて掲げた。アダム・スミス『グラスゴウ講義』のグラスゴウ版も追加した。

ベンサム草稿の略記号については、文献目録よりは注にかかわることなので、注の訳者凡例の後に移してある。

文献目録（初版）

本文献目録では、参照したすべての著作を列挙するつもりはない。本書は何よりも、注において参照書目をできる限り正確にすることを心がけた。しかし本書は、何らかの必要な表示によって読者諸賢に本書の記述を点検してもらうようにしたいと考えている。

まず、本書が研究対象とする時期の概説として、William Edward Hartpole Lecky, *History of England in the XVIIIth Century*（8 vols., 1878–1890）および Leslie Stephen, *History of English Thought in the XVIIIth Century*（2 vols., 1876; 2e éd., 1881）の古典的著作を挙げておく。――また、興味深いジョージ三世治世史については、William

Nathaniel Massey, *A History of England during the Reign of George the Third*, 4 vols., London, 1855–1863 を参照されたい。——Adolf Held, *Zwei Bücher zur sozialen Geschichte Englands*, 1881 は、一七七六年から一八三二年までのイングランドにおける政治・経済理論およびその制度の発展についての資料を非常に豊富に含んでいる。

ベンサムに関しては、注において、十一巻のバウリング版著作集（エディンバラ、一八三八－一八四三年）の参照を必要に応じてあらゆる機会に求めた。しかし、バウリング版は、ベンサムの『道徳科学論』(*Déontologie*)も、宗教関連の著作も含まず（バウリングは信仰者であった）、またベンサムのフランス語の著作も非常に裁断され、しばしばあまりに意訳に過ぎる訳でしか収録されなかった。デュモン版のフランス語のベンサム著作集は、ブリュッセルで編集刊行された（三巻、一八二九年、一八三〇年および一八四〇年）。——バウリング版の十巻と十一巻は、ベンサムの伝記を含むが、冗長で、混乱しており、不完全である。——レズリー・スティーヴン氏の最近作（『イングランドの最大幸福主義者たち』）の第一巻は、ベンサムの人物と著作総体の最初の研究である。——哲学史の研究書においては、ベンサムは非常に頻繁に、もっぱら道徳計算を発明し『道徳科学論』を書いた人と考えられているように思われる。例えば、Jouffroy, *Cours de droit naturel*, 1re éd., 1833; 2e éd., 1842; Guyau, *La morale anglaise contemporaine; morale de l'utilité et de l'évolution*, 1879; et H. Gomperz, *Kritik des Hedonismus*, Stuttgart 1899.

以下は、I巻において研究対象となったベンサムのさまざまな著作を参照するのに必要な書誌事項である。〔*CW* は新全集版に収録されていることを示す。第二版文献目録補遺を参照されたい。一部のフランス語訳書はこの日本語版では削除した。〕

A Fragment on Government, 1776; 2e éd., 1822; Bowring, vol. 1, p. 221 sq. 〔*CW*〕
View of the Hard Labour Bill, 1778; Bowring, vol. IV, p. 1 sq.
A Defence of Usury, 1787; Bowring, vol. III, p. 1 sq. 〔Stark, vol. 1, p. 121-207.〕
An Introduction to the Morals and Legislation, 1789; 2e éd., 1823; Bowring, vol. 1, p. 1 sq. 〔*CW*〕
Panopticon, or the Inspection House, etc.; Bowring, vol. IV, p. 27 sq. ——*Traités* に収められた「パノプティコン」

と題する短い覚書を参照。

Emancipate your Colonies, 1793; Bowring, vol. IV, p. 407 sq.〔*CW*〕――*Manual of Political Economy*, Bowring, vol. IV, p. 54 sq.

Traités des peines et des recompenses, Paris, 1811; 2e éd., 1818; 3e éd., 1826.

最後に書いておきたいのは、本書は、ロンドン大学ユニヴァーシティ・カレッジと大英博物館〔現在の英国図書館〕において、ベンサムの草稿を参照していることである。ユニヴァーシティ・カレッジの草稿の整理は、二回行われていた。最初は、ベンサムの死後すぐ、R・スミスにより、二回目は一八九二年にM・ウィテカーによってである。一四八函、あるいは紙挟みの分類。そのほとんどすべてに著者は目を通したが、少し未見のものもある。本書は、ジュネーヴのデュモンが『民法と刑法の理論』を編集するにあたってどの資料で作業をしたかを確認できた。本書は、興味をそそる少数の未完の作品を発見し、表示通りの表題の下に二、三の断片を〔本書付録において〕公刊した。一八〇二年以降、ベンサム草稿には、規則的に年月日の日付がついている。この年から一八三二年（注を参照）までベンサムの著作の正確な年表は――たとえいかに困難であろうと、公刊されたという条件さえあれば――決定できた。大英博物館の草稿は、次のものから構成されている。一．ベンサム家文書（Add. Mss. 33, 537–33, 564）、すなわちベンサムのいくつかの草稿（*Nomography*, *Logical Arrangements*, *Pannomial Fragments*, *Logic*, *Language*）のほか、ジェリマイア・ベンサムが書き二人の息子ジェレミとサミュエルが書いた手紙。ベンサムと弟との、一七八五年の弟のロシア行きまでの往復書簡はベンサムの思想形成研究にとって最も興味をそそるものである。さらにバウリング版収録のものが多くある。次いで、『パノプティコン』にベンサムは、時間と思考のすべてを注ぎ込む。革命期と帝国期に続く時期には、ベンサムの手紙は非常に急速に増える。――二．一八二三年の著作『自然宗教』の草稿（本書Ⅱ巻参照）。

本書が研究したベンサム周辺の多数の人物を知るには、イングランドの文献に豊富にある優れた伝記を参照されると成果が大きいであろう。Lord Edmund Fitzmaurice, *Life of William, Earl of Shelburne*, 1875–1876; Sir Samuel

Romilly, *Memoirs of the Life of* ——, written by himself, with a selection from his correspondence, edited by his sons, 3 vols., 1840.——ベンサムの生涯についていくらか詳細を知るには、*Life of Wilberforce*, by his sons, 5 vols., 1838を参照。——Étienne Dumont, *Souvenirs sur Mirabeau et sur les deux premières assemblées législatives*, Paris, 1830.——Brissot de Warville, *Mémoirs sur ses contemporains et la Révolution française*, publiés par son fils, Paris, 1830.——アダム・スミスの生涯については John Rae, *Life of Adam Smith*, London & NY: Macmillan, 1895を参照。一七七六年以降の民主主義運動家については、特に *The Life and Correspondence of Major Cartwright*, edited by his niece, 2 vols., 1828および *Life of Horne Tooke*, par Alexander Stephens, 2 vols.〔1813〕——ヒュームの『人間本性論』と『道徳政治論』の引用はグリーン・グロス版〔T. H. Green and Grose（eds.）, *The Philosophical Works of David Hume*, 4 vols., 1889–1890〕から、アダム・スミスの『国富論』の引用はソロルド・ロジャーズ版の二冊本〔James Edwin Thorold Rogers（ed.）, Adam Smith, *An Inquiry into the Nature and Causes of the Wealth of Nations*, 2 vols., 1869〕から行った。〔アダム・スミス『国富論』の新版とヒューム『道徳政治論』の新版については、第二版の文献目録補遺を参照。〕

文献目録補遺（第二版）

The Works of Jeremy Bentham, published under the superintendence of his Executor John Bowring, 11 volumes, Edinburgh; William Tait, 1838–843.——*Memoirs of Bentham, including autobiographical conversations and correspondence*, edited by John Bowring, volume X, Edinburgh, 1842.

THE COLLECTED WORKS OF JEREMY BENTHAM

〔注に用いられた略書名はそれぞれの書名の末尾に［　］に入れて記した。丸括弧（　）は新全集版の分類を示す。〔　〕

は訳者の補足である。〕

Chrestomathia, edited by M. J. Smith and W. H. Burston: General Editor; John R. Dinwiddy, Oxford: Clarendon Press, 1983, reprinted 1984（Chrestomathia）.

Church-of-Englandism and Catechism Examined, edited by James E. Crimmins and Catherine Fuller: General Editor; Philip Schofield, Oxford: Clarendon Press, 2011,（Religion and the Church）.

Colonies, Commerce, and Constitutional Law: Rid yourselves of Ultramaria and other Writings on Spain and Spanish America, edited by Philip Schofield: General Editor; Frederic Rosen, Oxford: Clarendon Press, 1995（Constitutional Law）.〔includes Summary of A Work intituled *Emancipate your Colonies*, and *Observations on the Restrictive and Prohibitory Commercial System*; especially with a reference to the decree of the Spanish Cortes of July 1820〕

A Comment on the Commentaries and A Fragment on Government, edited by James H. Burns and H. L. A. Hart: General Editor; James H. Burns, University of London, The Athlone Press, 1977, reprinted: General Editor; Philip Schofield, Oxford: Clarendon Press, 2008（Principles of Legislation）.［*CW, A Fragment on Government*］

Constitutional Code, vol. 1, edited by F. Rosen and J. H. Burns: General Editor; John R. Dinwiddy, Oxford: Clarendon Press, 1983 reprinted 1984, 1991（Constitutional Law）.

Deontology together with A Table of the Spring of Action and the Article on Utilitarianism, edited by Amnon Goldworth: General Editor; Frederic Rosen, Oxford: Clarendon Press, 1983（Philosophy）.〔includes Appendix Hume's Virtues and Jevons' Systematic Morality〕［*CW*, *Deontology*］

First Principles preparatory to Constitutional Code, edited by Philip Schofield: General Editor; Frederic Rosen, Oxford: Clarendon Press, 1989（Constitutional Law）.〔includes Identification of Interests, Supreme Operative, Constitutional Code Rationale〕

An Introduction to the Morals and Legislation, edited by J. H. Burns and H. L. A. Hart: General Editor; James H. Burns, University Of London; The Athlone Press, 1970, reprinted Authoritative Edition by J. H. Burns and H. L. A. Hart, with a New Edition by Frederick Rosen and an Interpretative Essay by H. L. A. Hart, Oxford: Clarendon Press, 1996（Principles of Legislation）.

〔*CW, An Introduction to the Morals and Legislation*〕

Of Laws in General, edited by H. L. A. Hart: General Editor; J. H. Burns, University Of London; The Athlone Press, 1970（Principles of Legislation）.〔includes Jeremy Bentham to Lord Ashburton〕

'*Legislator of the World*': *Writings on Codification, Law, and Education*, edited by Philip Schofield and Jonathan Harris: General Editor; Frederic Rosen and Philip Schofield, Oxford: Clarendon Press, 1998（Principles of Legislation）.〔includes Papers relative to Codification and Public Instruction: including Correspondence with the Russian Emperor and divers constituted authorities in the American United States, First Lines of a proposed Code of Law for any Nations compleat and rationalized, Codification Proposal, addressed by Jeremy Bentham to All Nations professing Liberal Opinions〕

On the Liberty of the Press, and Public Discussion and other Legal and Political Writings for Spain and Portugal, edited by Catherine Pease-Watkin and Philip Schofield: General Editor; Philip Schofield, Oxford: Clarendon Press, 2012,（Constitutional Law, Penology and Criminal Law）.〔includes Letters to Count Toreno on the proposed Penal Code, April 21st 1821, Letters to *The Morning Chronicle*〕

Of the Limits of the Penal Branch of Jurisprudence, edited by Philip Schofield: General Editor; Philip Schofield, Oxford: Clarendon Press, 2010（Principles of Legislation）.〔includes Idea of a compleat law〕

Official Aptitude Maximized; Expense Minimized, edited by Philip Schofield: General Editor; Frederic Rosen, Oxford: Clarendon Press, 1993（Constitutional Law）.〔includes Defence of Economy against The Right Honourable Edmund Burke, Defence of Economy against The Right Honourable George Rose, Observations on Mr. Secretary Peel's House of Commons Speech, 21st March 1825, and Indications respecting Lord Eldon, On the Militia, On Public Account Keeping, Constitutional Code――Table of Contents〕

Political Tactics, edited by Michal James, Cyprian Blamires and Catherine Pease-Watkin: General Editors; Frederic Rosen and Philip Schofield, Oxford: Clarendon Press, 1999（Political Writings）.

Rights, Representation, and Reform: Nonsense upon Stilts and other Writings on The French Revolution, edited by Philip Schofield, Catherine Pease-Watkin and Cyprian Blamires: General Editors; Frederic Rosen and Philip Schofield, Oxford: Clarendon Press,

2002（Political Writings）.〔includes Necessity of an Omnipotent Legislature, Emancipate your colonies ! addressed to the National Convention of France, A^0 1793, Declaration of the Rights and Duties of the Man and Citizen A^0 1795, Observations on the Declaration of Rights as proposed by Citizen Sieyès, On the Use and Abuse of the Word *Right*〕

Securities against Misrule and other Constitutional Writings for Tripoli and Greece, edited by Philip Schofield: General Editor; Frederic Rosen, Oxford: Clarendon Press, 1990（Constitutional Law）.〔includes Letters to John Quincy Adams, Bentham to Greek Legislators, Costitutional Code chapter VIII〕

Of Sexual Irregularities, and other Writings on Sexual Morality, edited by Philip Schofield, Catherine Pease-Watkin and Michal Quinn: General Editor; Philip Schofield, Oxford: Clarendon Press, 2014（Penology and Criminal Law, Religion and The Church）.

Writings on Political Economy, vol. 1, *including Defence of Usury: Manual of Political Economy: and A Protest against Law Taxes*, edited by Michael Quinn: General Editor; Philip Schofield, Oxford: Clarendon Press, 2016（Economics and Society）.

Writings on the Poor Laws, volume I, edited by Michal Quinn: General Editor; Frederic Rosen and Philip Schofield, Oxford: Clarendon Press, 2001（Economics and Society）.〔includes Pauper Systems compared〕

Writings on the Poor Laws, volume II, edited by Michal Quinn: General Editor; Philip Schofield, Oxford: Clarendon Press, 2010（Economics and society）.〔includes Pauper Management improved, Situation and Relief of the Poor, Outline of a Work entitled Pauper Management improved〕

Correspondence

Volume 1: 1752–1776［書簡番号一から一九四までを収録］, edited by Timothy L. S. Sprigge: General Editor: James H. Burns, University of London, The Athlone Press, 1968.

Volume 2: 1777–1780［書簡番号一九五から三八二までを収録］, edited by Timothy L. S. Sprigge: General Editor: James H. Burns, University of London, The Athlone Press, 1968.

Volume 3: 1781–October 1788［書簡番号三八三から六二六までを収録］, edited by Ian R. Christie: General Editor: James

H. Burns, University of London, The Athlone Press, 1971.

Volume 4: October 1788–December 1793〔書簡番号六二七から九三六までを収録〕, edited by Alexander Taylor Milne: General Editor: James H. Burns, University of London, The Athlone Press, 1981.

Volume 5: January 1794–December 1797〔書簡番号九三七から一三〇五までを収録〕, edited by Alexander Taylor Milne: General Editor: James H. Burns, University of London, The Athlone Press, 1968.

Volume 6: January 1798–December 1801〔書簡番号一三〇六から一六八三までを収録〕, edited by J. R. Dinwiddy: General Editor: James H. Burns, Oxford: Clarendon Press, 1988.

Volume 7: January 1802–December 1808〔書簡番号一六八四から二〇二一までを収録〕, edited by J. R. Dinwiddy: General Editor: James H. Burns, Oxford: Clarendon Press, 1988.

Volume 8: January 1809–1 December 1816〔書簡番号二〇二二から二三七四までを収録〕, edited by Stephen Conway: General Editor: Frederic Rosen, Oxford: Clarendon Press, 1988.

Volume 9: January 1817–June 1820〔書簡番号二三七五から二六五二までを収録〕, edited by Stephen Conway: General Editor: Frederic Rosen, Oxford: Clarendon Press, 1989.

Volume 10: July 1820–December 1821〔書簡番号二六五三から二八三八までを収録〕, edited by Stephen Conway: General Editor: Frederic Rosen, Oxford: Clarendon Press, 1994.

Volume 11: January 1822–June 1824〔書簡番号二八三九から三一一八までを収録〕, edited by Catherine Fuller: General Editors: Frederick Rosen and Philip Schofield, Oxford: Clarendon Press, 2000.

Volume 12: July 1824–June 1828〔書簡番号三一一九から三四一九までを収録〕, edited by Luke O'Sullivan and Catherine Fuller: General Editor: Philip Schofield, Oxford: Clarendon Press, 2006.

〔単著〕

DEFENCE OF USURY; Sewing the Impolicy of the PRESENT LEGAL RESTRAINTS ON THE TERMS OF PECUNIARY BARGAINS IN A SERIES OF LETTERS TO A FRIEND TO WHICH IS ADDED A LETTER TO ADAM SMITH, Esq; LL.D.

On the Discouragements opposed by the above Restraints to the Progress of INVENTIVE INDUSTRY 1787, in *Jeremy Bentham's Economic Writings, Critical Edition based on his printed works and unprinted manuscripts*, by W. Stark, Volume One, London; Allen and Unwin, 1952, p. 121–207.

Method and Leading Features of an INSTITUTE OF POLITICAL ECONOMY（*Including FINANCE*）*Considered not only as a Science but as an Art, 1801–04*, in *Jeremy Bentham's Economic Writings, Critical Edition based on his printed works and unprinted manuscripts*, by W. Stark, Volume Three, London; Allen and Unwin, 1954, p. 303–380.

アダム・スミス（The Glasgow Edition）

An Inquiry into the Nature and Causes of the Wealth of Nations,〔first published 1776〕, The Glasgow Edition I and II, edited by W. B. Todd: General Editors; R. H. Cambell and A. S. Skinner, 2 vols., Oxford, Clarendon Press, 1976.（The Glasgow Edition）

Recherches sur la nature et les causes de la richesse des nations,（2 volumes）, traduction de Germain Garnier revue par Adolph Blanqui, Paris, Flammarion, 1991.

注におけるアダム・スミスのフランス語訳引用文の大部分は、アレヴィによるものでなく、このフランス語訳書からの引用である。しかし本文におけるフランス語訳引用文はすべてアレヴィによる翻訳であるが、第二版ではアレヴィのフランス語訳文にもこの版の該当箇所を記した〔本訳書ではこの該当箇所を削除した〕。『国富論』の新たなフランス語訳としては、以下も注目されたい。Paulette Taieb, *Enquête sur nature st de la richesse des nations*, Presses Universitairers de France, 1995.

〔訳者の追記〕

Lectures on Jurisprudence, The Glasgow Edition V, edited by R. L. Meek, D. D. Raphael and P. G. Stein: General Editors; R. H. Cambell and A. S. Skinner, Oxford, Clarendon Press, 1978, Report dated 1766, p. 395–554.（formerly *Lectures on*

Justice, Police, Revenue and Arms)

デイヴィド・ヒューム

Essays, Moral, Political and Literary, edited and with a foreword, notes, and glossary by Eugene F. Miller; with an Apparatus of variant readings from the 1889 edition by T. H. Green and T. H. Grose, Indianapolis; Liberty Fund, 1987.

あとがき

ジャン-ピエール・デュピュイ

エリー・アレヴィ(一八七〇—一九三七)は、フランスの社会科学系著述家としては哲学と政治学を学ぶためにイングランドに留学した人の系譜に属する。この系譜にはヴォルテール、モンテスキュー、ギゾー、テーヌなど優れた一群の人びとがおり、アレヴィはそういう人びとに列するに相応しい資質を示した。それを立証するのが、彼の『十九世紀イングランド人の歴史』[1]という、一九一二年から一九三二年にかけて刊行された六巻本の記念碑的作品であり、おそらく比肩するもののない古典となっている。それぞれの国には特有の目的があるとモンテスキューは述べている。その目的とは、強大化、戦争、商業、栄光などであろう。しかし世界に一つだけ、自由を直接の目的とする国民が存在する。イングランドである。『法の精神』の著者が行ったこのイングランドの自由という資質の分析に、たとえアレヴィが反対したとしても、アレヴィをもまた魅了したのは自由にほかならない。どのようにして英仏海峡の向こう側の隣人は、無秩序にも専制にも陥ることなく、みずからを自由にすることができたのであろうか。どのようにして個人主義者でありながら寛容で、妥協を厭わないでいられるのであろうか。要するに、「人間の権利の祖国」〔フランス〕が革命を避けられなかったのに、イングランドは革命を体験しないですませられたことを、どのようにして説明できるであろうか。

今日フランスでは、エリー・アレヴィは、十九世紀イングランドの歴史家として知られているというよりは、むしろ社会主義に関する二冊の書物、『専制の時代』[2]と『ヨーロッパ社会主義の歴史』[3]の著者として知られている。アレヴィはドレフュス事件に情熱を燃やして参加したけれども、それは、社会主義に転ずる理由とはならなかった。この意味では彼は、高等師範学校の年少の友人世代、特に弟ダニエルの友人たち、アルベール・トーマやシャルル・ペギーとは違った。彼らは事件の時にジャン・ジョレスやリュシアン・エールの影響を受けて社会主義的信条を抱いた。エリー・アレヴィは、はなはだ自由主義者でかつ個人主義者、合理主義者でかつ民主主義者の色彩が濃い人物であったから、この〔社会主義〕解放勢力が持つ反民主主義的、権威主義的かつ全体主義的潜在性格を到底受け入れることはできなかった。自由と専制のいずれが勝つであろうか、この問題に答えようとしてアレヴィは社会主義の研究に取り組んだ。この問題が社会主義の将来の鍵を握っていることを、第一次世界大戦の前から彼はすでに信じて疑わなかった[4]。

ところでブリテンの自由主義的民主主義の原理に関して、アレヴィがかねてから着目していたのは、まさに両義性であった。確かに、イングランドは暴力的危機や革命がない中で自由主義的改革に成功した。しかし、この幸福な結果が意味したのは、自由に敵対する要因が憲法〔統治機関法〕にも社会哲学にも経済にも、イングランドの特徴である特殊な形態の個人主義にもなかったということではなかった。アレヴィの「メソディズム命題」とは、この敵対要因を中和したのがピューリタン的道徳の浸透した信念、所見および感情からなる社会倫理であるということである。この命題には、その妥当性がどうであれ、アレヴィの著作の底流を一貫して流れる着想があざやかに現れている[5]。彼が十九世紀イングランド史家であろうと、あるいは社会主義史家であろうと、そうしたことにかかわらず、彼の「歴史哲学」[6]の対象となったのは、現代個人主義の持つ解放の力と、トクヴィルも言っているような、個人主義がもたらす新しい形態の「専制」との間の矛盾である。

今日ここに「フランス大学出版社」が再刊するエリー・アレヴィの最初の大著(7)は、イングランドの自由にのしかかっていた脅威のうち、主な脅威の一つを解明するために書かれた。『哲学的急進主義の成立』はF・アルカン社から三巻本として出版された。最初の二巻『ベンサムの青年期　一七七六－一七八九年』と『最大幸福主義理論《ドクトリン・ユーティリテール》の進展　一七八九－一八一五年』が一九〇一年、最終巻『哲学的急進主義』が一九〇四年の出版である。Ⅱ巻はアレヴィの博士論文の主題そのままである。この著作の対象は主として、アレヴィ流に言えば「最大幸福主義《ユーティリテール》」理論、今日のわれわれ流に言えば「最大幸福主義者《ユーティリタリスト》」理論である。なぜなら、今は「知的感動（ému）」よりも、激しい「情動（émotionné）」が好まれるからである〔ému の原形émouvoir は活用が複雑なために、ému は十九世紀の初めごろから émotionner の過去分詞 émotionné で代用されるようになってきている〕。アレヴィが示すところでは、最大幸福主義は「イングランド的知性の基礎そのもの」である。それは「解放の哲学」だと、彼はそこからただちに断定する。「ただしその発想と原理においてJ・J・ルソーの感傷哲学とはかなり違っているが、その含意の多くにおいてルソーに近い解放の哲学である(8)」。しかしながらまた彼は、最大幸福主義においては、自由は「人間活動の目的」とは考えられておらず、「有益性《ユーティリテ》の理論は、その起源においてもその本質においても、自由の哲学ではない(9)」ことを認めざるをえない。アレヴィはその著作をあげて、こうした緊張の分析、あるいはもっと言えば、彼自身が言う矛盾の分析を行った。ベンサムが考えついた有名な模範的刑務所や陰気なパノプティコンから推察される、個人主義的合理主義的理論の権威主義的、反民主主義的、さらに言えば専制的側面――それが、個人主義、合理主義の価値を共有したアレヴィを悩ませ、その後の彼の全生涯にわたって悩ませたものである。

本書は、一九二八年の英訳刊行以来(10)、英語圏では一つの古典と考えられてきて、絶え間なく版を重ねている。タルコット・パースンズからライオネル・ロビンズとジェイコブ・ヴァイナーを経てジョン・ロールズに至る哲学、社会学、経済学あるいは歴史学の第一級の著作家たちが、しばしば非常な賛辞をもってアレヴィに言及した。それ以上にまた、ジェレミ・ベンサムの同国人とトマス・ペインの同国人〔アメリカ人〕が今日最大幸福主義について抱くイメージは、アレヴィが与えた知識により形作られたところがある。有名な「利害の自然的一致」と「利害の人為的一致」というような、アレヴィが熟考して練りあげた分析の枠組みや範疇は、今日では常識の一部となっている。フランスには、それに比べられるものが何かあるであろうか。何もない。この著作は発行以来再刊されたことがなかった。フランスの研究者の多くは英語のペーパーバック版でアレヴィを読んで済まさざるをえなかった。今度の版はこの恥ずかしい状態に終止符を打つ。しかし腹立たしいのは別として、この事態を理解しなければならない。アレヴィが用いた比較の方法は、彼がどこにもましてこよなく愛したイングランドと自分の祖国という二つの国において彼の本を待ちうけていた運命を検討するにあたっても、まったく当然のことながら引き継がれる。

最大幸福主義理論についてわれわれはどんなことを知っているであろうかと、アレヴィ教授は本書の冒頭で同国人に尋ねている。それからおよそ九〇年後にこれと同じ問いを投げかければ、一九〇一年にその問いが彼ら同国人に与えたよりも、戸惑いはもっと大きいであろう。もしエルヴェシウスがフランス革命の先駆者に数えられるとするならば、フランス革命に影響したと言えるこの理論を、われわれはまったく知らないでいる。なぜなら、われわれはまったく知ろうとしなかったからである(11)。この意図的な無知には多少とも直接的な理由もあれば、多少とも深い理由もある。ここ数十年間にフランスの知的世界から道徳哲学がほぼ完全に消滅したことが、確実に事態を混乱させた。そこには刮目してみれば、ニーチェ‐ハイデッガー的あるいはフロイト‐マルクス的流れの影響が認められる。この流れは、構造主義、ポスト構造主義あるいは「脱構造主義」といった変種の形で人間の科学を呑みこんだ。この状況は、はなはだ重大であるとはいえ、おそらく一過性的なものでしかない。いずれにしてもこの状況は、フランス思想の偉大な伝統に根づいているようには思われない。フランスの伝統においては、道徳理論家は一般に重要な位置を占めてきたからである。

もっと憂慮すべきことは、わが国の哲学者には経済を社会的現実および思考の分野として捉える能力がまるきりないことである。こうした無視、軽蔑の根源はおそらく、暗黙の方程式を分かりきったこととする考え方にある。経済は、言葉の第一義的意味においては、人間の生存条件の些細な部分にすぎない。第二義的意味においても、それは思想ではない。それは計算であるとホッブズは書いている。もっと言えば、理性を利己的個人の利害の論理と混同するさもしい計算である。このような前提に立脚して行われる市場の道徳的政治的諸側面の分析というオーストリア・イングランド・アメリカ的特性が、フランスでは考察の対象とされないのは驚くに当たらない。周知のように、このことは慨嘆すべき結果を伴った。特に一方で市場を悪魔のようにみなし、他方では神のようにみなすという往反運動が生じた。そうではあるが、最大幸福主義と政治経済学とは選択親和力があるというのが、少なくともエリー・アレヴィがこの書物において論じた独創的命題の一つである。この命題には議論の余地があって、この「あとがき」で後に論じるが、世論がこの命題を記憶にとどめる限り、アレヴィがこの著作によって故国において予言者にならなかった理由の一つが、おそらく了解される。

しかしもっと深い理由がある。イングランドとフランスが絶えず行っているイデオロギー戦争において、問題となるのは、近代人の自由を最初に発明し実現したのは誰か、近代政治の原理の基礎を置いたのは誰かということである。フランスにはその声価を高めるものとして革命がある――だが、それはまた声価を低めるものでもある。人権〔宣言〕がある一方で、他面では恐怖政治がある。わが国でここ二〇年来のうちに起きた政治思想上の復活劇は、全体主義の始原の問題についての論戦であった。啓蒙の理想というのは、歴史的に啓蒙自身が生み出した専制と全体主義という派生物を含むものなのであろうか。その結び付きは偶発的であったのか必然的であったのか。この問題こそがアレヴィをつき動かしたものであった。その結び付きは偶発的だという主張を、今日のフランス政治哲学の有力な一派がしている。フランス革命はまさに人間の権利の革命である。近代社会の社会的政治的制度および組織に正統性を与える根拠は、個人の権利以外にはありえない。ところがエリー・アレヴィの本書は、あまりにフランスに対してひいき目なこの考えを誤りとする。また、フランス人がその考えに優越性と先行性を認める主張の妥当性を疑う。われわれの国民的誇りはそのために傷ついている。こういう厄介払いしたくなるような言葉を扱うには、沈黙によって答えるのがいい。思想の領域においては、沈黙は論争にはるかに優る武器である。公的制度、公的行動が正当で〔有益かつ正しく〕あるのは、人間の幸福に役立つ限りにおいてであり、人間の苦痛を減らし快楽を増大させる限りにおいてであり、人間の利益に役立つ限りにおいてである。社会的政治的組織の基礎に関するこの競合する考えを、発明したのでなければ、少なくともその統一性、内容および外観を与えたのは、イングランド――でもありスコットランドでもある。そのため最大幸福主義理論は人間の権利の哲学を羨む必要はないというほどになった。エリー・アレヴィがこの理論の系譜を分析したさいに込めた熱意は、「一七八九年の原理の形成[12]」を別の研究者たちが研究するために払った熱意と変わるところがなかった。こうした自国の殻を破って出て、そして他国の光で自己を見つめるこの努力のおかげで、彼の著作は〔トクヴィル〕『アメリカ民主主義』に匹敵する国民的記念碑となった。それを再版することは、一般的利益をもたらすものとして歓迎しなければならない。

しかし、一九九四年〔実際は一九九五年〕にこの著作を手に取ることになるフランスの読者はご用心いただきたい。ご承知のように、一九七一年以降、アングロ・サクスンの道徳政治哲学の状況は著しく変化してきている。一九七一年、この年はジョン・ロールズの著作『正義論』[13]が刊行された年である。この作品の趣旨は明白に宣言されている。アングロ・サクスンの知的風景を最大幸福主義哲学が支配している状況に終止符を打つ最初の大規模な試みにしたいという趣旨である。ロールズの意図は、彼自身の言葉で言えば、「いろいろな形で絶えずアングロ・サクスンの政治思想の伝統を支配してきた最大幸福主義にとって代わりうる充分に体系的な正義の概念を練り上げる」ということにある。この言葉は、一九八七年に刊行されたフランス語版『正義論』[14]に付けられた序文からの引用であるが、間接的に最大幸福主義への頌詞となっている。〔『正義論』出版の〕日付を比較すればフランス語版を出すことが、どんなに荷の重い仕事であったかが分かる。多くの人がこの領域における二十世紀の主要著作と考えているこの本は、急速に増大する文献が必ず言及しなければならない参考文献になった。それをフランスの読者が自国の固有の言語で読めるようになるのに一五年以上を要した。同じ原因が同じ結果を生む。確かに、ロールズの著作は社会契約の伝統を再生した。この書物は、ルソー哲学とカント哲学の系譜に位置している。そしてもし仮にわれわれが人間の権利の哲学と最大幸福主義の哲学との対立と同様な皮相な概念体系で満足すべきであるとするならば、ロールズの著作は明らかに最大幸福主義哲学よりは人権哲学の近くに位置している。そして、最大幸福主義哲学の断固たる論敵であることを宣言している。それでもそれは、かなり特異な契約理論と、かなり特異なカント主義である。なぜなら、それら二つの理論は、ヒューム型経験論と結び付いているからである。すなわち超越的な主体が『人間本性論』の著者のいわゆる正義の文脈に席を譲っており、契約は利害関係者個人の利益に役立つようにそれら個人が結んだものになっている。要するにロールズ哲学は、最大幸福主義に対立しながら、最大幸福主義の基本的特徴を保持している。すなわち最大幸福主義同様、利害の問題を保持している。アレヴィの著作が無関心をもって迎えられたことの理由が、ロールズの著作に対しても作用している。逆に、一見してそれと分かる逆説を弄すれば、今日のフランスの読者にとって最大幸福主義と規範的経済学に対するこれ以上いい手引きは、〔ロールズ〕『正義論』をおいてほかにない。ロールズは最大幸福主義と規範的経済学に対する反論に『正義論』のページを多く費やしている。ところで、ここで注意が必要である。ロールズが関心を寄せた最大幸福主義と、アレヴィの著作の対象となった最大幸福主義とは、あまり関連がない。

　ロールズが「最大幸福主義」あるいはまた「有益性の原理」と名づけたものは、関係する個人すべての純快楽（すなわち快楽と苦痛の算術的合計）を増大させることに役立つ行為を、よい行為と定義する倫理理論である。もっと正確に、またもっときっぱり言えば、善とは、集合的最適条件の一部をなすものである。この集合的最適条件は、一般的有益性あるいは「公共的有益性」の極大化と特徴づけられ、個々人の有益性の全合計によって得られる。厳密に言えば、「有益性の原理」は以上のこと以外に何も意味していない。最大幸福主義者の伝統に立つ著作家はすべて、ジェレミ・ベンサムをはじめとしてアレヴィの研究対象となった著作家を含めて、すべてこの表現をこの意味で用いている。ベンサムは『道徳および立法の原理序説』の冒頭に次のように書いているが、それをアレヴィはみずからの訳によって引用している。[15]「有益性の原理という意味は、いかなる行為も利害関係者の幸福を増大させるか減少させるか、すなわち同じことになるのだが、この幸福を促進するか阻止するか、いずれの傾向を持つと思われるかによって、是認もしくは否認する原理である」。不幸にしてアレヴィは、その直後に続く文章、すなわちその意図をまったく曖昧さの残らないほど明白にする文章を引用していない。「もしその関係者というのが社会全体であれば、社会の幸福、もし特定個人であればその個人の幸福〔である〕」。同じページでアレヴィはまた、考えられるあらゆる混乱を防止するような以下の部分を引用している。すなわちベンサムにとって、道徳とは〔また、原理は同じ「有益性」の原理であることを考えれば立法とは〕、「その利益が考慮されている当の人びとにとって、可能な最大量の幸福を生むように人間の行為を規制する技法」[16]である。その上アレヴィは最大幸福主義学派のスローガンとして役立つ定式、しかもこれはあえて言えば内的矛盾を含む定式、すなわち、最良の行為とは「最大多数の最大幸福」を実現する行為であるという定式を積極的に出している。

しかしアレヴィはそれにとどまらない。彼によれば、ベンサムとその弟子たちにとって「有益性の原理」はまた、まったく別のことでもある。すなわち、「利己心の作用は普遍的である」ことを承認し、「自愛心はあまねく存在する」ことを承認する心理法則でもある。こうした二重の意味に理解された「有益性の原理」について、アレヴィは書いている。「それは、行為の公理として考えれば、最大多数の最大幸福を目的とすべきことを意味していた。一般的事実の表明と考えれば、それはすべての人間が当然に快楽を志向し、苦痛を回避することを意味していた。したがって、命令法にするか直説法にするかによって、それは道徳命題とも考えられるし、人間本性の法則とも考えられる」[17]。

そうだとすると、二つの問題がただちに生じてくる。第一に思想史上の問題である。アレヴィの説明は歴史上の最大幸福主義思想に忠実であろうか。第二は哲学の問題である。もし〔歴史的最大幸福主義思想に〕忠実であるとするならば、その代弁者たちや、もちろんアレヴィ自身が、明らかに統合不可能な二つの原理として現出するものに、どのようにして統一を与えることができるであろうか。注意すべきことは、事実を叙述する原理と規範を語る原理の乖離、事実問題と法の問題の乖離に困難があるというよりは――要するにアレヴィが始終言うところによれば、普遍的利己心の原理は、ベンサムにおいては、人類の存続がそれにかかっているから一つの道徳律になる傾向がある[18]――極大化の対象の相違に困難があることである。ある場合には、われわれは全体の幸福すなわち公共の有益性を極大化しなければならない。他の場合には、われわれは私的幸福すなわち個人の有益性を実際に極大化する。またわれわれは、そうしなければならない。どちらにしても――アレヴィは絶えずこの論理を持ち出しては、それがベンサムの固定観念であったと述べ、それだけでなく彼自身がその主張に従うつもりであると断言している――これら二つの規則は、絶望的に調停不可能である。だからアレヴィは書く、「『全体の幸福の合計は個人単位からできている』ので、全員が幸福であるためには各人が利己主義者《エゴイスト》であることで充分ではないであろうか。このように新しい学派の指導者たちは考える[19]」。そうして彼が、このような「考え方」に原理の権威を与えているのは――アレヴィはこの原理に「利害の自然的一致」と命名する――詭弁を隠蔽しているように思われる。

なぜなら、つまるところ、もし全地球的幸福の極大化、すなわち公共の有益性の極大化が目的であるとしても、この目的は、ときとしてある人たちの利益を犠牲にして、その他の人たちの最大幸福を図ることをどうしても要求することがあるからである。このことは、まことにもっともであるから、最大幸福主義批判が常に集中したのは主にこの点である。ロールズはその著書の冒頭でこうも書いている。「各人は、侵されてはならないものを持っている。この侵されてはならないものは正義に基礎を置いており、社会全体の福祉の名においてさえ踏みにじられることは許されない。この理由により、正義は、ある人たちが自由を失っても、その他の人たちがもっと大きい利益を得るならばそれはよいとすることを禁じている。正義は、少数の人びとに押し付けられる犠牲が最大多数の人びとが享受する利益の増大によって償われる可能性があることを決して認めない[20]」。こう書いた時のロールズが批判を向けたのは、明らかに最大幸福主義である。ロバート・ノジックはその半「リバタリアン」的著書『無政府、国家およびユートピア[21]』において、この批判に呼応してこう述べた。「最大幸福主義の誤りは善の概念があまりに偏狭であることにあると、一般に考えられている。最大幸福主義は権利とその不可侵性の原理を正しく考慮していないと、言われている。もっと正確に言えば最大幸福主義は権利を従属的地位に置いていると、言われている。最大幸福主義批判として提出された多くの例は、この反論に関連している。例えば、一族滅亡の危険を抱える〔コルシカ島における氏族間の〕復讐が暴発するのを阻止するために、無実の者を罰するという事実である」。アレヴィの研究対象である著者たちに戻れば、例えばエルヴェシウスは、ためらうことなくこのような犠牲の論理を非常に強く主張している。『精神について』では次のように書いている。「この有益性は人間のあらゆる徳性の原理であり、あらゆる立法の基礎である。それは立法者を鼓舞し、民衆を法律に従うようにさせるはずである。要するに、あらゆる感情、人類の感情そのものさえも犠牲にしなければならないのはこの原理のためである」。この「犠牲にする」という言葉の持つ意味に何の疑問もないようにするために、エルヴェシウスは次のイメージを用いた。「公的人間はときとして個々人に対して冷酷無残である。ある船が打ち続く長い凪に捕えられて、飢えのためやむにやまれず、仲間のうちから食料となるべき不幸な犠牲者を籤で決めざるをえなくなった時、人を殺しても誰も良心の呵責を感じない。船は各国民を象徴している。すべては公共の福祉のために正当となり、徳性とさえなる[22]」。フランス革命の精神もまた、人権の哲学の考えから逸れて、そのような考えになったとは予想もつかないであろう。

したがって有益性の原理は、倫理命法と考えられた場合、犠牲の論理と一脈通ずる危険がある。今しがた検討した例文もしくは引用文において、この論理が批判されたにせよ逆に必要とされたにせよ、常に問題となるのは第三者の犠牲であった。ところで重要なのは、的確な最大幸福主義的倫理においては、第三者が犠牲になるのも私自身が犠牲になるのも、同じ全地球的有益性を獲得している限り、道義的には価値が等しいと理解することである。私が激昂した群衆に贖罪の山羊〔他人に代わって犠牲となる人〕を差し出すのと、私自身が犠牲になるのとは効果は同じであって倫理的には区別はない。それとは異なる結論に導く特別な理由がなければ、有益性の原理は、自分の同朋一人ひとりの幸福が自分自身の幸福と重さにおいて何の差もないことに各人が同意すべきことを要求する。したがって有益性の原理は、アレヴィが、その対象とした著者たちに従いつつ、みずから進んで呼んだ仕方で言えば「利己主義の体系」（ヒューム）なり、「自己優先の原理」あるいは「普遍的利己主義の原理」（ベンサム）なり、それにさらに、残念ながら――というのはこれが混乱の原因だからであるが――「有益性の原理」（アレヴィ）なりとは、まことに合致しない。なぜなら、公共の有益性の極大化は利己的人間に自分の幸福、自分の自由あるいは自分の生命そのものさえ犠牲にすることを求めることがあるからである。

このことは最大幸福主義者の偉人たちがそう言い、繰り返し述べてきた。例えば、ジョン・ステュアート・ミルは、その著『幸福主義《ユーティリタリアニズム》について』の有名な箇所でこう書くことができた。「幸福主義道徳が充分に認めるのは、人間存在は他人の利益のためにみずからのどれほど大きい利益でも犠牲にする力を有するということである」。そして彼は明言した。「このような犠牲を払う気質は人間が持っている最も高貴な美徳である」(23)。アレヴィが最大幸福主義の創設者の一人に数えるアダム・スミス自身は、道徳哲学上の大著『道徳感情論』において以下のような問題を提起している。「気前のいい人ならどんな場合でも同胞の優れた利益のために自分個人の利益を犠牲にする気を起こさせ、またけちな人たちにも多くの場合に同じ気を起こさせるものは、何であろうか[24]」。この言葉は、エリー・アレヴィが政治経済学という、この「おそらく有益性の原理の応用のうちで最も著名な〈利己心の理論〉」について語っているところとあまり合致しない。しかしアレヴィが分析したようなベンサム自身の事例までもが、ここで提出された文章の整合性についてわれわれに疑問を投げかけている。アレヴィがわれわれに明快に説明するように、ベンサムは、有益性の原理を直接に証明することが有益だ……とは決して考えなかったし、人間本性の客観的法則のように論じたことはなかった。間接的証拠しか考えられない。最大幸福主義に対するあらゆる批判は結局のところ最大幸福主義的論証によりかかっていると言える。ついでに言えば哲学史は、この種の包括的論法にこと欠かない。ロゴスの批判は常にそのロゴスを求める、などなど。応用練習してみよう。われわれは有益性の原理と「禁欲主義の原理」を対立させようとしたのであろうか。アレヴィによればベンサムの反論はこうである。「自己犠牲の道徳理論は、たぶん、将来の快楽のために目前の快楽を犠牲にするのがよいという考えから生まれる。したがって、快楽はいつも行為の目的である。犠牲の道徳理論はさらに、公共の利益のために個人の利益を犠牲にしなければならないことに根拠を置くことができる。しかし、公共の利益とは個人の利益の合計でなくて何であろうか[25]」と、ベンサムは尋ねる。しかし、この議論は逆に、有益性の原理は犠牲の論理を含むこと、すなわち「自己優先の原理」と両立しない犠牲の論理を含むという明白な意味内容を表していることに、誰も異論はあるまい。その上、厄介なことに、ジョン・ステュアート・ミル自身からジェイコブ・ヴァイナー[26]に至るまですべて一連のベンサム批評者たちが、ベンサムは普遍的利己心という仮説あるいは原理を一貫して唱えていたわけではなかったと証言している。しかし、おそらくそこに問題の本質があるのではない。問題の本質は、エリー・アレヴィが研究対象に関して行った選択である。エリー・アレヴィの研究対象は本書の表題を見れば一目瞭然である。『哲学的急進主義の成立〔履歴書〕』とはジェレミ・ベンサムとその主だった弟子たち〔ジェイムズ・ミル、その息子ジョン・ステュアート・ミル、デイヴィド・リカードゥ〕の周辺で統治機関法〔憲法〕を準備した者たち、すなわち「急進的」改革者たちのグループの歴史〔物語〕である。――つまり、このグループは「ある一般的な大きな計画に従って統治構造を改革しようとしたすべての人たち」(27)であるが、もっと特定して言えば、民主主義の支持者たちである。「哲学的」急進主義者というのは、自分たちの改革思想は単純明快な原理に基礎を置くと主張することからついた名称である。アレヴィが強調するところによれば、この原理の理念はただ一つ、「有益性の原理」であった。アレヴィはこの用語をこうした文脈において用いている時には、明らかにそれに技術的な意味を与えることができない。なぜなら、「哲学的急進主義」の成立に協力したばらばらな見解、主義、理論――観念連合心理学、古典政治経済学、快楽主義倫理、民主的統治命題――の集合が一つの原理の周囲に、すなわち善き行為とは公共の有益性の極大化に協力する行為であると主張する原理の周囲に結集できると考えることは、明らかに誤っているからである。もしこの集合に統一性でなくとも、少なくとも同族集団風なものを見いだしたければ、代償として、「最大幸福主義理論」に対して、極めて一般的にして、明らかにあまり拘束的でない特徴づけを与えなければならない。つまり「すべての人は幸福でありたいと望んでいる」とか「各個人は自分の利益すなわち〈有益性〉の極大化を求めるもので、各人は自己の有益性の最良の判定者である」という式の特徴づけを与えなければならない。しかし、最終的には、こうした定義は、いわゆる最大幸福主義倫理を排除するから、あまりに強すぎる定義であるか、はなはだしく不適切であって、その結果、定言命法と相容れなくなると思われる。

困難は過少評価されてはならない。困難に直面しようとしなければ、例えば誰を最大幸福主義者陣営に数えるかという基本問題について、われわれは残念ながら不確実なままでいることになりかねない。例としてデイヴィド・ヒュームを取り上げよう。アレヴィは、ためらわず彼を「最大幸福主義道徳理論の先駆者[28]」に数えている。利害の融合、利害の自然的一致、利害の人為的一致というアレヴィの有名な区分は、彼から学んだとさえアレヴィは述べている。われわれはこの問題に後に立ち返る。確かにベンサム自身は最初の自著『統治論断片』(一七七六年)において、『人間本性論』の著者のおかげで「有益性の原理」は発見されたと認めた。しかしながら、誰しも知るように、ヒュームが述べようとしているのは、事実であって規範ではない。しかし、彼が述べたところによれば、われわれがある行為を道徳的に善いと承認するのは、その行為が一般的利益を促進すると思われる限りにおいてであるということであった。その上アレヴィは正義と所有の起源に関するヒューム理論を証拠として持ちこんでいる[29]。ヒュームにとっては、人がお互いに財産の所有を認め合うのは、それは彼らが過去に相互に結んだ協約、約束あるいは契約によるのでは決してなく、彼らがお互いに共有する共通理解、そして彼らの利益のあるところを示す共通理解に導かれているからである。私が隣人の所有に手を触れないのが私の利益であるのは、隣人も同じように私のことを考えてくれるからである。これが「有益性」の指示するところである。ところで、ジョン・ロールズはこの理論を論じたさい、ヒュームを最大幸福主義者に数えない[30]。ロールズが認めたところでは、ヒュームにとって「有益性はある形式の共通利益と同一であるように思われる。制度は、少なくとも長い目で見て各人の利益になるよう機能する時、その必要性を満たしている」。しかし、それはロールズにとって、ある理論が最大幸福主義の同類であるかどうかを判定する十分条件ではない。ロールズの議論はヒュームを最大幸福主義から排除することを目的としているのであろうか。「ある人びとの利益が他の人びとの不利益を償う可能性については何の言及もない[31]」。言い換えれば、言葉の厳密な意味において最大幸福主義を識別する唯一の明確な特徴は、ロールズにとってのみならず現代の多くの著作家にとっても、犠牲の論理の承認である。ロールズ自身が大変な努力を払って大著により最大幸福主義倫理に反論し克服したにもかかわらず、ときとして最大幸福主義クラブのメンバーのように論じられるという事態を説明するのは、最大幸福主義という言葉の漠然とした意味と技術的な意味との同じような対立である。

エリー・アレヴィが一八九六年六月二十六日付のセレスタン・ブーグレ宛の手紙で書いているところによると、政治学高等専門学校における一連の講義の必要上すでに最大幸福主義研究を開始していた折しも、「私はベンサムの伝記を調べています。その中で私は典型的な一面的なタイプの哲学者はまた、改革的哲学者にして大学人でない思想家というタイプでもあることを示すでしょう」。その上アレヴィは、自分が主に論ずる知的主人公の厳密さの能力に関してはあまり思い違いをしていなかった。ベンサムとベンサム主義者がアレヴィの関心をそそったのは、思想は世界を変革しうるという信念に支えられた彼らの激しい改革精神であった。彼らの思想が刺激を与えた改革のリストには目を見張るものがある。改革は法律の主要部門の改訂から、女性参政権を含む普通選挙の提唱にまで及び、そのかたわら刑務所改革、通商の自由、労働組合立法、高利法廃止、地方行政と行政組織の改革、一般公教育、出版の自由などに及んでいる[32]。ところでここでモデルが画家に影響したことを考えざるをえない。要するに、エリー・アレヴィ自身がまた、すべてお膳だてが整ったにもかかわらず哲学研究と大学の教職を断念することとなった。学歴（高等師範学校卒業）、先生（本書が献呈された理想主義哲学者アルフォンス・ダルリュ）、友人（レオン・ブランシュヴィク、エミール・シャルティエ——つまりアラン——、セレスタン・ブーグレ）、社会参加（『形而上学・道徳評論』誌の創刊とフランス哲学会の創設）、最初の著作（『プラトンの科学理論』）。彼自身が思想の改革能力を信じたし、彼の望んだことも、祖国に合理的禁欲的、民主的非宗教的な社会倫理をもたらすことであった。この倫理が帯びているプロテスタンティズム的色彩は、彼の研究対象であったイングランドの公共精神と関係なしとしない。エリー・アレヴィは彼なりに自分の人生の基本的選択を偶然あるいは天命に帰している。特に、エミール・ブートミの願いに応じてイングランドの経済学と政治機構の教授を目的に政治学高等専門学校に就職したことがそうである(33)。こうして哲学から離れたことは、自嘲の種となった。一八九九年にグザヴィエ・レオンに宛てた手紙で彼は書いた。「私が専念しているのは政治経済学ではありません。もっといけません。経済学史です。……私が抽象的観念を論じることをやめるのはよくありません。……一般的観念を好まないということはいいことです」。——実際には彼は、確固とした決意を伝えていると考えることができる。たとえその内容がどうであれ、『哲学的急進主義の成立』は英語版の序文が強調するような哲学の書ではない。著者の目的は研究した理論の哲学的価値判定、内的統一性と真理の重みによって評価した価値判定にはない。彼の書物は思想史の書物であり、そのようなものとして不可欠な参考文献である(34)。

確かに、有益性の原理がヤーヌスのように明らかに調停不可能な二つの顔、すなわち「普遍的利己心」と一般的有益性の極大化の倫理という二つの顔を持つことが明白であるのに、この唯一の原理——「有益性の原理」——を基礎として、教理や理論の総体に統一性と整合性を与えようと望むのは不可能とは言わないまでも困難であるということに、アレヴィが気がつかなかったと言ってしまっては、不当のそしりをまぬがれないであろう。アレヴィは本書の初めからヒュームに関して問題を設定する。「私の欲求がおのずから向かう対象が私の快楽であり、私の嫌悪がおのずから向かう対象が私の苦痛であるならば、一般的有益性の追求に駆り立てる道徳感覚は私の自然の一部を構成するのに、私を私的利益の追求に駆り立てる道徳感覚はそうではないと、どうして考えられるであろうか」[35]。アレヴィは、この問題に対して与えた一つあるいはむしろ複数の回答から、自分の著作全体の骨格、体系的理解の枠組みを作ろうとする。彼は、この枠組みを断固として、それも最後の文章に至るまで維持する覚悟でいる。このために彼が取り入れた範疇は、すでに周知のように、この理論をめぐる論議すべてにおいて通貨のように流布した。それらの範疇は、アレヴィが読まれ、すべてが忘れられても、あるいは読まれなくなっても残る。ところで、今日アレヴィの著作に向けられる回顧の眼差しは、この論点をめぐっては批判的にならざるをえない。この批判的眼差しを育てたのは、それ以後の顕著な最大幸福主義理論の発展であり、明らかにアレヴィも、自分の研究対象とした著作家たちと同様、この発展を予測できなかった。

アレヴィは「ベンサム主義」の整合性を回復したと主張するわけではない。その整合性については、アレヴィの言葉はときとして手厳しい。それらの回答は最大幸福主義の自由主義的側面と権威主義的側面との緊張を明白にしていると彼は言う。実際、基本の問題に対する回答は「おそらく相互に矛盾する」[36]。われわれが冒頭で述べたようにその緊張がアレヴィの関心の的であった。この点でアレヴィは、（哲学的方法と対照的な）歴史的方法を選択したことを正当化するために、自分の「序論」において風変わりな議論を用いる。彼は、すでに出来上がった哲学的急進主義の整合性（あるいは逆に矛盾）を非常に見事に明らかにしたいあまりに、自分が偏向しているという非難を甘受した[37]。それについては反論があるかもしれない。すなわち、もし彼が彼の言う専門的な意味における有益性の原理、すなわち一般的有益性極大化の原理を哲学的に議論するにとどまったならば、困難はうまく回避できたであろうという反論である。しかし、彼が思想史を選び、哲学的急進主義に固有の緊張、対立、さらには矛盾さえが理論の豊かさを証しているとしたことを誰も非難できない。

アレヴィは、自分が提起したこの問題に対して、「有益性のすべての理論」は三種類の回答を提出すると主張する。彼の説明を注意深く読んだ読者は、こうした回答類が事実上二分木構造になっていることを理解する。第一の分岐は、共感の仮説と普遍的利己心の仮説を対立させる。どちらも「有益性の原理の特殊な形態」と考えられるとアレヴィは主張して、初めからわれわれを驚かせるのに事欠かない。われわれは後にこの点に立ち返ろう。ともかく二つの仮説のうち前者は、「共感の感情」によってわれわれは隣人の幸福に自発的に関心を持つために、「利害の融合の原理」に至る。後者は第二の分岐に通ずる。今度は「利害の自然的一致の原理」と「利害の人為的一致の原理」が対立する。「利己心の調和」を実現する限り政治経済学が前者の例である。ベンサムの道徳および立法の理論は後者の例である。それというのも、教育者あるいは立法者は、刑罰と顕彰の制度を利用し、この制度により操作された私的利益を動機とする行為の組み立てが全員の利益に沿うようにするからである。

本書が持つ哲学上の興味と価値は、こうした読み方とこうした対立の構図にある。このことは、「哲学的急進主義」が影響を及ぼすことになる三大領域、すなわち法律、経済および政治について妥当する。アレヴィは、自家薬籠中のものとした原理の瞠目すべき簡潔な表現の一つにおいて、こう書いている。「……有益性の原理は二つの解釈が可能である。一つは、道徳と立法の目的である利害の一致は自然に反するし、もしそれが実現されるとしても立法者の人為による作品でしかないというものである。もう一つは、利害の一致は自然の自発的作品であるとする。ベンサムは法律問題の解決に対して有益性の原理を前者の形式において用いる。アダム・スミスとベンサムは、経済問題の解決に対して後者の形式において有益性の原理を用いる。統治機関法〔憲法〕の分野においては、有益性の原理をいずれの形式においても用いることができる」[40]。この統治機関法〔憲法〕の分野において『哲学的急進主義の成立』が力強く示しているのは、ベンサム主義者たちが利害の人為的一致の原理という名の下に、いかに徹底した反民主主義的立場から、ある形態の政治的自由主義に移動したかということである。それにもかかわらずその自由主義には権威主義的要素が絶えず顔を出している。「ベンサムは一度も自由主義者になったことがなかった。いつも博愛主義的改革にしびれを切らして、ひたすら君主制的権威主義から民主的権威主義に移動し、中間地点にとどまることがなかった[41]。この中間の位置こそは、アングロ・サクスン自由主義の位置である」。

前と同じ二重の問題が生ずる。第一は思想史にかかわり、第二は哲学的性質のものである。この対立の構図は分析対象である著作家の思想に忠実であろうか。彼は分かりやすさを取り入れていないであろうか。すなわち今の場合、研究素材の明らかな整合性のなさを少数の矛盾する原理の間にできる緊張に矮小化していないであろうか。

まず第一に、二つの事柄に注目しよう。アレヴィが提起した問題は、アレヴィが提起すべきであったと期待される問題ではない。第二にアレヴィが与える回答は彼が提起した問題に対する回答ではない。

第一の点については、まずもって提起すべき問題は以下のようであるべきだと思われる。もし利己心は普遍的であるという仮説を信ずるとすれば、すなわち利己心は「人間本性の主要な性向」であると単純に信じるとすれば、どのようにして有益性の原理は正当化されると期待できるであろうか。言い換えれば各人はその行為において社会全体の有益性の極大化を意図すべきであるという格率〔公準〕は正当化されると期待できるであろうか。この問題は、かくあるべきであるという規範の基礎を対象としている。この問題は、人間存在における仮説的な道徳感覚の性質の問題とは区別される。アレヴィが見事に示したように、どこにおいてもベンサムは有益性の原理を立証する必要を認めていない。それほどにベンサムにとっては有益性の原理は物事の本性のうちに刻み込まれているように思われる。しかし、だからといって、アレヴィが設定した前提から考えて、そのような証拠がありうるのかという不可能な問いを提起すべきであることには変わりがない。彼にとって、古典的最大幸福主義は、有益性の原理を立証することによく努めたものの、論拠はまったく別のところに求められた。最も真剣な試みは、ロールズが第一に批判したもので、一八七四年ロンドン刊のヘンリ・シジウィク『倫理学の方法』における試みである。ロールズのいわゆる合理的直覚主義に属する公理としての方法が問題である。シジウィクは自明、当然、型通りのものとされる第一原理から有益性の原理を論理的に演繹しようと意図していた。「私に関して正当な一定の行動が、もし他人に関しては不当であるならば、その理由は二つの事例の違いに求めるべきものである。その違いは他人と私の個性が違うという単純な事実ではない」。ロールズが有益性の原理を理性によって根拠づけるもう一つの可能性を考えていたのは注目に値する。問題は、完全な共感能力を備えた公平な観察者を定立することである。この公平な観察者は、集団〔社会〕のメンバー全体と一致する。この観察者の設定された公平性は、各人を同じ価値のものとして評価する——ベンサムの言葉によれば「各人は一人と数えられ、何人も一人以上に数えられるべきではない」——から、この仮定として設定された存在は、まさしく一つの全体と考えられた社会とまったく同じように苦悩し、歓喜する。反最大幸福主義者の批判をしばしば喚び起こすのはここである。反最大幸福主義者は言う、最大幸福主義は孤立した個人に妥当する合理的選択の原理を集団全体に拡大する。最大幸福主義は複数の違った人びとの性格を真剣に考慮していない。〔有益性の原理の〕論拠に関するこうした論議はすべて、アレヴィの本の対象にはなっていない。

角度を変えて考えてみると、アレヴィは利害の一致の原理をもってしては自分の提起した問題に答えてはいないように思われる。利害が自発的に一致する、あるいは立法者もしくは教育者の理性という作為によって調和するとしよう。もっと正確に言えば、こうした利害を動機として行われた行為が一般的有益性の極大化を生み出す構造になっているとしよう。このことから、有益性の原理に合致した道徳感覚の存在が私の中にあったと言えるであろうか。自分の身に刑罰が降りかかることを恐れるために、罪を犯したい気持ちを抑えた者について、最大幸福主義的正義感に動かされていたと言えるであろうか。そう言うためには、彼は正しく行為する意欲があったと立証する必要があったと思われる。確かに、周知のように、有益性の原理は結果しか認めず、動機に無関心である。しかし、社会的有益性の極大化というこうした特定の結果になぜ固執するのであろうか。個人の行為の組み合わせはその特定の結果とは違う結果を生みがちであるが、いずれの結果も意図されたものでもなければ追求されたものでさえない。その結果として生じた社会状態が、例えば経済学者が「パレート最適」と呼ぶものであるとしよう。個人は、善い行為がパレート最適を追求する行為であると定めた道徳感覚を有すると言えるであろうか。アレヴィの議論にはいくらか恣意がまとわりついているように思われる。ロールズが述べた良識ある次のような評言に対してわれわれは賛意を表さないわけにいかない。「ベンサムは同時に古典的最大幸福主義理論〔すなわち有益性の原理——デュピュイ〕と心理的利己主義理論を支持したと、ときとして言われる。しかし個人が自分たち自身の利益しか追求しないのが心理法則であるならば、個人が（有益性の原理が規定するような）実効ある正義の感覚を持つことは不可能である[42]」。

「利害の一致の原理」に関してもう一つの重大な困難に触れなければならない。アレヴィによれば、

「利害の一致の原理」は有益性の原理がアダム・スミスとベンサムの政治経済学において現れたさいの表現形式である。これらの著者たちの精神において、この表現が意味することはただ、社会を構成するさまざまな個人の利益が経済的および社会的状態の関数として扱われるもので、それが一致するということではなく、これらさまざまな関数の数値が所与の進化の過程において同じ方向（増大する方向）に変化するということである。商人、労働者、資本家、土地所有者はすべて経済成長に利害を有すると想定しよう——正確に言えばこのことはアレヴィもあきらかに気づいているように[43]、アダム・スミスが述べたことではない。この想定の意味は一体どういうものであろうか。すべての者が経済成長で儲けるというただそれだけのことである。これは関数〔各人の利害〕とその関数が取る数値〔経済成長〕との概念的混乱である。この混乱によってだけ、一般的有益性の最大化を追求するという意味において、われわれは、ここで特殊な形式の有益性の原理とかかわりを持っていると考えることができる。アレヴィが書いているところによれば、「利害の一致の原理に含まれている公準は、交換は常に労働に報償を与えるという観念であり、交換機構は正当であるという観念である[44]」。ここで問題となっている正義は交換的正義でしかない。実際の経済理論の用語を用いれば、交換はそれに参加するすべての当事者に有益であり、交換は「パレート的」社会変化を引き起こす。経済は均衡点に達する。均衡点はこのようなパレート的変化のあらゆる可能性が使い果たされたという特性を持っている。「パレート最適」と言われるものがそれである。その後のあらゆる変化においては、各当事者は他人を犠牲にしなければ利益を得ることができない。利害は、くい違うようになるとアレヴィならば言うであろう。しかし、そのことから、達成された最適が一般的有益性を極大化しており、有益性の原理に合致すると推論できるわけではない。この特定のパレート最適に導いた歴史的変化をすべて考えてみよう。確かに、このように実際に長い道のりを辿って利害は同じ方向（成長する方向）に前進した。しかし、実際とは違うけれども、別のパレート最適に導く同じようにパレート的な別の道が可能であったかもしれない。こうした仮想的な別の道との関連で見ると、実際に辿った道は一定の利害関係者に利益を与え、他の利害関係者に損失を与えている。言い換えれば、実際に展開してきた歴史の全過程において、ある者たちの利益は他の者たちの利益と同じように与えられたとしても、それら利益は一致しているとは言われない。考えられる別の歴史との関連において見れば、一定の者たちの利益は犠牲にされたのだからである。アレヴィが幾度も繰り返して強調した事実は、有益性の原理は利益の自然的一致の原理という形を取る場合に——すなわち基本的に政治経済学の領域において——最大幸福主義道徳は、伝統的、宗教的、貴族的、禁欲的などの型の道徳理論を特徴づけていた「犠牲を払う気質」をきっぱり拒絶するという事実である。[45]この命題は逆説的である。というのは厳密な意味における最大幸福主義倫理は、すでに見たように犠牲の道徳であるからである。もしアレヴィがこのことを主張できるとすれば、それは彼にとって、ある理論あるいは原理を最大幸福主義と同類と見なすには、その理論あるいは原理が利害に対して現実の過程中同じ方向に変化することを求めるだけで充分であるからである。しかし、だからといって一般的利益が極大化したことを保証するものは何もない。実際、スミスが「見えない手」は「社会全体の利益」を保障するものと語ったさいに、この一般的利益は有益性の原理を満足させるものという意味に考えられるべきではない。——そうではなく、ただ単に、せいぜい今日のわれわれのいわゆるパレート最適の実現という意味で考えるべきである（もっとも、後に考察するように、こう言うのさえ度が過ぎている）。ここで問題になるのは、スミスと黎明期の政治経済学が最大幸福主義に属しているかどうかということそのものである。実際、パレート最適（すなわち一般に経済効率と呼ばれるもの）を規範として設定すると同時に、犠牲の論理を拒否することもできる。例えばロールズの正義論の場合がそうである。

こうした論理的議論を基礎として初めて、イングランド知性史の卓越した批評家ジェイコブ・ヴァイナーがベンサムおよびジョン・ステュアート・ミルについて書いた見事な論文[46]において、アレヴィに対して述べた批判を理解することができる。ヴァイナーは、ベンサムの著作の中に「利害の自然的調和という理論」の「いささかの痕跡」も発見しなかったと主張する。ベンサムは（その上同じくヴァイナーが他の論文で示したようにスミスも）[47]国家が経済機能に介入することを認め、それもアレヴィが認めたように消極的に（有害な活動の抑止のために）そうするだけでなく、積極的介入（例えば、道路、鉄道、公立病院の建設、公教育の運営など、要するに福祉国家の基礎となるものの基本要因）を認めている。ヴァイナーが否定するのは、ベンサムにおいて利害の自発的調和を一つの原理として特定できるということである。有益性の原理だけが教義である。この原理を応用すれば、国家が介入する場合と「しない」場合を決める実践的規則が導き出される。しかし、規則は原理ではない。ところがアレヴィの書物を読み進むと、利害の自然的一致の原理（ならびに、利害の人為的一致という並立する原理も）が有益性の原理の特殊な具体化であったものから、有益性の原理とは別に措定された完全に自律的な原理を具体化したものに転移することが分かってくる。[48]ヴァイナーの批判はこのような〔自律的〕原理の存在を否定する。われわれが提出した批判によっても、いずれにせよこのような原理は有益性の原理と両立しないのではないかと疑問とされる。

同じように「最大多数の最大幸福」という学派のスローガン役をつとめた表現が無意味なことにも、注目すべきである。これもまた極大化の対象をめぐる混乱のためである。アレヴィはこの点におけるベンサムの論理的「歩み」を「全員の最大幸福」という定式から最終定式まで追跡した。[49]不幸にして最終定式は、「全員の最大幸福」より満足できるものではない。ライプニッツ以来、二重の極大、すなわち数学の二つの関数を同時に極大化することは論理的に不可能であることを、われわれは承知しているはずである。一般に認められる一定水準以上の幸福を持つ者の数を極大化することはできる。また、人びとの決まった集合について幸福の総計を極大化すること、すなわち個人的幸福の他のすべての増大関数を極大化することはできる。しかし、このことは、幸福と人数を同時に極大化するという意味ではない。

　われわれがすでに見たように、利害の一致に関わる二つの原理の対立は、アレヴィを読む場合の唯一の枠ではない。それを遡れば共感と利己心の対立もある。アレヴィには、前者の対立を激化させる傾向があるが、それだけに彼は第二の対立の重要性を減少させる傾向がある。第I巻の冒頭部で彼は、ヒュームを批評しつつ、「共感の原理」を「有益性の原理の必然的結果」として提示した。その理由は何であろうか。「その理由は、共感によってのみ他人の幸福がわれわれに影響するからである」[50]。言い換えれば、私が極大化させる有益性が社会的有益性であって私の私的有益性ではないとするならば、きっと私は他人の苦悩に苦悩し、他人の幸福を喜ぶ。しかし、だからといって、苦悩するのは私に関してであり、おそらく私のためであって、他人のためではない。共感は実際にはこの場合、利己心《エゴイスム》とあまり変わりない。ベンサムが有益性の原理について述べた考え方が、規範的利己主義すなわち「内省的利己主義」へと変動してきたことを、アレヴィが本書の結末部で論評した時、共感と利己心の対立はなくなっている。「同様に利己心も道徳理論の基本そのものに組み込まれている。観念連合心理学がその努力のすべてを挙げて示そうとしたことは、利己主義は〔人間活動の〕最初の動機であって、魂のあらゆるその後の感情はそこから派生するということであった。他方、最大幸福主義道徳理論家がその努力すべてを挙げてしようとしたことは、利己的であれ無私であれ感情の衝動を内省的利己心に従属せしめることにあった」[51]。

したがって、この文脈に置かれた善意は、共感と同一視されているようであるが、それは利己心から生じており、規範的利己主義の拘束に従うべきものである。もっと正確にアレヴィの評言に従えば、善意は「個人的犠牲」を最小限に抑えるべきである。この点で彼はベンサムを引用する。「善意と善行が極大化されるのは、人が可能な限り自分自身のための骨折りは少なくして他人のために最大量の幸福を生む時である」[52]。厳密に言えば、この公準は、無意味である。それは二重の極大化という詭弁だからである。もしその公準に有益性の原理と合致する意味を与えたいのであれば、他人のための幸福と自己のための犠牲との差が極大化されなければならないと言うべきである。この規則は、すでに見たように、犠牲を最小限にとどめるどころではなく、権利、自由あるいは生命さえ犠牲にしかねない場合がある。しかしアレヴィは最小限の犠牲という公準を取りあげる。このことにより彼は、最大幸福主義道徳理論が「ブルジョア」道徳理論であると結論づけることができた。「ブルジョア」道徳理論は「宗教的あるいは貴族的、禁欲的あるいは騎士道的道徳理論」の対立物であり、「宗教的あるいは貴族的、禁欲的あるいは騎士道的道徳理論」が下す実際的裁定は、民衆に対して従順と犠牲を推賞する共感と反感の感情に左右される。議論を締めくくる素晴らしい定式がそこから生まれた。「最大幸福主義者の道徳理論は命法を内包するその経済心理学である」[53]。

　アレヴィがこうした解釈の骨組みを基礎にして「政治経済学すなわち『利己心の教義』は、おそらく有益性の原理の最もよく知られた応用である」[54]という自分の主張に根拠を与えるのは、まったく容易ではなかったはずである。もっと正確に言えば、アダム・スミスの著作を最大幸福主義の枠のうちに入れるのは、まったく容易ではなかったはずである。スミスは道徳判断の基礎、もっと一般的に言えば社会的結び付きの基礎を共感に求める道徳哲学者である。彼は、ヒュームに対しては距離をとりつつ、こう主張する。すなわち、ある行為の「有益性」（社会の存続や最大多数の幸福などに対する貢献）はその行為が是認あるいは否認されるということにあたって何の介入もしない。ところで道徳判断が行われるのはまさしく是認もしくは否認についてであって、他人の行動を是認することは、その原因である情念もしくは感情に共感することにほかならない。まことに『道徳感情論』（一七五九年）の著者ならではである。この著者は、前世紀の「因習否定家たち」（その第一人者がホッブズ）に対する反動としての「スコットランド啓蒙」の内容をなす「感情革命」の特徴を帯びている。「因習否定家たち」は憐れみの情を含めてすべての人間が利己心により動かされていると主張した。これに対して、共感は利己心からは生じないと、スミスは言う。そのさい用いられた議論の型は、こうである。もし私の共感が利己的な恐れ、すなわち他人の不幸に似た不幸が私を襲うかもしれないという利己的な恐れでしかないとすれば、男性はいかにして出産のさいの女性の苦痛に共感できると考えられるであろうか。要するに哲学者スミスはすでに見たように、人間には非常にしばしば同胞のもっと高次の利益のために自分たちの利己的利益を犠牲にする用意があるという事実を説明しようとしている。こうしたことすべては、アレヴィがわれわれに提示しているような最大幸福主義道徳理論とはうまく合致しない。

確かにアダム・スミス自身が『国富論』（一七七六年）の著者でもあり、そうして『国富論』の著者ということで、政治経済学創設の父と考えられている。アレヴィがもっぱら考察対象とするのはこの第二のアダム・スミスである。アレヴィはスミスを「利己心の調和」(55)の理論家と捉えている。しかしアレヴィは第一のスミスも無視してはいない。このことは、アレヴィが十九世紀ドイツ哲学によりアダム・スミス問題と呼ばれたものに当面するはずであったことを意味している。スミスの主要二著作間の一見して目につく矛盾の問題、すなわち社会的結び付きに関する二つの考え方に存在する矛盾の問題とは、一方〔『道徳感情論』〕は共感に主要な役割を与え、もう一方〔『国富論』〕は「利己心」に絶大な役割を与えているところにある。共感と利己心の対立解消を目指して、アレヴィがスミスの知的旅程に矛盾があることを否定することによって問題を解決したのは当然である。彼の解決法は、思想史のこの基本的問題に関心を寄せた批評家の間で最も有力であったものの一つである。すなわち領域の特化という解決法である。一定の領域（例えば道徳感情）においては「共感の原理」が支配しているであろう。他の領域（基本的には経済的交換）においては、それは「利己心の調和」の原理であろう。(56)

アレヴィの時代以来、スミス作品の研究は深化し、今日では、スミスと誕生したばかりの政治経済学を最大幸福主義理論に含めるのを非常な問題だとする読み方も提出可能である。(57)

アダム・スミス問題が出てくる、あるいは出てくるように思われるとすれば、それはスミスのいわゆる共感が善意と、自愛心（『国富論』の中心概念）が利己心とあまりに頻繁に同一視されるからである。これがアレヴィの解釈である。そこから表面的な矛盾が生ずる。ところでスミスは自愛心と利己心を注意深く区別しているし、『道徳感情論』を注意して読めば自愛心は共感と対立するどころか、共感の内省的形式であると理解できる。

共感はわれわれが想像において他人の立場に身を置き、このことによって彼らの感情に合致した感情を実体験するようにさせる感情の動きである。ところで行為者にとって、観察者としての自分の感情と彼自身の感情の間に認められるこの一致は、彼の安楽にとって重要である。そこで彼はこの一致が極大になるように自分の行動を調節する。彼は自分の立場に身を置いている観察者の立場に想像において身を置く。そうして彼が、自分自身の行動に共感（行動を是認）するのは、観察者が共感（行動を是認）してくれる、あるいは共感（是認）できると自分が認める限りにおいてである。内省を操作するものは観察者の考慮である。共感は要するに感情の模倣の原理あるいは感情移入の原理であるが、しかし演劇的な隠喩〔たとえ〕が言うところとは逆に、観客〔観察者〕が俳優〔行為者〕を手本とするのではなく、俳優〔行為者〕が観客〔観察者〕を手本とする。

しかしこの観察者とは、誰であろうか。スミスが示すところでは、共感は想像を媒介にしてしか出てこない。行為者は観察者の実際の感情を自分のものにできず、思考においてその立場に身を置くのみである。だから、観察者の立場に実際に立つことが重要なのではない。この立場には誰もいないから、虚構として二重の想像によりその立場に立つのはいわば行為者である。彼は、「公平な」観察者が観察するかのように自分自身を観察する。スミスが内なる人と呼ぶのはまさにこの良心である。この文脈において、自愛心は、利己心〔我欲〕とは決して同じものにはならない徳性情念である。人が自分を愛するのは、まさしく他者〔公平な観察者〕がわれわれを愛する限りにおいてである。自愛心はその場合禁欲的徳性の形式〔セルフ・コマンド〕をとる。それは、公平な観察者の共感を最も得やすくするように自分の情念を統御することである。

さて内なる人でなく、血肉を備えた観察者である外なる人が存在し、行為者が単に賞賛や賛美に値するというだけでなく、実際に賞賛され賛美されたいと願っているとしよう。賞賛を得るには手っとり早い手段があることを行為者が知らないはずはない。ここで自愛心は、自己利益、経済的動機、自分の物質的条件を改善したい、自分の富を増大させたいという欲求という形をとる。その理由は、富はそれ自体が満足を与えるものだからという理由ではなく——スミスは富を嘲るような厳しいことを言っていない——富には富のない人びととの共感を富の所有者に惹きつける性質があるからである。富のない者は、財産には美徳がないのに、美徳は財産から生じると誤って考える。しかし、彼らが誤って、富を渇仰しているからこそ、結局彼らは誤っていないことになる。財産には、人びとがそれにつきものだとする美徳があるが、それは正確に言えば人びとが美徳を財産のつきものだとしたからである。これは錯覚の生む戯れであって、すべては共感という主題による変奏曲である。それは、諸国民の富を生み、われわれが経済と呼ぶものを生み出す。――しかも、道徳に重大な打撃を与えることなくそうする。

この最後の論点をスミスは全生涯にわたって幾度となく論じた。彼は死の直前の『道徳感情論』最終版に「富と権力を賞賛し貧しく不幸なものを軽蔑し無視するわれわれの気質から生ずるわれわれの道徳感情の腐敗について」という重々しい表題をつけた新しい章を加えるに至ってさえいる。この章から、スミスが不本意ながら基本的にはマンドヴィルのような体系に立ち戻っていることを指摘できる。マンドヴィルの体系は自愛心と、公共の繁栄を生み出す妬みの混合である。共感という感情相互を和解させる原理が、妬みという感情相互を対立させる原理、それゆえにいわば共感の対立物であるものを、いかにして生み出すか、いかにしてそれが可能になるかと、疑問に思われるであろう。非常に単純化して言えば、そのメカニズムは、次のような組み立てによっている。すでに見たように自愛心は内省的かつ倍加された共感である。対象間の関係に適用すれば、この原理は言う。私はある対象を、観察者（外なる人）が望ましいと判断する限りにおいてのみ、望ましいと判断する。だから、私がこの対象を欲することができるようにするためには、それを他人の欲求対象として提供する必要がある。私はこうして観察者の共感を得ることができる。――まさしくそのようにして、私は、自分の自愛心を育てる。――しかし、この共感はその対立物と切り離せない。すなわち、妬みと切り離せない。

要約しよう。「見えない手」は「利己心《エゴイズム》の調和」ではない。それは自愛心が相互に構成するものである。それは、共感の結晶であり、とりわけ社会の発電機である。道徳的判断とはある行為の有益性に関する評価ではない。道徳的判断は、その行為を生んだ感情にわれわれが共感したりしなかったりするという事実である。[58] 確かに自愛心が相互に構成して、社会の繁栄と国民の富を生み出すことがある。しかし必ずそうなるわけではないというだけでなく、この結果は道徳の腐敗という代償を支払う。われわれは賞賛に値しないものを賞賛する。この二重の論法によってスミス道徳理論は、公共的有益性が極大化されるべきだという規範と無縁になる。

したがって、有益性の原理が、人間は基本的に利己主義者であるとする心理学理論と同一視されようと――これには論議の余地がある――あるいは、ある行為は公共の有益性の極大化に貢献する程度に応じて是認されるはずであるという道徳原理と正当にも同一視されようと、これまでの分析に同意するならば、生まれたばかりの政治経済学は最大幸福主義と相容れないと結論しなければならない。

＊

こうした批判はすべて額面通りに、そのまま受けとられるべきである。これは、一九九四年のフランスの読者、すなわち実際の論争――特にロールズの書物の刊行が生み出した論争――をきっかけとして最大幸福主義に関心を持ち、そしてアレヴィの著作に出会った一九九四年〔実際には一九九五年〕のフランスの読者が警戒すべき点である。『哲学的急進主義の成立』の分析を今日の思考と接続するには、最大限の慎重さが求められる。

ここでは、本書が持つ判断の確かさ、分析の深さ、表現の力強さはすべて語り尽くされていない。それは読者みずからが見出すべきものである。例として簡潔に言えば、労働と苦痛の魅惑的な結び付け方、商品価格を刑罰になぞらえる仕方、またそれと関連して最大幸福主義は快楽主義《エドニスム》というよりは禁欲主義であるという立証（「あらゆる快楽は苦痛と交換され、労働、努力、苦痛を代償として入手される[59]」）の非常な正しさ、垢抜けした定式により示された驚くべきひらめき。「新しい政治経済学の理論家の役割はアングロ・サクスン的自然主義を合理主義に改造することであろう[60]」。あるいは、本書の依然として今でも主要動機であるフランスとイングランドの対比について、こういう単純だが深い意味のある考察がある。すなわち、フランス人ならば「獲得した権利」と言うところをイングランド人は「既得権益[61]」（既存の利益）と言うという有名な話である。

結論として、ジェイコブ・ヴァイナーが『哲学的急進主義の成立』について「これは大著ではあるが、偏りのある本である[62]」と述べた言葉に納得するしかない。

お礼の言葉
私はフランシスコ・ヴェルガーラのエリー・アレヴィ論、そしてもっと一般的に彼のアングロ・サクスン自由主義史論の恩恵を受けた。同様にモニク・カントｰスペルベール、フィリップ・モンジャン、パスカル・パスキノの批判的批評と助言にもお礼申しあげる。

注

（1）この著作は一九七四年〔公式には一九七五年〕にアシェット社から再刊された。

（2）*L'ère des tyrannies. Etudes sur le socialisme et la guerre*, Gallimard, 1938.

（3）*Histoire du socialisme européen*, Gallimard, 1948. エリー・アレヴィの友人と学生のグループが講義を聴講したさいのノートから編集された。

(4) Lettre à Célestin Bouglé du 1er octobre 1913.

(5) マーナ・チェイズによるエリー・アレヴィの評伝がこの一貫性を鮮やかに明らかにしている。Myrna Chase, *Elie Halevy, An Intellectual Biography*, New York, Columbia University Press, 1980.

(6) Cf. lettre à C. Bouglé du 22 juillet 1896.「僕はイングランド史を書かない。イングランドの歴史を書く必要はないからだ。だから僕は、歴史の哲学を書く。……」

(7) アレヴィはこれより前、一八九六年に教授資格取得のために提出した労作『プラトンの科学理論』を出版した。

(8) Vol. I, p. 6.〔本書Ⅰ巻六－七ページ〕

(9) *Ibid.*, p. 106.〔本書Ⅰ巻一二四ページ〕

(10) *The Growth of Philosophic Radicalism*, trad. Mary Morris, Londres, Faber and Gwyer, 1928. しかし留意すべきことは、この英語版は原著の非常に豊饒かつ多数の注を削除している。

(11) この点で代表的な見解は、ジャック・マリタンがその道徳哲学論において表明した見解である。「道徳哲学がベンサムとミルの最大幸福主義から受け取る重要なものは何もないと、私は思う」。事実彼は、ほぼ六〇〇ページの大著のうち彼らに費やしたのは一八行である。J. Maritain, *La philosophie morale. Examen historique et critique des grands systèmes*, Gallimard, 1960, p. 127.

(12) Vol. I, p. 7.〔本書Ⅰ巻七ページ〕

(13) Cambridge, Mass., Harvard University Press.

(14) Paris, Editions du Seuil; trad. de Catherine Audard.

(15) Vol. I, p. 37.〔本書Ⅰ巻四三ページ〕

(16) Halévy, *ibid.*〔同所〕

(17) Vol. III, p. 179–180.〔本書Ⅲ巻二〇〇ページ〕

(18) Cf. par exemple, Vol. III, p. 116–117 et 204–205.〔本書Ⅲ巻一二九－一三〇ページおよび二二七－二二八ページ〕

(19) Vol. III, p. 205.〔本書Ⅲ巻二二八ページ〕

(20) *Théorie de la justice*, *op. cit.*, p. 29–30.

(21) New York, Basic Books, 1974, p. 28.

(22) Helvétius, *De l'esprit*, t. I, chap. VI, discours II.

(23) John Stuart Mill, *Utilitarianism*, ed. by H. B. Acton, Londres, S. M. Dent & Sons Ltd., 1972, p. 15.

(24) Adam Smith, *The Theory of Moral Sentiments*, ed. by D. D. Raphaël & A. L. Macfie, Oxford University Press, 1976, p. 137（III, 3）.〔引用はかなり自由な意訳であるから、この訳文はスミスの原文から訳した。〕

(25) Vol. I, p. 39.〔本書Ⅰ巻四五―四六ページ〕

(26) Jacob Viner,《Bentham and J. S. Mill: the Utilitarian Background》, *The American Review*, vol. XXXIX, mars 1949, n. 2, p. 360–382 ; repris in *The Long View and the Short*, Glencoe, III, Free Press, 1958, p. 312–314.

(27) Vol. II, p. 138.〔本書Ⅱ巻一五五ページ〕

(28) Vol. I, p. 20.〔本書Ⅰ巻二二ページ〕

(29) Vol. I, p. 61–62.〔本書Ⅰ巻七二―七三ページ〕

(30) ロールズは初版の序において、「偉大な最大幸福主義者」の中に「ヒュームとアダム・スミス、ベンサムとミル……」を含めている（*Théorie*, p. 19）。不注意のせいであろうか、アレヴィから広まった影響であろうか、あるいは真の困難の印であろうか。

(31) *Théorie de la justice*, *op. cit.*, p. 58.

(32) Jacob Viner,《Bentham and J. S. Mill》, *loc. cit.* を参照。

(33) Lettre à Célestin Bouglé du 22 mars 1901.

(34) このことに一言付言すれば、アレヴィには初版のⅠ巻、Ⅱ巻の編集刊行を、彼が希望した時期よりも早くするように、せきたてられる事情があった。実際、彼は一九〇〇年初頭にサー・レズリー・スティーヴンが最大幸福主義者《ユーティリテール》たちに関する大部の研究（*The English Utilitarians*, 3 vols., Duckworth, London, 1900）を出版すると聞いていた。Ⅲ巻には彼はもっと時間をかけ、研究継続のためにロンドンに何度も往復して有効に時間を使った。こういう事情から、ときとして見られるⅢ巻と初めの二巻との定義、分析および評価の重大なくい違いが理解される。一九〇四年八月三十日付のブーグレ宛の手紙でアレヴィは書いている。「そうです、Ⅲ巻は初めの二巻よりいいものだし、分量も多いものです。私には全体を書き直す時間がありました。初めの二巻には未完なところがあっていつも激しい悔恨が残っていますし、今後も残るでしょう」。この冷静さには敬意を表さねばならない。

(35) Vol. I, p. 22.〔本書Ⅰ巻二四ページ〕
(36) *Ibid.*〔本書Ⅰ巻二四ページ〕
(37) Vol. I, p. 6–7.〔本書Ⅰ巻六－七ページ〕
(38) Vol. I, p. 22.〔本書Ⅰ巻二四ページ〕
(39) Vol. III, p. 205–206.〔本書Ⅲ巻二二九ページ〕
(40) Vol. I, p. 159.〔本書Ⅰ巻一八三－一八四ページ〕
(41) Vol. III, p. 80.〔本書Ⅲ巻八八－八九ページ〕
(42) *Théorie de la justice, op. cit.*, p. 69.
(43) Vol. I, p. 126–128.〔本書Ⅰ巻一四六－一四八ページ〕
(44) Vol. I, p. 149.〔本書Ⅰ巻一七二ページ〕
(45) 例えば、Vol. I, p. 115–116, et vol. III, p. 204–206〔本書Ⅰ巻一三五ページおよびⅢ巻二二八－二三〇ページ〕を参照。
(46) J. Viner,《Bentham and J. S. Mill》, *loc. cit.*
(47) J. Viner,《Adam Smith and Laissez Faire》, *The Journal of Political Economy*, vol. 35, avril 1927; repris dans *The Long View and the Short, op. cit.*, p. 213–245.
(48) 例えば、Vol. III, p. 116–117〔本書Ⅲ巻一二九－一三一ページ〕を参照。「三つの原理がベンサム政治哲学の基礎である。……」。付言すれば、利害の自然的一致の原理は、普遍的利己心という記述的な原理と同一視される傾向がある。そして後者は、それに対応する規範的原理と混同されている（利己主義者であらねばならない）。
(49) Vol. III, p. 116, et n. 5, p. 300.〔本書Ⅲ巻一二九ページおよび注（5）、三四〇ページ〕
(50) Vol. I, p. 23.〔本書Ⅰ巻二六ページ〕

(51) Vol. III, p. 204–205.〔本書Ⅲ巻二二八ページ〕
(52) *Ibid.*〔本書Ⅲ巻二二八ページ〕
(53) Vol. III, p. 206.〔本書Ⅲ巻二二九ページ〕
(54) Vol. I., p. 25.〔本書Ⅰ巻二七ページ〕
(55) Vol. III, p. 205–206.〔本書Ⅲ巻二二八—二三〇ページ〕
(56) アレヴィが間接的に「アダム・スミス問題」に言及しているのは、二カ所で、それは vol. I, p. 25–26 et p. 113–114〔本書Ⅰ巻二八—二九ページおよび一三三—一三四ページ〕である。
(57) 例えば、以下を参照。Glenn R. Morrow, «The Significance of the Doctrine of Sympathy in Hume and Adam Smith», *Philosophical Review*, 32, 1923, p. 60–78; T. D. Campbell, *Adam Smith's Science of Morals,* Londres, George Allen & Unwin, 1971; David Marshall, «Adam Smith and the Theatricality of Moral Sentiments», *Critical Inquiry*, juin 1984, p. 592–613; J.-P. Dupuy, «De L'émancipation de l'économie. Retour sur le problème d'Adam Smith», *L'Année sociologique*, 1987, 37, p. 311–342.
(58) 本書英語版序文〔本訳書には収録していない〕の執筆者ジョン・プラムナッツがこの重大な違いを正しく強調している。
(59) Vol. I, p. 150.〔本書Ⅰ巻一七二ページ〕
(60) Vol. I, p. 133.〔本書Ⅰ巻一五四ページ〕
(61) Vol. I, p. 159.〔本書Ⅰ巻一八三ページ〕
(62) J. Viner,《Bentham and J. S. Mill》, *loc. cit.*

人名索引

〔この索引の収録範囲は，第Ⅰ巻の本文のみである。注，付録，資料などは収録範囲外である。この索引においては，長音は無視し，濁音・半濁音は清音として扱い，促音・拗音の小文字は大文字として扱っている。日本語表記については，一部は慣用に従い，原則として *Cambridge English Pronouncing Dictionary* を参照した。訳者〕

ア 行

カ 行

サ 行

タ 行

ナ 行

ハ 行

マ 行

ラ 行